白话彩图典藏版

图解

经典读本 理想藏书

精编精注 全彩读本

王阳明心学

知行合一的智慧

林沐 编

中国华侨出版社
北京

图书在版编目（CIP）数据

图解王阳明心学 / 林沐编.—北京：中国华侨出版社，2017.12

ISBN 978-7-5113-7187-4

Ⅰ.①图… Ⅱ.①林… Ⅲ.①王守仁(1472-1528)—心学—图解 Ⅳ.① B248.2-64

中国版本图书馆 CIP 数据核字（2017）第 266233 号

图解王阳明心学

编　　者：	林　沐
出 版 人：	刘凤珍
责任编辑：	福　荣
封面设计：	中英智业
文字编辑：	茹　荫
美术编辑：	刘　佳
经　　销：	新华书店
开　　本：	720 毫米 ×1040 毫米　1/16　印张：26　字数：708 千字
印　　刷：	三河市万龙印装有限公司
版　　次：	2018 年 4 月第 1 版　2018 年 4 月第 1 次印刷
书　　号：	ISBN 978-7-5113-7187-4
定　　价：	68.00 元

中国华侨出版社　北京市朝阳区静安里 26 号通成达大厦 3 层　邮编：100028
法律顾问：陈鹰律师事务所
发 行 部：（010）88866079　传　真：（010）88877396
网　　址：www.oveaschin.com
E-mail： oveaschin@sina.com

如发现印装质量问题，影响阅读，请与印刷厂联系调换。

前言

"为天地立心,为生民立命,为往圣继绝学,为万世开太平。"这是宋代大学者张载提出的儒家最高道德理想,以此来形容王阳明的一生亦不为过。

王阳明出生于明朝中叶,在那个社会动荡、政治腐败、学术萎靡的时代,他怀着成为圣贤的抱负,以天下苍生为己任,创下了令人瞩目的世功和学说。王阳明生平命运多舛,屡试未中,及第之后入朝为官,在任兵部主事时,因反对刘瑾等宦官为政,被贬谪为龙场的驿丞,后来受朝廷重用,平乱屡建世功,荣封"新建伯",官至南京兵部尚书。在学术思想方面,他钻研朱熹"格物致知"的儒家思想,对"存天理、去人欲"之说产生了疑惑,认为朱子学说不是真正的圣人之学,"心学"才能解释其中的困惑,从而转学陆九渊的学说,并将其发扬光大。

综观王阳明的生命历程,虽然一路坎坷,但他世功显赫,学名昭昭,成为了中国历史上在立德、立功、立言三方面都有显著作为的大家。

中国著名学者郭沫若先生曾说:"王阳明是伟大的精神生活者,他是儒家精神的复活者。"哈佛大学教授杜维明甚至认为,王阳明是近五百年来儒家的源头活水。可见,王阳明在中国传统儒家文化精神的传承和立新两方面有着重要地位。王阳明的思想流传千古,响彻中外,不仅张居正、曾国藩、章太炎、康有为等人都从中受益,有着"日本经营之圣"之称的稻盛和夫也将王阳明视为精神偶像,他的经营哲学中无不渗透着王阳明"致良知"的思想。

王阳明的思想,大致可分为三个部分:心即是理的人生论、知行合一的认识论、致良知的修养学说。心是天地万物的主宰,心外无理,心外无物,是心学说的基本观点。王阳明认为人心是根本的问题,是产生善与恶的源头,任何外在的行动、事物都是受思想支配的,一切统一于心。针对当时社会言行不一的弊病,王阳明提出了知行合一说,纠正了朱熹先知后行的知行观。他认为知和行是不能够相分离的,有知必有行,有行必有知。王阳明摸索的致良知的道路,用他自己的话说是"从百死千难中得来",是"千古圣贤相传的一点真骨血"。良知人人都有,致良知就是让心回到"无善无恶"明洁的本真状态，是通过主体的意识达到自我道德的修养，规范自我的行为。致良知被称为王阳明心学的核心部分。

《传习录》由王阳明弟子所记，是王阳明问答语录和论学书信的简集，包含了王阳明的主要观点，是儒家一部具有代表性的哲学著作，"传习"一词源出自《论语》中的"传不习乎"一语。该书卷上主要阐释知行合一、心外无物等观点，经由王阳明亲自审阅。卷中收集了八篇王阳明亲笔写的书信，除了回答有关知行合一、格物说等问题之外，还讲了王学的内容、意义以及宗旨，另还附有两篇阐释王阳明教育观点的短文。卷下主要是说致良知，虽未经王阳明本人审阅，但较为具体地展示了他晚年的思想，其中最引人注目的是记载了他提出的四句教："无善无恶是心之体，有善有恶是意之动，知善知恶的是良知，为善去恶是格物。"王阳明继承了程颢和陆九渊的心学传统，并在陆九渊的基础上进一步批判了朱熹的理学。《传习录》中的思想明显地表现了这些立场和观点，同时还体现了他辩证的授课方法，以及生动活泼、善于用譬、常带机锋的语言艺术。因此该书一经问世，便受到士人的推崇。

王阳明的心学思想旨在呼唤人的本体意识，着重强调个体本身的价值和自我人性的修养。心学不仅对当时的社会产生了巨大的影响，而且对现在的社会也具有深刻的意义。

本书共分两个部分。上篇是王阳明的心学智慧，选取了一百多条王阳明箴言，并加以解析，从"身安不如心安，屋宽不如心宽""持纯粹心，做至诚人""立志由心，量力而行""静察己过，不论他人是非""入世心做事，出世心做人"等十九个方面阐释了王阳明在立志、修心、仁爱、至诚等方面修身处世的人生智慧。下篇《传习录》，在原文的基础上加了注释和译文，以期帮助读者正确地理解王阳明的言论及其心学的基本宗旨。

一本书，既可以了解王阳明颇为传奇的一生，亦可以了解他流传千古、响彻中外的心学思想，还可以品读被奉为儒学经典的名著《传习录》。

目录

上篇　王阳明心学的智慧

第一章　宽心：身安不如心安，屋宽不如心宽 ……… 2
欲修身，先养心 ……… 2
看破繁华，不动于气 ……… 3
不忙不乱，不焦不躁 ……… 5
身处泥泞，遥看满山花开 ……… 6
心狭为祸之根，心旷为福之门 ……… 8
空心，才能容万物 ……… 10
让生活回归简单 ……… 11

第二章　诚心：持纯粹心，做至诚人 ……… 13
真心着眼，敦本尚实 ……… 13
保持本色，出以真情 ……… 14
朴实的人生态度 ……… 16
泰然自处，真心生活任天然 ……… 18
清水芙蓉，纯然初心 ……… 19
君子养心莫善于诚 ……… 20
至诚胜于至巧 ……… 22
不欺不诈，信守承诺 ……… 23

第三章　进取心：立志由心，量力而行 ……… 26
志不立，天下无可成之事 ……… 26
圣人和贵人都是自己 ……… 28
心之所想，力之所及 ……… 29
志当存高远，路从脚下行 ……… 31
不搞偶像崇拜，只是做好自己 ……… 33
人贵有自知之明 ……… 34

第四章　道德心：小赢靠智，大赢靠德 36

　　土地不如德行，财物不如仁义 36
　　以德为先，德才兼备 38
　　君子如玉亦如铁 39
　　顶天立地，刚正不阿 41
　　养一身浩然正气 42
　　好德如好色 43
　　得人心，得天下 45

第五章　孝敬心：以孝安家，以敬持家 48

　　孝顺在当下 48
　　百善孝为先，原心不原迹 50
　　孝是一种生存品质 51
　　能养只是一半的孝 53
　　时刻念父母生养之恩 54
　　为父母尽点儿心 56
　　有诚心，才能让父母宽心 58

第六章　素净心：减一分人欲，得一分轻快 60

　　身外物不奢恋 60
　　心安理得，知足常乐 62
　　"财"是静心的拦路虎 64
　　养心在于寡欲 66
　　荣辱毁誉皆泰然 67
　　淡泊以明志，宁静以致远 69
　　安贫乐道也是信仰 70
　　徒有虚名不中用 72
　　在名利中寻回单纯 73
　　少一些机心，少一些痛苦 74

第七章　喜乐心：常思一二，不思八九 77

　　财富是外形，心是快乐的根 77
　　沉浮动静皆人生 79
　　幸福在于追求得少 80
　　无执无着，无滞无留 82
　　幸福源自内心的简约 84
　　时时微笑，雨打芭蕉也无愁 86
　　要活得轻快洒脱 87

目录

第八章　决心：知行合一，言行一致 …… 90
慎思之，笃行之 …… 90
把学问用在实处 …… 92
成功不在难易，在于身体力行去做 …… 93
千里之行，始于当下 …… 95
大胆尝试，实践出真知 …… 96
不逆不臆，言行一致 …… 99

第九章　细心：天下大事，必作于细 …… 101
事事精细成就百事，时时精细成就一生 …… 101
学无息止，巅峰之上有巅峰 …… 103
把握现在，认真做每一件事 …… 105
不懈追求，不给自己定底线 …… 107
勤于求知，细于做事 …… 108

第十章　忍耐心：岁寒，然后知松柏之后凋也 …… 111
苦是乐的源头，乐是苦的归结 …… 111
面对成败淡定处之 …… 113
耐住等待，才能苦尽甘来 …… 114
苦不入心，生命自有芳华 …… 116
忍得一时方能成就伟业 …… 118
人生需要经过反复磨炼 …… 120
深陷逆境，其实"别有洞天" …… 122
寂寞是最大的考验 …… 123

第十一章　反省心：静察己过，不论他人是非 …… 126
静察己过，勿论人非 …… 126
自省是涤荡心灵的清泉 …… 127
终日不忘反省 …… 129
静时存养，动时省察 …… 130
君子改过，人皆仰之 …… 132
反观自身，不断自我提升 …… 134

第十二章　谨慎心：三思而后言 …… 136
有糖衣的逆言易被接受 …… 136
言辞不可太露骨 …… 138
嘴巴闭关，舌头收箭 …… 139
少妄言，多好话 …… 141
言满天下无口过 …… 142

第十三章　包容心：能容能恕，厚德载物 ······ 144
待人处世，忍让为先 ······ 144
退一步，得饶人处且饶人 ······ 146
宰相肚里能撑船 ······ 147
容人方能得人之心 ······ 148
不急人怒，忍让内敛 ······ 150
恕人之过，释人之嫌 ······ 152
忍小事成大事 ······ 153

第十四章　利他心：己所不欲，勿施于人 ······ 156
善待别人就是善待自己 ······ 156
自利则生，利他则久 ······ 158
爱出者爱进，福往者福来 ······ 159
与人为善，暖人暖己 ······ 161
爱人者人爱之 ······ 162
每一种善行都有回声 ······ 164
诸恶莫作，众善奉行 ······ 165

第十五章　平常心：宠辱不惊，去留无意 ······ 167
饥来吃饭倦来眠 ······ 167
有时聪明不如糊涂，糊涂不如装糊涂 ······ 169
生命任其流衍，心体安稳平裕 ······ 171
随时随地，随遇而安 ······ 172
平常心，心平常 ······ 174
抱朴守拙，藏行不露 ······ 175
浊者自浊，清者自清 ······ 177
点一盏光而不耀的心灯 ······ 179

第十六章　谦卑心：谦受益，满招损 ······ 181
不争才是最高境界 ······ 181
低头是一种智慧 ······ 182
在其位，善谋其政 ······ 184
上梁正，则下梁不歪 ······ 185
与贪婪断交，与清风做伴 ······ 187
位高不自居，功高不自傲 ······ 189
礼让功劳，不露锋芒得安身 ······ 190
在低潮时进去，在高潮时退出 ······ 192

第十七章　淡定心：不以物喜，不以己悲 ············· 194
　　常在静处，谁能差遣我 ····························· 194
　　不动心，不烦恼 ··································· 195
　　顺境逆境都能从容 ································· 197
　　静坐静思，不被外物所扰 ··························· 198
　　心清净，便悠然自得 ······························· 199
　　按心兵不动，如止水从容 ··························· 201

下篇　《传习录》

卷上 ·· 204
　　徐爱录 ··· 204
　　徐爱跋 ··· 223
　　陆澄录 ··· 224
　　薛侃录 ··· 265

卷中 ·· 295
　　钱德洪序 ··· 295
　　答顾东桥书 ······································· 296
　　答周道通书 ······································· 323
　　答陆原静书（一） ································· 330
　　答陆原静书（二） ································· 333
　　答欧阳崇一 ······································· 348
　　答罗整庵少宰书 ··································· 354
　　答聂文蔚（一） ··································· 361
　　答聂文蔚（二） ··································· 367

卷下 ·· 377
　　陈九川录 ··· 377
　　黄直录 ··· 391
　　黄修易录 ··· 400

上篇

王阳明心学的智慧

◎第一章◎
宽心：身安不如心安，屋宽不如心宽

欲修身，先养心

"心即理也，天下又有心外之事、心外之理乎？"

——王阳明

浮世之中，总有许多人为追求物质享受、社会地位和显赫名声等身外之物而心力交瘁，疲惫不堪。他们怨天尤人、欲逃离其中而不得，皆因忽略了自己的内心，不能明白万事以修心为先的道理。

王阳明认为，人心就是天理，世界上哪还有存在于人心之外的事物和道理呢？虽然"心外无物"的看法与唯物主义观点相悖，但王阳明关于从人的内心去寻求真理的看法，是有其道理的。古人云："相由心生。"意思是说人的心思会呈现在其外在表征之中。如此推敲，人的言语、行为等外在表征，则多为其复杂内心的反映。按照王阳明所言，欲使人的言行举止符合一定的规范或是达到至善的境界，则要从其内心入手，而不是人心之外的事物。只有当内心达到了至善的境地，其外在的言行举止才能表现出善的一面。

贪财与否，取决人的品质，我今天喝了贪泉水，是否玷污了平时为官清廉的名声，请父老乡亲们拭目以待吧。

吴隐之饮贪泉之水，证明官员是否贪污，与喝贪泉之水无关。

贪泉，泉名，据史料记载，贪泉地处广州北郊30里的石门镇。传说人饮此水，便变得贪而无厌，故名。西晋时，朝廷派往广州的几任官员，差不多都以经济犯罪而被撤职查办，人们传说是因为他们喝了贪泉的水。后来，朝廷派去一位廉洁的名吏吴隐之任广州刺史，到任之日，他领随从来到贪泉边，从中取水而饮。随从劝他说："以往进入广州的官员都要饮上一杯，以示风雅，但是这些官员都贪赃枉法，爱钱如命，此泉饮不得。"吴隐之问随从说："那些不喝泉水的老爷们是否清廉了呢？"随从说："还不是一丘之貉。"吴隐之连饮三瓢后动情地说："贪财与否，取决人的品质，我今天喝了贪泉水，是否玷污了平时为官清廉的名声，请父老乡亲们拭目以待吧。"并赋诗一首："古人云此水，一歃怀千金。试使夷齐饮，终当不易心。"果然，他在任期间，为政清廉，并没有因饮贪泉水而贪污，留下了饮"贪泉"而不贪的千古美谈。

贪与不贪，并不在于一泉，没有饮贪泉水的人，也会照贪不误。所以，贪泉只是那些贪污的人的一个挡箭牌。王勃在《滕王阁序》中说"酌贪泉而觉爽，处涸辙以犹欢"，一个人贪与不贪，本在于自己内心的修养，并不在于外在的条件。

做人若问心无愧，坦坦荡荡，对于每天里遇到的各种突如其来的状况，也能应对自如，而不会被其搅乱心情，也就可以傲视天下。在儒家先贤眼里，这是君子风范的标准之一。

王阳明用一生的经验总结出一句话："心"左右一切。做好事来源于内心，做坏事也来源于内心。心中所想会影响我们的行为，一颗平静而宽容的心能够令人体会到生活的快乐，而一颗躁动而沉重的心则令人陷入黑暗之中找不到方向。只有以修心为先，才能更通透地知晓世间的道理，才能更真切地把握为人处世之道。然而，对于身处纷繁世界中的大多数人而言，即便知道理应如此，但要真正做到并不容易，甚至要用一生的时间去琢磨。

其实，修心不是很大的难题，只要我们能够日日更新、时时自省，不断净化内心的污垢，便能摆脱俗事的困扰。

看破繁华，不动于气

"圣人无善无恶，只是'无有作好'，'无有作恶'，不动于气。"

——王阳明

孔子人生态度的一个重要方面，就是求心安。心若安定了，那外面的风吹雨打便都可看作过眼云烟。就其对儒家之"礼"的阐释——"礼与其奢也，宁俭；丧与其易也，宁戚"。可以看出，孔子认为礼节仪式与其奢侈繁杂，不如节俭，正如丧礼那样，与其在仪式上准备得隆重而周到，不如在心里沉痛地哀悼死者，因为心中之礼比其外在形式更重要。

求心安，即保持一颗安定、清净的心，不因外界的打击和诱惑而摇摆不定，不过于狂热地去追求心外之物。能够做到这一点并不容易，因为人的心境太容易受到外界的干扰。恶人受丑陋之心的牵引而做坏事，普通人也可能因为执着心、愧疚心等而使自己陷入痛苦，无法自拔。如果人对于外界的事情心有挂碍，并由此生出了懊恼、欢喜，那么这颗心就失去了它的本来面目。

王阳明的弟子薛侃曾向他请教："为何天地间的善难以培养，而恶却难以去除呢？"王阳明认为，因为心中有善恶之念，引发好恶之心，才导致为善或为恶。他在回答中举出"花草"的例子：当人们想赏花时，就认为花是好的而它周围的杂草是恶的，因为那些杂草影响了赏花的效果；而当人们要用到那些杂草时，则又认为它是善的。这样的善恶区别，都是由于人们的好恶之心而产生的，因此是错误的。王阳明指出，应该心中无善无恶。他所讲的无善无恶，与佛家所讲的不同。佛家只在无善无恶上下功夫而不管其他，便不能够将此道理用于治天下。而圣人所讲的无善无恶，是告诫世人不从自身私欲出发而产生好恶之心，不要随感情的发出而动了本心。

有一天，深山里来了两个陌生人。年长的仰头看看山，问路旁的一块石头："石头，这就是世上最高的山吗？""大概是的。"石头懒懒地答道。年长的没再说什么，就开始往上爬。年轻的对石头笑了笑，问："等我回来，你想要我给你带什么？"石头一愣，看着年轻人，说："如果你真的到了山顶，就把那一时刻你最不想要的东西给我，就行了。"

年轻人很奇怪，但也没多问，就跟着年长的人往上爬。斗转星移，不知过了多久，年轻人孤独地走下山来。

石头连忙问："你们到山顶了吗？"

年轻人答："是的。"

石头问："另一个人呢？"

年轻人答："他，永远不会回来了。"

石头一惊，问："为什么？"

年轻人答："唉，对于一个登山者来说，一生最大的愿望就是登上世上最高的山峰，但当他的愿望真的实现了，同时，也就没有了人生的目标，这就好比一匹好马的腿断了，活着与死，已经没有什么区别了。"

石头问："他……"

年轻人答："他从山崖上跳下去了。"

石头问："那你呢？"

年轻人答："我本来也要一起跳下去的，但我猛然想起答应过你，把我在山顶上最不想要的东西给你，看来，那就是我的生命。"

石头问："那你就来陪我吧！"

年轻人在路旁搭了个茅草屋，住了下来。人在山旁，日子过得虽然逍遥自在，却如白开水般没有味道。年轻人总爱默默地看着山，在纸上胡乱画着。久而久之，纸上的线条渐渐清晰了，轮廓也明朗了。后来，年轻人成了一名画家，绘画界还宣称他是一颗耀眼的新星。接着，年轻人又开始了写作，不久，他就因他的文章回归自然的清秀隽永一举成名。

许多年过去了，昔日的年轻人已经成了老人，当他对着石头回想往事的时候，他觉得画画、写作其实没有什么两样。最后，他明白了一个道理：其实，更高的山并不在人的身旁，而在人的心里，心中无我才能超越。

这位老人的境界不可谓不高。确实，更高的山在我们的心里，只有心中无我时，人才能攀越这座高山。人世间最可怕的不是做错事，而是心中动了歪念。倘若内心摇摆不定、狂热偏激，就会动歪念，就会继续做错事，这个时候就只有倒空了自己，才会发现虚无。

一位佛学大师曾说："心是最有反应、最有感觉的器官。我们看大自然的山川鸟兽、花开花落。我们看人生的生老病死、苦空无常，我们看世间的生住异灭、轮回流转等待，都会因心的触动而有喜怒哀乐的表现。"世间的风动幡动，其实都是因为心动罢了。

王阳明认为，无善无恶是静态时候的表现，有善有恶是气动的表现。在起心动念间，如果我们自己的内心茫然，就会不知所住，甚至连自己究竟是对是错都分辨不清。因此，唯有秉持一颗安定、清净之心，才能将世情看破，身处繁华闹市而不为所动。

不忙不乱，不焦不躁

> "天地气机，元无一息之停。然有个主宰，故不先不后，不急不缓，虽千变万化而主宰常定，人得此而生。若无主宰，便只是这气奔放，如何不忙？"
>
> ——王阳明

忙碌是现代社会中大多数人的一种生活状态。不幸的是，与身体的操劳相伴随而来的，还有内心的忙乱急躁、焦虑不堪。所谓"身之主宰便是心"，倘若在忙碌的生活中不能给内心留一份悠闲，而使其深受烦恼与担忧所累，便更难在为人处世之时做到游刃有余、潇洒自在。

《传习录》中有这样一段记载：

崇一问："寻常意思多忙，有事固忙，无事亦忙，何也？"

先生曰："天地气机，元无一息之停。然有个主宰，故不先不后，不急不缓，虽千变万化而主宰常定，人得此而生。若主宰定时，与天运一般不息，虽酬酢万变，常是从容自在，所谓'天君泰然，百体从令'。若无主宰，便只是这气奔放，如何不忙？"

欧阳崇一问："平时意念思想常常很忙乱，有事的时候固然会忙，无事的时候

将自己的心放到天地间，去体悟自我的渺小与天地的广大，便会明白，那些长期困扰我们的身外之物，皆由一颗远离自然的心而起。

🌀 我们的生活之所以忙碌，是因为缺少一颗平静的自然之心。

也忙，这是为什么呢？"王阳明回答说："世间万物的变化本来就没有瞬息的停止。然而有了一个主宰之后，变化就会有所依据，有秩序可言，虽然千变万化，但主宰却是一成不变的，人有了这个主宰才能在瞬息万变的人世间生存。如果主宰恒定不变，就像天地运行一样永不停息，即使日理万机，却也从容自在，这就是所谓的'天君泰然，百体从令'。若没有主宰，便只有气在四处奔流，怎么会不忙呢？"

由此可知，要做到"虽酬酢万变，常是从容自在"，便要有一颗不忙不乱、不焦不躁的"主宰"之心。具体到人们的日常生活、工作中，就是要用心去体悟繁杂中的快乐，学会用一颗平静的心去享受忙碌的价值。

现实当中有很多人，为了功名利禄而盲目地工作，以此来填充自己的人生。工作带来的种种压力，不断侵蚀着内心的安宁，让人倍感焦灼，于是渐渐地，人的身心就会陷入一种莫名的慌乱之中，完全理不清头绪。此时，唯有从内心闲下来，静下来，才能转变观念，学会把工作当作一种快乐的享受，而不仅仅是赚取金钱谋取地位的工具。如此，才不至于将人生变成炼狱。

如道家所言，将自己的心放到天地间，去体悟自我的渺小与天地的广大。与由人所构成的社会相比，包容天地万物的大自然，更能令人身心舒畅。自然可以开启人的心灵，陶冶人的情操，将自己的内心倾向自然，正如"智者乐水，仁者乐山"。当我们走进自然的怀抱，沐浴春风与阳光，尽览山河之宽广与博大，便会明白，那些长期困扰我们的身外之物，皆由一颗远离自然的心而起。当我们身处自然之中，便能够亲身感受大自然的博大胸襟，感受到万物的和谐共处，从而在大自然的安逸与恬静中把握心中那份从容与自在。

忙碌的生活虽然令人身心疲惫，但也可以充满乐趣，成为一门令人身心愉悦的艺术。关键在于你是否能够放慢心的脚步，让你的心松口气。正如攀登高山，若一心只想着登上顶峰，难免疲惫不堪；但若能静下心来，欣赏沿途赏心悦目的风光，那将是一种别样的感受，更是一种忙而不乱的人生。

人的内心既是一方广袤的天空，能够包容世间的一切；也是一片宁静的湖面，偶尔也会泛起阵阵涟漪；更是一块皑皑雪原，辉映出一个缤纷的世界。纵然世间的纷纷扰扰难以平息，生活的智者总能在心中留一江春水，淘洗忙碌的身躯，以一颗闲静淡泊之心，看庭前花开花落，望天上云卷云舒。

身处泥泞，遥看满山花开

"世以不得第为耻，吾以不得第动心为耻。"

——王阳明

人人都希望自己过上更好的生活，过得舒适快乐。然而，生活并不是一条康庄大道，更多的时候，是一条布满荆棘与陷阱的崎岖小路。很多人在这条路上遇到了困难，不仅无法跨越，还会不自觉地陷入了一个可悲的怪圈，把大量的时间放在抱怨上。

王阳明虽出自书香门第，富有才情，但是多次参加会试都没有上榜，世人看来这是十分耻辱的事情。王阳明不以为然，却说："世以不得第为耻，吾以不得第动心为耻。"在他看来，有上榜之事，就有落榜之事，不要过分在意。快乐还是痛苦，都是生活的一部分。只有调整心态，才能减轻痛苦，享受快乐。

苏轼的友人王定国有一名歌女，名叫柔奴。柔奴眉目娟丽，善于应对，其家世代居住京师，后王定国迁官岭南，柔奴随之，多年后，复随王定国还京。

苏轼拜访王定国时见到柔奴，问她："岭南的风土应该不好吧？"不料，柔奴却答道："此心安处，便是吾乡。"苏轼闻之，心有所感，遂填词一首，这首词的后半阕是："万里归来年愈少，微笑，笑时犹带岭梅香。试问岭南应不好？却道：此心安处是吾乡。"

在苏轼看来，偏远荒凉的岭南不是一个好地方，但柔奴能像生活在故乡京城一样处之安然。从岭南归来的柔奴，看上去似乎比以前更加年轻，笑容仿佛带着岭南梅花的馨香，这便是随遇而安，并且是心灵之安的结果了。

"此心安处是吾乡"，不论在什么样的环境里均能安之若素，方可心无烦忧，一心做自己应做或爱做之事。即便身处泥泞之中仍能遥看满山花开。王阳明说："读书作文安能累人？人自累于得失耳。"不懂得身处泥泞之中而遥看山花烂漫的人，并非为泥泞所累，而是被自己的心态所拖累。

有人曾经问过一些饱受磨难的人是否总是感到痛苦和悲伤，有人答道："不是的，倒是很快乐，甚至今天我有时还因回忆它而快乐。"为什么会这样呢？因为他从心理上战胜了磨难，他从磨难中得到了生活的启示，他为此而快乐。换句话说，生活本来就是充满快乐的。

一个富人和一个穷人在一起谈论什么是快乐。

穷人说："快乐就是现在。"

富人望着穷人漏风的茅舍、破旧的衣着，轻蔑地说："这怎么能叫快乐呢？我的快乐可是百间豪宅、千名奴仆啊。"

一场大火把富人的百间豪宅烧得片瓦不留，奴仆们各奔东西。一夜之间，富人沦为乞丐。

炎炎夏日，汗流浃背的乞丐路过穷人的茅舍，想讨口水喝。穷人端来一大碗清凉的水，问他："你现在认为什么是快乐？"

乞丐眼巴巴地说："幸福就是此时你手中的这碗水。"

生活有时候会显出它不公平的一面，使我们经历磨难。然而，那不过是生活中一点或酸或辣的调味品，如果只将目光集中在这里，生活反而会变得毫无希望。当我们遇到挫折的时候，多想想美好回忆中那些令人振奋的人和事；当我们的情绪消极倦怠的时候，多想想如何去解决而不是一味地去逃避。当我们将内心痛苦的负累转化为积极乐观的力量，便能在不幸的悲剧之中重新找到幸福的人生。

其实，每个人的生活都是一样的有苦有甜，不一样的是人们的心态。与其在埋怨中度过，不如转变心态。埋怨只能证明无奈，生活不相信懦弱。

心狭为祸之根，心旷为福之门

"如今于凡忿懥等件，只是个物来顺应，不要着一分意思，便心体廓然大公，得其本体之正了。"

——王阳明

心狭为祸之根，心旷为福之门。心胸狭隘的人，只会将自己局限在狭小的空间里，郁郁寡欢；而心胸宽广的人，他的世界会比别人更加开阔。

心胸狭隘之人，往往放不下对曾经伤害过自己的人的怨恨。在生活中，很多人都曾因为情感纠葛、诽谤中伤或竞争对手的打击而深受伤害，心中的伤口久久不能愈合，耿耿于怀地痛恨着那些伤害过自己的人。其实，怨恨是一种极为被动的感情，不仅不能缓解心中的伤痛，大多数情况下也不能对对方形成影响，仅有的用处，便是伤害自己、折磨自己。怨恨就像一个不断扩大的肿瘤，挤压着生活中的快乐神经，使人们失去欢笑，整日愁容。更有甚者，因为放不下心中的怨恨，将报仇作为生存下去的唯一信念，最终只能香消玉殒，为怨恨陪葬。

《传习录》中记载，有人就"有所怨恨"一说向王阳明请教。先生指出："像怨恨等情绪，人的心中怎么会没有呢？只是一点也不可以有罢了。当人怨恨时，即使是多想了一点，怨恨也会过度，这样就不是心胸宽广无私了。因此，有所怨恨，心就以难保持正直。如今，对于怨恨等情绪，只要顺其自然，心中不存一分在意，那么心胸自然会宽广无私，从而实现本体的中正平和了。"

心胸狭隘之人，容不得别人比他好，猜忌心重，为芝麻绿豆的小事都能折腾好几天，只因为触碰到了他的利益。与放不下心中的怨恨的人相比，这样的人对自己的伤害更大。因为他的心胸狭隘，身边的人难以与之深交，基本的友好关系和信任感无法建立，除非靠强权压迫或金钱利诱，否则得不到半点发展的机会。历史上不乏由于昏君佞臣的猜忌而令无数功勋卓著的开国功臣走上断头台的例子。

心胸狭隘会给人带来无穷祸患，而心胸宽广则能解决人与人之间的纷争，慰藉心灵。无论是为了个人的身心健康，还是为了在纷繁复杂的现代社会中争取到发展的机会，都应以宽广的胸怀待人处世。只有时刻保持宽广的胸怀，心存一份豁达，才能放下怨恨，重拾笑颜；并能感受到他人对自己的尊重，共同进步。也许在你不经意的时候，心中的豁达就能为你带来意想不到的收获。

赵王有个卫兵，名叫少室周。少室周力大无比，在一次比武会上，有五个士兵攻击少室周一人,都被少室周摔倒在地。少室周因此得到赵王的赏识并被任命为贴身卫兵。

没过多久,一个叫徐子的人找上门要与少室周比试摔跤。摔跤的结果是,少室周连输三回。

少室周满面羞愧地将徐子带到赵王跟前,对赵王说:"请您用他当您的卫兵吧。"

赵王很奇怪,问道:"先生的勇武名震四方,很多人都想取代你,为什么你要推荐他呢,我并没有这样要求你呀?"

少室周向赵王推荐徐子作卫兵。

少室周回答道:"您当年是看我力气大,才让我当卫兵的。如今,有了比我力气大的人,如果我不推荐他,天下好汉会嘲笑我的。"

赵王很钦佩少室周的胸怀宽广,最后,让他们两人都当了自己的贴身侍卫。

豁达是一种修养,也是衡量一个人层次高低的标准。正所谓"牢骚太盛防肠断,风物长宜放眼量"。如果我们凡事都喜欢斤斤计较,终日锱铢必较,久而久之不但心胸变得狭窄,而且常常对别人产生嫉妒和愤恨,对于身心都是一种莫大的伤害。

只有敞开胸怀,才不会被俗世尘埃所扰,才能安心地关注当下,保证身心的纯净。只有做到待人处世不胡乱猜忌,面对摩擦和误会能放下心中的愤恨,心胸宽广坦荡,不以世俗荣辱为念,不为世俗荣辱所累,不为凡尘琐事所扰,不为痛苦烦闷所惊,才

如何才能做到心胸宽广,遇事不偏私抱怨呢?

心有多大,世界就有多大。王阳明讲,不要着一分意思。就是要开阔胸怀。在他看来这是一种宠辱不惊,笑看庭前花开花落的人生态度;是一种骤然临之而不惊,无故加之而不怒的智慧和淡定。天地何其广阔,拥有宽广的胸怀,我们便能在其中自由地翱翔。

心胸狭隘之人,容不得别人比他好,猜忌心重,为芝麻绿豆的小事都能折腾好几天,只因为触碰到了他的利益。与放不下心中的怨恨的人相比,这样的人对自己的伤害更大。因为他的心胸狭隘,身边的人难以与之深交,基本的友好关系和信任感无法建立,除非靠强权压迫或金钱利诱,否则得不到半点发展的机会。历史上不乏由于昏君佞臣的猜忌而令无数功勋卓著的开国功臣走上断头台的例子。

能包容万物、容纳太虚，才能活得轻松潇洒、舒心自在。

心有多大，世界就有多大。王阳明讲，不要着一分意思就是要开阔胸怀。在他看来这是一种宠辱不惊，笑看庭前花开花落的人生态度；是一种骤然临之而不惊，无故加之而不怒的智慧和淡定。天地何其广阔，拥有宽广的胸怀，我们便能在其中自由地翱翔。

空心，才能容万物

"圣人之所以为圣，只是其心纯乎天理而无人欲之杂，犹精金之所以为精，但以其成色足而无铜铅之杂也。"

——王阳明

王阳明曾言："圣人之所以为圣，只是其心纯乎天理而无人欲之杂，犹精金之所以为精，但以其成色足而无铜铅之杂也。人到纯乎天理方是圣，金到足色方是精。然圣人之才力亦有大小不同，犹金之分两有轻重。……盖所以为精金者，在足色而不在分两；所以为圣者，在纯乎天理而不在才力也。故虽凡人，而肯为学，使此心纯乎天理，则亦可为圣人，犹一两之金，此之万镒，分两虽悬绝，而其到足色处可以无愧。"王阳明以纯金作比，意在说明圣人比凡人更高明的地方，不是他的才能，而是一颗只存天理而无贪嗔杂念的空明之心。

宇宙万物，因为虚空而含纳包容，所以能拥有日月星河的环绕；高山因为不拣择砂石草木，所以成其崇峻伟大。世人常说"海纳百川"，便是将"大海"作为浩瀚胸襟的形象代表。而人心的包容，是大海与高山都不能比的。所谓"心空"，即内心无外物羁绊。修养内心的最高境界，便是将心腾空，如此才能真正做到包容万物。

苏不韦是东汉人，他的父亲做司隶校尉时得罪了同僚李皓，被李皓借机判了死刑。当时，苏不韦年仅十八岁，他把父亲的灵柩草草下葬后，又把母亲隐匿起来，自己改名换姓，用家财招募刺客，发誓复仇。但几次行刺都没有成功，这期间李皓反而青云直上，最后官至大司农。

苏不韦就和人暗中在大司农官署的北墙下开始挖洞，夜里挖，白天躲藏起来。干了一个多月，终于把洞挖到了李皓的卧室下。一天，苏不韦从李皓的床底下冲了出来，不巧李皓上厕所去了，于是苏不韦杀了他的小儿子和妾，留下一封信便离去了。李皓回屋后大吃一惊，吓得在室内设置了许多机关，晚上也不敢安睡。苏不韦知道李皓已有准备，杀死他已不可能，就挖了李家的坟，取了李皓父亲的头拿到集市上去示众。李皓听说此事后，心如刀绞，心里又气又恨，又不敢说什么，没过多久就吐血而死。

李皓因一点个人私怨就将人置于死地，结果不仅给自己招来杀身之祸，连老婆、孩子都跟着倒霉，甚至连死去的父亲也未能幸免。而苏不韦从十八岁开始就谋划复仇，此外什么也没做成。这两个人最大的缺陷都是被仇恨所牵绊，没有一个宽大的心胸。人有时候如果能宽容一点，甚至一笑泯千仇，将干戈化为玉帛，不但能为自己免去毁灭性的灾难，还可以放下心灵的包袱，让自己变得轻松，而生活也能变得更加幸福和祥和。

从内心深处摆脱周遭的羁绊，进入心无旁骛的至高境界，就是踏上了心灵的解脱之路，内心感受到的万物便会远远超过自己视线范围之内的一切。此时的内心，呈现的是一种空无的状态，也就是王阳明所说的空明之心。空，才能容万物。即便是人与人之间的交往，也需要给彼此一定的空间，才能畅所欲言、和平相处。与其用金钱权利、名誉地位将内心满满地填充，何不索性全部放下，将心腾空，获得心灵的自由和解脱呢？

因此，普通人若能学会抛开杂念，使内心纯净空明，那么，即便才能有高下之分，也同样可以成为圣人。

让生活回归简单

"'道之大端易于明白'，此语诚然。顾后之学者忽其易于明白者而弗由，而求其难于明白者以为学，此其所以'道在迩而求诸远，事在易而求诸难'也。"

——王阳明

简单是一种心灵的净化，它是安定，是率直，是单纯。它通常表现在衣着、饮食、休闲娱乐、事业成就等与生活密切相关的方方面面。然而就其本质而言，则是依托于一颗简单的心。换言之，就是在喧嚣的世俗社会中为自己增添一份内心的宁静。

王阳明曾在写给他学生的书信中说："'道之大端易于明白'，此语诚然。顾后之学者忽其易于明白者而弗由，而求其难于明白者以为学，此其所以'道在迩而求诸远，事在易而求诸难'也。"王阳明认为"大道理容易令人明白"这句话非常正确。后来的学者忽略那些简单明白的大道理不去遵循，而去追求那些难以理解的东西来做学问，这就是"道理在近处却偏偏往遥远的地方去寻求，事情本来很简单，却偏偏要将其复杂化"。

圣人做学问追求一种"大道至简"的境界，人活一生也应如此。在人的一生中，会有许多的追求、许多的憧憬。追求真理，追求理想的生活，追求刻骨铭心的爱情，追求金钱、名誉和地位。有追求就会有收获，我们会在不知不觉中拥有很多，有些是我们必需的，而有些却是完全用不着的。

孩童时代的我们能够拥有一颗单纯的心，是因为那时的我们内心尚未被世间的身外之物所牵绊。

那些用不着的东西，除了满足我们的虚荣心之外，最大的可能，就是成为心中的负担。

为什么人们会不厌其烦、孜孜不倦地去追求那些看似风光，实际令人身心疲累的"负担"呢？皆因内心少了一份简单，少了一种简单的人生态度。与其困在财富、地位与成就的壁垒中迷惘，不如尝试以一颗简单的心，追求一种简单的生活，舒展身心，享受用金钱也买不到的满足与快乐。

其实也有很多人渴望拥有简单的生活，渴望放弃华屋美宅、山珍海味，不追时髦，不赶潮流。他们常常说："如果能回到孩童时代就好了！那时的我们，多单纯，多快乐啊！"孩童时代的我们能够拥有一颗单纯的心，并不是因为我们处于那样的年龄阶段，而是因为那时的我们内心尚未被世间的身外之物所牵绊。真正的简单是发自内心的，选择简单的生活就是要挣脱心灵的桎梏、回归真我。无论是三岁孩童还是二三十岁的成年人，都可以拥有一颗简单的心。尤其当人的一生即将结束的时候，人们终将体会到，简单才是内心深处最迫切的渴望。保持一颗简单的心，才能使简单的生活不仅仅是内心的向往而是成为现实。

简单，是一种生活的艺术，是幸福生活的最高境界。简单的生活首先是外部生活环境的简化。然而强调简化生活，并非完全抛弃物欲，而是要将全身心专注于身外浮华之上的注意力打散，从而求得一种身心的平衡，过一种和谐从容的生活，真正提升生活的品质。一个真正懂得简单生活的人，才能从做家务、带孩子等平凡的生活细节中体验到真正的快乐。

同时，简单又不仅仅是一种生活的艺术，也是一种强大的驱动力。吃惯鲍参翅肚的人偶尔尝一次家常小菜，自然觉得新鲜可口，但能否长此以往，则在于他的内心是否也如此简单。善于算计之人，心思复杂之人，则因为缺乏了这种强大的驱动力，而难以享受简单生活所带来的发自内心的快乐。当我们不再为身外的浮华耗费过多的时间和精力，也就为内心提供了更大的空间与平静。当我们的生活趋于简单，我们才能更深刻地认识自己，更真诚地对待自己，才能将一颗简单的心升华，从而体会到"不足为外人道"的快乐。

内心单纯、想法简单的人，更能打动世界的心。世界上有这样两种人，一种人像水，随着地势的起伏改变着自己的形态；另一种人则像水晶，内心晶莹透彻，但却锐利坚硬。第一种人只能让自己随着世界而改变，第二种人则能令世界因他而改变。因为一颗简单的心，往往能令人们美好的梦想和执着的信念具有强大的感召力和影响力。这种强大的影响力与单纯的人格魅力常常形成一种鲜明的对比，天真烂漫的生活和无忧无虑的心态使他们宛若孩童，但思想的感召力和举手投足间的伟人风范却令人心生敬意。

对于心如水晶的人而言，一切都只不过是听从了内心的召唤，并随着善良的灵魂高歌起舞罢了。那一支心灵的舞蹈，将令整个世界为之倾倒。

◎第二章◎
诚心：持纯粹心，做至诚人

真心着眼，敦本尚实

"诚字有以工夫说者。诚是心之本体，求复其本体，便是思诚的工夫。"

——王阳明

一次，王阳明来到南镇游玩，一个朋友指着从石头缝里长出来的花问道："你说天下没有心外之物，那么这花在自开自落，和我心有什么关系？"

王阳明回答说："你见到这花之前，花与你的心各自寂静；你来看此花时，花进入我们的内心，此花便在心头显现出来。便知此花不在你的心外。岩中花树对于心来说，其存在本身及其意义的被确认，在于花在人心中的显现。"

王阳明的这番话可以有很多种理解，而其中最为紧要的一点则是对于"心"的着眼。世间万象，其实都在于你是否用一颗"本心"去体验融会。在王阳明看来，这个本心就是真，真诚、真挚、真君子，抽取"真"，弄权耍奸，虚伪掩饰，只剩皮囊一副；抽取"真"，花开花谢无关己身，不知人事变迁，落得心眼两茫，终其一生，全无所得。

人心中有善有恶，有趋炎附势，有高洁自傲。唯其不真，所以才有"这万丈红尘，最难揣摩的就是人心"的说法。王阳明的全部学问就在于求"真心"以接"仁义"。简单地说，就是你没有一颗真挚实诚的心，也做不出善良敦厚的事。

一日，杨时、游酢来到嵩阳书院拜见程颐，正遇上程颐闭目养神，坐着假睡。程颐明知两个客人来了，他却不言不动，不予理睬。杨、游二人也不愠不恼，只是恭恭敬敬地站在门口，肃然待立，一声不吭等着他睁开眼来。

朋友向王阳明请教心外无物的学问。

◎ 杨时、游酢来到嵩阳书院拜见程颐。

那天正是冬季很冷的一天，不知什么时候，开始下起雪来。门外积雪，有一尺多深。在雪中等了约有半天工夫，程颐才从睡榻上醒来，见了杨、游二人，装作一惊说道："啊！啊！贤辈早在此乎！"而杨时和游酢并没有一丝疲倦和不耐烦的神情。

杨时、游酢二人"程门立雪"，只为学于高师、求善解，两人真心崇拜程颐人品道德和学术修养，明知程颐是故意为之，却依然以礼相见。对他们来说，这是出于真心实意的行为，并非趋炎附势，所以内心坦荡而礼义周全，即是平常人之礼，其本质是诚心而非收买。

不敷衍、不做作、不逃避，能老实地袒露内心的人，往往最能打动人心，得到别人的谅解。然而，做人却很难永远保持着这种心境。就好像刚出学校的年轻人，满怀着希望和抱负。但是入世久了，挫折受多了，艰难困苦经历了，或者心染污了，变得有杂质了；或者本来很爽直的，变得不敢说话了；或者本来很坦白的，变得拐弯抹角了；或者本来有抱负的，最后变得很窝囊了。其实，社会与环境不足以影响人，只要我们每个人有自己独立的思想、独立的修养，那么在任何复杂的世界、任何复杂的时代、任何复杂的环境里，都可以永远保持最初开始时的心境，这就是王阳明说的"本心"。

一如动静互补是一种生命形态，本心为真亦是一种生命形态。王阳明常言："真，吾之好也。"佛家说世上只有两个人，一个人叫名，一个人叫利，照此讲来，我们不妨也可以这样说，世上只有两样事，一件为真，一件为假。求真必然务实，求假自然务虚，虚实之间，体现的不仅是对人的态度，更是对自己的认识。糊弄别人容易，糊弄自己很难。

保持本色，出以真情

"无事时固是独知，有事时亦是独知。"

——王阳明

泰山拔地而起，于是造就了它的雄伟；黄山吞云吐雾，于是成就了它的瑰丽；峨嵋清幽秀美，于是展现了它的神奇——山因自己的个性而呈现出千姿百态。雄也美，秀也美。万事万物，因有个性本真而美丽；芸芸众生，因有个性本真而永恒。

王阳明曾对他的学生黄弘纲说，无事时是独知，有事时也是独知。人如果只在人们关注的地方用功，那就是虚伪的作假。因此，一个人在这个社会上生存，不要总希冀自己能够瞒天过海，还是以真示人，但求无违我心的好。

子路、曾晳、冉有、公西华坐在孔子身旁。孔子说："不要认为我比你们年纪大一点，就不敢在我面前随便说话，你们平时总在说：'没有人知道我呀！'如果有人想重用你们，那么你们打算怎么办呢？"

子路不假思索地回答说："一个拥有一千辆兵车的国家，夹在大国之间，常受外国军队的侵犯，加上内部又有饥荒，如果让我去治理，三年工夫，就可以使人人勇敢善战，而且还懂得做人的道理。"孔子听了，微微一笑，于是又问："冉求，你怎么样？"

冉有回答说："一个纵横六七十里或者五六十里的国家，如果让我去治理，三年工夫，就可以使老百姓富足起来。至于修明礼乐，那就只得另请高明了。"

孔子又问："公西华，你怎么样？"

公西华回答说："我不敢夸口说能够做到怎样，只是愿意学习。在宗庙祭祀的工作中，或者在同别国的会盟中，我愿意穿着礼服，戴着礼帽，做一个小小的赞礼人。"

孔子接着问曾晳，这时曾晳弹瑟的声音逐渐慢了，接着铿的一声，放下瑟直起身子回答说："我和他们三位的才能不一样呀！"孔子说："那有什么关系呢？不过是各自谈谈自己的志向罢了。"曾晳说："暮春时节，天气暖和，春天的衣服已经上身了。我愿意和五六位成年人，六七个青少年，到沂河里洗洗澡，在舞雩台上吹吹风，一路唱着歌儿回来。"

孔门这几位弟子的个性跃然纸上，子路的忠诚与勇敢、冉有的谨慎、公西华的谦虚、曾晳心灵的平静与淡然，都呼之欲出。个性就是一种特质，一种不因潮流而改变的东西，一种你有别人没有的东西。只有坚持独属于自己的才会是最美的。

明末清初大思想家王夫之在其书中曾强调，个人身处世间，不可"挟心而与天下游"，否则就会像"韩非知说之难，而以说诛。扬雄知白之不可守，而以玄死"。既然一个人不可"挟心而与天下游"，那就说明人生在世，要学会"以真示人"。但很多人都自认为聪明，可以骗得了天下人，其实，人的智慧相差无几，一个人的那点小小的伎俩怎么可能瞒得了其他人呢？

东晋时，王家是大家族，社会地位很高，因此当时的太尉郗鉴就想在王家挑选女婿。郗鉴这个女儿，才貌双全，郗鉴视如掌上明珠，这么一个宝贝女儿，一定要找个门当户对的人家。郗鉴觉得王家与自己情谊深厚，又同朝为官，听说他家子嗣甚多，个个才貌俱佳。一天早朝后，郗鉴就把自己择婿的想法告诉了王丞相。王丞相说："那好啊，我家里子嗣很多，就由您到家里任意挑选吧。凡您相中的，不管是谁，我都同意。"郗鉴就命心腹管家带上重礼到了王丞相家。王府子弟听说郗太尉派人觅婿，都仔细打扮一番出来相见。寻来觅去，一数少了一人。王府管家便领着郗府管家来到东跨院的书房里,就见一个袒腹的青年人仰卧在靠东墙的床上,似乎对太尉觅婿一事无动于衷。郗府管家回去向郗鉴报告:"王家的少爷个个都好,他们听到了相公要挑选女婿的消息以后,个个都打扮得齐齐整整,装模作样,循规蹈矩,唯有东床上有位公子,袒腹躺着,若无其事。"郗鉴说:"那个人就是我所要的好女婿!"于是马上派人再去打听,原来那人就是王羲之。郗鉴来到王府,见到王羲之既豁达又文雅,才貌双全,当场下了聘礼,择为快婿。

王羲之并不因有人来挑选女婿就刻意打扮自己,这就是显其真。

真正成功的人生,不在于成就的大小,而在于是否活出自我。走自己的路,让人们去说吧!何必把自己的人生交到别人的手中,何必要被别人的评论所左右,何不按照自己的想法去过自己的人生!

伪装自己、改变自己只会丢失自己,这样便没有了存在的意义。王阳明提倡恢复心的本体,是告诉世人要保持最为本真的自己。每个人都是独一无二的,无须按照他人的眼光和标准来评判甚至约束自己,无须效仿他人,要相信自己,保持自我的本色,无须去寻求这样那样的机心,应以真心对待万事万物。事实上,只要我们在遵守团体规则的前提下能够保持自我本色,不人云亦云,不亦步亦趋,就能创造出属于自己的美好人生。

朴实的人生态度

"诚意只是循天理。虽是循天理,亦着不得一分意。"

——王阳明

王阳明认为世间本没有善恶之分,也就没有为善除恶之说。若真要弄出个善、恶来,也是存在于人心当中,遵循自然而发展就是善,被外物所扰、掺杂私欲就是恶。

所谓善恶,只不过是在周边环境影响下依据本性而产生的,有善恶之分的不是本性而是习惯。本性是一种内在的东西,平时可能感觉不到它的存在,但它在暗中操控着你。它决定着你的大部分习惯,决定着你的性格,甚至决定着你的人生。人本来生下来都很朴素、很自然,由于后天的教育、环境的影响,圆满的自然的人性被刻上了许多的花纹雕饰,原本的朴实被破坏了。其实,人不应该刻意雕琢自己本性的棱角,要保持住生命中最朴素的东西。

先秦时期,燕国寿陵地方有一位少年。

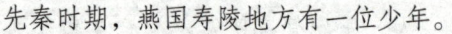
邯郸学步。

这位少年不愁吃不愁穿，论长相也算得上中等人才，可他就是缺乏自信心，经常无缘无故地感到事事不如人，低人一等——衣服是人家的好，饭菜是人家的香，站相坐相也是人家的高雅。他见什么学什么，学一样丢一样，虽然花样翻新，却始终不能做好一件事，不知道自己该是什么模样。

家里的人劝他改一改这个毛病，他以为是家里人管得太多。亲戚、邻居们，说他是狗熊掰棒子，

生活贵在简单，只要抛弃自作聪明之念和贪图之心，活出本性，就是最美的了。

他也根本听不进去。日久天长，他竟怀疑自己该不该这样走路，越看越觉得自己走路的姿势太笨，太丑了。

有一天，他在路上碰到几个人说说笑笑，只听得有人说邯郸人走路姿势那叫美。他一听，对上了心病，急忙走上前去，想打听个明白。不料想，那几个人看见他，一阵大笑之后扬长而去。

邯郸人走路的姿势究竟怎样美呢？他怎么也想象不出来。这成了他的心病。终于有一天，他瞒着家人，跑到遥远的邯郸学走路去了。

一到邯郸，他感到处处新鲜，简直令人眼花缭乱。看到小孩走路，他觉得活泼、美，学；看见老人走路，他觉得稳重，学；看到妇女走路，他觉得摇摆多姿，学。就这样，不过半月光景，他连走路也不会了，路费也花光了，只好爬着回去了。

这就是"邯郸学步"成语的来历，它所揭示的道理是生搬硬套，机械地模仿别人，不但学不到别人的长处，反而会把自己的优点和本领也丢掉。很多人过不上自己想要的生活，就希望自己成为别人，把自己想象成模仿中的人物，过着模仿的生活。其实每个人都有自己的本色，一味模仿别人，扭曲自己的本来面目，最终是会失掉自己。

人需抛弃自己引以为傲的聪明灵巧，抛弃自私自利的贪图之心，如果人人皆能如此，便不会有作奸犯科的盗贼，不会有我们认为的大恶。

著名国学大师南怀瑾先生曾说，如果将绝圣弃智的观念归纳到生命理想中，便是"见素抱朴，少私寡欲"。"见"指见地，观念、思想谓之见；"素"乃纯洁、干净；"朴"是未经雕刻、质地优良的原木。见素抱朴正是圣人超凡脱俗的生命情操，佳质深藏，光华内敛，一切本自天成，没有后天人工的刻意造作。

孔子在《论语》中也说，"素"如一张白纸，毫不沾染任何颜色，人的思想观念要随时保持纯净无杂，即不思善，不思恶。心地胸襟，应该随时怀抱原始天然的朴素，以此态度来待人接物、处理事务。个人拥有这种修养，人生一世便是最大的幸福；如

果人人持有这种生活态度，天下自然太平和谐。

最优秀的东西就在人们自己身上，但是"大浪淘沙沙去尽，沙尽之时见真金"，大多数人都在浮华过后才意识到本色的可贵。玉不琢，不成器，但有时，人应该成为一块拒绝雕琢的"原木"，保留人性中单纯、善良、朴实的东西，不要让外在的雕饰破坏了自然的本质。一个人若能以本色示人，焕发本真个性，活出自己便是最美的。

泰然自处，真心生活任天然

"率性是'诚者'事。所谓'自诚明，谓之性'也。"

——王阳明

《中庸》有云："自诚明，谓之性。自明诚，谓之教。诚则明矣，明则诚矣。"意思是说人一生下来就有道德的觉悟，而后又有道德的认识，这是尽心知性；因为有了道德的认识，又产生道德的觉悟，这是存心养性。

王阳明在谈到这一观点时说："率性是'诚者'事。所谓'自诚明，谓之性'也。修道是'诚之者'事。所谓'自明诚，谓之教'也。"诚的本身就是"明"，"明"是一种率性而为、修道的智慧，而遵照自己的天性而行动就是修养圣道。"明"这种智慧，越没有被外物所扰，力量就会越强大。

阮籍，字嗣宗，建安七子之一阮瑀的儿子。曾任步兵校尉，世称阮步兵。崇奉老庄之学，政治上则采谨慎避祸的态度。与嵇康、刘伶等七人为友，常集于竹林之下肆意酣畅，世称竹林七贤。

阮籍蔑视礼法，邻家少妇美貌，当垆卖酒。阮籍曾经去饮酒，大醉，便卧其侧。她丈夫看到了，也不恼怒。一个当兵的女儿美貌而有才气，可惜还没出嫁就死了。阮籍不认识这一家人，却径直去哭，哭够了才走。他外坦荡而内心淳厚，乱世之中，常以"醉酒"保身，就连司马昭想与他联姻时，他竟会大醉六十日加以拒绝。

阮籍嗜烈酒、善弹琴，喝酒弹琴往往复长啸，得意时忽忘形骸，甚至即刻睡去。实可谓"我今欲眠君且去，明朝有意抱琴来"。其痴狂之态，可见一斑。

魏晋文人个个喷着酒气，他们也因为酒气而透着狂妄。"壁立千仞，无欲则刚"，魏晋文人的刚烈来自他们内在的无欲，他们因为无欲而超然，因为超然而蔑视礼法，"越名教而任自然"。他们活得超然而天真，所以，世人不以他们行为的出格而非议，也不因为他们行为的癫狂而为难他们。

在天地眼中，万事万物无明确的对错之分，天地只是冷眼旁观世间一切而已，它不介入，任事物之自然。天地生万物，是自然而生，自然而有。天地无心而平等生发万物，万物亦无法自主而还归于天地。所以古语有云："天地不仁，以万物为刍狗。"即天地并没有特意立定一个仁爱万物之心而生长万物，只是自然而生，自然而有，自然而灭。从天地的立场来看，一律同仁，万物与人类都不过是自然、偶然、暂时存在，最终将归于还灭的"刍狗"而已。

人生不过就是一杯水，杯子的华丽与否固然可以显示一个人的贫与富，可杯子只是容器，杯子里的水，清澈透明，无色无味，对任何人都一样。不过在饮入生命时，每个人都有权力加盐、加糖，或是其他，只要自己喜欢，这是每个人生活的权力，全由自己决定。

然而，在欲望的驱使下，人们或许会不停地往杯子里加入各种东西，但必须适可而止，因为杯子的容量有限，并且无论你加入了什么，最终你必须将其喝完，无论它的味道如何。如果杯中物甘爽可口，你最好啜饮，慢慢品味，因为每个人都只有一杯水，喝完了，杯子便空了。

生命就是这样简单，荣是荣，枯是枯。面对自然的力量，人的愿念和希冀是多么渺小，任你怨天尤人，苍天仍任你枯荣，它不偏不倚，无悲无喜。有人说，圣人就能做到像苍天一样，没有喜怒哀乐，对待万物一视同仁。其实，即便是圣人，也有私欲、自利、利人的时候。

唯独没有"利心"可言，因为天地万物的任何"利"都由它而来，回归它处，它又何必跟人计较。只是人们以人心自我的私识，认为天地有好生之德，又或者对苍天不公而发出诅咒。倘若天地有知，定会大笑我辈痴儿痴女的痴言痴语。所以，我们还是应当谨记王阳明的话，率性而为，不怨天尤人，不沉迷功名利禄，实实在在地活着和做事，规规矩矩地做人，泰然地接受自然的赐予，回报自然以真心，就是如此单纯。

清水芙蓉，纯然初心

"心即理。没有私心，就是合于理。不合于理，就是存有私心。如果把心和理分开来讲，大概也不妥当。"

——王阳明

王阳明在回复顾东桥的来信时说，诚是心的本体，恢复心的本体，就是思诚的功夫。心的本体就是最本真，不矫揉造作，不过分修饰。就是永远保持"初心"，不受外界环境影响，光明磊落、坦白纯洁，永远长新。

"初心"是这个世界的原始本色，没有一点功利色彩。就像花儿的绽放，树枝的摇曳，风儿的低鸣，蟋蟀的轻唱。它们听凭内心的召唤，是本性使然，没有特别的理由。

诗人李白云："清水出芙蓉，天然去雕饰。"如果一个人去除了机心，还生活本来面目，不刻意追求什么，他就能像李白诗中那朵出水的芙蓉一样，美丽、洁白而无瑕。

王阳明主张心就是理，二者本来就是一体的，除去人的私心，就是符合天理。对于这一点，人们很难认识到，或者即使认识了也很难从心底接受，以至于总是执着于

小孩子的心是最本真，不矫揉造作的，我们存养本心，就是要保持这样一种纯洁自然之心。

自己的一腔信念，却不知这个想法已经错了。这种自以为是的聪明，反而会成为算不清的糊涂账，倒不如像王阳明说的，去除杂质，于单纯中得正道。

聪明是一种先天的东西，人们总是羡慕聪明人的智商，殊不知这种表面的光芒不一定能令聪明人成功，在现实中也确实存在着众多一事无成的聪明人。聪明这种天赋犹如水一样，可以载舟，也可以覆舟。

苏轼在其《洗儿》一诗中这样写道："人皆养子望聪明，我被聪明误一生。唯愿孩儿愚且鲁，无灾无难到公卿。"苏轼对于自己一生因聪明而受的苦真是刻骨铭心，以至于希望自己的儿子愚蠢一点，躲避各种灾难。聪明本是天生禀赋，但机关算尽却是人的痛苦之源，这正是聪明人苏学士对后来人的忠告。

才智也有困窘的时候，神灵也有考虑不到的地方。正所谓难得糊涂：聪明难，糊涂难，由聪明而转入糊涂更难。摒弃小聪明方才显示大智慧，除去矫饰的善行方能使自己真正回到自然的善性。

一个人若在机巧之路上迷途不返，就只会越走越远，就像追赶自己的影子，自己跑得越快，影子也跑得越快，永远没有追到的一天。因此，一个人若想拥有幸福、快乐的人生，必须去除机巧之心，用"难得糊涂"的心态和真正的大智慧去面对生活中的点滴。

众所周知，在音乐的世界中，技巧很重要，但并不是最重要的，过多的花哨技巧只会减弱情感的表达。人生也是如此，人人都玩弄聪明才智，只会让世界繁杂凌乱，绝圣弃智，才能朴实安然地生活。

我们存在于这个世界上，虽然由于各种各样的因素，不能完全去除机心，但也要尽量减少机心。去除了机心，人就能保持内心的宁静，就能显现出天真烂漫的情怀来。

君子养心莫善于诚

"臆不信，即非信也。"

——王阳明

从古至今，诚信都是衡量人品的重要标尺。信是一个人的立身处世之本，如果不守信，也就失去了做人的基本条件。孔子把信与言、行、忠并列为教育的"四大科目"，并把它与恭、宽、敏、惠一起列入"五大规范"之中。一个人，只有言而有信，才能得到他人的信任。

对于无法遵守诺言的人，王阳明一向持批评态度。他认为与人交往时，事先就揣着怀疑的态度，臆想别人不相信自己，其实这就是不诚信的表现。只有淳朴、怀真情、讲真话、守信用的人才值得认同和欣赏。这种人，本性中最重要的便是"真"字，是至诚之人真实的写照。

诚信是一个人安世立命的基本准则，是与人交往的前提要求，唯有遵守对他人的承诺，他人才会将心交于你，并且团结在你的周围，给予你存世的支撑。倘若你历来以违背誓言为生活的基本准则，只为小便宜处处失信于人，不但会失去朋友，还会失去你所得到的一切，令自己变得孤立无援。

周幽王三年，褒国的奴隶主褒姁试图平息周褒之间的战争，将貌美非凡的褒姒献给了周幽王，史书上记载褒姒"目秀眉清，唇红齿白，发挽乌云，指排削玉，有如花如月之容，倾国倾城之貌"。幽王昏庸又荒淫无度，明眸皓齿的褒姒进宫以后自然集万千宠爱于一身，幽王立她为妃。

可那褒姒却因不习惯皇宫中生活，且念养父被太子宜臼所杀，心中忧恨，平时很少露出笑容，偶有一笑，流盼生辉，幽王便心中甚喜，为了博得美人一笑，幽王于是下诏天下：诱褒姒一笑者，赏千金。

后来朝中的大奸臣虢石父便献出"烽火戏诸侯"的主意，幽王决意一试，遂命点燃烽火。那时候，从边疆到国都，每隔一定距离修一个高土台，当有外敌侵犯的时候，日夜驻守在烽火台的兵士便点燃烽火，一路传递下去，诸侯国得到消息便会立即派兵来援助。

且说那烽火燃起后，褒姒看到带着兵马匆匆赶来的大臣狼狈不堪的样子，忍不住便笑了，幽王心里甚是痛快，又把这种让人愤怒的游戏重演了几遍。这游戏满足了幽王的要求，却终使幽王失信于朝中大臣，成了西周最终灭亡的直接原因。

幽王为讨褒姒欢心，便下令废黜王后申氏和太子宜臼，册封褒姒为后，褒姒生的儿子伯服为太子，王后的父亲申侯听后气愤不过，便联合缯侯及西北夷族西戎之兵，于公元前771年进攻镐京，幽王惊慌，命人点燃烽火，诸侯们却因以往多次的被愚弄心生不满，又加之痛恨幽王的昏庸无道，无人救援，终于幽王被杀，褒姒被掳，西周灭亡。

"真""善""美"中"真"是为人的第一步。如果一个人待人虚伪而不真诚，他终究难以给人留下好的印象。王阳明的"致良知"学说中就有包含真诚笃实的观点。人之言为信，言而无信则非人。如果连句真话都不讲、连个小小的承诺都不能实现，并且因失信对他人造成伤害，那么这个人无论做什么，别人都会敬而远之、唾弃其卑劣人格，或者对他以牙还牙。最后此人终将孤立于世，郁郁寡欢、无疾而终。

在日常生活中，许多人对自己的习惯要求不严，总觉得一些小事，即使做错了也没什么大不了，所以往往在不知不觉中失去诚信。生活就是这样的，你对他不诚实，他也会对你不诚实,总有一天,你会发现自己被生活所"欺骗",失去了原本应该得到的东西。

做一个有信义的人胜似做一个有名气的人。也许有一天,一个人会失去所拥有的地位、财富、权力,但是做人的信用却不会被时间冲刷掉,它是无形的人生财富。时刻用诚信点缀自己的心灵,便能享受真实而惬意的生活。

至诚胜于至巧

"惟天下之至诚,然后能立天下之大本。"

——王阳明

我国著名翻译家傅雷说过这样的话:"一个人只要真诚,总能打动人,即使人家一时不了解,日后便会了解的。我一生做事,总是第一坦白,第二坦白,第三还是坦白,绕圈子,躲躲闪闪,反易叫人疑心。你要手段,倒不如光明正大,实话实说,只要态度诚恳、谦卑恭敬,无论如何人家不会对你怎么样的。"

所谓"精诚所至,金石为开"。假如我们没有诚意,就会什么事情也做不好,做不成。王阳明认为惟天下之至诚,然后能立天下之大本。在他看来,"诚"是一个非常重要的字。做事情,总是有一个先后的顺序,在谈到格物致知和诚意时,王阳明说"若以诚意为主,去用格物致知的工夫,即工夫始有下落,即为善去恶无非是诚意的事"。必须要先有诚意,然后才能在事物上格致,否则就会无从下手。所以,在做任何事情的时候,都要讲究一个"诚"字,而这个"诚"是发自内心的真诚、坦白。

《论语·公冶长》中孔子说,一个人讲一些虚妄的、好听的话;脸上表现出好看的、讨人喜欢的面孔;看起来对人很恭敬的样子,但不是真心的。这样活着的人未免太辛苦了。

贞观初年,有人上书请求清除邪佞的臣子。太宗问他说:"我所任用的都是贤臣,你知道哪个是邪佞的臣子吗?"那人回答说:"臣住在民间,不能确知哪个人是佞臣。请陛下假装发怒,以用来试验群臣,如果能不惧怕陛下的雷霆大怒,仍然直言进谏的,就是忠诚正直的人;如果顺随旨意,阿谀奉承的,就是奸邪谄佞的人。"

惟天下之至诚,然后能立天下之大本。

这个人的办法看来非常聪明，但是太宗对封德彝说："流水的清浊，在于水源。国君是政令的发出者，就好比是水源，臣子百姓就好比是水。国君自身伪诈而要求臣子行为忠直，就好比水源浑浊而希望流水清澈一样，这是不合道理的。我常常因魏武帝曹操为人诡诈而特别鄙视他，如果我也这样，怎么能教化百姓？"

于是，太宗对上书劝谏的人说："我想在天下伸张信义，不想用伪诈的方法破坏社会风气。你的方法虽然很好，不过我不能采用。"

不管对谁，都需诚心诚意地对待，才能够得到别人的信任。而不是通过一些看似聪明的障眼法，来试探对方。因为这样做一方面有被识破的危险，如果这样的做法被别人利用，趁机表现，只会让自己陷入被动、是非颠倒的境地；另一方面，当自己都失去了诚意的时候，就不可能再要求别人要真心实意。

做任何事情的时候，都要讲究一个"诚"字。

事情成功与否，取决于有多大的诚意。真诚，乃为人的根本。如果你是一个真诚的人，人们就会了解你、相信你，不论在什么情况下，人们都知道你不会掩饰、不会推托，都知道你说的是实话，都乐于同你接近，因此也就容易获得好人缘。

以诚待人处世，能够架起信任的桥梁，能够消除猜疑、戒备的心理，能够成大事，立大本。

不欺不诈，信守承诺

"以宾阳才质之美，行之以忠信，坚其必为圣人之志，勿为时议所摇、近名所动，吾见其德日进而业日广矣。"

——王阳明

诚信是一个人的立身之本，一个人存在于社会之中，诚信是其基本的道德依存。孔子在《论语·为政》中曾说："人而无信，不知其可也。大车无輗，小车无軏，其何以行之哉？"意思是说：人不讲信用，真不知道怎么可以呢！就好比大车上没有輗，小车上没有軏，它靠什么行走呢？

信，是儒家传统伦理准则之一，是一个人立身处世的基点。王阳明警示别人要以忠实诚信为行事的准则，坚定做圣人的志向，不被时局动摇，不被名利诱惑，这样德行的修养会越来越高，事业也会越做越大。因此，一个人如果没有诚信，就等于失去了做人的基本条件。

唐朝元和年间，东都留守名叫吕元应。他酷爱下棋，养有一批下棋的食客。吕元应与食客下棋。谁如果赢了他一盘，出入可配备车马；如赢两盘，可携儿带女来门下投宿就食。

有一天，吕元应在亭院的石桌旁与食客下棋。正在激战犹酣之际，卫士送来一摞公文，要吕元应立即处理。吕元应便拿起笔准备批复。下棋的食客见他低头批文，认为他不会注意棋局，迅速地偷换了一子。哪知，食客的这个小动作，吕元应看得一清二楚。他批复完公文后，不动声色地继续与食客下棋，食客最后胜了这盘棋。食客回房后，心里一阵欢喜，企望着吕元应提高自己的待遇。

第二天，吕元应带来许多礼品，请这位食客另投门第。其他食客不明其中缘由，很是诧异。十几年后，吕元应处于弥留之际，他把儿子、侄子叫到身边，谈起这次下棋的事，说："他偷换了一个棋子，我倒不介意，但由此可见他心迹卑下，不可深交。你们一定要记住这些，交朋友要慎重。"

吕元应多年的人生经验，深觉棋品与人品密不可分，棋品即人品。我们在日常生活中一些不守信用的行为，看似小事，却会为我们的品格印上很大的污点，成为我们人生发展的隐患。

诚信是一种智慧，不论组织或个人，信用一旦建立起来，就会形成一种无形的力量，成为一种无形的财富。一个诚信不欺、一诺千金的人往往易于得到认可，获得帮助。从某种意义上说，诚信就是一个人的生存资本，比其他任何的智谋都要更好。

季札是春秋时吴王寿梦四个儿子中最小的一个。他虽小却很有才华，寿梦在世时就想把王位传给他，但季札避让不答应，寿梦只好仍旧让长子诸樊继位。

后来，季札受吴王的委托出使北方，北行时拜访了徐国国君，徐国国君在接待季札时，看到他佩戴的宝剑，吴国铸剑在春秋闻名，季札作为使节所佩戴的宝剑自然不凡，徐君对季札的宝剑赞不绝口，流露出喜爱之情。季札也看出徐君的心意，就打算把这宝剑送给徐君以做纪念。但是这把剑是父王赐给他的，是他作为吴国使节的一个信物，他到各诸侯国去必须带着他，现在自己的任务还没完成，怎么能把它送给别人呢？只能暗下决心，返回时一定把此剑献上。

后来，他离开徐国，先后到鲁国、齐国、郑国、卫国、晋国等地，当返回时又途径徐国，当他想去拜访徐君以实现自己赠剑的愿望时，却得知徐君已死。

万分悲痛的季札来到徐君墓前祭奠，祭奠完毕，季札解下身上的佩剑，挂在坟旁的树木之上。随从人员说："徐君已死，那宝剑还留下干什么呀？"季札说："当时我内心已答应了他，怎么能因为徐君已死，就违背自己的心愿呢！"

一个已经亡故的赠剑对象，一把价值连城的宝剑，诠释了"诚"的真实含义，相比那些对别人做出了正式承诺而找各种理由不履行诺言的人来讲，季札无疑做出了一个良好的表率。

王阳明告诫自己的学生：讲良知，自然就不能够容忍不诚实。不诚实一旦存在，心就能够察觉。而诚实也好比人的名片，无论走到哪里，都会为其赢得信赖。在一个人的成功道路上，诚信的品格比能力更重要。一个人不诚实，不足以否定他的全部，但是无论何时何地，都可以用来检验一个人。

也许谈到诚实与守信，你会认为"老实吃亏"。的确，在我们的人生旅途中，也许我们会由于诚实而暂时错过一些东西，但是，从长远来看，这些都算不了什么。因为我们树立了诚实守信的形象与名声，从而被人信赖，这是无法用金钱衡量的。有时，凭借欺诈、奇迹和暴力，可以获得一时的成功，但是只有凭借诚实与守信，我们才能获得永久性的成功。

◎第三章◎
进取心：立志由心，量力而行

志不立，天下无可成之事

"志不立，天下无可成之事，虽百工技艺，未有不本于志者。"

——王阳明

孟子说："天将降大任于斯人也，必先苦其心志，劳其筋骨，饿其体肤，空乏其身，行拂乱其所为，所以动心忍性，增益其所不能。"自古以来，凡欲做大事者必先立志，志不坚则事必难成。

王阳明作为一代大儒，对立志与人生的关系，有着独到的见解，他说，一个人若是想做出一番事业，首先要立志，否则就只会一事无成。不仅如此，即便是各种工匠技艺，也都是要靠着坚定的意志才能学成。

确实如此。人们常说，一个人的理想往往决定了他的高度。燕雀焉知鸿鹄之志，鸿鹄是要像大鹏那样展翅翱翔于九天之高，尽收天下于眼中的；而燕雀不知道去千万里之远有何用，自然对能够触及榆树和枋树就已经心满意足了。如翱翔于九天之大鹏一般，王阳明从小便胸怀大志，要读书做圣贤之人。

有一次，年仅十二岁的王阳明在书馆里问他的老师："何为第一等事？"老师回答说："唯读书登第耳。"王阳明竟持着怀疑的态度反驳道："登第恐未为第一等事。"老师反问他什么才是人生的头等大事。王阳明说："读书学圣贤耳。"

"读书做圣贤"这样大的志向正是出自少年王阳明之口，他认为登第当状元只是外在的成功，而读书做圣贤是追求内在的

班超言志。

修养，才能够永垂不朽。大人看来，王阳明这样的口气未免有些张狂，甚至和他的年纪一比较，还带着点滑稽可笑的味道。但是这崇高的志向，对王阳明以后的生活产生了深远的影响，在思考和实践的过程中，他常常以这为标准来回答和解决生活当中出现的问题。

燕雀安知鸿鹄之志？

只要有了高远的志向，那么无论想成就什么事业都有了可能，所以立志是十分重要的。王阳明作为一位洞悉心灵奥秘、响彻古今中外的心学大师正是在自己志向的带动下才一步一步走向成功的。即便后来受到种种磨难，他也没有放弃。不只是王阳明，古往今来，每个有所成就的人物在努力奋斗的同时都为自己树下远大的志向，告诉自己要去哪里。

班超是我国西汉时期杰出的军事家和外交家，他从小胸怀大志，不拘小节。汉明帝永平五年，班超因哥哥被聘为校书郎，而随同母亲一起来到洛阳。因为他写得一手好字，便受官府的雇用，抄写文书，以此谋生。为了将这份工作做好，班超每天天不亮就起床，晚上直到很晚才睡。

当时，北方的匈奴时常侵犯汉朝边境，班超特别愤慨；同时，他又看到西域各国与汉朝的交往已断绝了50多年，心中非常忧虑。有一天，他正在抄写文件的时候，写着写着，觉得这份工作实在无聊，想到自己远大的志向，忍不住站起来，将笔狠狠地掷在地上说："大丈夫即便不能实现自己的理想，也应该像傅介子、张骞那样，为国家的外交做贡献，以取得封侯，怎么可以在这种抄抄写写的小事中浪费生命呢！"周围的人听了这话都笑他，班超回应说："凡夫俗子怎能理解志士仁人的襟怀呢？"于是，他决定"投笔从戎"，去干一番大事业。

后来，他当上一名军官，在对匈奴的战争中取到胜利。接着，朝廷采取他的建议，派他带着数十人出使西域，重新打通了丝绸之路。他也由此成为我国历史上杰出的外交家，名垂青史，万古流芳。

班超投笔从戎，建立了千秋功业，正在于他没有满足于抄抄写写，安稳度日。他把自己的境界和志向提升到一定的高度，才能有名垂青史的成就。可见，人生的志向对一个人是何等重要。

"大丈夫四海为家""好男儿志在四方"，都说明了人们对于志向的一种追求。不要隅居于自己的狭小天地之中，做一只井底的青蛙，而应该走出去，看看外面的大千世界，去关注天下苍生，站在一个更高的立场去看待世间的万物，以一种更广阔的胸怀去面对自己的人生。只要在相信"天生我材必有用"的同时，努力使自己成为有用之材，那么远大的四方之志终会有实现的一天。

圣人和贵人都是自己

"笃信固亦是，然不如反求之切。"

——王阳明

王阳明十八岁之时，于江西成亲后同夫人回老家途中拜访了娄谅先生。娄先生十分欣赏王阳明，并且告诫他：圣人必须通过学习才能达到。这句话王阳明深深记在了心底。它不仅坚定了王阳明成圣的志向，还让他得出了一条成圣的标准：只有通过自身不断地努力，读书和实践，最终达到一定的程度和境界，就会实现成圣的愿望。

自古以来，因圣人指点迷津、贵人相助而成功的故事比比皆是。每个人都期望如王阳明遇到娄谅先生的点拨一样，在迷茫时能够得到圣人指点，在困境中能够遇到贵人相助。然而圣人的指点往往并不明朗，仍需要自己去琢磨推敲；贵人的帮助更不是无条件的，或是看中你的才华横溢，或是看中你的勤奋好学，即便是看中你天生的敦厚正直，也需要靠自己的努力去积累、去创造。

"圣人必须通过学习才能达到"。实际上，真正的圣人和贵人，并不在于经典、神佛抑或他人，而是自己。在做学问方面，王阳明认为，虽然做学问也需要老师的指点教化，但始终不如自己去探究来得彻底。在为人处世方面，只有自己肯上进，不断完善自我，关键时刻充分发挥自己的能力，才有可能排云直上，闯出一片蓝天。历史上诸多求人不如求己的故事，也说明了在任何时候都必须看重自己的能力，而不是依赖他人的提携和帮助。

一书生在屋檐下躲雨，看见观世音菩萨撑着伞走过，便说："菩萨，普度一下众生吧，带我一程如何？"观世音菩萨说："我在雨里，你在屋檐下，而檐下无雨，你无需我度啊。"书生立刻走出屋檐，站在雨中说："现在我也在雨中，该度我了吧？"观世音菩萨说："你在雨中，我也在雨中，我不被淋雨，是因为我有伞，你被雨淋是因为你没有伞。所以不是我度你，是伞度你。你要想得度，请找伞去！"说完就走了。

第二天，书生又遇到了难事，便去庙里求菩萨。走进庙里，发现观音菩萨像前也有一个人在跪拜，那个人长得和观世音菩萨一模一样，丝毫不差。书生很惊讶，问他："你真是观世音菩萨吗？"那个人说："我就是。"书生又问："那你为什么还自己拜自己呢？"观音菩萨笑道："我也遇到了难事，但我知道，求人不如求己啊！"

学佛之人，更多的是自我修行。禅者大都有放眼天下、舍我其谁的气概，力求"自修自悟""自食其力"。王阳明曾在回答学生提问时说道："子夏笃信圣人，曾子反求诸己。笃信固亦是，然不如反求之切。今既不得于心，安可狃于旧闻，不求是当？"

他认为，相信圣人固然没错，但不如自己反省探究来得真切。如果自己心里都没有搞清楚，又怎么可以因循守旧，而不去自己探究正确的答案呢？学佛之人如此，做学问如此，世人同样如此。

无论是神佛还是圣人，都是人们精神上的寄托和强大的动力，但失去了他们，人生并不会由此走向暗淡；贵人相助固然能够令人一夜成名甚至功成名就，但没有他们的帮助，有志者同样能够凭借自己的力量获得成功。圣人和贵人指出的捷径并不意味着一片坦途，甚至可能扼杀了个人的潜能和创造性思维。真正能够帮助自己的，还是自己。此所谓"天助自助者"。

道理虽然浅显，但人们往往不能彻悟。孔子便是少数深谙此理的人之一。在面对士大夫的刁难时，他能够轻松地以此向对方还以颜色。

卫国的王孙贾曾问孔子："与其向比较尊贵的祭祀场所'奥'祈祷保佑，不如向并不尊贵但作为五祀之一的'灶神'祈祷保佑，这是什么意思？"

孔子说："此言差矣。如果犯了滔天大罪，向什么神祈祷也没用了。"

王孙贾想要告诉孔子，他与其跟各国诸侯往来，不如来拜访他们这些士大夫，祈求他们在君王面前替他说几句好话！孔子却认为，一个人若真的做了坏事，那他怎样祷告都没有用，任何菩萨都不能保佑他。言下之意就是他不需要那些王孙贵胄帮腔求情，因为自己没有做错事，君子坦荡荡，无愧于心。

现代社会，个人的发展受诸多因素的影响，"求人不如求己"的古训则略显乏力。即便如此，也应如王阳明所言："笃信固亦是，然不如反求之切。"个人的成功应从完善自身入手，不断地主动创造条件使自己在他人心目中留下深刻印象，而不是寄希望于他人偶然间对自己的青睐。即便是上天的眷顾，也只会降临在有准备的人身上。

心之所想，力之所及

"只念念存天理，即是立志。能不忘乎此，久则自然心中凝聚，犹道家所谓'结圣胎'也。此天理之念常存，驯至于美大圣神，亦只从此一念存养扩充去耳。"

——王阳明

王阳明作为宋明道学中"心学"一派的代表人物，强调个人的主体意识和自主精神。他认为，只要心中念念不忘存天理，就是立志。能不忘记这一点，久而久之心自然会凝聚在天理上，就像道家所说的"把凡胎修炼成圣胎"。如此将天理时刻铭记于心，逐渐达到宏大神圣的境界，正是从心中最初的意念不断坚持并发展下去的。

"心之所想"虽然只是停留在脑海中的意识，看似虚无缥缈，却有着不可小觑的力量。王阳明所言的"念念存天理"，就是用我们的意念影响我们的思维。当心存念想时,才能做到心无旁骛、专心致志;倘若心无所思,则难以排除杂念,陷入胡思乱想之中。

"心之所想"的力量远不止于此。在奋力追求成功的人生道路上,"想"成功是必不可少的前提条件。缺少这份"心之所想"的动力,抑或受外界干扰而无法将之坚持到底,则难以发挥潜在的能力,难以超越自我,挑战极限。

明朝后期是中国古代科学技术史上最灿烂辉煌的一段时间。那时出现了一位伟大的地理学家、探险家——徐霞客。

徐霞客自幼聪明好学,喜欢读历史、地理、游记之类的书籍,立志成人之后遍游国家的大好山川。

但是父亲去世后,老母无人照顾,徐霞客的游览计划被打断,终日闷闷不乐。母亲看出了他的心思,对他说:"男儿志在四方,哪能为我留在家里。"母亲的支持,坚定了徐霞客远游的决心。

徐霞客有了勇气和力量,便辞别母亲游历他乡了。他先后游历了太湖、洞庭湖、天台山、雁荡山、泰山、武夷山和北方的五台山、恒山等名胜,并且记录下了各地的奇风异俗和游历中的惊险情景。

几年后,徐母去世,徐霞客把他的全部精力扑在游历考察事业上。他跋山涉水,到过许多人迹罕至的地方,攀登悬崖峭壁,考察奇峰异洞。

在湖南茶陵,徐霞客听说这里有个深不可测的麻叶洞,便决心去探访。可当地人说洞里有神龙和妖精,没有法术的人不能进去。刚走到洞口,向导得知徐霞客不会法术,就吓得跑了出去。徐霞客毫不动摇,独自手持火把进洞探险。当他游完岩洞出来的时候,等候在洞外的当地群众纷纷向他鞠躬跪拜,把他看成是有大法术的神人。

徐霞客白天进行实地考察,晚上就借着篝火记录当天的见闻。三十多年里,他走遍祖国南北,对曾走过的地方之地理、地质、地貌、水文、气候、植物做了深入细致的调查研究,并用日记体裁进行详细、科学的记录。就是在这种环境中,他写下了闻名世界的《徐霞客游记》。

● 父亲去世之后,徐霞客辞别母亲,游历各地。

很多人虽然都心有所想,却很少有人为了愿望而坚持不懈地努力下去,也很少有人为了一个目标而坚定地执行下去。因为总是会有来自外界各种各样的干扰。我们每个人都向往成功,但是心有所想的同时需要排除外界的干扰,需要在心里不断地提醒自己,不断地想着朝目标前进。虽然当我们想着"下次考试提高二十分""一个月减肥十公斤""毕业后就要买房"的时候,自己都不太相信,因为身边已经有无数多的人这么想,却同样有无数多的人无法实现。倘若就这样气馁了、放弃了,那我们距离成功将越来越遥远。相反,要相信自己的心之所想,清楚地告诉自己想要的是什么,并为之而努力奋斗。只有时刻保持这种"想要"的念头,才能彻底抛开所有阻挠它实现的因素。最后我们会发现,所有的"我想",都变成了"我要""我一定"。想都不敢想的事情,未必就是我们无法做到的事情。大胆地坚持心之所想,方知自己的潜力有多大。

正如放风筝,风筝能飞多远,关键在于手中的线有多长。

正如放风筝。风筝能飞多远,关键在于手中的线有多长。如果线断了,再好的风筝也飞不起来。我们想要成功的心,就是牵着风筝的线,不要让线在风筝飞上云端之前断掉,更不要在"心想事成"之前放弃最初的念想。成功不仅需要奋力拼搏,更需要一份坚持不懈的动力。坚持心之所想,最终将成为力之所及。

志当存高远,路从脚下行

"譬之树木,这诚孝之心便是根,许多条件便是枝叶。须先有根,然后有枝叶。不是先寻了枝叶,然后去种根。"

——王阳明

王阳明和同辈人不一样,他从小立志要做圣人,也就是去探究宇宙人生的奥秘。为此,他习读百家书,曾遵从朱熹的"格物致知"去格万物,最后从陆九渊那里找到了圣人之道,还领悟出了"知行合一"的道理。

他的哲学,最后不仅可以用于政治,比如扳倒严嵩的徐阶就是受其影响;也可以用于军事,比如他自己就亲身平定了很多次的叛乱。一介文人,作战百无一失,在中国历史上是绝无仅有的,而他所做的,只是一直在修养自己。但是火候到了,就如同鱼跃龙门,化身为龙,自由地游走在天地之间,无往而不利。

志向对于人来说,其实是未来行为举止的驱动力,没有志向的人如同旋转的陀螺,不知道停下的位置在哪里。正如先贤孔子所说的一般:"志于道,据于德,依于仁,游于艺。"意思是说,将天地道义的实现作为自己终生奋斗的目标,然后用道德的标尺来约束自己,以仁义作为自己处世的原则,同时还要学习六艺来丰富生活的内容。道德之性、仁爱之心、六艺之才，是实现人生目标必不可少的重要条件。而其中最重要的前提便是树立高远的志向，以志向来引导前进的方向。

秦朝丞相李斯年少时跟随荀子念书。由于家境贫寒，经常食不果腹。一日，李斯在厕所里看到粪坑中的老鼠，又小又瘦，一见到人就惊慌逃窜。过了几日，李斯去米仓盛米，看到一只在米仓中偷米吃的老鼠。这只老鼠又肥又大，见着李斯不但不逃跑，反而瞪着眼很神气地看着他。李斯觉得很奇怪：为什么厕所中的老鼠见着我就拼命地逃跑，而这只老鼠见着我不但不逃跑，反而还敢瞪我呢？

李斯陷入沉思，反复琢磨两只老鼠间的差异，终于悟出了一个道理：又小又瘦、见人就逃的老鼠，是没本事没靠山、被欺负惯了的老鼠；而又肥又大、见人不避的米仓老鼠，认为自己很有本事，很有靠山，所以敢见人不避，目空一切。李斯突然觉得，现在的自己就像厕所里的那只小老鼠，非常可怜。于是，李斯暗暗发誓：做人也要如此，要做就做米仓中的大老鼠，绝不做那可怜的粪坑老鼠，不但吃不饱，还备受欺负！

悟出这个道理之后，李斯便告诉荀子自己不读书了。荀子问他不读书要去做什么，李斯说要去游说诸侯，求得功名富贵。就这样，李斯半途荒废了学业，开始追求富贵功名的人生。后来，李斯得到秦始皇的信任，当上了秦朝丞相。他在为人处世中处处奉行"老鼠哲学"——仰仗秦始皇的信任和自己的地位，打击陷害异己忠良，贪赃枉法，肆无忌惮。秦始皇死后，李斯便落了个遭人诬陷、满门抄斩的悲惨结局。

米仓中的老鼠激励着李斯立下了人生的大志，但是"老鼠哲学"却又让李斯一败涂地。"据于德，依于仁，游于艺"固然重要，但人生全部的努力及其方向，更多地源于我们确立的志向。诚如王阳明所言："譬之树木，这诚孝之心便是根，许多条件便是枝叶。须先有根，然后有枝叶。不是先寻了枝叶，然后去种根。"确立志向之时，倘若其心不正，则容易失之偏颇，惨淡收场；其志不高，则容易碌碌无为，一事无成。

然而，高远的志向只是心之所向的念想，如何将之付诸实践呢？对于这个问题，不同的人会做出不同的选择。而最典型的莫过于"依于仁""游于艺"，抑或徘徊于二者之间。

苏轼与佛印出游，看到一个木匠在做墨盒，于是即兴对诗。佛印曰："吾有两间房，一间凭与转轮王，有时放出一线路，天下邪魔不敢当。"苏轼淡然一笑，对曰："吾有一张琴，五条丝弦藏在腹，有时将来马上弹，尽出天下无声曲。"

同样一根线，苏轼与佛印看出了不同的人生哲理。佛印说的是眼前所见的墨盒里的线，用的时候要拉出来，非常直，就像为人处世所坚持的原则和底线，天下邪魔看到他的正直都不敢靠近。他强调了一个端直的人品和操守对实现人生目标的重要性。再看苏轼所言：我也有丝弦，不过不像墨盒的线那样要拉出来，而是藏在我心中。苏轼用弹奏只有自己能够明白的天籁之音来比喻他的人生——追求自由自在的欢愉。

上述二人不同的人生态度分别代表了中国人格理想上的两个支点："仁"是嘈杂世界中生命自我选择与坚持的力量；而"艺"是令我们心神荡漾，触目生春的欢愉。这两点之于生活，就如阳光雨露之于草木，缺一不可。然而最为重要的，还在于"志于道"。王阳明高度强调道德的自我完成，在他看来，凡墙都可以是门，只有树立远大的抱负，循着高尚而伟大的理想之路从心头做起，才不至于鼠目寸光，荒废一生。

不搞偶像崇拜，只是做好自己

"圣人与天地民物同体，儒、佛、老、庄皆我之用，是之谓大道。"

——王阳明

偶像崇拜自古有之，偶像的含义因时代的变迁而有所不同。就中国传统的儒学思想而言，更多的是比喻人心目中具有某种神秘力量的象征物。这种象征物，既可以是塑造成形的佛像，也可以是活生生的人物。就其本质而言，偶像具有供人仿效、提供精神力量的积极作用。然而，它也可能导致崇拜者自主意识的迷失。

我们崇拜偶像是为了给自己树立一个榜样，从而完善自我。在自我完善的过程中，来自外界的考验越严苛，我们进步的空间就越大。只有经受住严峻的考验，才能在千般折磨、万般痛苦之后"立地成佛"。被视为偶像之人，他们以自身的成就为世人树立了榜样，并非要压倒众人而独占鳌头，更希望的是后继之人大胆超越，有所创新。若在偶像崇拜的过程中迷失了自我，盲目模仿他人，将永远活在偶像的阴影中不得解脱。这样的人只剩躯壳，而埋没了一颗自由跳动的心。尤其是那些已逝的偶像，生前的丰功伟绩载于青史，更容易令人陷入其阴影之中而无法自拔。

王阳明所言"圣人与天地民物同体，儒、佛、老、庄皆我之用，是之谓大道"，指出圣人与天地万物、芸芸众生并没有本质上的区别，只要是适合自己的，都可以为我所用。因此，对于心中崇拜的偶像，我们可以借鉴其思想，而不应迷信其僵硬的躯体。盲目的偶像崇拜是成功路上的绊脚石，而有所选择、取其精华的偶像崇拜，才能铺平成功的人生之路，激发出于后世有益的人生智慧。

诚然，每个人的心中都或多或少地存在着几位令自己无比佩服、无比崇拜的偶像。在树立人生志向的时候，多以偶像为目标，为人处世以偶像的作风为参照。这就容易忽略真正适合自己的人生方向，忘记了偶像所具备的不一定都适合自己，强行模仿只会适得其反。王阳明"格竹子"失败的事件就给我们一个很好的启示，他崇拜朱熹，认真钻研朱子学说的同时，还仿照朱熹提出的格物致知理论"格竹"，没有悟出万物的道理，反而落得一身病痛。这次体验，让王阳明对朱子学说产生了疑惑，为他走上自己的学术探索之路打下了基础。

王阳明讲"立志贵专一"，前提便是"于始生时删其繁枝""于始学时去夫外好"。

因此，对于偶像，我们要取其精华、去其糟粕地欣赏、借鉴，以其作为我们学习的榜样，激发前进的斗志，实现智慧的解脱。绝不能过分地崇拜偶像，使自己的思想、行动以及丰富的创造力受到束缚，最终成为偶像的奴隶。

人贵有自知之明

"后儒不明圣学，不知就自己心地良知良能上体认扩充，却去求知其所不知，求能其所不能，一味只是希高慕大，不知自己是桀、纣心地，动辄要做尧、舜事业，如何做得？"

——王阳明

《传习录》中有这样一段记载：一对父子发生争执，互相控诉对方，想请王阳明为其评理。王阳明听他俩说完之后，对他俩如此说了一番，话未说完，父子俩就抱头痛哭，冰释前嫌而离去。弟子们都很好奇，问先生："您对他们说了什么，令他们这么快就有所感悟了？"王阳明说："我对他们说，舜是世间最不孝的儿子，而舜的父亲瞽瞍是世间最慈爱的父亲。"弟子们愕然，继续请教先生。王阳明解释说："因为舜常常认为自己不够孝顺，所以他能做到至孝；而他的父亲瞽瞍常常以为自己已经非常慈爱了，所以做不到真正的慈爱。瞽瞍只想着舜是他从小养大的，今天凭什么不能取悦我、让我高兴，他不知道自己的心已受后妻的影响改变了，还自以为对舜慈爱，所以就越不慈爱；而舜只想着父亲在他小时候是多么爱他，今日不爱他是因为他不够孝顺，于是他每天反省自己不够孝顺的地方，因此就越来越孝顺。"

众所周知，舜是中国古代有名的孝子。王阳明之所以说"舜是世间大不孝的子"，是为了让那对互相控诉的父子明白，做人要有自知之明，要学会从自己身上找原因，而不是一味地责怪他人。

人贵有自知之明，但自知的获得，又谈何容易！只有经历暴风骤雨的洗礼，雪压霜欺的磨砺，在无数次地跌倒中爬起，才能够找到真实的自我，才能够正确面对自己的对与错、美与丑、善与恶，从内心做到不怨天尤人，真正认识到自己的能力，再通过不断修补与完善，向更加完美的人生靠近。可见，自知之明的"贵"字来得何其不易！

自以为自知同真正自知不同。自以为了解自己是大多数人容易犯的毛病，真正了解自己的人少之又少。人生如秤，对自己的评价轻了容易自卑，重了则容易自大；只有把握准确，才能实事求是、恰如其分地感知自我，完善自我。自知无知才求知，自知无畏才拼搏。倘若连自己擅长什么、欠缺什么都不知道，又何谈奋力拼搏、努力改进呢？因此，有人说自知之明是比才能更罕见、更优美、更珍奇的东西，它总是在无边的黑夜中熠熠生光，为不同的人生指引正确的方向。有了自知之明，才能在深浅之间权宜做人。

理发师有一把刮脸刀，它不仅十分漂亮，而且工做出色。有一段时间，理发师因事外出，理发店里没有顾客光顾了，刮脸刀闲得无聊，突然想要出去见见世面，并在众人面前展示一下自己。

刮脸刀刚迈出门槛，太阳光射进来，在它的刀刃上闪出耀眼的光芒。它非常得意，觉得自己实在是了不起。

经历了如此壮丽的场面，刮脸刀已经不愿意再回到理发店去为理发师服务了。"那破旧的小小理发店，怎能配得上我这锋利的刀刃呢？我得找个僻静的角落躲藏起来，让那个讨厌的理发师再也找不到我。"

从此，理发师再也见不到这把刮脸刀的踪影了。

几个月过去，多雨的季节来临了。躲藏已久的刮脸刀决定出来透透气，却没想到在它跳出刀鞘时被雨水浸得锈迹斑斑了。

刮脸刀知道自己错了，它悔恨地痛哭："我为什么忍受不住诱惑呢？善良的理发师照顾我、保养我，他曾为我的劳动充满自豪！可现在，一切都失去了，我的刀锋生出令人厌恶的锈斑。"

一把刮脸刀反映出了缺乏自知之明的特征与命运。

有自知之明才能让我们明晓得失、看清自己，去做力所能及的事。王阳明说，不知道从自己内心的良知良能上去体认扩充，却去强求他所不能知道的事，强求他所不能做到的事，一味只是希高慕大，不知道自己是桀、纣心地，又如何能成就像尧、舜那样的事业呢？

人生的旅途有千百条路，是选择距离较远的平坦大道，还是近在咫尺的崎岖山路，因人而异。"成名成家"固然风光，但绝不是每一个人都能够实现，"心想事成"有时候不过是美好的愿望罢了。对于大多数人而言，平淡快乐的生活比功成名就更有意义。无论是能力上还是思想上的力所不及，都有可能陷入理想与现实之间那道永远不可逾越的鸿沟。自知之明的可贵之处，便在于它能指导人们量力而行，选择一条适合自己的人生道路。

◎第四章◎
道德心：小赢靠智，大赢靠德

土地不如德行，财物不如仁义

"良知只是个是非之心，是非只是个好恶，只好恶就尽了是非，只是非就尽了万事万变。"

——王阳明

修身、齐家、治国、平天下，此乃儒家文化中传统的道德理想。儒家思想将"修身"放在人生事业的第一位，而"欲修其身者，先正其心"。可见对于我们中国人而言，人品修养有多么重要。尤其是对于立志创出一番事业的年轻人而言，无论是奋斗的过程还是成功之后，良好的道德修养都是不可或缺的。

王阳明的"心"学思想尤其注重个人自身的道德修养，将之与天理相统一。他认为，"良知"作为人内心的是非准则，具有知善去恶的能力，人们能够凭借它去辨明是非善恶。也就是说，一个人发自内心的道德修养，会影响他的言语、行为以及为人处世的原则。小则影响他在利益与仁义之间的取舍，大则影响他的人生道路是荆棘满布还是一片坦途。

魏文侯访段干木。

段干木是战国时晋国人，赵、魏、韩三家分晋后居于魏。他小时候家里贫穷，社会地位低下，因而他的志向难以实现。他游学西河，师事孔子弟子卜商（子夏），成为很有学问的人。他住在魏国的城邑段木，所以人们称他为段干木。他很有才能，但不愿做官。魏国国君魏文侯曾经登门去拜访他，想授给他官爵。他却避而不见，越墙逃走了。从此，魏文侯更加敬重他。每当乘车路过他家门时，就下车扶着车前的横木走过去，以表示对段干木的尊敬。

他的车夫感到纳闷:"段干木不过一介草民,您经过他的草房表示敬意,不是太过分吗?"魏文侯答道:"段干木是一位贤者,他在权势面前不改变自己的节操,有君子之道。他虽隐居于贫穷的里巷,而名声却远扬千里之外,我经过他的住所怎敢不对他表示敬意呢?他因有德行而取得荣誉,我因占领土地而取得荣誉;他有仁义,我有财物。土地不如德行,财物不如仁义。这正是我应该学习、尊敬的人啊!"

欲修其身者,先正其心。

后来,魏文侯见到了段干木,诚恳地邀请他任国相,段干木谢绝了。他与段干木倾心交谈,两人成为莫逆之交。没过多久,秦国想兴兵攻打魏国,司马唐雎向秦国国君进谏道:"段干木是贤人,魏国礼遇他,天下没有不知道的。像这样的国家,恐怕不是能用军队征服的吧!"秦国国君觉得有道理,于是按兵不动。

在上古先秦歌谣中,有一首歌谣,其中写道:"吾君好正,段干木之敬。吾君好忠,段干木之隆。"段干木终身不仕,然而他又不是真正与世隔绝的山林隐逸一流,而是隐于市井穷巷、隐于社会底层的平民百姓中。进而"厌世乱而甘恬退",不屑与那些乘战乱而俯首奔走于豪门的游士和食客为伍,使倾覆之谋,"浊乱天下"。

与此相反,那些见利忘义者,必遭人唾弃。历史上不乏道德败坏之人登上高位、不可一世的例子。在金钱与权力面前,人们会质疑,良好的道德品质还有何用?然而,真实的历史给了我们最好的印证,没有良好的道德品质,再位高权重、大富大贵之人,也会不得善终、惨淡收场。

秦朝宰相赵高,为官期间横征暴敛,滥杀无辜,却官居高位,一人之下,万人之上;汉末董卓个性粗暴,奸诈无比,却自封相国,专断朝政,凶暴淫乱,无法无天;唐朝的李林甫,为人奸诈阴险,手段卑鄙,世称"口有蜜,腹有剑",受贿无度,生活奢华,却官至宰相;南宋的奸相秦桧,其人残忍阴险,陷害忠良,卖国投降,却能为相十九年。然而,赵高后来为子婴所杀;董卓为王允等人所杀;李林甫的腐败最终引发了"安史之乱",留下千古骂名;秦桧死后被筑"跪相",永世不得翻身。官居高位固然令人称羡,但他们的下场,向世人清楚地昭示了罔顾道德、埋没良心而得来的荣华富贵,是以令人唾弃、遗臭万年为代价的。

在追逐成功的人生道路上,获得一定的社会地位是成功的一个重要方面。然而,地位有两层含义,一是外在的权位高低,一是在众人心目中的位置。有远见之人看重

"赢得身前身后名"，鼠目寸光之人只见眼前的风光而听不到背后的骂名。上述道德败坏之人，无不因其外在的权位而一时风光，却背负着世人的唾骂而不自知。王阳明忠君爱国，体恤百姓，鞠躬尽瘁，死而后已，因此流芳百世；而与王阳明同时代的刘瑾，狡诈得权，肆意贪污，因而遗臭万年，其身后评价差之千里。

由此可知，立志成功之人，无论最后处于何种地位，都不能忘德行这个"本"。只有时刻保持良好的品德，并以此为准约束自己的行为，才能在有限的能力范围之内创造出无限的人生价值，才能以良好的口碑传世，成为人生道路上真正的大赢家。

以德为先，德才兼备

"世之君子，惟务致其良知，则自能公是非，同好恶，视人犹己，视国犹家，而以天地万物为一体，求天下无治不可得矣。"

——王阳明

高尚的品德与出众的才能，是获得成功的两个必备条件。儒家圣贤们十分看重人的品德，认为品德比才能更重要。孔子在《论语·述而》中说道："如有周公之才之美，使骄且吝，其余不足观也。"孔子认为，即使有周公那样的才能和那样美好的资质，只要骄傲吝啬，其余的一切也就都不值一提。如果一个人才高八斗而品德不好，那么圣人连看也不会看他一眼。只有德才兼备，以德育才，才是真正的人才。当德与才不可兼得时，当舍才而取德，正如孟子"舍生而取义者也"。

王阳明有关"致良知"的观点，就能够看出他教育的目标。如他所言，"世之君子，惟务致其良知，则自能公是非，同好恶，视人犹己，视国犹家，而以天地万物为一体，求天下无治不可得矣"。心学推崇"心即理"的思想，"致良知"在这一基础上是可能的，也是必要的。王阳明认为，世上的君子，只要专心于修养自身品德，那么自然能够公正地辨别是非好恶，像对待自己那样对待他人，将国事等同家事一样关心，把天地万物看作一个整体，从而求得天下的大治。因此，"致良知"不仅是为学之道，更是育人之道，重在育人之德，"道德"或"良知"等精神品质蕴含于经典之中，对人的自身修养有着与之相应的陶冶价值。

唐朝汝州有个叫夏子胜的人，十年寒窗苦读，一朝高中，被皇帝授予南县县令。这日，夏子胜携一家仆赴任，来到县衙，大小县吏已在门口等候多时，见新县令到来，一个个急忙迎上去。夏县令问他们去年南县老百姓生活如何，粮食是否丰收，商贾是否安分行商，官粮是否收齐，赋税是否完成，然后叫来师爷将县吏们所说记录在册，逐一核对账簿。几天后，师爷对夏县令说，一切都如县吏所言，去年南县一切安好。听完汇报，夏子胜点点头。

在南县县吏们的眼里，这个新来的县令与以往的县官老爷大有不同，除了处理诉讼官司时会开口说话外，平时听不到他说一句话。不过话虽然很少，但是做的事情却极为合乎规范，往来公文，刑罚办差，无论是上司还是下面的老百姓，都称赞夏县令做事稳当，是个好官。

这些官吏们十分不解，这个不爱说话的老爷到底是怎么一个人。一天，有个胆大的县吏将这一疑问向夏子胜提了出来，夏子胜听后，呵呵一笑，说道："圣人行道，心正而行端，做官做民都是一个道理，为官之道在于教民养民，为人之道贵在德行，明白了这其中的道理，做起事情来就不会有偏颇，如此，又何必说那么多的话呢？"

我们可以将这位南县县令的话理解为对"执事敬"的最好注解，事实上，一如这位县令说的那样，行圣人之道又何必多言，"行"首在"知"，这是心灵净化、涵养提升的必然结果，由此，对人忠信而不诡诈，与人交往而不奸猾，堂堂正正做人，端端正正做事，与此相对，再多的话都不过是水中倒影，没有实际意义。

在现实生活中，我们会遇到这样两种品质不好的人。一种是品质不好、能力也不强的人，这种人因其能力有限，对他人和社会造成的危害不会太大；另一种则是品质败坏但才思敏捷、能力出众的人，这种人更容易寻捷径上位，一旦得势，将会对反对他的人或社会集团造成巨大的危害，甚至达到一发不可收拾的毁灭程度，最终断送一个家庭、一个公司甚至一个国家的前途。不可否认，没有灵魂的头脑，没有德行的知识，没有仁善的聪明，固然是一种强大的力量，但它们只能起负面的破坏作用。也许偶尔会给人们一些启发，或者带来一些乐趣，但却很难赢得人们的尊敬与发自内心的赞叹。

反之，品德高尚的人，即便能力有所不及，也会虚心好学，不断提高自己，通过脚踏实地的努力奋斗来获得成功。当然，不能因此而走向另一个极端：忽略人的才能，一味强调道德修养。不懂得尊重知识、尊重人才的人，何谈培养自己的道德品质！历史的经验告诉我们，无论做人还是做事，都要以德为先，就好像王阳明告诉弟子的话：良知在人心，随你如何，也不能泯灭。德行是我们行走人生的前提，而才能是我们创造人生的手段。做到德才兼备，才能使我们的人生绚烂多姿！

君子如玉亦如铁

"名与实对，务实之心重一分，则务名之心轻一分；全是务实之心，即全无务名之心。若务实之心如饥之求食、渴之求饮，安得更有功夫好名！"

——王阳明

王阳明出生于官宦世家，自幼受到良好的教育，并以读圣贤书、修身齐家治国平天下为己任。为官期间屡立战功，政治声望不断升高，然而他的仕途却日趋坎坷。

由于不满太监刘瑾把持朝政，任意妄为，许多正直的官员上书正德皇帝，要求严惩刘瑾及其党羽，结果被打入死牢。时任兵部主事的王阳明站出来为他们辩护，委婉地请求皇帝释放众人。刘瑾当即下令将王阳明谪迁至贵州龙场，做一个没有品级的驿丞。不仅如此，他还暗中派人尾随王阳明，准备在途中将他害死。

王阳明在钱塘江边遇到杀手，急中生智，乘夜色跳入江水，逃过一劫。虽然如此，但为了家人的安全，王阳明不得不前往贵州赴任。

刘瑾倒台后，王阳明被重新起用，但又因平定宁王朱宸濠叛乱而惹怒龙颜，不但没有得到皇帝的嘉奖，反而招来横祸。他的仕途再次陷入低谷。

一年之后，正德皇帝驾崩，嘉靖皇帝登基。王阳明被任命为南京兵部尚书，仅仅是一个闲职，无大事可为。

王阳明的一生历经坎坷，但他始终没有气馁，不断探索人生的真谛，努力不懈地完善和传播他的思想，最终成为一代"心学"大师。

王阳明既能以德修心，注重自身道德修养，以开阔的胸襟包容万物；又能在坎坷的人生道路上铁骨铮铮，不畏权贵的迫害，毅然坚持自己的理想，不愧为如玉亦如铁的君子。

"谦谦如玉，铮铮若铁"，是孔孟儒家思想中对君子人格的最高评价。"谦谦君子，温润如玉"，以玉喻君子，取其圆润、不尖锐之义。佛家的"圆融"境界，要求戒嗔、戒痴、戒贪，无欲无求，尔后能不动声色、不滞于心。谦谦君子的圆润亦同此理。虽然成佛修仙遥不可及，但磨去棱角，收敛光华，养成谦谦如玉的君子人格却是可为之事。具有容人之量是谦谦君子的前提，开阔的胸怀、宽广的胸襟，是谦谦君子的基本品质。

"铮铮若铁"，突出君子人格中铁骨铮铮的特质，就像一树寒梅，挺立在风雪中，傲然绽放。拥有此等品质的人，敢于仗义执言，绝不妥协；不油滑，不世故，不屈不挠；有志气，有勇气，有胆有识。他们立世一尘不染，对人一片冰心，一箪食，一瓢饮，却敢于承担一切苦难。正如古诗所云："冰雪林中着此身，不同桃李混芳尘。忽然一夜清香发，散作乾坤万里春。"

王阳明曾言："名与实对，务实之心重一分，则务名之心轻一分；全是务实之心，即全无务名之心。若务实之心如饥之求食、渴之求饮，安得更有功夫好名！"圆润如玉方能名实并重，铮铮铁骨力保务实而不受沽名钓誉之心所扰。

谦谦如玉

为君子当同时具备谦谦如玉和铮铮若铁的秉性，待人接物谦谦如玉而保守节操铮铮若铁。

铮铮若铁

"谦谦如玉，铮铮若铁"，是孔孟儒家思想中对君子人格的最高评价。

"铮铮若铁"，突出君子人格中铁骨铮铮的特质，就像一树寒梅，挺立在风雪中，傲然绽放。

"谦谦如玉"与"铮铮若铁",从不同侧面展现了君子人格的两种特质。当今之世,纷繁复杂。倘若一如既往,只养谦谦如玉之性情,抑或只炼铮铮铁骨之傲气,恐怕都难成大事。要想在现实生活中成就一番事业,应当像王阳明那样,讲究方圆之道,既养铮铮铁骨的一身正气,处世有底线,为人讲原则;又取谦谦如玉的圆融为人,包容四方。如此,才能在熙熙攘攘的人世间游刃有余,成其大事,为后世所传颂。无论朗朗乾坤,抑或滔滔浊世,于我又有何妨!

顶天立地,刚正不阿

"岂有邪鬼能迷正人乎!"

——王阳明

正德皇帝朱厚照登基之后,整日与刘瑾等宦官混在一块,不理朝政。朝中忠臣不断规劝皇帝将精力放在处理国家大事上来,皇帝并没有理会。随着朝政的逐渐混乱,以及刘瑾等人越来越专横跋扈,朝中很多大臣联名上书,要求惩治刘瑾等人的恶行,以此稳定政局,维护大明江山。

联名上书并没有惩治到恶势力,刘瑾安稳住皇帝之后,利用手中大权抓捕了这些上书要求惩治他的大臣。当时很多正直的官员得知这个消息之后,纷纷上书为这些官员打抱不平。但是,这些上书反而激化了刘瑾的报复行动,更多上书的官员被革职、被抓捕、被杀害。朝廷上下,乌烟瘴气,人心惶惶,很多官员为了保命都选择了缄默。

当时的王阳明任兵部主事一职,官位并不高。但是看到越来越多的官员被打压,敢说话的人也变得胆怯,满朝文武都闭口不言了,王阳明挺身而出,为受冤官员说话。

刘瑾等人见一个小小的兵部主事竟敢这样明目张胆地同他们作对,于是,将王阳明逮捕进锦衣卫的大牢,最后,处以廷杖之罚。

王阳明在危难关头不畏强权,坚持正义的行为表现了他崇高的品德和高尚的人格。自古大丈夫者,胸怀大志,腹有良谋,包藏宇宙之机,吞吐天地之志,创不世之基业,立不世之奇功。真正的大丈夫,其标准之高,让当今之人望而却步。然而,"大丈夫"贵在其自身的道德修养。堪称"大丈夫"之人,必有一身大无畏的气概,敢于面对生与死的考验,勇于做出一番惊天动地的壮举。

文天祥面对死亡,潇洒题下"人生自古谁无死,留取丹心照汗青";谭嗣同在押赴刑场之前,壮烈地写下"我自横刀向天笑,去留肝胆两昆仑"。如此情怀,壮烈豪迈,气冲霄汉,令人敬佩不已。

堪称大丈夫之人,必有顶天立地、刚正不阿之品质。王阳明有言:"岂有邪鬼能迷正人乎!"刚正不阿之人,即便是邪恶鬼神也不能使其心智迷乱,如此才能直面残酷的现实,即使身心受创,仍能愤然而起,成就一番事业。

黄宗羲在《宋元学案》说道:"大丈夫行事,论是非,不论利害;论顺逆,不论成败；论万世，不论一生。"大丈夫之所以能"论是非、论顺逆、论万世"，是因为在其心中万事以"仁义"为先，以道德为本。

正所谓，"玉可碎，而不可改其坚；兰可移，而不可减其馨！"只有具备"玉碎而志不改"的坚毅品质，才能成为顶天立地的大丈夫，才能经受住风霜雨雪的磨炼而成就人生大业。

养一身浩然正气

"是集义所生者，非义袭而取之也。"

——王阳明

王阳明奉旨前往广西平乱，到了之后，他了解到汉族官兵与少数民族之间的矛盾是引起当地少数民族起义的原因。王阳明认为如果以武力进行压迫，可能会使双方的矛盾越积越深，这样冤冤相报何时才能了。于是，王阳明开始寻找机会，想要缓解双方的矛盾。

这个时候，王阳明获知起义首领哈吉的母亲卧病在床。王阳明赶紧派跟随自己的医生去给哈吉的母亲看病。不出几日，在医生的治疗下，哈吉的母亲能够下床走路了。但是出于双方是敌对关系，哈吉并没有过多的表示。之后，哈吉从医生的口中听说了王阳明为人，而且得知用来医治母亲病的药都是王阳明本人所必需的。王阳明在哈吉心中的好印象大为加深。

随后，王阳明写了一封信给哈吉，实事求是而又诚恳谦虚地劝哈吉要从大局出发，和睦相处为妙。哈吉早已被王阳明高尚的人格所折服，这封信正好说到了他的心坎里。就这样，王阳明未用一兵一卒，只是晓之以理，动之以情，便解决了叛乱问题。

孟子说养气修心之道，虽爱好其事，但一曝十寒，不能专一修养，只能算是知道有此一善而已；必须在自己的身心上有了效验，才算有了证验的信息；进而由"充实之谓美"直到"圣而不可知之谓神"，才算是"吾善养吾浩然之气"的成功。

何为浩然正气？一谓至大至刚的昂扬正气，二谓以天下为己任、担当道义、无所畏惧的勇气，三谓君子挺立于天地之间无所偏私的光明磊落之气。浩然正气便是由这昂扬正气、大无畏的勇气以及光明磊落之气所构成。有些人表面上很魁伟，但与之相处久了就觉得他猥琐不堪；有些人毫

王阳明强调："是集义所生者，非义袭而取之也。"

不起眼，默默无闻，却能让人在他的平淡中领略到山高海深的浩然正气。正是因为后者具有正直如山的品质，才能让人感受到他的一身正气。

古今之成大事者，心中都有大气象。正是"笑览风云动，睥睨大国轻"，"俯仰天地之气概"，"力拔山兮气盖世"，乃浩然正气也。

诸葛亮等文人志士则体现为"名士风流"。三国时期的诸葛亮，羽扇纶巾，貌似轻松淡定、潇洒自如，实则神机妙算、运筹帷幄。西晋开国元勋羊祜，平日一副松洒打扮，飘逸十足，甚至在打仗的时候，仍不失其雍雅的风度。魏晋名士大多旷达风流，放任自流，毫不矫揉造作，痛快淋漓。

诸葛亮　　羊祜

胸中有气象，其为人行事必然洒脱自如

古今之成大事者，心中都有大气象。

不管是英雄本色，还是名士风流，都具备孟子所说的"浩然正气"。"其为气也，至大至刚，以直养而无害，则塞于天地之间。其为气也，配义与道；无是，馁也。是集义所生者，非义袭而取之也"。有志之士当养浩然正气，大者壮我泱泱中华之神威，小者在为人处世中光明磊落、至情至性。

养浩然正气并非易事。《孟子》中有言："是集义所生者，非义袭而取之也。"在孟子看来，浩然正气是正义的念头日积月累所产生的，不是一时的正义行为就能得到的。关于"集义"，王阳明认为做每一件事都应符合良知的要求，这样才能使心中的浩然之气壮大起来，再遇到其他事情就更能以良知为指导，从而达到"从心所欲不逾矩"的中庸境界。由此看来，要养浩然正气，就要做正直之人，诚实地对待生活中的每一件小事，日积月累，不断壮大。

浩然正气是人的精神"脊梁"，是抵御歪风邪气的"屏障"。正气长存，则邪气却步、阴霾不侵；正气长存，则清风浩荡，乾坤朗朗。要保持浩然正气，就必须"一日三省吾身"，做到自重、自省、自警、自励，时时处处以激浊扬清、弘扬正气为己任，使正气日盛，邪气渐消，引领整个社会不断走向正义和文明。此乃君子之道也。

好德如好色

"公且先去理会自己性情，须能尽人性，然后能尽物之性。"

——王阳明

子曰："吾未见好德如好色者也。"好德如好色是王阳明最爱举的例子，孔子说从来没有见过好德如好色之人，王阳明则期望人们能像喜欢漂亮的姑娘那样追求美德，将美德作为人类一种本性的东西自然而然地表现出来。

很多人一听到"色"就会联想到一些不好的方面。其实，"色"是万物生灵所共有的，"好色"更是人的本性，不必视之为万恶之源。从文献记载可知，"好色"一词并非贬义词，只是到了近代，随着社会文化现象的转变而发生了语义上的偏离。孟子曾说："人少则慕父母，知好色则慕少艾，有妻子则慕妻子，仕则慕君，不得于君则热衷。"意思是人在年幼时爱慕父母，成年之后爱慕少女，有了妻子则爱慕妻子，走上仕途为官则忠于君主。"知好色"代表了一个相对于幼年的成熟时期，在这个时期年轻人开始知道喜欢异性。即便是在现代社会，"好色"也是一个人生理和心理上正常而健康的倾向。人不近色，则人性失；人性失，则不能为人。孔子言"好德如好色"，也就是肯定了"好色"是人们应该有的行为倾向。

既然"好色"是人之本性，其所固有的不以外界条件为转移的特性，正是好德之人应该努力做到的。要做到"好德如好色"，就必须将美好的品德根植于心，才能使之如人之本性那样自然地流露出来。否则，仅仅囿于思想中的品德就算再美好，也无法影响我们的行为，无法使我们成为真正具备美好品德的人。

明朝的时候有个农人，一年四季辛苦耕作，每年都能获得丰收，因为这个原因，在这个农人生活的村子里，很多人一天只能吃两顿饭，而他家却能顿顿饱餐，这让村里人很是羡慕。因为家有余粮，农人用一部分粮食当作学费，让自己的儿子上了私塾。这以后，老农见到谁都显得非常开心，经常对村里人说："人活一世，不就是吃饭养家识字，做个好人嘛。现在这几样我家都做得差不多了。以后你们有什么要我做的，尽管开口，乡里乡亲的，我一定帮忙。"

半年后，这个农人的兄弟家遭了灾，离家来投奔这个农人，农人让他的兄弟先住在年久失修的祖居，说过一阵子给他修个新房，然后再搬过去。他的兄弟听后很高兴，逢人便夸自己的兄长如何如何对自己好。为了表达感谢，农人的兄弟抢着干农活，无论做什么都很勤快，渐渐地，农人自己不动手了，家里有什么事都让他的兄弟去做。

就这样三个月过去了，这个农人说的新屋迟迟不见动静，他的兄弟有些等不及了，思来想去，他硬着头皮跟农人提起了屋子的事情。听完自己兄弟的话，农人沉默了一会，对他说："这个事情啊，我还真给忘了，你放心，自家兄弟的事我一定会说到做到的。"

第二天，农人的兄弟走在田埂上，有人问他房子造得怎么样了？他红着脸说不出话来，仿佛是自己做错了什么。当冬天来临之际，他还住在四处透风的祖居里，而他的兄长正在温暖的家中喝着自酿的米酒。次日一早，他没有跟农人打招呼，就离开了村子。

没多久，村里人便知道了这件事，他们在农人背后议论纷纷，有的人说："还说什么有事尽管向他开口，你看看，这种人，对自己兄弟都这样，我们还有什么好说的，我看呐，还是离他远点吧。"从此以后，再也没有人理睬农人，甚至农人一家都成了全村唾弃的对象。

说好的做不到，实际上是心里根本没有想过要给自己的兄弟盖新房，行由心生，由此可见这个农人到底是怎样一个人。

儒家专注的是"内外皆美"的生命志趣，不念旧恶，君子怀德是美，居处恭，执事敬，与人忠是美，当仁不让更是一种美。这种美在王阳明看来其实就是根植于内心的道德感使然，行动起于心智，倘若内心缺少道德的约束，只会说漂亮话，而无真行动，那么其行为可以想到是"巧言令色，鲜矣仁"，对其不能做更大的奢望。

如果说，"好色"是一种在人内心天然生成的本能反应，那么，"好德"就是一种经过教化之后能够自然流露的理性反应。好德之人对美好品德的追求发自内心，自然能够在其言行举止中表现出来，并且不易受到外界因素的干扰。相反，那些只会将仁义道德挂在嘴边的人，一旦受到金钱权力的诱惑，则会把持不住，做出丧德败行之事。

王阳明的弟子梁日孚曾问他："程颐说'一草一木皆有理，不可不察'，您觉得这个看法如何？"王阳明说："我就没那闲工夫了。你应当先去涵养自己的性情，修养自己的品德，必须能够完全了解人性道德之后，才能了解世间万物的道理。"也就是说，人应该先在"好德"的本性上而不是其他无关的琐事上下功夫，促进人格的完善，提升自己，最终才能够自然地显示出美好的品德。

真正的智者将道德修养作为人生最可靠的支柱。只要我们从现在开始将美好的品德根植于心，并将之付诸实践，像追求美的人和美好的事物一样去追求它，就能做到孔子所说的"好德如好色"，也就离成功的人生目标不远了。

得人心，得天下

"尧、舜、三王之圣，言而民莫不信者，致其良知而言之也；行而民莫不悦者，致其良知而行之也。施及蛮貊，而凡有血气者莫不尊亲，为其良知之同也。"

——王阳明

古人云："得民心者得天下。"然而，如何才能得民心呢？有人选择了以利诱之，结果民心尽失；有人选择了以德服之，则名留青史。

历代君王欲得民心，就必须"德天下"，即以德治天下。三国时刘备不善于谋略作战，但是，他具有良好的品德，能够以此感召部下同心协力，一同建功立业。虽然一个人的能力有限，但其高尚的品德能够换来别人的尊重和爱戴，愿意尽心效力。而且有德之人，更能明白别人所追求的利益，并能尽力给予最大的满足。综观历史，有大成就的人必然有德行而能令人为其舍命效劳。

王阳明将圣人治天下之道归结为"致其良知"，即注重以德治天下。他说："尧、舜、三王之圣，言而民莫不信者，致其良知而言之也；行而民莫不悦者，致其良知而行之也。施及蛮貊，而凡有血气者莫不尊亲，为其良知之同也。"他认为尧、舜以及

得民心者得天下。古代圣王为老百姓所交口称赞、所拥护的原因就在于他们以德治天下！

○ 王阳明学非常重视得民心的重要。

夏禹、商汤、周武王说的话天下人没有不相信的，因为他们是致其良知之后才说的；他们的行为没有令百姓不高兴的，因为他们是致其良知后才做的。把这样的治国之道推广到蛮夷之地，那么凡是有血气的人，没有不孝敬父母的，因为他们有共同的良知。

"德天下"不仅要为人处世忠于良心，做利人利己而不是损人利己之事，更要为人忠诚。但凡忠于国家、忠于社会之人，才能把持住心中的天平，不向贪图利益、腐败堕落倾斜。

东汉末年，孙策任用吕范主管东吴财经大权，孙策的弟弟孙权此时年少，总是偷偷地向吕范要钱，吕范则一定要请示孙策，从不在未经孙策允许的情况下答应孙权。因为这事，孙权对吕范很有意见。后来孙权任阳羡县令，建立了自己的小金库以备私用。孙策有时来查账，功曹周谷总是为孙权涂改账目，造假单据，使孙策没有理由责怪孙权。孙权这时很感谢周谷。当孙权接替孙策统管东吴大事之后，他选择了重用吕范而不是周谷。因为吕范忠诚，而周谷却善于欺骗。

不仅做大事之人如此，寻常百姓亦应该如此。一个人如果不够诚实，在工作中往往会成为墙头草两边倒，在生活上会成为见利忘义的小人。这样的人难以与人深交，难以得到他人的信任，更别说是天下人的敬佩了。

以德治天下，关键还在于以德服人，而非以暴制暴。给他人说话的权利、发言的空间，才能更全面、更深刻地了解他人的想法，从中汲取自身的弊病，并及时改正。倘若将所有反对的声音都拒之脑后，又如何做到致其良知，德治天下？春秋时期郑国的子产便是因为以德服人的举措而受到他人的敬佩。

一日，子产被郑国大夫然明叫去问话。然明问子产："我们把乡校取缔了怎么样？"

子产说："为什么要取缔？人们清闲的时候可以来，议论我们到底做得好不好。他们如果喜欢，

○ 孙权因为吕范的忠诚而重用他。

我们就继续推行，他们如果讨厌，我们就立刻改正。这不是挺好吗？为什么要取缔它呢？我只听说过我们应该尽力做好事以减少人民的怨恨，没听说过依权仗势来防止怨恨。大河宜疏不宜堵啊。堵上容易决堤，伤害反而更大。我们不如开个小口导流，把有用的建议当作治病的良药。"

然明非常佩服子产的见解："我现在才知道您确实是可以成大事之人啊。佩服，佩服。"

正因为这件事，子产在被人污蔑"不仁"时，孔子却坚信他并非如此。孔子曾言："以是观之，人谓子产不仁，吾不信也。"

历史上的亡国之君，绝大多数是不修道德，重于财利之人。他们不以德修身，更难以德治天下，反而纵容属官搜刮民脂民膏供其挥霍享乐，罔顾社会法纪，独断专行，致使民不聊生，一国政权最终走向灭亡。例如崇祯皇帝，听信谗言，关键时刻克扣军饷，导致明军兵败如山倒。

王阳明虽然是一介文人，但是他深谙做官为政之道。王阳明不论职位的高低，心中始终是装着老百姓，只想着为百姓做点实实在在的事情。因为在他看来，为官好与坏，怎样对待百姓便是最好的炼金石。

只有坚持良好的道德修养，做到"德天下"，才能真正地凝聚人心，才能真正做到"得天下"。

◎第五章◎
孝敬心：以孝安家，以敬持家

孝顺在当下

"就如某人知孝，某人知弟，必是此人已曾行孝行弟，方可称他知孝知弟，不成只是晓得说些孝弟的话，便可称为知孝弟。"

——王阳明

王阳明给弟子邹守益的信说："近来得致良知三字，真圣门正法眼藏。往年尚疑未尽，今自多事以来，只此良知无不具足。譬之操舟得舵，平澜浅濑，无不如意，虽遇颠风逆浪，舵柄在手，可免没溺之患矣。"他认为致良知必须要讲孝道。对于母亲早逝，他没能奉养；祖母临终，未及一见，王阳明深感伤痛并一直自责于心。在其父去世之后，王阳明也卧病多日。

人的一生难免有很多缺憾，其中最大的可能莫过于"子欲养而亲不待"。当有一天我们蓦然发现，父母已两鬓斑白，此时才孝敬他们，我们会错过无数时机。甚至当双亲已离你远去，才幡然悔悟，却已尽孝无门，这将成为永远无法弥补的憾事。

王阳明主张知行合一，强调孝也要知行合一，"就如某人知孝，某人知弟，必是此人已曾行孝行弟，方可称他知孝知弟，不成只是晓得说些孝弟的话，便可称为知孝弟。"他强调孝要及时的行动，将知和行紧密结合起来。

孝，经不起等待。生时如果不养父母，死后万事皆空。《孔子·集语》中"子欲养而亲不待"就讲述了这样一个道理。

春秋时，孔子和弟子们出去游玩，忽然听到路边有人在啼哭，就上前去看怎么回事，啼哭的人叫皋鱼，皋鱼解释了他啼哭的原因："我年轻时好学上进，为了求学曾经游历各国，等我回来时父母却已经双双故去。作为儿子，当

王阳明学说非常强调孝顺的重要。

初父母需要侍奉的时候我却不在身边，这好像'树欲静而风不止'；如今我想要侍奉父母，父母却已经不在了。父母虽然已经亡故，但他们的恩情难忘，想到这些，内心悲痛，所以痛哭。"

人生在世，必然会经历种种痛苦的情感折磨，也在痛苦中锻炼得愈发坚强，面临悲痛愈发能强忍声色，而"子欲养而亲不待"却让人们倍觉"生命中难以承受之痛"。

很多人总在说，等到有钱和时间了，一定要好好孝敬父母。你可以等

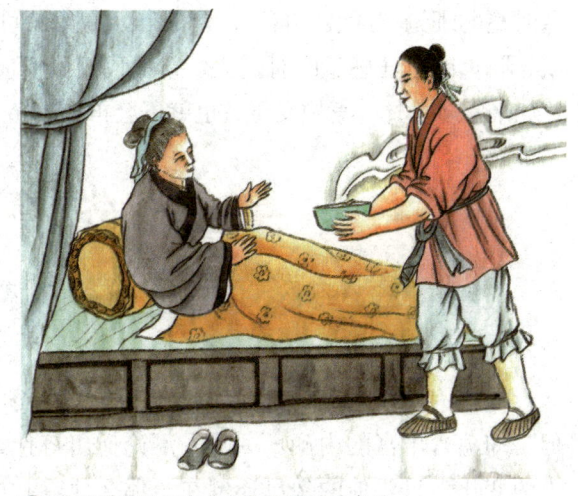

王阳明学说认为致良知必须要讲孝道。

待，但父母不能等待。在不经意间，父母渐渐变老。花点时间多陪陪父母，父母们没有太多的要求，只是想多让你陪陪。否则当你挚爱的亲人离你而去，你在脑海中回想他们以往对你如何嘘寒问暖、呵护备至，你却只顾着打拼自我天地，忽略了关爱他们，让他们在守望你的寂寞中落寞而去。你的悔、你的痛，成为你一生最深刻的烙印，任岁月无情也抹杀不去。

生孩子不易，养孩子更不易，付出的辛苦是没有当过父母的人难以理解的。古时候父母亡故，做子女的要服丧三年，这是对自己刚出生时父母耐心守候的报答。孝敬父母，是每个人都应该奉行的，无论是过去还是现在。

闵损，字子骞，春秋时期鲁国汶上人，是孔子著名弟子之一。闵子骞幼年即以贤德闻名乡里，他母亲早逝，父亲怜他衣食难周，便再娶后母照料闵子骞。几年后，后母生了两个儿子，待闵子骞渐渐冷淡了。

闵子骞受到后母虐待，冬天穿的棉衣以芦花为絮，而其弟穿的棉衣则是厚棉絮。一天，父亲回来，叫闵子骞帮着拉车外出。外面寒风凛冽，闵子骞衣单体寒，但他默默忍受，什么也不对父亲说。后来绳子把闵子骞肩头的棉布磨破了。父亲看到棉布里的芦花，知道儿子受后母虐待，回家后便要休妻。闵子骞看到后母和两个小弟弟抱头痛哭，难分难舍，便跪求父亲说："母亲若在，仅儿一人稍受单寒；若驱出母亲，三个孩儿均受寒。"子骞孝心感动后母，使其痛改前非。自此母慈子孝合家欢乐。

孟子曰："惟孝顺父母，可以解忧。"闵子骞的孝行备受后人推崇，明朝编撰的《二十四孝图》，闵子骞排在第三，成为中华民族文化史上先贤人物。闵子骞不仅孝，而且宽容友爱，正是这些品德，使一个即将分崩离析的家庭重归于好，以自己的行为感动后母，使家庭和睦，母慈子孝，生活没有遗憾，这实在是人生一大幸事。

在现代，人们对自由的追求导致了家庭观念逐渐淡漠，孝的精神也逐渐丧失，这不仅是传统文化的重大损失，也是个人品德修养的重大缺陷。今天的我们，不应该只用一

些时髦的理论"武装"自己，仿佛自己不食人间烟火似的，完全没有传统文化中那种踏实、厚重的责任感。面对过去，新一代的我们应该继承和发扬传统文化中优秀的部分，比如平常多关怀、孝敬父母，也就不会再如皋鱼一般暗自哭泣"子欲养而亲不待"。

百善孝为先，原心不原迹

"父而慈焉，子而孝焉，吾良知所好也。"

——王阳明

中国有首名为《劝孝歌》的古诗："人不孝其亲，不如禽与兽。"语言虽然很直白，但是却蕴含丰富的内涵。一个人不论他出身什么样的家庭，也不论他将来的地位有多大的变化，只要他的父母还健在，那么他就有尽孝道的义务，这也是人之所以为人的根本。

试想一下，我们的父母养育我们多年，如果等到老了却享受不到应有的亲情，会多么寒心！人类一直标榜自己是万物之灵，倘若面对自己的父母都不孝敬，又有什么资格居高临下地谈论自然界中的动物呢？

《庄子》中曾记载："子之爱亲，命也，不可解于心；臣之事君，义也，无适而非君也，无所逃于天地之间……是以夫事其亲者，不择地而安之，孝之至也。"孟子也讲："孰不为事，事亲，事之本也。"而王阳明也是一个认为百善孝为先的至孝之人。

王阳明三十二岁的时候，因病移居西湖，往来于南屏、虎跑寺庙，见一僧人封闭于龛内打坐、诵经、念佛有三年之久，也不说话，像呆了一样。一日，王阳明就朝僧人大喊起来，僧人大吃一惊，和王阳明攀谈起来。王阳明问了他家庭的一些情况，僧人说家里还有老母亲。王阳明又询问其是否不起俗念。僧人答曰没法不念。王阳明听了，就给僧人讲爱父母和人本性的道理，僧人感动落泪，并离开寺庙回去奉养老母亲。

古人讲"求忠臣必于孝子之门"，一个人对父母家庭有真感情，如出来为天下国家献身，就一定有责任感。换言之，忠就是孝的发挥，就是扩充了爱父母的心情，爱别人，爱国家，爱天下。"子之爱亲，命也"，儿女爱父母，这是天性，是没有道理可讲的，人不孝其亲，不如禽与兽。然而，很多人通常将父母的爱视作理所当然，不懂得"子欲养而亲不待"的道理，直到自己也有了子女，理解了为人父母的苦心，却发现自己想要反哺回报已来不及了。

北魏时，房景伯担任清河郡太守。一天，有个老妇人到官府控告儿子不孝，回家后，房景伯跟母亲崔氏谈起这事，并说准备对那个不孝子治罪。崔氏是一个知书达理、颇有头脑的人，她得知情况后，说道："普通人家子弟没有受过教育，不知孝道，不必过分责怪他们。这事就交给我来处理好了。"

第二天，崔氏派人将老妇人和儿子接到家里，崔氏对不孝子一句责备的话也没说。崔氏每天同老妇人同床睡眠，一同进餐，让不孝子站在堂下，观看房景伯是怎样侍候两位老人的。不到十天，不孝子羞愧难当，承认自己错了，请求与母亲一起回家。崔氏背后对房景伯说："这人虽然表面上感到羞愧，内心并没有真正悔改。姑且再让他住些日子。"又过了二十几天，不孝子为房景伯的孝顺深深打动，真正有了悔改的诚意，不断向崔氏磕头，答应一定痛改前非，老妇人也替儿子说情，这时崔氏才同意他们母子回家。后来这个不孝子果然成了乡里远近闻名的孝子。

崔氏很聪明，她相信每个人心中都会有"仁"在，其中之一就是孝心。她无所为而为，以身教代替言传，让他心中蛰伏之"仁"能在外面的触动之得以彰显。

百善孝为先，原心不原迹，原迹贫家无孝子，所以说，孝的止境，在于以父母待你之心回报父母，无论何时何地，无论贫穷富有，孝由心生，不由外物。《孝经》云："用天之道，分地之利，谨身节用，以养父母，此庶人之孝也。故自天子至于庶人，孝无终始，而患不及者，未之有也。"

在王阳明看来，良知一开始便蕴含着情感之维："良知只是个是非之心，是非只是个好恶，只好恶就尽了是非，只是非就尽了万事万变。"良知的好、恶情感形成了行善的动因。当学生徐爱问王阳明如何通过服侍父母等的孝道而求得孝的道理时，王阳明认为关键出自忠诚的孝心。只有出自真心，行为才具有真实性，光是一点行孝的表面文章，而不把爱树立起来，那就不是真孝。

孝顺是发自内心，由衷而出的。孝不仅仅是形式，更重要的是在于内心。一个人总强调正己，而正己的伊始要从回馈父母开始，孝为百德的先行，如果尚不知爱父母，没有德行的人绝难成事。

孝是一种生存品质

"善人也，而甚孝。"

——王阳明

良心是人人内心都具有的，不需要到外面去求。见父自然知孝，见兄自然知悌，见孺子入井，自然知恻隐。王阳明认为孝是一种人的本能，也是其良知的体现，是一个人生存必备的品质。

《论语·学而》中，有子曰："其为人也孝弟，而好犯上者，鲜矣；不好犯上，而好作乱者，未之有也。君子务本，本立而道生；孝弟也者，其为仁之本与！"其意为："做人，孝顺父母，尊敬兄长，而喜好冒犯长辈和上级的，是很少见的；不喜好冒犯长辈和上级，而喜好造反作乱的人，是没有的。君子要致力于根本，根本确立了，治国、做人的原则就产生了。因此，孝顺父母，敬爱兄长，可以作为'仁'的根本吧。"

国学大师钱穆先生也认为，孔子之学所重最在道。所谓道，即人道，其本则在心，而这人道最鲜明的体现是孝悌之心。所以要想培养仁爱之心，必先从孝悌始。中国古代有很多关于"孝"的事迹，著名的《二十四孝》就是典型的代表，其中的"卧冰求鲤"的故事是这样的：

晋朝琅琊人王祥，生母早丧，继母朱氏多次在他父亲面前说他的坏话，使他失去父爱。但是王祥并没有因为这些而怨恨父母，相反，他对父母非常孝顺。父母患病，他便衣不解带、日夜侍候。继母想吃活鲤鱼，但当时是寒冬腊月，冰封三尺，天寒地冻，根本无法捕鱼。但是王祥为了能让病中的继母吃上活鲤鱼，就解开衣服卧在冰上，想用自己的体温化开坚冰捉鱼。突然三尺厚的冰自行融化，从冰下跃出两条鲤鱼。王祥高兴地回家为继母做鲤鱼，继母食后，果然病愈。这就是"卧冰求鲤"的故事。后来王祥隐居二十余年，给父母养老送终后，才应邀出外做官。从温县县令做到大司农、司空、太尉，并被封为睢陵侯。后人为了纪念他，有诗云：继母人间有，王祥天下无。至今河水上，一片卧冰模。

儒家认为，"孝"是伦理道德的起点。一个重孝道的人，必然是有爱心的、讲文明的人。重孝道的家庭，亲情浓郁、关系牢固；反之，必然是亲情淡薄、家庭结构脆弱容易解体。而家庭是社会的基础，可见，不重孝道将会影响到整个社会的稳定与和谐。正像一位名人指出的："孝道不受重视，生存的体系就会变得薄弱，而文明的生活方式也会因此而变得粗野。我们不能因为老人无用而把他们遗弃。如果子女这样对待他们的父母，就等于鼓励他们的子女将来也同样对待他们。"

从前有一对夫妻生了一个白白胖胖的儿子，他们对儿子尽心竭力地抚养，所以孩子一天天茁壮成长。这对夫妻还有一个老母亲与他们同住，平时儿媳老是嫌弃婆婆，不愿意养婆婆，但是因为婆婆能帮他们干活，所以媳妇虽有怨言但还是让婆婆同他们吃住。年复一年，随着孙子渐渐长大，婆婆越来越老了，她的腰因为长年的劳作变得佝偻，她再也不能做重活了。而且由于年龄的原因，吃饭的时候常会撒出一些饭粒。

这时候，媳妇看婆婆越来越不顺眼，她急于想把婆婆赶出家门，于是总在丈夫面前说婆婆的坏话，没想到丈夫竟然答应妻子赶母亲出门。一天吃过午饭，这对夫妻就把老母亲送到三十里外的山沟里，扔下几块饼，让老母亲自生自灭。没想到回家后，他们发现儿子在村口的大树下坐着。夫妻俩问儿子为什么不回家，儿子说："我在等奶奶，你们现在把奶奶拉出三十里地外，以后我拉你们八十里也不止。"听了儿子的一番话，夫妻俩顿时明白了。他们赶紧回到山沟里把母亲接了回来。

此外，正如有子所说，将来这些不懂得孝敬父母的人如果到了社会上，就是社会动荡不稳定的主要因素！这绝不是危言耸听，不是

我们如何对待父母将影响到孩子如何对待我们。

骇人听闻！也如王阳明所说："知是理之灵处。就其主宰处说，便谓之心，就其禀赋处说，便谓之性。孩提之童无不知爱其亲，无不知敬其兄，只是这个灵。"只有良知走入我们的内心，我们也就能"爱其亲""敬其兄"，这是一种本能的行为，是一种心的要求。

孝是一种生存策略，将来孩子能否做到孝，关键还是在于父母的言传身教。所以在孩子出生开始，你就要明白，在无微不至地关怀和爱孩子的同时，必须教会孩子孝敬你！如果不意识到这一点，以后就会自酿苦果，老无所养！

能养只是一半的孝

"言学孝，则必服劳奉养，躬身孝道，然后谓之学。岂徒悬空口耳讲说，而遂可以谓之学孝乎？"

——王阳明

王阳明曾与一个名叫杨茂的聋哑人用笔进行交谈：

（王阳明）问：你口不能言是非，你耳不能听是非，你心还能知是非否？

（杨茂）：知是非。

（王阳明）感慨：如此，你口虽不如人，你耳虽不如人，你心还与人一般。

（杨茂）首肯，拱谢。

（王阳明）：大凡人只是此心。此心若能存天理，是个圣贤的心；口虽不能言，耳虽不能听，也是个不能言不能听的圣贤。你如今于父母，但尽你心的孝；于兄长，但尽你心的敬。

（杨茂）首肯，拜谢。

（王阳明）：我如今教你，但终日行你的心，不消口里说；但终日听你的心，不消耳里听。

（杨茂）顿首再拜。

王阳明向杨茂指出，人人都有一颗知是非的心，如看见父母自然知孝，看见兄长自然知敬的道德行为。即使是聋哑人，口虽然不能表达，耳虽然不能聆听，但心与常人是一样的，能知善知恶、辨别是非。这就是因为人心都有"良知"，无须口说，也无须耳听，只要用心去行就可以了。

在中国，对父母及老年人的孝养一直是个大问题，这也正是中国古代圣贤格外重视孝道的原因。在王阳明生活的那个年代有许多道德的约束，尚有许多人不懂得孝的真实含义，更不用说在当今社会了。

能养只是一半的孝，真正的孝是发自内心的那份真诚。只有心里时时想着孝，并努力践行，这才是真正的孝。

有一个财主有两个儿子，大儿子愚笨，不讨人喜欢，小儿子聪明伶俐，于是财主就尽心抚养小儿子。两个儿子逐渐长大了，大儿子一直在家里陪着父母，小儿子因为颇有才华，被父亲送到县城读书。

小儿子果然不负众望，考取了功名，一家人欢天喜地，两位老人也准备收拾行李，和小儿子一起到新地方开始生活。本来小儿子不想带着父母，但是想到兄长愚钝，就勉为其难地带上了两个老人家。

到了就职的地方之后，小儿子给父母选了一间房子，安排了一个奴婢，从此就消失了。两位老人看不见他的人影，生病了也只能使唤下人去找大夫。虽然在这里不愁吃穿，但是两个老人心里很难过。

一年以后，大儿子带着家乡的特产过来看弟弟，一见到老人，就难过地哭了——一年不见，父母老了许多，以前胖胖的父亲也瘦成一把骨头了。虽然大儿子很笨拙，但是很心疼父母，他决定带着父母回家生活。父母想到自己以前和大儿子生活在一起的时候，从来没有把他当回事，端茶倒水像下人一样使唤，但是他从来没有生气，反倒是乐呵呵地照顾自己，不禁也流下了眼泪。就这样，笨哥哥又带着老人回到乡下去了。小儿子想不明白，为什么父母不跟着这样有头有脸的儿子，却要和那笨人一起生活。

其实，感动老财主的正是一颗孝心。只有让父母感受到我们的孝心，他们才会觉得幸福。孝绝不仅仅是能够保证父母衣食无忧。因为父母更希望得到的是儿女的真情关心，他们希望儿女能常回家看看。

王阳明说，只是有个头脑，只要此心去人欲、存天理，便自然会在冬凉夏热之际要为老人去找个冬温夏凉的地方。但这些都是诚孝的心发出来的条件，有此心才有这条件发出来。能养不是孝，有孝顺的心才能算作孝。

时刻念父母生养之恩

"不慈不孝焉，斯恶之矣。"

——王阳明

"百善孝为先"，"身体发肤，受之父母，不敢毁伤"，身体是父母所赐予，即便是伤害身体的权力也在于父母，而不在于自己。在中国人的眼中，孝是一切美德的基础，是一切事业的起点，不孝者不成大业。

王阳明提倡以良知为本的孝道观。他认为万事万物的本源是良知。有了良知之心，自然就会发自内心地孝顺父母。良知一旦被蒙蔽，孝顺就仅仅只是形式上的孝道，而非出自内心忠诚的孝。要孝敬父母不能光有外表的花哨言行，还必须有真正付诸行动的爱。

汉文帝时期，在临淄这个地方出了一个很有名的人，她就是勇于救父的淳于缇萦。

淳于缇萦的父亲叫淳于意,本来是个读书人,但是非常喜欢医学,还经常给别人看病,所以在当地出了名。后来他做了太仓令,但是他为人耿直,不愿意跟做官的来往,也不会拍上司的马屁,所以在官场上很不得意,没有多久就辞职当起医生来了。

一次,淳于意被一位商人请去为他的妻子看病,结果没有好转,反而在几天之后死了。大商人仗势欺人,向官府告了淳于意一状,说他看错了病,致人死亡。当地的官吏也没有认真审理,就判处他"肉刑"(当时,肉刑有脸上刺字、割鼻子、砍左足或右足等),要把他押解到长安去受刑。

除了小女儿缇萦之外,淳于意还有四个女儿,可就是没有儿子。在他被押解到长安去受刑的时候,他望着女儿们叹气说:"可惜我没有儿子,全是女儿,遇到现在这样的急难,一个有用的也没有。"

听到父亲的话,小缇萦又悲伤又气愤。她想:"为什么女儿就没有用呢?"因此,当衙役要把父亲带出家门时,她拦住衙役说:"父亲平时最疼我,他年龄大了,带着刑具走不太方便,我要随身照顾他。另外,我父亲遭到不白之冤,我要去京城申诉,请你们行行好,让我和你们一起去吧。"

缇萦救父。

衙役们见小姑娘一片孝心,就答应了她。当时正值盛夏,天气反复无常,时而阴雨连绵,时而天气晴朗。天晴时,小缇萦就跟在父亲旁边,不住地为父亲擦汗;遇上阴雨天,她就打开雨伞,以防父亲被雨水淋湿。

晚上,小缇萦还要给父亲洗脚解乏。这一切深深地感动了押送淳于意的衙役。经过二十多天的长途跋涉,他们终于来到了京城。履行完相关的手续之后,淳于意马上就被关进了牢房。小缇萦不顾疲劳,也马上开始四处奔走,为父亲喊冤。可是,人们一看申诉的竟是个还未成年的小姑娘,便没有给予理睬。小缇萦想,要解决父亲的问题,只能直接上书皇上了。于是,她找来纸笔,请人帮忙将父亲蒙冤的经过一一写好,恳求皇上明察。同时她还表示,如果父亲真的犯了罪,她愿代父受刑。

第二天,小缇萦怀里揣着早已写好的信,来到皇宫前。就在那时,只见不远处尘土飞扬,马蹄声声,一辆飞驰的马车直奔皇宫而来。小缇萦心想:"上面坐的一定是一位大臣。"她灵机一动,用双手举起书信,跪在马车前。

车上坐的是一位老者,他看到了小缇萦,便俯下身来,关心地问:"小姑娘,为什么在这儿拦住我的去路,难道有人欺负你了吗?"小缇萦就把父亲被抓的事情一五一十地告诉了这位大臣,并请求他把信带给皇上。

听小缇萦说得那么诚挚恳切,这位大臣答应了她的要求。皇上读了这封信后,被

图解 王阳明心学

作为儿女者，应真切体会父母的深恩重德。

深深地打动了，当他听说小缇萦千里救父的事迹后，更是十分钦佩。之后，皇上亲自审理此案，并为淳于意洗清了不白之冤。

也许在年少的小缇萦心中根本就没有很明确的所谓孝顺的概念，但是，她拥有一颗良知之心，正是这颗良知之心使她拥有一种最朴素的孝顺行为，时时事事都想着自己的父亲，都站在父亲的角度来考虑问题。

其实，孝敬真的很简单，只要像爱自己一样爱父母、爱家人，并体现在日常的一些细小的行动上，就已经做到了孝顺，就是一个实实在在懂得孝顺的人了。念父母生、养之恩，这是每个子女都应该做到的，报父母之恩，更是每个子女应尽的义务。"不慈不孝焉，斯恶之矣"。王阳明的孝道观讲孝悌是良知的一个表现，不慈不孝，这是良知被蒙蔽，由此产生恶。由知孝到行孝，是由良知到致良知的过程，也是知行合一观点所要求的。

《诗经》中说："哀哀父母，生我劬劳。"父母生养我们的时候，辛酸劳瘁，不是一般人所能想象的。因此作为儿女者，若能真切体会父母的深恩重德，心灵深处必然会激起阵阵哀伤，孝敬父母之心必会油然而生，随之付诸实践。若是有人不为父母对子女的爱无动于衷，这种人将很难得到安详幸福的家庭，也很难成就大业。

为父母尽点儿心

"故为子而傲，必不能孝。"

——王阳明

王阳明在京师跟当时文人交往时，其诗文受到人们的广泛赞赏。但他总是不满足，觉得这不是他的理想，就告病回家，筑室阳明洞中，行导引术。有一天坐在山洞里，友人王思舆等四人来看他，刚出五云门，他让仆人去迎，并且说出他们来的情况。仆人在路上遇到他们，王阳明说的与他们的行迹相合。大家觉得很惊讶，以为他得道了。然而，过些时间，他觉悟说："这是簸弄精神，不是道。"这样静坐久了，想离世远去，只是祖母与父亲（王阳明十三岁丧母）舍不下，因循下不了决心。过了些时他忽然醒悟说："这种恋念之心从小就有，如果此念可去，就是断灭人性了。"

从我们一出生开始，亲情就支撑着我们的世界。被父母精心呵护，在他们不辞辛劳的照顾下茁壮成长，而父母从未要求我们报答。有人说，世间最难斩断的就是父母对子女的情爱。这种爱永远都是真诚、可贵、质朴和无条件的。父母是我们最亲密的人，而我们对于他们的感情也是最深重的，因而孝敬父母可以说是发乎情、止乎礼的。

剡子是周朝时代人，祖上世代以耕种为生，老实巴交的爹娘，一年到头披星戴月亮地苦苦劳作，也只是混个半饥半饱。这年赶上闹灾荒，田里收成不济，日子越发艰难，爹娘忧急交加，一时心火上攻，双双眼睛失明，这可急煞了小小年纪的剡子。为了给爹娘治病，剡子每天半糠半菜地侍奉双亲充饥后，就到处求人，寻医问药。

一天，剡子到深山采药，路过一座庙宇，便进去讨口水喝。他见方丈童颜仙骨，就向他请求治疗眼疾的药方。老方丈问明缘由，沉吟一下说："药方倒有一个，恐怕你采不来。"

"请说，我舍命去采！"

"鹿奶，鹿奶可以治眼疾。"

剡子听了，立即叩头谢过老方丈，飞步赶往鹿群出没的树林中。这里的鹿确实不少，可它们蹄轻身灵，一见有人靠近，就一阵风似的飞快逃去。

怎样才能弄来鹿奶呢？剡子绞尽脑汁，昼思夜想。

一天，他见村东头猎户家的墙头上晒着一张鹿皮，忽地眼前一亮：把鹿皮借来，披在身上，扮成小鹿的模样，不就能悄悄接近鹿群了吗？

于是，剡子迫不及待地走进猎户家，说明来意。好心的猎户欣然把鹿皮借给了他，还指点剡子如何模仿小鹿四肢跑跳的动作。经过多次演练，剡子竟然举腿投足都像一只活脱脱的小鹿。

第二天，剡子用嘴叼着一只木碗，悄悄地蹲在树林里。待鹿群走近时，披着鹿皮的剡子像一只小鹿似的不紧不慢地凑到一只母鹿身边，轻手轻脚地挤了满满一木碗鹿奶。直到鹿群走开了，他才站起身来，捧着鹿奶直奔家中。

打这以后，剡子多次用扮成小鹿的办法，去挤母鹿的奶汁。爹娘由于常常喝到鲜美的鹿奶，营养不良的身体一天天强壮起来，后来，失明的眼睛，果然奇迹般地恢复了光明。

乡亲们知道了，都夸奖剡子是个孝敬父母的好孩子。

孝是人最基本的善举，如果连父母的大恩都不报，还能指望一个人有什么善举？一个连父母都不去孝敬的人，还能指望他对朋友付出真诚吗？所以，孝既是对父母的宽慰，也是对自身的完善，更是赢得社会资本的根本方式。

人们尽情享受着父母所创造的一切，把向他们索取视为理所当然。父母为了满足孩子的愿望，总是那般义无反顾。可以说，站在父母与子女的爱之天平上，永远没有平衡。

强调正己，而正己的伊始正是从回馈父母开始，不必为父母买房买车，买金买银，多为父母尽一点儿心，时而给父母打一通电话，倒一盆洗脚水，便已足够。这才是真正的孝。

有诚心，才能让父母宽心

"此心若无人欲，纯是天理，是个诚于孝亲的心，冬时自然思量父母的寒，便自然要求个温的道理。夏时自然思量父母的热，便自然要求个清的道理。这都是那诚孝的心发出来的条件。却是须有这诚孝的心，然后有这条件发出来。"

——王阳明

"孝"，必须是对父母发自内心的"敬"，是一种自觉的伦理意识和道德情感，而不仅仅止于"供养"上，否则就不是真正的孝。子女要做到孝顺，最不容易的就是对父母和颜悦色。仅仅是有了事情，儿女替父母去做，有了酒饭，让父母吃，这并不是完整的孝。正如国学大师钱穆先生所言，人之面色，即其内心之真情流露，色难，乃是心难。有愉色者，必有婉容。所以孝子服侍父母，以能和颜悦色为难。有的儿女在为父母盛饭倒水时总把碗或杯子"砰"的一声放在父母面前，把父母吓得不知所措。这样的态度会让父母做何感想，这样的行为能算是孝敬吗？

王阳明也认为子女应有"诚于孝亲的心"，"冬时自然思量父母的寒，便自然要去求个温的道理。夏时自然思量父母的热，便自然要去求个清的道理"，这都是诚孝的心发出来的条件。他还打比方说："譬之树木，这诚孝的心便是根，许多条件便是枝叶，须先有根然后有枝叶，不是先寻了枝叶然后去种根。"所以子女在孝顺父母的时候，一定要真心诚意，表里如一。

从前有个老人，妻子去世以后一直过着孤单的生活。他一生都是个辛苦工作的裁缝。但时运不佳，他身无分文。现在他太老了，已经不能做活儿了。他的双手抖得厉害，根本无法穿针；而且老眼昏花，缝不直一条线。他有三个儿子，都已经长大成人，结了婚有了各自的家。他们忙于自己的生活，只是每周回来和父亲吃一顿饭。渐渐地，老人的身体越来越虚弱了，儿子看他的次数也越来越少。他心想："他们不愿意陪在我的身边，因为他们害怕我会成为他们的累赘。"他通夜不眠为此而担心，最后他想出了一个办法。

一天早上，他找到木匠朋友，让其帮助自己做一个大箱子。然后他又跟锁匠朋友要了一把旧锁头。最后他找到卖玻璃的朋友，把朋友手头所有的碎玻璃

木箱底上的刻字正是三个儿子所缺失的人伦。

都要过来。老人把箱子拿回来，装满碎玻璃，紧紧地锁住，放在了饭桌下面。当儿子们又过来吃饭的时候，他们的脚踢到了箱子上面。他们向桌子底下看，问他们的父亲："里面是什么？"

"噢，什么也没有，"老人说，"只是我平时省下的一些东西。"

儿子们轻轻动了动箱子想知道它有多重，他们踢了踢箱子，听见里面发出响声。"那一定是他这些年积攒的金子。"儿子们窃窃私语。他们经过讨论，认为应该保护这笔财产。于是他们决定轮流和父亲一起住，照顾他。

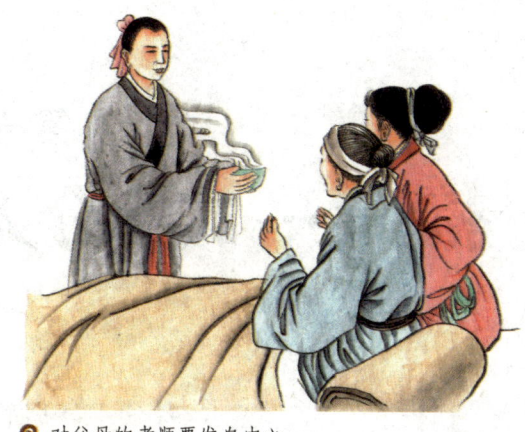
对父母的孝顺要发自内心。

第一周，年轻的小儿子搬到父亲家里，照顾父亲，为他做饭。第二周是二儿子，再下一周是大儿子，就这样过了一段时日。最后年迈的父亲生病去世了。儿子们为他举办了体面的葬礼，因为他们知道饭桌下面有一笔不小的财产，为葬礼稍微挥霍一些他们还承担得起。葬礼结束后，他们满屋子搜，找到了钥匙。打开箱子后，他们看到的当然是碎玻璃。

"好恶心的诡计，"大儿子说，"对自己的儿子做出这么残忍的事情！""但是他为什么要这样做呢？"二儿子伤心地问，"我们必须对自己诚实，如果不是为了这个箱子，直到他去世也不会有人注意他。""我真为自己感到羞愧，"小儿子抽泣着，"我们逼着自己的父亲欺骗我们，因为我们没有遵从小的时候他对我们的教诲。"

但是大儿子还是把箱子翻过来，想看清楚在玻璃中是不是真的没有值钱的东西，他把所有的碎玻璃都倒在地上。顿时三个儿子都噤声无言，箱子底下刻着一行字：孝敬父母要发自内心！

真正的孝顺是要发自内心。孔子说过："做父母的有错误时，我们要温和地提醒他们。如果他们不听劝，那么我们就不要再继续唠叨了。但是不能因为父母有错，我们对他们就不尽孝道。不仅要孝敬他们，而且态度还要恭敬，侍奉他们不能有怨言。"

孝是发自内心的情感表达，没有表里如一的孝就没有真心实意的爱。在履行赡养父母的义务时，我们要发自内心，真心地为父母做事，穷则穷孝，富则富孝，只要用一颗真正的孝心让父母开心愉快，自己也就真正尽到孝道了。另外我们还要注意，用期待孩子对待你的方式来对待你的父母吧，不要再为一点小事情而"色难"。

◎第六章◎
素净心：减一分人欲，得一分轻快

身外物不奢恋

> "然可欲者是我的物，不可放失，不可欲者非是我物，不可留藏。"
>
> ——王阳明

随着社会不断向前发展，人们越来越注重物质利益的追求。在人们趋向于"物质化"的同时，其精神愈来愈和自己的心灵分离，人的心灵深处愈感孤独、苦闷、烦躁、矛盾。如何使人们荒芜、紧张的精神境界得到提升，获得一种心灵的自由，王阳明为人们提供了一种解决方式。

王阳明的学生问他："良知恐怕也存在于声色货利之中。这种观点对吗？"王阳明回答说："当然，但初学用功时，对自己的内心必须进行扫除荡涤，使它臻于清静澄明的境界，不要让自己的心陷入声色货利等东西之中，它们来了既不欢迎，去了也不留恋、惋惜，这样，我们才能以坦然的心情来对待所遇到的各种事物，才不会成为心灵上的负担，自然就会依顺自己本来的智慧去应对。"

王阳明强调以一种豁达的心态来为人处世，不要让所遇之物成为心中羁绊，不能做声色货利的奴隶。

每个人的烦恼都有两个来源，一是自身的欲望，再一个就是外物，金钱、权力、华屋、名声、美色、佳肴等，他们诱惑着人们，也烦恼着人们。而这众多的烦恼，就是因为人们有太多的执着，有太多的贪欲，整天惦记着如何才能得到声、色、名利等外在的东西，心里才会受尽煎熬。如果能豁然看待，来去随缘，而不是执着地求取，人生自然会多几分洒脱。

有一个富翁背着许多金银财宝，到远处去寻找快乐。他走过了千山万水，却始终未能寻找到快乐，于是他沮丧地坐在山道旁。一农夫背着一大捆柴草从山上走下来，富翁说："我是个令人羡慕的富翁。请问，为何我没有快乐呢？"

农夫放下沉甸甸的柴草，舒心地揩着汗水："快乐很简单，放下就是快乐！"富翁顿时开悟：自己背负着那么重的珠宝，老怕别人抢，怕被别人暗算，整天忧心忡忡，快乐从何而来？于是，富翁将珠宝、钱财接济穷人，专做善事，慈悲为怀。善行滋润了他的心灵，他也尝到了快乐的味道。

钱财终究是身外之物。"身外物，不奢恋"是思悟后的清醒，它不但是超越世俗的大智大勇，也是放眼未来的豁达襟怀。谁能做到这一点，谁就会活得轻松，过得自在。

王阳明那段倾心讲学的日子被他自己称为人生当中最幸福的时光。既然未得到朝廷的任用，那就投身于讲学事业当中，何乐而不为？所谓的官名、事功都是些外在的东西，内心和精神得以满足才是最重要的。所以，在那一段时间，前来求学之人络绎不绝。不管是因为他生性的乐观感染了他人，还是心学的思想鼓舞了他人，可以肯定的是，王阳明有一颗豁达的心。

背负着那么重的珠宝，成天提心吊胆，快乐又从何而来？

生活中，我们想要得太多，如果不能得到我们想要的，我们就不停地去想我们所没有的，并且保持一种不满足感。如果我们已经得到想要的，我们仅仅是在新的环境中重新创造同样的想法，因此，尽管得到了我们想要的，我们仍旧不高兴。当我们充满无休止的欲望时，是得不到幸福的。

一位心理学家指出：最普遍的和最具破坏性的倾向之一就是集中精力于我们所想要的，而不是我们所拥有的。这对于我们拥有多少似乎没有什么不同；我们不断地扩充我们的欲望名单，这就导致了我们的不满足感。你的心理机制说："当这项欲望得到满足时，我就会快乐起来。"可是一旦欲望得到满足后，这种心理作用却会不断重复。

钱财终究是身外之物。"身外物，不奢恋"是思悟后的清醒，它不但是超越世俗的大智大勇，也是放眼未来的豁达襟怀。谁能做到这一点，谁就会活得轻松，过得自在。

幸运的是，有个可以快乐起来的方法，那就是改变我们思考的重心，从我们所想要的转而想到我们所拥有的。不是期望你的爱人是别人，而是试着去想她美好的品质；不是抱怨你的薪水，而是感激你拥有一份工作；不是期望你能去夏威夷度假，而是想到你居所附近亦有乐趣。

别勉强自己去做别人，不要看到别人住别墅豪宅就想要别墅豪宅；看见别人开宝马香车就渴望拥有宝马香车；甚至看见别人的女友漂亮、妻子贤惠，就想把自己的女友、妻子换掉，但世界上哪有完美的事物、完美的人呢？这样你就一刻也不能拥有幸福的感觉，你就会在欲望之路上越走越远。

其实外物都是虚假的，即使我们把它追到手，也不会感到满足，反而会使人生出更多更大的欲望来。而这一切都是无根的，都是会走到尽头，走向反面的，富不过三代是一例，乐极生悲也是一例。因此，不若保持一颗平静的心，学会"物来而应，过去不留"，适当放下，这不仅是一种洒脱，更是参透万物后的一种平和。只有放下那些过于沉重的东西，才能得到心灵的放松。当某一件东西带给你的只有无尽的烦恼和忧愁，各种各样的负担如山一般压在你的心上让你不能自由呼吸，那么最明智的办法就是舍弃它，不要为其所累，快乐自然会回到你的身边。

心安理得，知足常乐

"尚功利，崇邪说，是谓乱经。"

——王阳明

走人生这条道路，荣华富贵并不一定就永久快乐，贩夫走卒也不是一辈子劳苦，一个人只要心安理得，恰如其分地做其本分事，即是幸福。

在被贬至龙场之时，王阳明常以孔子之话勉励自己：居住者要是道德修养高，有知识有智慧的君子，是不会觉得居所简陋。

为生活所迫，他不得不亲自动手耕作来解决温饱。他不会农事，边看边学，他了解到龙场人的耕作是原始的刀耕火种，通过实践，他还掌握了不少做农活的技术和规律。他还向当地的人请教种地经验，和当地百姓的关系也越来越亲近。对于一直心存百姓的王阳明来说，得到龙场百姓的理解和支持就是一种幸福。

为人处世，穷而不乏，实属难能可贵的精神。毕竟荣华富贵常使人飘飘欲仙，而那些每天奔波劳碌的贩夫走卒，风餐露宿，看起来异常凄苦。但有了钱财和权力，未必总能给人带来快乐，烦恼也会随着名利袭上心头。反而是那些本本分分活着的人，每天做着恰如其分的事情可能会更幸福，因为他们或许物质上未能达到极大丰富，但精神却不匮乏。

春秋时的名士原宪住在鲁国，拥有一丈见方的房子，屋顶盖着茅草；用桑枝做门框，用蓬草做成门；用破瓮做窗户，用破布隔成两间；屋顶漏雨，地面潮湿，他却端坐在那里弹琴。子贡骑着大马，穿着素雅的大褂，里面是紫色的内衣，小巷子容不下高大的马车，他便走着去见原宪。原宪戴顶破帽子，穿着破鞋，倚着藜杖在门口应答，子贡说："呵！先生生了什么病？"原宪回答说："我听说，没有钱叫作贫，有学识而无用武之地叫作病，现在我是贫，不是病。"子贡因而进退两难，脸上露出羞愧的表情。

子贡听了名士对于贫穷的看法，自己的脸上露出了羞愧的表情。因为他自己实际上有了心病，不能从高层次看待贫困的问题，不理解那些善于忍受贫困，而心怀大志的人。

对于贫穷，现实中的每个人的看法不同，标准不同，忍受贫穷的能力也不同。有些人是不得不居于贫困、苦熬贫困，所以觉得贫困是可怕的，这是着眼于物质生活的贫困。还有一些人是甘居贫困，是借贫困的环境来磨炼自己的意志，这是自觉地忍受贫困。不管是贫穷还是富有，我们要注重的不仅是自己的物质享受，还看重自己的精神修养，这才是积极地忍受贫困。

《庄子·山木》中曾记载了这样一则故事：

庄子身穿粗布衣并打上补丁，工整地用麻丝系好鞋子走过魏王身边。魏王见了说："先生为什么如此疲惫呢？"

庄子说："是贫穷，不是疲惫。士人身怀道德而不能够推行，这是疲惫；衣服坏了鞋子破了，这是贫穷，而不是疲惫。这种情况就是所谓生不逢时。大王没有看见过那跳跃的猿猴吗？它们生活在楠、梓、豫、章等高大乔木的树林里，抓住藤蔓似的小树枝自由自在地跳跃而称王称霸，即使是神箭手羿和逄蒙也不敢小看它们。等到生活在柘、棘、枳、枸等刺蓬灌木丛中，小心翼翼地行走而且不时地左顾右盼，内心震颤恐惧发抖；这并不是筋骨紧缩有了变化而不再灵活，而是所处的生活环境很不方便，不能充分施展才能。如今处于昏君乱臣的时代，要想不疲惫，怎么可能呢？这种情况比干遭剖心刑戮就是最好的证明啊！"

庄子物质生活很贫穷，但是他的精神生活却并不贫穷。一个人物质上贫穷并不可怕，但一定不要使自己的精神贫穷，精神贫穷才是真正的可悲。庄子生活困苦，但是庄子的精神力量却散发出耀眼的光辉，他深谙快乐生活的道理，心与物游，天真烂漫，这种贫穷在某种意义上说是最富有。

《中庸》讲"素富贵，行乎富贵。素患难，行乎患难"，王阳明认为只有努力修养心体，继而修养得纯正才可做到此。贫穷毕竟不是什么好事。每个人都希望改变贫穷的状况，但是急于求成或是用歪门邪道去脱贫，不是真正的忍贫，而不过是贪恋富贵罢了。那些贩夫走卒，奔波劳苦，虽然生活不尽美好，但他们付出了努力，所以他们的精神充实，将来未必过不上好日子；那些满腹经纶的人，虽然积累学识非常辛苦，但他们可以用知识来创造财富，一样能飞黄腾达。相反，许多人心灵空虚，贪欲满腹，即使家财万贯，也未必能快乐，因为他们不知道什么叫作知足常乐，也从不重视心安理得，结果生命里充满的往往只是利益和虚假的谄媚。

"财"是静心的拦路虎

"人须有为己之心，方能克己；能克己，方能成己。"

——王阳明

人生的热闹风光说穿了不过名利二字，唯有与功名利禄保持适当的距离，才能超然物外，潇洒、通透、做个真正的快活人。然而，从古至今，多少人在混乱的名利场中丧失原则，迷失自我，百般挣扎反而落得身败名裂。司马迁说得好："君子疾没世而名不称焉，名利本为浮世重，古今能有几人抛？"

王阳明带兵打仗时曾经规定："各兵但有管哨官总指称神福、馈送打点等各项各色，科派银物，自一分以上，俱许赴该道面告究治。"他严格要求自己的部下不能接受百姓任何的东西，否则严加追究。他说"吏书人民总甲里老百长弓兵机快人等，若揽差下乡，索求赍发者，均长率同呈官追究"。不仅如此，他还倡导百姓揭发收受贿赂的行为，对那些廉洁的官员给予奖励。通过这些措施，王阳明教化当地的人们"务洗贪鄙之俗，共敦廉让之风"。

王阳明对"财"的态度很好地体现了他的清廉和静心。《红楼梦》开篇偈语中，"人人都说神仙好，惟有功名忘不了"的《好了歌》似乎在诉说繁华锦绣里的一段公案，又像是在告诫人们提防名利世界中的冷冷暖暖，看似消极，实则是对人生的真实写照，即使在数百年后的今天依然如此。世人总是被欲望蒙蔽了双眼，在人生的热闹风光中奔波迁徙，被名利这些身外之物所累。

那些把名利看得很重的人，总是想将所有财富收到囊中，将所有名誉光环揽至头顶，结果必将被名缰利锁所困扰。

金子有时候是真会"吃人"的。

一天傍晚，两个非常要好的朋友在林中散步。这时，有个路人从林中惊慌失措地跑了出来，两人见状，并拉住路人问："你为什么如此惊慌，发生了什么事情？"

路人忐忑不安地说："我正在移栽一棵小树，却突然发现了一坛金子。"

这两人听后感到好笑，说："挖出金子来有什么好怕的，你真是太好笑了。"然后，他们就问："你是在哪里发现的，告诉我们吧，我们不怕。"

路人说:"你们还是不要去了吧,那东西会吃人的。"

这两人哈哈大笑,异口同声地说:"我们不怕,你告诉我们它在哪里吧。"

于是路人只好告诉他们金子的具体地点,两人飞快地跑进树林,果然找到了那坛金子。

一个人说:"我们要是现在就把黄金运回去,不太安全,还是等到天黑以后再运吧。现在我留在这里看着,你先回去拿点饭菜,我们在这里吃过饭,等半夜的时候再把黄金运回去。"于是,另一个人就回去取饭菜了。

欲求是束缚人的枷锁,是人烦恼虚妄的根源。

留下来的这个人心想:"要是这些黄金都归我,该有多好!等他回来,我一棒子把他打死,这些黄金不就都归我了吗?"

回去的人也在想:"我回去之后先吃饱饭,然后在他的饭里下些毒药。他一死,这些黄金不就都归我了吗?"

不多久,回去的人提着饭菜来了,他刚到树林,就被另一个人用木棒打死了。然后,那个人拿起饭菜,吃了起来,没过多久,他的肚子就像火烧一样痛,这才知道自己中了毒。临死前,他想起了路人的话:"他说的真对啊,我当初怎么就不明白呢?"

可见,"财"这只拦路虎,它美丽耀眼的毛发确实诱人,一旦骑上去,又无法使其停住脚步,最后必将摔下万丈深渊。

庄子在《徐无鬼》篇中说:"钱财不积则贪者忧;权势不尤则夸者悲;势物之徒乐变。"追求钱财的人往往会因钱财积累不多而忧愁,贪心者永不满足;追求地位的人常因职位不够高而暗自悲伤;迷恋权势的人,特别喜欢社会动荡,以求在动乱之中借机扩大自己的权势。而这些人,正是看不破钱财之人,注定会有无尽的烦恼。

权势等同枷锁,富贵有如浮云。生前枉费心千万,死后空持手一双。名利,就像是一座美丽豪华舒适的房子,人人都想走进去,只是他们从未意识到,这座房子只有进去的路,却没有出来的门。枷锁之所以能束缚人,房子之所以能困住人,主要是因为当事人不肯放下。放不下金钱,就做了金钱的奴隶;放不下虚名,就成了名誉的囚徒。因而,莫不如退一步,远离名利纷扰,给自己的心灵一片可自由驰骋的广袤天空。

养心在于寡欲

"只要去人欲、存天理,方是功夫。静时念念去人欲、存天理,动时念念去人欲、存天理,不管宁静不宁静。"

——王阳明

生活中有一个"抓沙子"的经验,许多人都想把沙子抓得越多越稳,他们就会用力抓,但手抓得越紧,结果漏掉的越多。相反,如果松开手轻轻地托着,所抓的数量会更多。

唐代文学家柳宗元曾写过一篇名为《蝜蝂传》的散文,文中提到了一种善于背负东西的小虫蝜蝂,它行走时遇见东西就拾起来放在自己的背上,高昂着头往前走。它的背发涩,堆放到上面的东西掉不下来。背上的东西越来越多,越来越重,不肯停止的贪婪行为,终于使它累倒在地,说的也是这样一个道理:想抓住的东西越多,抓得住的就越少。

王阳明的门生方献夫,从喜欢词章之道到找到圣人之道的过程也证明了"大无大有,先无后有"的道理。方献夫本是吏部的郎中,职位比王阳明要高,在二人辩解道义的时候经常会发生一些争论。后来,方献夫热衷讲学论道、辨析义理,这时他认同了王阳明一部分的观点。之后经过长时期在一起讲论,方献夫感慨王阳明的圣人之道,他超越了口舌辩论的表面化阶段,进入了诚心诚意仰慕和敬佩的内在化阶段,于是在王阳明面前自称门生,恭恭敬敬。王阳明说献夫之所以能脱出世俗之见,是因为他能做到"超然于无我"和"大无大有"。"无"的境界只能通过去蔽、减去习得的经验界的杂质才能得到。方献夫用两年的时间完成了三次"飞跃",靠的是"无我之勇"。王阳明发自内心地说:"圣人之学,以无为本,而勇以成之。"

人心常常是不清净的,从"无"到"有",从"大无"到"大有",往往也体现出欲望越少,得到的也越多。人生在世,很难做到一点欲望也没有,但是物欲太强,就容易沦为欲望的奴隶,一生负重前行。每个人都应学会减重,更应学会知足常乐,因为心灵之舟载不动太多负荷。

从前,一个想发财的人得到了一张藏宝图,上面标明在密林深处有一连串的宝藏。他立即准备好了一切旅行用具,特别是他还找出了四五个大袋子用来装宝物。一切就绪后,他进入那片密林。他斩断了挡路的荆棘,蹚过了小溪,冒险冲过了沼泽地,终于找到了第一个宝藏,满屋的金币熠熠夺目。他急忙掏出袋子,把所有的金币装进了口袋。离开这一宝藏时,他看到了门上的一行字:"知足常乐,适可而止。"

他笑了笑,心想:有谁会丢下这闪光的金币呢?于是,他没留下一枚金币,扛着大袋子来到了第二个宝藏,出现在眼前的是成堆的金条。他见状,兴奋得不得了,依旧把所有的金条放进了袋子，当他拿起最后一条时，上面刻着："放弃了下一个屋子中的宝物，你会得到更宝贵的东西。"

他看了这一行字后，更迫不及待地走进了第三个宝藏，里面有一块磐石般大小的钻石。他发红的眼睛中泛着亮光，贪婪的双手抬起了这块钻石，放入了袋子中。他发现，这块钻石下面有一扇小门，心想，下面一定有更多的东西。于是，他毫不迟疑地打开门，跳了下去，谁知，等着他的不是金银财宝，而是一片流沙。他在流沙中不停地挣扎着，可是他越挣扎陷得越深，最终与金币、金条和钻石一起长埋在流沙下了。

如果这个人能在看了警示后立刻离开，能在跳下去之前多想一想，那么他就会平安地返回，成为一个真正的富翁。物质上永不知足是一种病态，其病因多是权力、地位、金钱之类引发的。这种病态如果发展下去，就是贪得无厌，其结局是自我毁灭。世间一切我们能抓住的只是很少的一部分，又何苦为了抓住更多而失去更多呢？

王阳明告诫学生，只有将好色、贪财、慕名等私欲统统揪出来，连根拔去，才能算作痛快。《伊索寓言》中有这样一句话："有些人因为贪婪，想得到更多的东西，却把现在所拥有的也失掉了。"所以，生活中的我们应该明白：即使你拥有整个世界，你一天也只能吃三餐。这是人生思悟后的一种清醒，谁真正懂得它的含义，谁就能活得轻松，过得自在，白天知足常乐，夜里睡得安宁，走路感觉踏实，蓦然回首时没有遗憾！

荣辱毁誉皆泰然

"天地生意，花草一般。何曾有善恶之分？子欲观花，则以花为善，以草为恶。如欲用草时，复以草为善矣。"

——王阳明

天下之事，利来利往。贪腐者们追求的那些东西其实不外乎身体的安适、丰盛的食品、漂亮的服饰、绚丽的色彩和动听的乐声，到头来终究是一场空而已。

面对功名利禄、荣辱毁誉，王阳明悟出了自己最佳的人生态度："渊默"。"渊默"的理念体现了"众人嚣嚣，我独默默，中心融融，自有真乐"的超然物外的境界。

王阳明认为无论是做学问还是生活，都必须保持心境的澄澈和安定，不能为名利所累。因而在他看来，不能有太多的得失之念，他所理解的"渊默"则恰好契合了做学问的境地。

然而，生活中，有的人过于贪财，有的人过分施舍，这都不是"渊默"的应有之处。吝啬、贪婪的人应该知道喜舍结缘是发财顺利的原因，因为不播种就不会有收成。行善的人应该在不自苦不自恼的情形下去做。否则，就是很不纯粹的行善了。

有一个人十分苦恼自己妻子的吝啬。他跟自己的好友说："我的妻子贪婪而且吝

钱只能贪取，不知道给予，是畸形。钱只知道花用，不知道储蓄，也是畸形啊！

苦恼之人的朋友阐释用钱的道理。

啬，对于做好事情行善，连一点儿钱财也不舍得，你能到我家里去，向我太太讲些道理吗？"

这个好友是个痛快人，听完他的话后，非常爽快地就答应下来。

好友到达那个人的家里时，他的妻子出来迎接，可是却连一杯水都舍不得端出来给好友喝。于是，好友握着一个拳头说："嫂子，你看我的手天天都是这样，你觉得怎么样呢？"

那个人的妻子说："如果手天天这个样子，这是有毛病，畸形啊！"

好友说："对，这样子是畸形。"

接着，好友把手伸展开成了一个手掌，并问："假如天天这个样子呢？"

那个人的妻子说："这样子也是畸形啊！"

好友趁机立即说："不错，这都是畸形，钱只能贪取，不知道给予，是畸形。钱只知道花用，不知道储蓄，也是畸形。钱要流通，要能进能出，要量入而出。"

那个人的妻子听后，若有所思，羞愧地低下了头，赶紧端来一杯水招待好友。

握着拳头，你只能得到掌中的世界，伸开手掌，你能得到整个天空。握着拳头暗示过于吝啬，张开手掌则暗示过于慷慨。这么一个比喻，便将为人处世和用财之道说明，让人豁然领悟了。

世间的道理大多是相通的。人降临世界的时候，手是合拢的，似乎在说："世界是我的。"他离开世界的时手是张开的，仿佛在说："瞧，我什么都没有带走。"

一个人是否追求名利，往往取决于一个人的荣辱观。有人以出身显赫作为自己的尊荣，公侯伯爵，讲究某某"世家"、某某"后裔"；有的人则以钱财多寡为标准，所谓"财大气粗"，以及"有啥别有病，没啥别没钱"，等等，这些俗话正揭示了以钱财划分荣辱的现状。

以家世、以钱财来划分荣辱毁誉的人，尽管具体标准不同，但其着眼点、思想方法并无二致。他们都是从纯客观、外在的条件出发，并把这些看成是永恒不变的财富，而忽视了主观的、内在的、可变的因素，导致了极端、片面的形而上学错误，结果吃亏的是自己。持这种荣辱观的人，往

清心去欲，是王阳明思想的一个重要主张。

往会拼命地追逐名利,最终导致这些身居要职的人总是铤而走险,走向贪污、腐败的道路。

　　人格的伟大之处就在于:它超出了欲望的需求而追求品德的完善。一个人做到无欲的时候,就是放弃了心中的杂念,就是清空了心灵中积存的枯枝败叶。清空了心灵,才能最大限度地获得生命的自由、独立;清空了心灵,才能收获未来的光荣与辉煌。清心去欲,是王阳明思想的一个重要主张,他认为一切功名利禄都不过是过眼烟云,得而失之、失而复得等情况都是经常发生的。要意识到一切都可能因时空转换而发生变化,就能够把功名利禄看淡、看轻、看开些,做到"荣辱毁誉不上心"。

淡泊以明志,宁静以致远

"循理之谓静,从欲之谓动。"

——王阳明

　　《文子·道厚》曰:"真人者,知大己而小天下,贵治身而贱治人,不以物滑和,不以欲乱情,隐其名姓,有道则隐,无道则见,为无为,事无事,知不知也。怀天道,包天心,嘘吸阴阳,吐故纳新,与阴俱闭,与阳俱开,与刚柔卷舒,与阴阳俯仰,与天同心,与道同体,无所乐,无所苦,无所喜,无所怒,万物玄同,无非无是。"

　　得道之人是可以达到不为是非左右的境界的,在生活中可以超越一切相对事物,从而得到一种超然的自由。这种"不为是非左右的境界"就是淡泊。中国人不仅倾慕诸葛亮的神机妙算,还欣赏他的淡泊人生观,常常借用他的一句话"淡泊以明志,宁静以致远"来自我勉励。

　　王阳明提倡淡泊的心态。淡泊名利是王阳明家族的"传家宝",他的六祖王纲性情淡泊,文武皆通,但是为了躲避乱世,他便往来于山水之间。

　　王纲和刘伯温是好友,但他对刘伯温说:"老夫性在丘壑,异时(你)得志,幸勿以世缘见累,则善矣。"以此可见其淡泊的心境。

　　只有对生活琐事的淡泊,才能让我们有时间和精力去实现我们远大的理想,也只有能够安静地坐下来,我们才有时间去思考人生。

　　战国时齐国有位贤者,名叫颜斶。齐宣王十分仰慕他,便把他召进宫来。颜斶走进宫内,来到殿前,就停住了脚步,不再行进。齐宣王叫他上前,颜斶不仅一步不动,还叫齐宣王下来迎接他,还说:"如果是我走到大王面前,说明我羡慕大王的权势;如果是大王走过来,说明大王礼贤下士。与其让我羡慕大王的权势,还不如让大王礼贤下士。"齐宣王生气地说:"到底是君王尊贵,还是士人尊贵?"颜斶不假思索地说:"当然是士人尊贵!从前秦国进攻齐国的时候,秦王曾经下过一道命令,有谁敢在高士柳下季坟墓五十步以内的地方砍柴的,格杀勿论!他还下了一道命令,有谁能砍下齐王脑袋的,就封为万户侯,赏金千镒。由此看来,一个活着的君主的脑袋还不如一个死了的士人的坟墓呢！大禹的时候，诸侯有万国之多，是因为他尊重士人；到了商汤时代，诸侯有三千之多；如今，称孤道寡的才二十四个。由此看来，重视士人与否是得失的关键。从古到今，没有不务实事而成名于天下的，所以君王要以不经常向人请教为羞耻，以不向地位低的人学习而惭愧。"

齐宣王听到这里，才觉得自己理亏，于是对颜斶说："听了您的一番高论，茅塞顿开，希望您接受我拜您为师。今后您就住在这里，饮食有肉吃，出门有车乘，您的家人个个衣着华丽。"颜斶却说："玉，产于山中，一经匠人加工，就会破坏；虽宝贵，但失去了本来的面貌。士人生在穷乡僻壤，如果选拔上来，享有利禄，他外来的风貌和内心世界就会遭到破坏。所以我希望大王让我回去，每天饥饿了才吃饭，像吃肉那样香，安稳而慢慢地走路，足以当作乘车。平安度日，并不比权贵差。清静无为，纯正自守，乐在其中。"颜斶说罢，向齐宣王拜了两拜便离开了。

在大富大贵面前，颜斶安于淡泊的生活而不追名逐利。做人的确需要几分淡泊，只有如此，才能豁达地面对人生的得失。王阳明提倡心中以良知为主宰，不以当官为荣，不以不当官为辱，坦坦荡荡，心无困扰。所以说，淡泊是一种境界，是一种从容不迫的生活态度。

淡泊的人是幸福的，淡泊使人心更加宁静、更加自由，不再受外物羁绊。淡泊是不慕名利，远离喧嚣和纠缠，走向超越。淡泊是在遭受挫折时仍有与花相悦的从容，淡泊是别人都忙于追名逐利时仍然保持恬淡。只有淡泊，才可以使你真正地享受人生，在努力中体验欢乐，在淡泊中充实自己。古往今来多少名士终其一生都在寻求淡泊的心境，"采菊东篱下，悠然见南山"，陶渊明算得上是个淡泊者；钱锺书学富五车，闭门谢客，静心于书斋，潜心钻研，著书立说，留下旷世名篇；齐白石晚年谋求画风变革，闭门十载，破壁腾飞，终成国画巨擘。

在人的生命历程中，轰轰烈烈是暂时的，大部分的时间都在平淡中度过。只要怀有淡泊的心境和一生一世永不放弃的追求，才能获得生活馈赠的那份幸福和快乐，拥有成功赋予的那份慰藉和乐趣。

安贫乐道也是信仰

"昔者尧舜有茅茨者，且以为礼，且以为乐。"

——王阳明

孔子在《论语·述而》中发出这样的感叹："饭疏食饮水，曲肱而枕之，乐亦在其中矣。不义而富且贵，于我如浮云。"

《后汉书·杨彪传》中谈道："安贫乐道，恬于进趣，三辅诸儒莫不慕。"言外之意就是，在贫富与仁义不可兼得时，他是宁可受苦受穷也不愿放弃仁义的。

有时候，生活就像一个圈，无论你的人生多么辉煌壮丽，到最后终究还是要回到原点。这样看来，安贫乐道未必就是不思进取，反而体现出一种和谐有度的生活哲学来。

王阳明在《初至龙场至所止结草庵居之》中说："昔者尧舜有茅茨者，且以为礼，且以为乐。"意思是说，上古时候的尧舜都住过茅草棚，他们一样讲究礼仪，一样喜爱音乐。王阳明以尧舜为榜样，迎接困难的起点很高。

《始得东洞遂改为阳明小洞天三首》第三首有这样的诗句："藐矣箪瓢子，此心期与论。"诗中引用了颜回对待艰苦生活的态度"一箪食，一瓢饮，在陋巷，人不堪其忧，回也不改其乐"。王阳明说，颜回虽离我们很远，但我愿意像他那样安贫乐道。

《后汉书·杨彪传》中谈道："安贫乐道，恬于进取，三辅诸儒莫不慕。"言外之意就是，在贫富与仁义不可兼得时，他是宁可受苦受穷也不愿放弃仁义的。

梁实秋在《雅舍小品》中也说过："安贫乐道的精神之可贵更难于用三言两语向唯功利是图的人解释清楚的。"在佛家看来，能够安贫乐道，独守一份内心的清净，是修行的一种境界。如做人也能够如此的话，必将有所收获。

春秋时期，楚国令尹孙叔敖深受楚庄王倚重，功劳卓著，但他非常俭朴。庄王几次封地给他，他都推辞不受。

后来，孙叔敖得了重病，临死前他嘱咐儿子孙安说："我死后，你就回到乡下种地，千万别做官。如果大王非要赏你东西，你就要那块没人要的寝丘。"寝丘位于楚越之间，即今河南省固始县内。地方偏僻，地名也不好，而且是一片贫瘠的薄沙地，楚人视之为鬼地，越人认为其不祥，所以很久以来都没人要。

不久，孙叔敖去世，楚王十分悲痛，便打算封孙安为大夫，但孙安百般推辞，庄王只好让他回家去了。孙安回家后，靠打柴为生，日子过得十分清苦。后来，楚王听从优孟的劝说，派人把孙安请来封赏。孙安想起父亲的遗命，就要了寝丘那块薄沙地。

按楚国的规定，封地延续两代，如果其他功臣想要，就改封其他功臣。因为寝丘太贫瘠了，功臣们在请赏的时候，都忘了那里，于是，孙叔敖的子孙十几代拥有这块地，得以安身立命。

孙叔敖临终交给儿子长久保全之道。

光彩夺目的金子会引起人们激烈的争夺，金光大道上挤的人太多了，反倒不如独木小桥幽静和从容。孙叔敖的不争未必是不思进取，反而是一种和谐的生活哲学。

什么是衡量人生成功的标准，是财富、权力，还是享受一份粗茶淡饭的宁静日子？在王阳明看来，安于贫困生活，以学习和掌握圣人之道为乐，不被现实与名利所扰，便能找到自己的人生意义，便是一种成功的表现。

明代施惠在《幽闺记·士女随迁》中说："乐道安贫巨儒，嗟怨是何如，但孜孜有志效鸿鹄。"如果沉浸在世俗名利中不能自拔，一心追求欲望的满足，那么还不如在宁静中享受简单的幸福。

徒有虚名不中用

"世之人从其名之好也而竞以相高，从其利之好也而贪以相取，从其心意耳目之好也而诈以相欺，亦皆自以为'从吾所好'矣，而岂知吾之所谓真吾者乎！夫吾之所谓真吾者，良知之谓也。"

——王阳明

王阳明从少年时代起，受到父亲的耳濡目染，便要通过科举考取功名。而通过读书摆脱平民的命运，走上仕途是当时很多人唯一的道路。为此，很多人为了这一功名苦读数年，甚至付出了一生。王阳明虽然也受到科举的束缚，但是他并不为它所摇摆，功名仅仅是一个虚名，考不上不算什么，一旦考取，便要让其有实际的用处，为百姓，为社会谋福谋利，这也是他用一生来践行的事情。

然而，世界上有很多人，为了达到一己的目的，不择手段，超过了道德的范围，破坏了人生行为的标准。他们为什么不能守住自己的本分呢？多数情况下，是因为"名心"的驱使。所以，人最高的道德，就是把这个"名心"抹平，不去刻意追求"名"，往往会得到意想不到的结果。

我们以赤子之身来此世界，当以赤子之心走过此世界，也就是真正留取清白在人间。既无声名，亦无功利，然而这也是莫大声名、莫大功利了。所以，我们的先哲曾经说："至人无己，神人无功，圣人无名。"

王阳明追求的人生应该是"致良知"的一生，他对人生有着自己的终极关怀和哲学导向，他不仅希望能实现"饥者歌其食，劳者歌其事"，还希望实现报国行道的理想。他融合思想家和政治家为一体，却不希望为名所累。

事实上，人生的规则也正是如此奇妙，贪慕虚名、急功近利者往往得不到真正的名誉；沽名钓誉之徒往往得不到真正的快乐。

有一个书生因为像晋人车胤那样借萤火夜读，在乡里出了名，乡里的人都十分敬仰他的所作所为。一天早晨，有一人去拜访他，想向他求教。可是这位书生的家人告诉拜访者，说书生不在家，已经出门了。来拜访的人十分不解地问："哪里有夜里借萤火读书，学一个通宵，而清晨大好的时光不读书却去干别的杂事的道理？"家人如实地回答说："没有其他的原因，主要是因为要捕萤，所以一大早出去了，到黄昏的时候就会回来的。"

车胤夜读是真用功、真求知，而这个虚伪的书生真的好学到这种地步吗？在大好的天光下出门捕萤，黄昏再回来装模作样地表演一番，完全是本末倒置，"名"是有了，但时间一长难免会露出马脚。靠一时的投机哗众取宠，这样的"名"往往很短暂，如过眼云烟，很快会被世人遗忘。那时，这位"名人"便也不再风光了。

追求名誉难免被虚名所累，误了一生。其实看开了，虚名不过是噱头，可惜的是太多人被它牵制、累坏。虚名能为人带来一时的心理满足，但它本身毫无价值、毫无意义，任何一个真正的有识之士，都不会看重虚名。王阳明和学生讨论有关名这个问题时，他说如果一味地力追声名，就不会懂得真实、纯朴的道理，人生中就会徒增烦扰。

为了虚名而去争斗，是人世间各种矛盾、冲突的重要起因，也是人生之中诸多烦恼、愁苦的根源所在。我们追求的是精神的不朽，那么，请抛却背后的虚名，着眼未来，脚踏实地，我们终将到达人生的制高点。

在名利中寻回单纯

"人欲横流，天理几灭。"

——王阳明

王阳明在受到刘瑾等人多方残酷迫害、非置之于死地而后快之后复出，功绩卓然，虽依然受谗害，但他经国济世雄心不变，执着地追求真理的心不变，在官场的旋涡中保持内心对圣人的虔诚和敬仰。

成圣之心一直没有改变，为国救民之志也从未减弱，在尔虞我诈的封建官场中，王阳明被打压、被排斥，但是这些都不成问题，他依旧在其位，谋其政。百忙之余还讲学传道，学习的快乐、交友的快乐、悟道的快乐。粗食淡水，幕天席地，面对苍天，仰依大地，其乐无穷。而对于富贵名利，却看得如浮云般不值一提。

在无常的人生里，山河大地危脆，世间不断遭到破坏。要照顾好自己的心，不要与身外的名利、地位等纠缠不清，心若有贪念——贪名利、地位、权势等，这一生不仅不会快乐，还会过得很辛苦。凡夫就是时时在名利的旋涡里打转，才会由不得自己。

玉寅生和三乌从臣是同学，相交甚好，他们没有钱，于是以品性互勉。玉寅生对三乌从臣说："我们这些人应该洁身自好，以后在朝廷做官，绝不能趋炎附势而玷污了纯洁的品性。"三乌从臣说："你说得太有道理了，巴结权贵绝不是我们这些正人君子所为。既然我们有共同的志向，为何不现在发个誓呢？"玉寅生非常高兴，于是他们郑重地把鸡血抹在嘴上发誓："我们二人一致决心不贪图利益，不被权贵所诱惑，不攀附奸邪的小人而改变我们的德行。如果违背誓言，就请明察秋毫的神灵来惩罚他。"

后来，二人一同到晋国做官。玉寅生又重申以前发过的誓言，三乌从臣说："过去用心发过的誓言还响在耳边，怎能轻易忘呢！"当时赵宣子受到晋王的宠爱，人们争相拜访赵宣子，以期能得到他的推荐，从而得到国君的赏识。赵宣子的府邸前车子都排出了很远。这时三乌从臣已经后悔，想去赵宣子家又怕玉寅生知道，但是又很想结识赵宣子，几经犹豫后，决定尽早去拜访，以避人耳目。当鸡刚叫头遍，他就整理衣冠，匆匆忙忙去拜访赵宣子了。进了赵府的门，却看见已经有个人端端正正地坐在正屋前东边的长廊里等候了，他走上前去举灯一照，原来那个人是玉寅生。两人相对而愧，赶紧告退了。

三乌从臣和玉寅生为了各自的仕途利益而违背了当初的誓言。我们知道富贵学道比较困难，这很容易理解，因为富贵的人容易迷失道心。世间有多少人，在尚未显达前非常努力，低声下气，认真地付出自己的能力，以争取他人信任。有朝一日，当他财、名、利共聚时，傲慢之心就随之而生，忘了当初困顿的生活，这是因权势名利牵缠着他的心。

所以，人心一旦被名利牵制，将造成不堪设想的后果。有智慧的人，在短暂的人生里，视荣华富贵如浮云、梦境，也如草上的露水。而愚痴者则被权势名利所迷惑。

很多时候虚名能为人带来一时心理的满足感，也就使争名、争虚名的事常有发生。虚名本身其实毫无价值、毫无意义所言，为了争夺名利而起矛盾和冲突，往往徒增人生诸多烦恼。

不要为虚名所累，在名利的旋涡中做最单纯的自己，脚踏实地地工作，力求不使自己背上虚名这种沉重的思想包袱。

少一些机心，少一些痛苦

"汝若于货、色、名、利等心，一切皆如不做劫盗之心一般，都消灭了，光光只之本体，看有甚闲思虑？"

——王阳明

历史上多少悲剧出于争名夺誉，人们只看到了虚名表面的好处，却不知道在虚名的背后，埋藏了多少辛酸和苦难。为了承受这么一个毫无价值的虚名，人们常常暗中钩心斗角，明里打得头破血流，朋友反目成仇，兄弟自相残杀，虚名之累，有什么好处？

中国儒家极力提倡"存天理、去人欲"，王阳明更是把"去人欲"当作"存天理"的条件，他说："去得人欲，使识天理。"

上篇　王阳明心学的智慧

王阳明将天理、良知、本体合而为一的,也就是将道德伦理的价值与存在的本体合而为一,要证得"本体",就必须打掉一切人欲。在他看来,一个人为什么会产生"机心"?因为人的心里藏有势利的种子,因为势利才产生"机心"。

从某种意义上说,势利就是一种欲望。欲望越多,痛苦也越多。人心不足蛇吞象,而蛇吞象——咽不进,吐不出,要多别扭有多别扭。什么都想要,最后可能什么也得不到,反而一辈子将自身置于忙忙碌碌、钩心斗角之中。这样活着,未免太累!如果少一些机心,是不是也会少一些痛苦呢?

中国儒家极力提倡"存天理、去人欲",王阳明更是把"去人欲"当作"存天理"的条件,他说:"去得人欲,便识天理。"

苏秦,字季子,东周洛阳人,是战国时期著名的纵横家。

苏秦早年在鬼谷子先生门下学习纵横捭阖之术,他勤奋刻苦,博览群书,学业精进。苏秦学业有成,辞别鬼谷子先生时,鬼谷子先生考察了他一番,苏秦侃侃而谈,滔滔不绝,不想鬼谷子先生眉头直皱,脸上并无喜悦。

苏秦把话说完,怯生生地问:"先生,我说错什么了吗?先生为何脸有异色?"

鬼谷子先生语重心长地对苏秦说道:"你说得很好,并无错漏。事不可尽,尽则失美。美不可尽,尽则反毁。你只知善辩的好处,唯恐不能发挥至极处,却不知善辩之能遭人嫉妒,若一味恃弄,祸不可测啊。"

后来,苏秦到各国游说,最终配六国相印,权倾一时,但他在燕国受到他人的嫉妒。怕燕王杀他,他就自请到齐国做燕王的奸细。他花言巧语又使齐王信任了他,但苏秦的频繁活动终被齐王和齐大夫发觉。齐王将苏秦车裂于市。

苏秦年轻时代起就以如簧巧舌、极致精明而纵横天下。

苏秦凡事都想要尽善尽美,花尽心思来为自己取得成果,但是他这番心机反而使自己吞咽了恶果。人生的许多痛苦都是因为你得不到想要的东西。其实,我们辛辛苦苦地奔波劳碌,最终的结局不都是只剩下埋葬我们身体的那点土地吗?王阳明说:"汝若于货、色、名、利等心,一切皆如不做劫盗之心一般,都消灭了,光光只是心之本体,看有甚闲思虑?"一切私心的存在就好比做贼的心,弄到最后不光没有得到想要

但苏秦最终也因为极致精明而惨死于市。

的，还丢失了本体。

其实，人人都有欲望的机心，都想过美满幸福的生活，都希望丰衣足食，这是人之常情。但是，如果把这种欲望的机心变成不正当的欲求，变成无止境的贪婪，那我们就无形中成了机心的奴隶。在欲望的支配下，我们不得不向着权力、向着地位、向着金钱而努力。我们常常感到自己非常累，但是仍觉得不满足，因为在我们看来，很多人比自己生活得更富足，很多人的权力比自己大。所以我们别无出路，只能硬着头皮往前冲，在无奈中透支体力、精力与生命。

每个人的世界都是他自己造成的。一个人心中充满机心，就会因机心而衍生出困难、恐惧、怀疑、绝望、忧虑等情绪。一个人若是使自己的思想里充满了困难、恐惧、怀疑、绝望、忧虑的东西，那么他的整个生活就难以走出悲愁、痛苦的境地。但他若能抱着乐观的态度，那么就可使蒙蔽心灵的种种阴霾烟消云散。

人生如白驹过隙，生命在拥有和失去之间很快就流逝了。心灵空间需要自己去经营，如果心中装满势利、欲望、各种算计机关，心灵哪里还有空间去承载别的呢？

◎第七章◎
喜乐心：常思一二，不思八九

财富是外形，心是快乐的根

"常快活便是功夫。"

——王阳明

王阳明的学生陈九川卧病虔州，王阳明问他："病了之后是不是觉得格物穷理更加困难了啊？"陈九川说："这个功夫确实太难了。"王阳明告诉他："常快活便是功夫。"

的确，保持一颗快活的心很难。人总会遇到一些不如意的事情：生病了、降职了、失恋了、失业了，等等，想到这些总是很难快活起来。在陈九川看来，格物穷理本就是一件很难的功夫，生病了就变得更难了。其实，先生的话实际是在劝诫他，快活不快活与外物环境没有太大的关系，主要在于内心。

物质环境的好坏，固然可以影响到人的心情与思想。但有高度精神修养的人，同样也能够以自己的心去改变环境。如果没有立身处世的道德标准和精神的修养，纵然有再多的财富、再好的物质环境，他也不会快乐。

快乐是一种身心愉快的状态，离苦得乐，是人最本质的需要。快乐很简单，它与一个人的财富、地位、名气无关，它不需要大量的金钱去支撑，也不需要以名气为后盾，更不需要乌纱帽来提携。相反，快乐只与一个人的内在有关，物质财富的获得可能让人获得快乐，可是处理不当则会成为人生的负累，生活从此远离快乐，永无宁日。

从前有一个樵夫，他长年累月都以打柴为生，早出晚归，风餐露宿，但是家里仍然常常揭不开锅。于是他老婆天天祈求上天让他们早日脱离苦海。

真是苍天有眼，大运降临。有一天樵夫在大树底下挖出了一包金子。转眼

樵夫突然发财，生活却从此不再安宁。

一箪食，一瓢饮，在陋巷，人不堪其忧，回也不改其乐。

间，他就变成了百万富翁。于是他买房置地，宴请宾朋，好不热闹。亲朋好友也都像是一下子从地下冒出来似的，纷纷前来向他表示祝贺。

按理说樵夫应该非常满足了，现在终于知道荣华富贵是什么滋味了。可是他只高兴了一阵子，就开始愁眉苦脸，吃睡不香，坐卧不安了。他的妻子看在眼里，劝他说："现在我们有很多金子，吃穿不愁，又有良田美宅，你为什么还是愁眉苦脸的呢？你这个丧气鬼，天生就是个受穷的命！"

樵夫听到这里，不耐烦了："你个妇道人家懂得什么？我们得了金子的事情，人人都知道了。如果有人来偷来抢怎么办？我是愁没有最好的地方来藏它们。"妻子听过之后也觉得有理。于是夫妻二人开始找藏金子的好地方。可是无论何地他们都觉得不安全，结果就这样天天找，天天担心，生活没有了一刻的宁静。

挖出金子之后的樵夫并没有之前那么快乐，是因为他将金子看得过重。人生在世，名利钱财、金银珠宝等都是身外之物，即使时时刻刻永不停息、永无止境地去追求和索取它，也不会有满足的时候。一味地追求反而丢失了生活的宁静与快乐，得不偿失。快乐无须附丽，它只是内心深处的富足，它像一缕清纯的阳光，既可以照亮自己，也可以照耀周围的人。那些身无长物的人，同样可以获得人生的快乐。

孔子说颜回："贤哉！回也。一箪食，一瓢饮，在陋巷，人不堪其忧，回也不改其乐，贤哉回也！"颜回短暂的一生，师从孔子，周游列国，虽有满腹经纶，德才兼备，但是甘于贫苦生活而不改其乐，可以说是乐由心生、无须附丽的典型了。

当我们哀叹命运不公、抱怨时运不济时，以为只有得到名利才快乐，那真是一件可悲的事情。快乐其实很简单，它就住在每个人的心里，不过，需要你用心寻找。王阳明曾经说过：乐是心的本体，只有心才是快乐的根。快乐不是霓虹灯下的买醉，不是一掷千金的快感。不放纵生命，不麻醉灵魂，珍惜生命的点点滴滴，才是快乐；拥有一颗感恩的心，感激生命，感激阳光雨露，忘却曾经的苦痛，快乐之情会油然而生。

希望有所成就并且生活得逍遥自在、豁达明朗，就首先要努力使自己成为一个有道德教养的人，一个有良好品格的人，一个有丰富心灵的人，一个有益于他人的人，这样才能有效地防止那些使人沮丧和紧张的因素，从而充分享受工作和生活本身蕴涵的乐趣，在任何情况下保持一种"临清风，对朗月，登山泛水，肆意酣歌"的心境，陶陶然乐在其中，不亦快哉！行走青山绿水之间，且听风吟，了无牵挂，快乐盈心！

沉浮动静皆人生

"尔却去心上寻个天理，此正所谓理障。"

——王阳明

生是头，死是尾，中间的是过程，人生就是如此。不问来处，不问去路，只问今何处，才是现实。愚者以为幸福在遥远的彼岸，聪明者懂得将周遭的事物培育成幸福。快乐的人生不在山珍海味，而在清和淡雅；不在盲目追求，而在真诚相待；不在别人的施舍，而在自己的努力；不在遥远的未来，而在当下的获得。追求快乐的人生不在于快乐二字，而在于快乐的过程。

对于王阳明来说，从早年的官场争斗到后来的南征北战，从江西剿匪到平定宁王叛乱，再到后来的潜心治学教书，他的一生是短暂的，他逃不过死亡的结局；但他的一生又是漫长的，他的的确确闯出了一片天地，在这片广泛的天地之中干了一番大事业。在他生命的全部过程中他一直坚持着少年时候的志向与追求，无论是创立心学、提出"知行合一"，还是带兵打仗，为的都是报效祖国。他一直坚持自己的追求，并为之付出了毕生心血，他的人生是成功的也是幸福的。

对于一个人来说，从胎儿、婴儿、孩童、少年、青年、中年、到老年，是这个过程诠释了生命的真谛，它包含了酸甜苦辣，凸显着人生得意的光芒和失意的暗淡。

人们苦苦追求，苦苦寻觅，只为了得到一个结果。但当你得到了那个果时，常会变得失望，反而是在争取的过程中，你尝遍了各种快乐和心酸，那种滋味才令人回味无穷。不要因为在人生过程中失去了那些得到的东西而忧心忡忡，因为已经得到，就不怕失去。否则，在你的不断为失去而感叹时，你会错过大好的时光，而说不定你错过的时光，会让你得到更好的事物。

有位孤独者倚靠着一棵树上晒太阳，他衣衫褴褛，神情萎靡，不时有气无力地打着哈欠。

一位智者由此经过，好奇地问道："年轻人，如此好的阳光，如此难得的季节，你不去做你该做的事，懒懒散散地晒太阳，岂不辜负了大好时光？"

"唉！"孤独者叹了一口气说，"在这个世界上，除了我自己的躯壳外，我一无所有。我又何必去费心费力地做什么事呢？每天晒晒我的躯壳，就是我要做的所有的事了。"

智者问："你没有家？"

"没有。与其承担家庭的负累，不如干脆没有。"孤独者说。

智者问："你没有你的所爱？"

"没有，与其爱过之后便是恨，不如干脆不去爱。"孤独者说。

智者问："你没有朋友？"

"没有。与其得到还会失去,不如干脆没有朋友。"孤独者说。

智者问:"你不想去赚钱?"

"不想。千金得来还复去,何必劳心费神动躯体?"孤独者说。

"噢。"智者若有所思,"看来我得赶快帮你找根绳子。"

"找绳子干吗?"孤独者好奇地问。

智者答:"帮你自缢。"

"自缢?你叫我死?"孤独者惊诧道。

智者答:"对。人有生就有死,与其生了还会死去,不如干脆就不出生。你的存在,本身就是多余的,自缢而死,不是正合你的逻辑吗?"

孤独者无言以对。

"兰生幽谷,不为无人佩戴而不芬芳;月挂中天,不因暂满还缺而不自圆;桃李灼灼,不因秋节将至而不开花;江水奔腾,不以一去不返而拒东流。更何况是人呢?"智者说完便转身离去。

如智者所说"江水奔腾,不以一去不返而拒东流"。人生是过程,这是一个最简单但又最不为人注意的错误。人生目标是我们永远的明天,我们的人生永远是今天。有目标的人是活得有意义的人,能看重人生本身这一过程并把握住过程的人是活得充实而真实的人。"没白活一辈子",应该是目的和过程两方面都有质量。许多人活了一辈子,到头来,还没有得到人生过程的乐趣,没有享受人生,这是一种生命自觉与自省的缺乏。沉浮动静皆人生,体悟每种境遇,不以物喜,不以己悲,得失沉浮皆是人生所获的赐予。

沉浮动静皆人生。如果我们总用一种效益坐标来判别人生的状况,前进为正,后退为负,上升为优,下沉为劣,那么,我们就永远不能读懂人生。所以,追求幸福的过程才是最幸福的。既然每个人的未来结果是相同,赤条条来去无牵挂,那么还不如在追求一切的过程中好好享受,这才不枉在人世走一遭。

幸福在于追求得少

"彼其胶于人欲之私,则利害相攻,毁誉相制,得失相形,荣辱相缠,是非相倾,顾瞻牵滞,纷纭夅庋,吾见其烦且难也。"

——王阳明

"譬如空中飞鸟,不知空是家乡;水中游鱼,忘却水是生命"。空中飞鸟翱翔天际,本身即在天空中,它并未想过向生活索取更大的空间,因为天空够宽了;水中游鱼,水对它是非常重要的东西,而它并未一味因其重要而操心忧虑。若能以这种积极的态度努力生活,生活必然愉快、幸福。

俗话说,人生失意无南北,宫殿里也会有悲恸,茅屋里同样会有笑声。只是,平时生活中无论是别人展示的,还是我们关注的,总是风光的一面,得意的一面,这就像女人的脸,出门的时候个个都描眉画眼,涂脂抹粉,光艳亮丽,这全是给别人看的。回到家后,一个个又都素脸朝天。

就像王阳明说的,毁誉、得失、荣辱、是非都是相辅相成的,世间没有绝对的事情。当然人生也没有绝对的幸福与不幸,两者相差的也许只是一个角度罢了。站在城里,向往城外,而一旦走出了围城,就会发现生活其实都是一样的,有许多我们一直在意的东西,在别人看来也许根本就不算什么。所以,与其不停地长吁短叹,不如欣赏一下自己的生活,静心体会生活的快意。

在一条河的一边住着农夫,另一边住着官员。农夫看到官员每天无须劳作,吃好喝好,十分羡慕他;官员看到农夫每天在田园山水中修身养性,也十分向往那样的生活。日子久了,他们都各自在心中渴望着:到对岸去。

一天,农夫和官员达成了协议。于是,农夫过起了官员的生活,官员过上了农夫的日子。

几个月过去了,成了官员的农夫发现原来官员的日子并不好过,表面上悠闲自在其实是日理万机,官场的各种规则更是让他感到无所适从,便又怀念起以前当农夫时的生活来。

树根上的小蘑菇活不到一个月,却也因此少去了很多烦恼。

成了农夫的官员也体会到,他根本无法忍受农夫每日为生活而辛苦的劳作,于是也想起做官员的种种好处。

又过了一段日子,他们各自心中又开始渴望:到对岸去。

农夫羡慕官员,官员羡慕农夫,真正互换了彼此的生活,又发现原来的生活才好。其实,你眼中的他人的快乐,并非真实生活的全部。每个生命都有欠缺,不必与人作无谓的比较,珍惜自己所拥有的一切就好。

生物界寿命的长短,决定了生命境界的不同感受:树根上的小蘑菇寿命不到一个月,因此它不理解一个月的时间是多长;蝉的寿命很短,有的生于夏天,有的死于秋末,它们不知道一年当中有春天和冬天。它们的生命都是短暂的,一般人觉得它们可怜。

其实,不完全就是这样。那些生命即使活了几秒钟也觉得自己活了一辈子,因为它们有它们的快乐。感受的境界各自不同,生命也各有各的幸福。或许你的生活很简单,但是你也会有自己的乐趣。

胡九韶,明朝金溪人。他的家境很贫困,一面教书,一面努力耕作,仅仅可以衣食温饱。每天黄昏时,胡九韶都要到门口焚香,向天拜九拜,感谢上天赐给他一天的

胡九韶，明朝金溪人。

清福。妻子笑他说："我们一天三餐都是菜粥，怎么谈得上是清福？"胡九韶说："我首先很庆幸生在太平盛世，没有战争兵祸。又庆幸我们全家人都能有饭吃，有衣穿，不至于挨饿受冻。第三庆幸的是家里床上没有病人，监狱中没有囚犯，这不是清福是什么？"

胡九韶虽然贫困，但是他认为有饭吃，有衣穿，没病痛，没兵祸便是幸福。正如这首诗："木末芙蓉花，山中发红萼，涧户寂无人，纷纷开自落。"那山中的芙蓉花并不因生在深山而黯然神伤。春来秋去，它依然绽放自己生命的美丽，灿烂地活在世上，体验生命的大幸福。什么是幸福，怎样才算是幸福？幸福没有绝对的答案，关键在于你的生活态度。

首先我们学会理解幸福，幸福不是虚无缥缈的东西，把对幸福的理解建立在客观条件允许的范围内切不可脱离实际，不可好高骛远，那么幸福每时每刻都在我们每一个人的身边，关键是我们如何去发现它、理解它、感受它，创造它。

无执无着，无滞无留

"读书作文安能累人？人自累于得失耳。"

——王阳明

王阳明的一生，几经起落，但无论是京都的富贵还是穷乡僻壤的贫寒，他从来没有计较过。他认为，人之所以活得很累，就是因为太过于计较自己的得失。人生就像天气一样变幻莫测，有晴有雨，有风有雾。无论谁的人生，都不可能一帆风顺，况且，一帆风顺的人生，就像是没有颜色的画面，苍白枯燥。等人老了的时候，回过头看看自己走过的路，开心的、伤心的，不都成了过眼云烟吗？一路走过来，难免会有许多辛酸的泪水，难免会有许多欢乐的笑声，当一切成为过去，谁还记得曾经有多痛，曾经有多快乐。

按照这种思路想来，一切都会过去的。那么，对于眼前的不幸，又何必过于执着？世间万事，来不可阻挡，去也不必挽留。生生死死，哭哭笑笑，一切的幸与不幸，都只是一个过程。

明朝开国文臣之一、大学士宋濂在《秦士录》中写一介狂士。

秦士指的是邓弼，他以力量称雄于人，喜欢酒后使性，对旁人怒目而视，人们就说："狂徒不可接近，接近则必受奇耻大辱。"

有一日，他在青楼独自饮酒，看到萧、冯两位书生经过楼下，就把他们拉来共饮。这两人向来瞧不起他，就百般推脱。邓弼发怒说："你们如果不接受我的邀请，那我就杀了你们，然后逃命到荒山僻野去，怎么可能让你们如此侮辱我！"

两书生不得已，只好和他一起去。邓弼一边大声吆喝着要酒喝，一边高歌。喝到畅快之处，他解开衣服，两腿叉开，粗鲁地席地而坐，还拔刀放在桌面上，铿然作响。两位书生向来听说他酒后发狂，想起身离开，邓弼制止说："不要走！我也稍微读了些诗书，你们何至于把我看得低贱？今日并非特意请你们喝酒，只是想略吐胸中不平之气罢了。经、史、子、集四部的书籍任凭你们询问，如果不能回答，就让这把刀沾上鲜血。"

两书生说："竟有这样的事？"

便摘取七经数十义问他，邓弼列举古书中注释经文的文字和解释传文的文字，不漏一句。他们又询问历代史事，上下三千年谈吐流畅，滔滔不绝。

邓弼笑着说："你们服不服？"

两书生相顾沮丧失色，不敢再有问题。邓弼取酒，披头散发跳着说："我今天压倒老书生了！古者学在养气，如今的人穿着读书人穿的衣服，反而毫无生气，只想卖弄学问，把世上豪杰当小孩子抚养。你们还是算了吧。"

两书生向来自负博学多才，听到邓弼的话大感惭愧，下楼去了，走路都不正常。回去问与邓弼交往的朋友，也没有看见他拿着书本低声吟咏过。

虽然天生神力，但是因丞相阻挠，邓弼始终没有受天子之重用。他慨叹说："天生一具铜筋铁肋，却不能建立功勋在万里之外，而只能困死在野草之下，生不逢时啊，这就是我的命啊！"

随后邓弼进王屋山做了道士，十年后死去。

邓弼满怀的壮志难酬，最后选择"入王屋为道士"来回避现实，正是已经对人生心灰意冷，如此，还有何乐趣可言呢？

苏轼曾在赤壁慨叹道："人生如梦，一樽还酹江月。"既是如此，又何苦执着？

众生苦苦寻求，就是为了离苦得乐，然而，什么才是快乐的真正法门？也许我们可以从这句话找到答案："不要讨厌坏境界，也不要贪求好现象，只有不忮不求，才能无欠无赊，才能体会到真正的快乐。"命运弄人，它总是喜欢以玩笑来捉弄世人，那么，我们又何必太较真呢？有时候不妨也以游戏的心态面对，"游戏"不是态度，而是一种心情。逆境中要勇于承担，切不可自暴自弃；顺境中要谦卑恭谨，切不可得意忘形。

生活不会永远一帆风顺，正因为如此，我们的生活才有滋有味、绚丽多彩。在跌宕起伏中保持一颗平常心很重要，不以物喜，不以己悲，宠辱不惊，去留无意，在平淡中给自己一分力量，在喧闹中给自己一分宁静。

王阳明在一封信中曾写道：普通人和圣人都怀有快乐之心，只是普通人却不自知本身拥有这种快乐，反而还要自寻烦恼，久而久之自己舍弃了这份快乐。其实，即便真正处于烦恼迷离的处境当中，这种乐的本体也是不会消失的。快乐是一种独特的体验，真实的常在，无论雅俗，都会活得有滋有味，也用不了太多的心思，你就会发现活着本来就不错。比如说，你有大本事或小本事，朋友多，会有种种发展的机会；你拥有爱情，拥有家庭，拥有多彩的故事，你总有一些盼望，会发现一些趣事，甚至某个消息、某个话题、某种现象都能让你兴奋。这兴奋可能太俗，让人瞧不上眼，或根本就不值。但只要是真实快乐的体验，也就够了。即使是真正遇上不称心的事，也别抱着死理，跟自己过不去，这样你便能从容应付、潇洒地走出困境。

幸福源自内心的简约

"但论议之际，必须谦虚简明为佳。若自处过任而词意重复，却恐无益有损。"

——王阳明

古人有句话叫"大道至简"，用今天的话来说，就是"越是真理的就越是简单的"。著名的美籍华裔数学家陈省身先生有一个很有趣的"数学人生法则"，数学的一个重要作用就是九九归一，化繁为简。智者的简单，并非因为贫乏或缺少内容，而是繁华过后的一种觉醒，是一种去繁就简的境界。简单的过程是一个觉醒的过程。大道至简，健康的人生一定是一个去繁就简的人生。

对于这一点，王阳明先生也有过相关的论述。他认为为文应该"谦虚简明"才好。不简明、过多重复就有损而无益了。这句话虽然本来说的是议论、作文的道理，其实也是人生的道理。

人的一生会有许多的追求：宽敞豪华的寓所；完整的婚姻；让孩子享受最好的教育，成为最有出息的人；努力工作以争取更高的社会地位；能买高档商品，穿名贵的皮革；跟上流行的大潮，永不落伍等等。为了满足内心的虚荣，可能于不知不觉中逐渐地拥有很多，但是却也负担了很多，纷繁的生活让生活反而没有了意义。其实，幸福与快乐源自于内心的简约，简单使人宁静，宁静使人快乐。

有位中年人觉得自己的日子过得非常沉重，生活压力太大，想要寻求解脱的方法，因此去向一位禅师求教。

禅师给了他一个篓子，要他背在肩上，指着前方一条坎坷的道路说："每当你向前走一步，就弯下腰来捡一颗石子放到篓子里，然后看看会有什么感受。"

中年人照着禅师的指示去做，他背上的篓子装满石头后，禅师问他这一路走来有什么感受。他回答说："感到越走越沉重。"

禅师于是说："每一个人来到这个世上时，都背负着一个空篓子。我们每往前走一步就会从这个世界上捡一样东西放进去,因此才会有越来越累的感慨。"

中年人又问:"那么有什么方法可以减轻人生的重负呢?"

禅师反问他:"你是否愿意将名声、财富、家庭、事业、朋友拿出来舍弃呢?"那人答不出来。

禅师又说:"每个人的篓子里所装的,都是自己从这个世上寻来的东西,但是你拾得的太多,如果不能放弃一些,你的生命将承受不起,现在决定了你的选择吗?丢下什么,留下什么?"

禅师告诉中年人,人活在世上常为各种外物所累,如同一路捡负石子行走,所以生活得越来越累。

中年人反问禅师:"这一路上,您又丢下了什么,留下了什么?"

禅师大笑道:"丢下身外之物,留下心灵之物。"

常有人提着一个袋子,边走边拾。一路上拾起无数他不想要的东西。当他遇到真正想要的东西之时,袋子已经装满了。对于绝大多数人来说,功名利禄就像背篓里的石子,得到的越多步履越沉,反倒是心灵之物,装得越多,人就会越有智慧,越是通达,越容易感受到幸福。

人在世上,无时无刻不受到来自外界的诱惑,一旦有了功名,就会对功名放不下;有了金钱,就会对金钱放不下;有了爱情,就会对爱情放不下;有了事业,就会对事业放不下。当得到的东西太多了,超过生命的承载力,这个时候,你该怎么办?留下什么,舍弃什么,选择变得尤为重要。稍有不慎,就会背上沉重的枷锁,却与幸福擦肩而过。

人生不会一帆风顺,不如意事十之八九,得失随缘不要过分强求什么,不要一味地去苛求些什么。世间万事转头空,名利到头一场梦,想通了,想透了,人也就透明了,心也就豁然了。名利是绳,贪欲是绳,嫉妒和褊狭都是绳,还有一些过分的强求也是绳。牵绊我们的绳子很多,只有摆脱这些牵绊心的绳索,才能享受到真正的幸福,体会到做人的乐趣。

有些人,他们活着,却没有时间去多愁善感;爱着,他们却不懂怎么诠释爱情;他们满足,因为他们没有奢望生活过多的给予;他们简单,不用在人前掩饰什么。他们也许连幸福是什么都不知道,然而真正快乐的就是这么一群简单的人。

名缰利锁会束缚住人的心灵。

人之所以不快乐，就是因为不能够活得单纯。其实，不要去刻意追求什么，不要向生命去索取什么，不要为了什么去给自己塑造形象，简单本身就是一种幸福。

时时微笑，雨打芭蕉也无愁

"心无所累，意无所牵。"

——王阳明

"芭蕉叶上无愁雨，只是听时人断肠"，心外阳光明媚、鸟语花香时，内心却可能愁云密布，甚至没有任何阳光可以照进的缝隙。快乐时，"绿杨烟外晓寒轻，红杏枝头春意闹"；失意时，"泪眼问花花不语，落红飞过秋千去"。

宦海沉浮本就是很平常的事情，这一点王阳明很清楚，所以即使经历了大起大落他依然坚守内心的生活哲学。几次被贬他也沉默过、失望过，但他终究没有被困难、失意所俘虏，依然微笑着面对人生。他的微笑来自长期自省、为学、修身的自信和内心深入的平静。任何得失沉浮都是人生，都是生活所获的赐予。活了一辈子，却常常因为心中长满了烦恼杂草而愁肠百结，愁眉不展，到头来，还没有得到生活过程的乐趣，没有享受生命，这是生命当中自觉与自省的一种缺乏。

有两个见解不同的人在争论三个问题。

第一个问题：希望是什么？

悲观者说：是地平线，就算看得到，也永远走不到。乐观者说：是启明星，能告诉我们曙光就在前头。

第二个问题：风是什么？

悲观者说：是浪的帮凶，能把你埋葬在大海深处。乐观者说：是帆的伙伴，能把你送到胜利的彼岸。

第三个问题：生命是不是花？

悲观者说：是又怎样，凋谢了也就没了！乐观者说：不，它能留下甘甜的果实。

突然，天上传来了一阵声音，也问了三个问题。

第一个：一直向前走，会怎样？悲观者说：会碰到坑坑洼洼。乐观者说：会看到柳暗花明。

第二个：春雨好不好？悲观者说：不好！野草会因此长得更疯！乐观者说：好，百花会因此开得更艳！

第三个：如果给你一片荒山，你会怎样？悲观者说：修一座坟茔！乐观者反驳：不！种满山绿树！

于是上天分别给了他们一样礼物：给了乐观者成功，给了悲观者失败。

乐观者和悲观者由于对于同样一个问题有截然相反的答案。可见，决定一个人心情的，不在于环境，而在于心境。当一个人的心情阴云密布的时候，看什么都不顺眼，当一个人欣逢喜事之时，连花儿都笑得灿烂。有个哲人曾说："当你一个人哭的时候，只有你一个人在哭；当你微笑的时候，世界在跟着你笑。"

很多人都知道境由心造的道理，但很多人常常被外境所困，以至于自己的心常常被困在围城中。明心见性，看清自己的本心，才能找到症结所在，扫除心中的杂草，剪掉心中的死结，走出围城，达到心神通畅。所以在面对人生烦恼的时候，最好的办法就是对身边的人时时微笑。

有一个人常常觉得生活没有任何意义，除了悲伤就是烦恼，所以，他渐渐地越来越颓废、越来越忧郁。一天，他听说在远方的深山里有一位得道高人，能够帮人答疑解惑，便跋山涉水地寻到这座山，向高人请教解脱之法。

忧郁者问："我究竟应该怎么做，才能够摆脱这悲观痛苦的深渊，得到充实而轻盈的快乐呢？"

高人回答："微笑，对自己微笑，也对他人微笑。"

忧郁者仍然困惑，又问："可是我没有微笑的理由啊！生活如此艰辛，我为什么要微笑呢？"

高人略微思索了一下，说："第一次微笑是不需要理由的，你只要尽情地绽放自己的笑容就可以了。"

"那么第二次、第三次呢？一直都不需要理由吗？"

"不要担心，到第二次、第三次的时候，微笑的理由就自己来找你了。"

忧郁者踏上了返乡的归程，高人微笑着目送他离去的背影。

与人相处时，善意的开始必然带来快乐融洽的结果。面带微笑，心存真诚，两人相对的第一个瞬间，必定能传达出最友好的信号。

其实，我们每个人的心灵都是一座种满花草的花园，它需要我们时时垦殖翻耕。这个花园中有秽土，也有净土，所以不可能永远保持快乐与清净。作为自我心灵的园丁，我们绝不能放任杂草丛生，占尽花木所需的阳光雨露，否则这座花园就必须成为人生困顿的围城，而及时修剪，时时微笑，求得和谐美好的内心环境，围城之中也能过自在人生。

要活得轻快洒脱

"吾辈用功，只求日减，不求日增。减得一分人欲，便是复得一分天理，何等轻快脱洒，何等简易！"

——王阳明

王阳明从小熟读"四书五经"，对于宋代的程朱理学也有深刻的见解，这些都是他创立心学的基础。尤其对于朱熹提出的"存天理，灭人欲"他更有着深刻的理解。

一次他路过道观问一位禅师是否想念自己的母亲，禅师想了想面露愧色地说：

"想！"于是，王阳明开始思考所谓的"人欲"。谁都有母亲，想念自己的母亲为什么要感觉到羞愧呢？这不是人之常情吗？从这开始，他对朱熹的"存天理，灭人欲"产生了质疑，进而将这个说法做了新的诠释。他认为，人应该"求减不求增"，减少自己的欲望，天地间便多了一分天理，这就是人生快乐、洒脱的法则。而这个法则也与"心学"相照应，其实天地间万事万物都是人心的写照。世间之风月景物本就没有烦恼、快乐之别，有别的是人的内心，内心繁复自然多了几分烦恼；内心简单快乐自然容易了许多。

唐代诗人张若虚的《春江花月夜》被称为是"孤篇盖全唐"的杰作，其中一句说："江畔何人初见月？江月何年初照人？人生代代无穷已，江月年年只相似。"大自然中的月亮、太阳、风、山河，它们永远如此，古人看到的天和云，和我们现在看到的这个天和云是一样的，未来人看到的也是这个自然天地。江月虽一样，但情怀却不尽相同。快乐的人看到风景很高兴，痛苦的人看到一样的风景，却深感悲哀，其实这都是自己心境的照应。

生活中，很多人往往自寻烦恼，自己给自己套上枷锁，从而让自己疲惫不堪。每个人都不愿意让烦恼缠身。为此，有人试图通过酒精、尼古丁和大量的镇静剂来解除不安和痛苦，也有人把大部分精力用于消除外在表面上的痛苦，以获得一种暂时的解脱，或者是整日整夜地守在电视机前，嘴里还不停地咀嚼着零食。

而这些方法不是麻痹自己就是给自己带来另一种烦恼、痛苦或者伤害，与其这样倒不如给自己减压，解除这些束缚，从而让自己活得轻松、活得快乐。其实，人生的痛苦和悲哀皆由心造，人的心能大能小，痛苦和悲哀也源自于人心的不同。一个拥有

世间之风月景物没有烦恼、快乐之别，内心简单才容易得到快乐。

快乐心情的人，就会远离痛苦、悲哀。

牛弘，字里仁，隋朝大臣。他不但学术精湛，位高权重，而且性格温和，宽厚恭俭。牛弘有个弟弟牛弼，他就没有哥哥那么谨言慎行了，一次牛弼喝醉了酒，竟把牛弘驾车的一头牛用箭射死了。牛弘回家时，其妻就迎上去给他说："小叔子把牛射杀死了！"牛弘听了，不以为意，轻描淡写地说："那就制成牛肉干好了。"待牛弘坐定后，其妻又提此事说："小叔子把牛射杀死了！"显得非常着急，认为是件大事，不料牛弘随口又说："已经知道了。"他若无其事，继续读自己的书。其妻只好不再说什么。

王阳明提倡只求日减，不求日增的功夫就是要人回归本心本性。

明代著名作家冯梦龙评点此事说：冷然一句话扫却了妇道人家将来多少唇舌。想要摆脱琐事带来的烦恼，最好的办法就是放宽心胸，如牛弘一样，不问"闺"中琐碎之事。

人生的烦恼多半是自己寻来的，而且大多数人习惯把琐碎的小事放大。"月有阴晴圆缺，人有悲欢离合"，自然的威力，人生的得失，都没有必要太过计较，太较真了就容易受其影响。我们降落到这个尘世中并不是来寻找烦恼的，所以我们没有必要成日在忧伤和苦闷中度过，这样的人生又有什么意义呢？快活地奔走在眼花缭乱的世界，在杂乱中寻找宁静，在失意中追寻进取，做一个真正意义上的快乐者，这样的人生才活得有意义、有价值。

我们每个人的身体都好比是一个小小的院落，脸上的五官就是五个房间，而心脏则是大厅。想要生活在一个宁静的院落里，那么我们就必须保证这五个房间和一个大厅都处于安静的环境之中，尤其是大厅的宁静，显得尤其重要。心中的安宁是一切外在事物宁静的源头，因此心脏也理所当然地成为了五官的总领，只有当人们拥有一颗平静的心时，五官所听到的、所看到的、所闻到的以及所尝到的才有可能是甜蜜和幸福。

其实，魔鬼不在心外，魔鬼就在自己的心中。就像王阳明说的："擒山中之贼易，捉心中之贼难。"这样看来，自己的敌人就在自己心里，自己的烦恼痛苦也都是自己心里的心魔，能将其降伏者，也只有我们自己。

◎第八章◎
决心：知行合一，言行一致

慎思之，笃行之

"知是行之始，行是知之成。"

——王阳明

常言道，三思而后行。意思是思考在前，行动在后，必须经过多番仔细周密的考虑才能有所行动，如此才能取得最好的效果，避免一些不必要的麻烦。

"三思而后行"，出自《论语·公冶长》："季文子三思而后行。子闻之曰：'再，斯可矣。'"孔子对季文子三思而后行的评价，着实令人费解。有的人指出，孔子是赞同季文子的做法的，并且孔子认为三思还不够，还要再想一次才可以；有的人则持相反的观念，指出孔子实际上是反对季文子这种过多思虑的做法，认为只要"再"，即只要想两次就可以了。从字面的意思看来难免糊涂，然而从孔子的思想主张，从他周游列国游说各诸侯施行仁政的行事作风则不难看出，上述第二种观念更符合孔子的本意。

而王阳明对于思与行的关系则这样认为：知是行之始，行是知之成。意在强调知与行的统一。所谓知，便是对事情各方面的思考与了解，只有思考明白、了解清楚了才能开始行动；所谓行，便是将那些思考明白、了解清楚的东西付诸实践，如此才能有所成就。王阳明指出，圣人之学乃身心之学，其要领在于体悟实行，不可将其当作纯粹的知识，仅仅流于口耳之间。

三思而行，已成为对冲动气盛的年轻人最好的劝谏，一直颇受世人的推崇。人们相信，经过深思熟虑的决定才是最好的，经过反复思量的行动才能顺利地进行。不幸的是，由此而形成了一种重思考而轻行动的风气。或许是过于谨慎，过于追求万无一失，

慎思之，笃行之方能致良知。

人们将大量的时间与精力用在了无限的沉思之中，结果越想越觉得准备不够充分，越想越觉得存在很大的问题，想着想着，本可以尝试的想法变成了不可能完成的任务，无疾而终。由于人的四维空间是无限宽广的，不受客观事物与能力的强行束缚，因此，想着想着便偏离正轨、越想越远而找不到重点的。当人们在思想的海洋中畅游太久而迟迟不上岸来付诸实践，结果无疑是窒息于其中，彻底失去付诸实践的机会与能力。

捕蛇成功之人的关键在于他的不断钻研与实践。

唐代，中原有一片山脉盛产灵蛇，蛇胆和蛇心都是很好的药材，虽然蛇毒剧烈，见血封喉，可是为了赚钱，很多人不惜冒着生命危险去捕蛇。有一天，有三个从南方来的年轻人来到附近的村子，准备进山捕蛇。

年轻人甲在村里住了一天，第二天清晨便收拾行装上山捕蛇，但是几天过去了，他都没有回来，他不懂得蛇的习性，在山里乱窜，惊扰灵蛇；而他又不懂如何捉蛇，最终因捕蛇而丧命。

年轻人乙见状，心中害怕不已，再三思虑要不要去山里捉蛇，他每天都站在村口，向大山的方向望去，时而向前走几里路，不久又走回来，终日惶惶然行走于村子与大山之间。

年轻人丙则充分考虑了如何找蛇穴、捕蛇、解毒等问题，并经常向村里人讨教，掌握寻找蛇穴、引蛇出洞等捕蛇的技术，学习制作解毒的药剂。经过半个月的准备，年轻人丙带着工具上山了。七天过去了，大家都以为他已经丧命，可是年轻人竟然背着沉重的箩筐回到了村里。他捕到了上百只灵蛇，赚了很多银两，之后还做起了药材生意，成为著名的捕蛇之王。

三个年轻人一起捕蛇，一个毫不考虑、鲁莽行动；一个思来想去、迟迟不动；一个经过深思熟虑之后付诸行动。三个人对待思与行的不同态度，注定了他们的际遇截然不同。思考与行动是相辅相成的。无论偏向于哪一方，都难成大事。诸如乱猜结果蒙对、想发财就捡到钱等意外、碰巧之事，不过是人生乐章中少之又少的特殊音符，难以用它来谱写一生的成就。

思考与行动，对于一个正常人而言，是人生至关重要的一件事，如人之生老病死，难以避免。小到处理家庭琐事，大到掌握国家命脉，不假思索地行动和多番思虑却不见行动的人，轻则败家，重则亡国。思与行，不可偏其一，这便是中国两千多年的历史积淀下来的沉痛教训，也是王阳明知行合一的观点所在。

把学问用在实处

"圣学只一个功夫，知行不可分作两事。"

——王阳明

古往今来，但凡做学问的大家，皆强调学以致用，主张在实际上发挥学问的作用。儒家圣贤孔子周游列国，欲以其学说劝谏各诸侯治国之道，虽受时势的阻碍未能成功，但在之后的太平盛世则成为占统治地位的思想学说，塑造着两千年封建王朝的文化根基和国民性格。北大第一任校长蔡元培先生对孔子的治学之道提出了独到的见解，他认为，一个人求学问就是为了经世致用，即使刚开始时有人不了解，还是要一如既往地去做，这样才能学得真学问。

何谓"经世致用"？"经世"就是要考察我们生活的社会，知道社会的问题，同时也要在社会中去寻找知识。"致用"就是要把所学的知识与社会中存在的问题联系起来，并通过学习知识来提出解决问题的办法。清朝末年，由于帝国主义的侵略日盛，国家处在生死存亡的紧要关头。在那种情况下，经世致用之学，再度兴起。魏源、龚自珍以及稍后的康有为都是这方面的代表。他们借经书的"微言大义"来发挥自己社会改革的主张，对警醒国人、救国图存起到了很重要的作用。

王阳明主张知行合一，认为知行的本体并不是先知后行或者可以将知与行分为两件完全不同的事来做。他认为，圣人的学说只有一个功夫，那就是认识和实践不可以分成两件事，也就是他所说的"知之真切笃实处即是行，行之明察精觉处即是知"。真正做到知与行的合一，就要在学习的过程中以实践来检验知识的正确与否，在实践的过程中更深刻地理解所学知识的内涵，如此才能将所学知识经世致用。晚清名臣曾国藩也特别注重"经世致用"，他强调将书上的学问要运用到当官和做人当中去。

曾国藩带兵十分注重筹饷工作，是因为兵书上说"兵马未动，粮草先行"。因此，湘军的饷银是当时最高的。如此一来，士兵自然愿意加入曾国藩的队伍。兵书上也说治军要"上下同心"，曾国藩就注重对士兵们信念的培养，他把"湘军"打造成了一支上下齐心的军队。曾国藩的手下大多是流落民间的知识分子。这些人得到了曾国藩不遗余力的提拔和重用，因此形成了以曾国藩、胡林翼、左宗棠、李鸿章为首的"湘军"政治集团。曾国藩成为"湘军"政治集团的事业领袖和思想领袖。

曾国藩强调的经世致用正是王阳明所说的知行合一。然而王阳明的弟子徐爱却未能领会王阳明关于知行合一的意思，与王阳明的另两位弟子黄绾、顾应祥反复辩论，始终未能得出明确的答案，于是向王阳明请教。

徐爱说："比如现在的人都知道要孝顺父亲、尊敬兄长，然而却又不能做到的，这就是说,'知道应该怎样'和'真正做到'分明是两件事。"

王阳明说:"你说的这种情况已经被人的私欲所阻碍,已经不是知行的本体了。圣贤教育世人知与行,正是要恢复知行的本体,不是只教人们如何知、如何行就算了。因此,《大学》里提到了一个真正反映知行本体的例子给世人看,即'如好好色,如恶恶臭'。看见美色属于知,喜欢美色属于行;人在看见美色时自己本身就已经有喜欢之心,而不是见了之后又有个想法去喜欢。闻到恶臭属于知,厌恶恶臭属于行;闻到恶臭时自己就已经厌恶了,并不是闻到之后又另有个想法去厌恶。比如鼻塞的人,即使看到恶臭的东西在自己面前,但由于鼻子闻不到,也就不会太厌恶,这也只是因为他还没有在实践中认识到臭味……"

如果学问不能用来指导自己,我们就很难取得任何进步,这样的学习又有何意义呢?由此可知,我们学习知识,不能只知学习,不知联系实际。要做到知行合一,经世致用。倘若埋头苦读若干年却不知道学来有何用,便容易失去继续求学的动力,无法树立人生的目标,难以明确前进的方向。

成功不在难易,在于身体力行去做

"未有知而不行者,知而不行只是未知。"

——王阳明

获得成功的方法有很多种,然而不论是哪一种,即便是最简单、最投机取巧的成功之道,也无法在空想中实现。原因很简单,思想的力量只有在行动中才能发挥作用。为学如此,处世亦如此。要想收获成功,必须首先在身体力行上下功夫。

王阳明作为心学一派的代表人物,同样强调行动的重要性。他认为,知道一定的道理却不采取行动的人,并不算真正了解道理的人。正如现实生活中,那些妄想着坐享其成的人,并不知道"有付出才会有回报"的道理,就算他们知道,也并不了解其中的深意,否则便不会"知而不行"了。所以,当需要一样东西的时候,前提是必须行动和付出。

张溥是明代的大学者,他有非常独特的读书方法,那就是通过多次抄写、多次阅读、多次焚烧的办法,加深理解、熟读精思,所以叫"七焚法"或"七录法"。张溥的"七焚法"分三步。第一步,每读一篇新文章,就工工整整地将它抄在纸上,一边抄一边在心里默读;第二步,抄完后高声朗读一遍;第三步,朗读后将抄写的文章立即

张溥以"七焚法"读书治学。

🌀 王阳明讲知行合一,经常拿"写字"来举例。

投进火炉里烧掉,烧完之后,再重新抄写,再朗读,再烧掉。这样反复地进行七八次,一篇文章要读十几遍以上,直至把文章彻底理解,背熟于心为止。张溥一直坚持这种读书法,他把自己的书房叫作"七焚斋",也叫"七录斋",并把自己的文集命名为《七录斋集》。

张溥反反复复练习,在不知不觉就把自己雕琢成器了。人们常说,我们生活在一个很现实的世界里。"现实"不仅仅体现在人情冷暖上,更体现在行动的力量上。行动,是一个人的知识、智慧、思想境界等"虚"的东西的现实载体。人们往往看重"知识就是力量、智慧就是财富",却忽略了自己的行动,忽略了行动带来的无穷力量。实际上,只要开始行动,就算成功了一半。因为行动能够将知识、智慧、思想境界的力量切实发挥出来,从而形成一股强大的推动力,在方向正确的前提下,能够推动行动者更快地迈向成功。

世界上牵引力最大的火车头停在铁轨上,为了防滑,只需在它8个驱动轮前面塞一块一英寸见方的木块,这个庞然大物就无法动弹。然而,一旦这只巨型火车头开始启动,这小小的木块就再也挡不住它了;当它的时速达到100英里时,一堵五英尺厚的钢筋混凝土墙也能轻而易举地被它撞穿。

从一块小木块令其无法动弹,到能撞穿一堵钢筋水泥墙,火车头的威力为何变得如此巨大?原因不是别的,是因为它开动起来了。

俗语说,火车跑得快,全靠车头带。火车头不只是方向的象征,更是力量的体现。很多人往往因为低估了自身的能力或者惧怕了眼前的困难而放弃行动,殊不知,当人们行动起来,其威力往往超乎原有的想象,甚至能够轻松突破障碍,超越自我极限。前提就是,必须行动起来!

王阳明讲知行合一,经常拿"写字"来举例。他说:"我要写字"是"知",而提笔写就是"行",想要知道一个字真正的是如何写,就需要付诸实践才行。所以有了"知"就一定要行动起来。

行动,是通往成功的必经之路。只有行动起来,才能真正把握成功的契机。有才之人最怕的,莫过于错失良机、大志难舒。要想把握那千载难逢的机会,等待是必不可少的,但行动最关键。成功不在难易,而在于"谁真正去做了"。这个世界不缺乏机遇,而缺少更多抓住机遇的手。只有在恰当的时机主动出击,才能把握成功的契机,成就人生的梦想。

磨盘只在转动时才能磨面;风车只在转动时才能发电;人,只有在行动的过程中才能获得成功、创造奇迹。只有身体力行，才能使人格魅力与办事能力达到完美结合，才能在展现自我的擂台上独占鳌头。要想得到他人的器重，就得有所表现；要想把握成功的契机，就得有所行动。为人处世，与其吹得天花乱坠，不如做到滴水不漏，方能日进千里，收获成功。

千里之行，始于当下

"我辈致良知，是各随分限所及，今日良知见在如此，只随今日所扩充到底。明日良知又有开悟，便从明日良知扩充到底，如此方是精一功夫。"

——王阳明

"活在当下"，所谓"当下"，就是现在正在做的事，现在所处的环境，现在遇到的人。"活在当下"就是要把关注的焦点集中在这些人、事、物上面，全心全意地认真去接纳、品尝、投入和体验这一切。活在当下是一种全身心地投入生活的人生态度。当你活在当下，而没有过去拖在你后面，也没有未来拉着你往前时，你全部的能量都集中在这一刻，生命因此更具一种强烈的张力。

"当下"之所以如此重要，因为它是千里之行的起点。人生漫漫长路，只从当下开始。无论是过去的，还是即将到来的，都不如当下的一切来得真切、来得实在。王阳明说过："我辈致良知，是各随分限所及，今日良知见在如此，只随今日所扩充到底。明日良知又有开悟，便从明日良知扩充到底，如此方是精一功夫。"意思是，我们致良知，因各人的差异而达到不同的程度。今天到达这样的程度，就根据今天所能理解到的扩充下去，明天又有了新的理解，便从明天理解到的扩充下去，这才是专注于一个目标的功夫。王阳明认为，初学者对于修身养性的功夫，应当循序渐进，着眼于当下，而不是妄图将来。

活在当下，意味着要抛开往事的牵绊。人活一世，不可能不做错事，也不可能完美无缺。关键是能够改正错误，接受遗憾。倘若一味沉浸在过往的痛苦或对完美的觊觎之中，则难以关注当下的一切，更难以开启未来之门。

古时候，有户人家有两个儿子。当两兄弟都成年以后，他们的父亲把他们叫到面前说："在群山深处有绝世美玉，你们都成年了，应该做探险家，去寻求那绝世之宝，找不到就不要回来了。"

两兄弟次日就离家出发去了山中。大哥是一个注重实际、脚踏实地的人。有时候，即使发现的是一块有残缺的玉，或者是一块成色一般的玉，甚至那些奇异的石头，他都统统装进行囊。过了几年，到了他和弟弟约定的会合回家的时间，此时他的行囊已经满满的了，尽管没有父亲所说的绝世完美之玉，但造型各异、成色不等的众多玉石，在他看来也可以令父亲满意了。后来弟弟来了，两手空空，一无所得。弟弟说："你这些东西都不过是一般的珍宝，不是父亲要我们找的绝世珍品，拿回去父亲也不会满意的。我不回去,父亲说过,找不到绝世珍宝就不能回家,我要继续去更远更险的山中探寻,我一定要找到绝世美玉。"

哥哥带着他的那些东西回到了家中。父亲说:"你可以开一个玉石馆或一个奇石馆,那些玉石稍一加工,都是稀世之品,那些奇石也是一笔巨大的财富。"

短短几年,哥哥的玉石馆已经享誉八方,他寻找的玉石中,有一块经过加工成为不可多得的美玉,被国王御用作了传国玉玺,哥哥因此也成了倾城之富。

在哥哥回来的时候,父亲听了他介绍弟弟探宝的经历后说:"你弟弟不会回来了,他是一个不合格的探险家。他如果幸运,能中途醒悟,明白至美是不存在的这个道理,是他的福气。如果他不能早悟,便只能以付出一生为代价了。"

很多年以后,父亲的生命已经奄奄一息。哥哥对父亲说要派人去寻找弟弟。父亲说:"不要去找了,如果经过了这么长的时间和挫折他都不能顿悟,这样的人即便回来又能做成什么事情呢?世间没有纯美的玉,没有完善的人,没有绝对的事物,为追求这种东西而耗费生命的人,何其愚蠢啊!"

弟弟不懂欣赏,不懂抓住当下,因此失去了本该收获的美好。其实,世界并不完美,人生一定会有遗憾。不完美是客观存在的,我们无须怨天尤人。

活在当下,意味着要踏踏实实地努力于眼前的事,把握眼前的时机,而不是寄希望于明天,寄希望于一个新的开始。无论人生的目标有多么明确,未来总是充满了诸多的未知因素,足以令计划赶不上变化。如果我们时时刻刻都将力气耗费在未知的未来,却对眼前的一切视若无睹,那就永远也寻找不到通往未来的道路。我们的努力只有从现在开始,才有可能获得成功。

现实生活中,很多人都无法专注于现在。他们总是若有所想,心不在焉,想着明天、明年甚至下半辈子的事。他们喜欢预支明天的烦恼,想要早一步解决掉明天的问题。然而,即便明天有问题,今天也是无法解决的。每一天都有每一天的人生功课要交,努力做好今天的功课才是关键。

由此可知,千里之行,始于当下。有志之人,必当从现在做起,日积月累,为实现伟大的理想奠定坚实的基础。那些连今天都把握不住的人,又何谈将来!

大胆尝试,实践出真知

"如人走路一般,走得一段,方认得一段;走到歧路处,有疑便问,问了又走,方渐能到得欲到之处。"

——王阳明

王阳明的父亲王华于成化十七年(1481年)的科举考试中高中状元,进京为官后不久便将王阳明接到京城生活。王华对儿子的起居生活以及学业都已经做了很好的安排,他认为王阳明应该和自己一样读书考科举,随后走入仕途,光宗耀祖。年少的王阳明虽然遵循父亲的安排,但是心中却是另有所想。在他看来读书考科举不一定是人生的第一大事,读书做圣贤才是第一等大事。立下大志后的王阳明便开始摸索成为圣贤的道路:十五岁试马居庸关、十七岁钻研宋儒朱学,之后又追求心学境界。在不断地尝试和突破中,王阳明渐渐有所领悟,最后创立心学。

在日常生活中,很多人从小就被"家长的期望"安排着。比如小时候在哪一所学校读书,长大了从事什么样的职业,建立怎样的家庭……前半生有太多的时间在人们还没来得及思考的时候,就已经被家长们安排好、规划好了。没有追逐,没有尝试,甚至也没有挫折和失败,一切都按部就班地进行着。可是,在这样的安排中,人们内心的愿望被忽略,心中的梦想被埋没,虽然走得很顺畅,却不真实。因为在这一路的顺畅中,人们缺少了一份尝试的失败,缺少了一份亲身经历的深切体悟。

五代时期的画虎名家历归真从小喜欢画虎,但是由于没有见过真的老虎,别人总笑话他把老虎画成病猫,于是他决心进入深山老林,寻找真的老虎,他经历了千辛万苦,后来在猎户的帮助下,终于见到了真的老虎。他通过大量的写生临摹真虎,其画虎技法取得突飞猛进,笔下的老虎栩栩如生。他从画虎中得到启发,后来又用大半生的时间游历了许多名山大川,最后终于成为一代绘画大师。

实践出真知,不看老虎又怎么能画出栩栩如生的老虎?

实践出真知,画画也是如此,如果历归真只是局限在书斋里,没有看到真正的老虎,不管他怎样努力也只能画出一只像猫的老虎。只有真正地去观察老虎,才能使自己所画的老虎具有生气。耳听不如眼看,实践能推进与成功的距离!

我们常常听到长辈们的劝告,那都是些经历了岁月的检验最终被证明为正确的人生智慧,都足以令我们的人生成为一条康庄大道。可是,我们的人生,难道不应该由我们自己去一步一步地走出来吗?吸取前人的经验教训是正确的,但没有经历过大胆的尝试,没有用自己的实践去摸索,则难以取得超越前人的成就,难以创造一番前所未有的事业。就像我们走路一样,走了一段才能认识一段,走到布满荆棘处才能深刻领悟战胜困难的艰辛,才能发掘自己的潜能,发现战胜困难的方法,以此为鉴,逐步积累地走下去,才能到达比前人更高更远的地方。

在一个村子里,有个渔夫有一流的捕鱼技术,被人们尊称为"渔王",每次外出打鱼,总是他收获最多。然而渔王非常苦恼,因为他的三个儿子的捕鱼技术都很平庸。于是渔王经常向人诉说心中的苦恼:"我真不明白,我捕鱼的技术这么好,我的儿子们

渔王的困惑。

为什么这么差？我从他们懂事起就传授捕鱼技术给他们，从最基本的东西教起，告诉他们怎样织网最容易捕到鱼，怎样划船最不会惊动鱼，怎样下网最容易请鱼入瓮。他们长大了，我又教他们怎样识潮汐、辨鱼汛。凡是我长年辛辛苦苦总结出来的经验，我都毫无保留地传授给了他们，可他们的捕鱼技术竟然赶不上那些技术比我差的渔民的儿子！"每次，村里的人听完后都会表示遗憾。

有一天，一位路过的老人听了他的诉说后，问："你一直手把手地教他们吗？"

渔王说："是的，为了让他们学到一流的捕鱼技术，我教得很仔细、很耐心。"

老人又问："他们一直跟随着你吗？有没有犯什么错误？"

渔王回答："是的，为了让他们少走弯路，我一直让他们跟着我学。在打鱼的时候，他们的方法都没有问题，从没有出过差错，但是打上来的鱼却总是没有别人的多。"

老人想了片刻，感慨道："如此看来，其中的原因就很明显了。他们只知道认真学习你传授给他们的技术，却没有在下海打鱼的过程中总结自己的失败教训和成功经验。这样学下去，不仅难以达到像你一样的水平，更难超越你而有更高的成就了！"

渔王的捕鱼技术固然高明，但他那一套方法并不一定适合他的三个儿子使用。学习基本的技能是必需的，然而更重要的，是在学习的过程中大胆尝试，在实践的过程中总结自己的经验和教训，如此才能有所觉悟，才能寻找到真正适合自己的一套方法，才能更进一步，有所成就。别人的经验只能用来借鉴，而非生搬硬套在自己身上。只有自己去尝试，自己去实践，才能有更深刻的体会，才能掌握对自己而言最有用的方法。

现实生活中，很多人难以摆脱父母的期望，在既定的生活框架中遵循着前人的步子平稳地前进。然而，生命的最高意义并不在于一代又一代的重复，而在于前所未有的超越与突破。正如王阳明所言："如人走路一般，走得一段，方认得一段；走到歧路处，有疑便问，问了又走，方渐能到得欲到之处。"每一个人都可以走出一条不一样的人生道路，都有能力去创造不同于前人的精彩。困惑是在所难免的，遇到了便自己去寻找答案，方能渐渐弄清自己人生的方向所在。前提就是，敢于大胆尝试，在实践中体悟一份真正属于自己、适合自己的人生智慧。

不逆不臆，言行一致

"不逆、不臆而为人所欺者，尚亦不失为善，但不如能致其良知，而自然先觉者之尤为贤耳。"

——王阳明

儒家思想自古强调诚信的重要性。王阳明在给弟子的回信中曾谈道："不逆不臆而先觉，此孔子因当时人专以逆诈、臆不信为心，而自陷于诈与不信；又有不逆、不臆者，然不知致良知之功，而往往又为人所欺诈，故有是言。非教人以是存心，而专欲先觉人之诈与不信也。以是存心，即是后世猜忌险薄者之事。而只此一念，已不可与入尧、舜之道矣。不逆、不臆而为人所欺者，尚亦不失为善，但不如能致其良知，而自然先觉者之尤为贤耳。"由此可见，不事先怀疑别人的欺诈、怀疑别人的不诚信，并以"致良知"的功夫而不受人所欺，是待人以诚的一个极为重要的方面。而另一个方面，则是"示己之诚"——以自己的实际行动履行诺言，以示诚信之心。诚实守信，既是中华民族流传千年的传统美德，更是做人的基本准则。

曾子是孔子的学生。有一次，曾子的妻子准备去赶集，由于孩子哭闹不已，她便答应孩子回来后宰猪给他吃。曾子的妻子从集市回来后，曾子便要捉猪来宰，妻子阻止说："我不过是跟孩子闹着玩的，你怎么还真动手了呢？"曾子说："答应孩子的事是不可以说着玩的。小孩子不懂事，凡事跟着父母学，听父母的教导。现在你哄骗他，就是教孩子骗人啊。"于是曾子坚决把猪宰了。

倘若曾子因可惜那头猪而失信于孩子，那么家中的猪是保住了，可孩子纯洁的心灵上却会留下不可磨灭的烙印。曾子用他的实际行动向孩子证明他是信守承诺的，也给后世之人留下了千古传颂的佳话。

近代学者梁漱溟先生曾说，中国文化的最大特征是"人与人相与之情厚"，也就是说人和人之间感情非常深厚。这种深厚的感情唯有以互信为基础方能长久。世人常言"说到做到"，真正的行动才是对诺言最好的证明。倘若只在口头上夸下海口、许下诺言，却无法以实际行动去证明，即便能够蒙蔽一时，最终

曾子用他的实际行动向孩子证明他是信守承诺的，也给后世之人留下了千古传颂的佳话。

也难欺骗一世。

王阳明提倡知行合一，真知就必须要行动，而真正的行动也必须要达到知的目的。所谓，言必信，行必果，以实际行动对自己的诺言负责，这是先贤们留给我们的人生智慧，这不仅仅是个人道德修养问题，更关乎社会责任感。现如今，人人都希望建立一个诚信的社会，却甚少有人能够一生都遵循"言必信，行必果"的原则，有的甚至以善意的谎言作为信口开河、言而无信的幌子。人类社会发展至今，虽已进入高度文明的时代，无论治国安邦还是学术科研领域，都取得了比过去更为显著的成就。然而，人与人之间的信任程度却开始降低。反观历史，古人十分看重诚信，认为"言必信，行必果"才是君子所为，"一言既出驷马难追"才堪称大丈夫之举。

张劭和范式同在太学学习，二人脾气相投，结拜为兄弟，后来两人分别返乡，张劭与范式约定第二年重阳将到范式家拜见他的父母，看看他的孩子。当约好的日期快到的时候，范式把这件事告诉他母亲，请他母亲准备酒菜招待张劭。

然而，范式左等右等，直到太阳西坠，新月悬空，仍不见张劭来赴约，母亲问："你们分别已经两年了，相隔千里，你就那么相信他吗？"范式回答："张劭是一个讲信用的人，他一定不会违约的。"范式一直候在门外，直至深夜时分，才见一黑影隐隐飘然而至，仔细一看，来的却是张劭的鬼魂。原来为了养家，张劭忙于经商，不知不觉忘了二人重阳之约，直到当日早上才回想起来。可是从张劭所在的山阳到这里足有一千里路，一天之内无论如何都走不到了。为了守约，他想起古人曾说过：人不能一日千里，而鬼魂可以。于是挥刀自刎，让鬼魂来赴约。

"请兄弟原谅我的疏忽。看在我一片诚心上，你去山阳见一见我的尸体，那我死也瞑目了。"张劭的鬼魂话音未落，便飘走了。而范式在赶到山阳见了张劭灵柩后，自愧张劭为己而死，也挥刀自刎来回报张劭的信义！众人惊愕不已，后来就把二人葬在了一起。汉明帝听说此事，非常赞赏二人之间的真诚与心意，在他们墓前建了一座庙，称为"信义祠"。

为了以行动来履行一年前的承诺，张劭不惜以放弃生命为代价；范式为回报故友的一片赤诚之心，同样以命相陪。虽然此事未必属实，然张、范二人之间的故事能够流传至今，备受推崇，可贵之处便在于那份"生命诚可贵，诚信价更高"的为人处世之道。

生活中，我们经常需要用承诺来取信于他人，与此同时，我们更需要用实际的行动来支撑我们的承诺。没有行动的证明，一切口头承诺都只是空谈。倘若将一时的失信于人看作无伤大雅的小错，那么，最终将铸下一生都无法弥补的遗憾。失信于人，不仅会侵蚀一个人的良知，更会令其失去他人的信任，生命因此变得暗淡无光。只有能够坚持言必信、行必果的守信之人，才能够得到他人的信任与器重，才有可能站到巨人的肩膀上，成就一番丰功伟业。他的人生，将会因此而绽放出灿烂夺目的光芒。

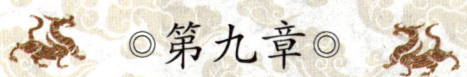

第九章
细心：天下大事，必作于细

事事精细成就百事，时时精细成就一生

"所谓汝心，亦不专是那一团血肉。"

——王阳明

对于世间万物来说，大与小的概念都不尽相同。地球很大，但跟银河系比起来就是九牛一毛了；一片树叶很小，但对于一只蚂蚁来说它就是一个巨大的广场了。在很多人看来成功就是做大事，但同时又不屑于做小事。俗话说，一屋不扫何以扫天下，同样的道理，小事不做何以成大事！

正德元年（1506年），由于受到宦官刘瑾的排挤，王阳明被贬为贵州龙场驿驿丞。与繁华的京城相比，龙场这个蛮荒之地，用穷山恶水来形容也不为过，方圆几百里少有人出没。可是王阳明并没有因为龙场是个小地方就从此士气不振，在他眼里："天下之大，何事不可为？"他认为在这个小地方，也一样能有作为。的确就是在龙场任职期间，他悟出了"道"，也就是心学的核心内容。

王阳明在龙场这样的小地方却悟出了大道理；大事虽然大，但也要从小事做起，把小事做到极致了自然成就了大事。粒米中藏须弥山，许多不起眼的人、事、物有着不可限量的能量。小砂石可以建高楼；小火星可以燎原；小小微笑可以散播欢喜与爱，所以，"小"中往往蕴含有无穷的力量。任何一小步都有可能成就前途的一大步，再小的事情如果能够做到极致就能成就大事。

注荼半托迦尊者在众罗汉中最神通。一次佛被外道加害，魔王把山压过来，注荼半托迦尊者在后面一指，就把山推开了。拥有如此神通的尊者，幼年时却是一个非常愚笨的孩子。

砖石虽小，却可以为高楼。

王阳明强调，把小事做到极致了自然成就了大事。

注茶半托迦诵"扫帚"而最终开悟。

注茶半托迦尊者愚笨到了让人无可奈何的程度。老师教他念"悉达摩",教他"悉达"时忘了"摩";教"摩"时,忘前边的"悉达"。老师对注茶半托迦的父母说,他宁愿去教很多其他的婆罗门人家的孩子,也不愿把时间花在这一个学生身上。

注茶半托迦的父母只好把他送到一位吠陀教师那里。在那儿,老师又教他念"奥玛普"几个字,但也学不会,教师只好叫他的父母另请高明。

注茶半托迦有位哥哥半托迦,很聪明并博学有礼。机缘之下,兄弟二人遇到一些佛陀的弟子,不久,哥哥就出家为比丘,注茶半托迦被认为太笨不适于出家,只好独自住在附近。

一天,哥哥半托迦和其他的人结伴到室罗伐悉底城去朝拜释迦牟尼佛,很多人都跟去看热闹。注茶半托迦也混在人群里,恰好被半托迦看见,半托迦问注茶半托迦道:"你现在以什么为生呢?"

注茶半托迦回答:"无以为生,生活异常艰难。"

半托迦又问:"你想出家为僧吗?"

"像我这样的愚笨之人,如何能渴望加入殊胜的佛陀僧团呢?我甚至连最简单的偈颂也记不住,每个人都知道我愚笨无比。"注茶半托迦说。

半托迦对弟弟说:"习学佛法不分高低种姓、贵贱和智力高下,最重要的是遵循佛陀原教义,并付诸实践。如果你真心诚意地想成为僧人,那么你就能做到。"

注茶半托迦很恭敬地来到佛陀及其弟子阿难面前,全知的佛陀洞悉注茶半托迦谦卑和纯净的心,就要阿难尊者为注茶半托迦剃度出家。

阿难教注茶半托迦一个偈颂:"诸恶莫作,使自己免于邪恶的思想;众善奉行,莫执自我,正念、正知、正命,则能免于伤害、烦恼,这就是诸佛教示。"

三个月后,注茶半托迦仍然记不住这个简单的偈子,而所有其他的新出家众早就把整章经典背熟了,就连当地的牧羊人也都熟知这简单的偈颂和好几个其他的偈子。

最后,佛陀只好亲自教他。佛陀要打扫寺院来清除业障,同时要边扫边念诵、思考"扫帚"二字。

虽是极其简单的两个字,注茶半托迦依然是记前忘后、记后忘前,想到"扫"就忘了"帚",想到"帚"就忘了"扫",因此苦恼不堪。于是佛陀慈悲地告诉他:"'扫帚'的意义就是去除尘垢。想想看,你诵'扫帚'二字的目的是什么呢?"注茶半托迦依佛陀的教导思忖着:"什么是尘垢呢?灰土瓦砾是尘垢;什么是去除呢?去除就是清净。所以佛陀是在提醒我们,除了扫除外面的尘垢外,还要去除心当中的尘垢,烦恼除尽,智慧自然就会开显。"注茶半托迦就这样不断地重虑缘真,最后一念相应慧,手执扫帚透视幻象而证得开悟,终于证得阿罗汉果。

注茶半托迦的愚笨殊乎常人,连个简单的偈子都不会背,可是,仅仅因为专心扫地,就成为神通第一的大罗汉。《大智度论》云:"一心正念,速得道果。"

有做小事的精神,就能产生做大事的气魄。不要小看做小事,只要有益于工作、有益于事业,人人都应从小事做起。用小事堆砌起来的事业才是坚固的,用小事堆砌起来的长城才牢靠。千里之行,始于足下;合抱之木,生于毫末。欲行千里,想成大树,就从脚下开始,从毫末做起。不屑于平凡小事的人,即使他的理想再壮丽,也只能是一个五彩斑斓的肥皂泡。想要壮志凌云,必须脚踏实地,专注于小事。

学无息止,巅峰之上有巅峰

"与其为数顷无源之塘水,不若为数尺有源之井水,生意不穷。"

——王阳明

"问渠那得清如许,为有源头活水来"。朱熹这句诗同王阳明"与其为数顷无源之塘水,不若为数尺有源之井水,生意不穷"这句话不谋而合。在他们看来,人生本身就是个不断学习的过程,除非我们自己限制了自己的眼界和见识,否则学习永远没有止境。

王阳明认为,没有源头的一潭死水,就算是有数顷也没有什么用处,到头来终归逃不过两个结局,要么干涸要么发霉发臭。那样的话,有很大的一塘死水还不如有哪怕几尺的井水,因为井水是"活水",总是源源不断、生生不息,取之不尽用之不竭。而学习者也应该宁做几尺井水,不做数顷死水,把学习当作终生的事业。而成就了心学的王阳明也正是这样做的,无论处庙堂之高还是居江湖之远,他求学、为学从未停止过。

其实,很早以前孔子在《论语》中说过:"学如不及,犹恐失之。"蔡元培先生解释说,一个人真正用心做学问,就会像孔子说的那样,总觉得自己还不够充实,还有许多进步的空间。就好像去追赶什么,总怕赶不上,赶上了又怕被甩掉,有这样的求学精神,就不需要怕原有的学问和修养会退失。不管做什么,学什么,总有很多知识是你没有学到的,做学问不要骄傲自满。人只有放下自我,才能成为一个空的容器,继续容纳事物。

一名徒弟跟着一位名师学习技艺,几年之后,徒弟觉得自己的技艺达到炉火纯青的地步,足以自立门户,因此收拾好行囊,准备和大师辞别。

大师得知后问道："你确定你已经学成了，不需要再学习了吗？"

徒弟指了指自己的脑袋自豪地说："我这里已经装满了，再也装不下了。"

"哦，是吗？"大师随即拿出一只大碗放在桌上，命徒弟把这只碗装满石头，直到石头在碗中堆出一座小山后，大师问徒弟："你觉得这只碗装满了吗？"

"满了。"徒弟很快地回答。

大师于是从屋外抓起一把沙子，撒入石头的细缝里，然后再问一次："那么现在呢，满了吗？"

徒弟考虑了一会儿，恭恭敬敬地回答道："满了。"

大师再取了案头上的香灰，倒入那看似再也装不下的碗中，看了看徒弟，然后轻声问："你觉得它真的满了吗？"

"真的满了。"徒弟回答道。

大师没有再多说什么，只拿起了桌上的茶壶，慢慢地把茶水倒入碗中，而水竟然一滴也没有溢出来。

徒弟看到这里，总算明白了师父的良苦用心，赶紧跪地认错，诚心诚意地请求大师再次收自己为徒。

大师苦口婆心想要告诉徒弟的只有一个道理，就是永无止境。著名数学家华罗庚说过："人，活到老，要学到老。"是的，人生在不断探索中得到升华，从而才会有辉煌出现，像文坛的几位巨匠，冰心、巴金、金庸……他们都深知这个道理，而且始终如一地贯彻下去的，因此才会有如此大的成就。我们熟知的金庸先生更是在80岁高龄之际提笔修改了《射雕英雄传》，使这部经典名作再次受到众人瞩目。

不只是他们这样，国外的著名人士也是在不断学习、不断积累中才创做出许多著名文献。马克思和恩格斯就是最好的典范。他们共同完成的《资本论》使广大读者得到启迪，而这是他们耗费毕生心血才完成的，他们就是在不断努力及探索中使他们的友谊成为世人的榜样。

波兰著名钢琴家阿瑟·鲁宾斯坦，他三岁时学琴，四岁登台演奏，直到九十五岁他未曾间断过对艺术的追求。因为他深知学无止境，艺术无止境。不间断的创作会使心灵得到净化，从而也增加其本身的魅力。

学习是光明，无知是黑暗。只有天天做学问，时时不忘知识更新才能走向光明、使人生更亮丽。只有在不断求知的过程中，我们才会真正得到乐趣。

而越是到了高的境界，人越会感到自己的不足，因此，把握你生命的每分每秒，好好弥补这些不足。人外有人，天外有天，巅峰之上，还可以再创巅峰。这一切的前提是——学无止境！

把握现在，认真做每一件事

"吾始学书，对模古帖，止得字形。后举笔不轻落纸，凝思静虑，拟形于心，久之始通其法。既后读明道先生书曰：'吾作字甚敬，非是要字好，只此是学。'既非要字好，又何学也？乃知古人随时随事只在心上学，此心精明，字好亦在其中矣。"

——王阳明

王阳明曾以练字为例，说自己一开始学习写字为的只是学习字形，后来落笔之前都要认真思考，因为他明白了其中的奥妙——要首先在心里模拟这个字的形状。从古人练字的心得中，王阳明也悟出了道理：要随时随地把学习放在心上，那么自然也就能写好字，做好学问了。

芸芸众生总有人问，到底要做到怎样才称得上是精进？精进，说起来其实很简单，把握现在，认真面对每一件事就是真正的精进。

年少的王阳明经常对着大自然思考人生、领悟哲学，最终将心学发扬光大。这都与他的认真、专心分不开，他充分把握了生命中每一个学习的机会，就算是面对平凡大自然的思考也时时刻刻不肯放松。因为他深知，昨天的付出是昨天的事，如果今天尚未付出，就不要期待收获。

吕蒙是东汉末年东吴一位非常著名的将领，孙权曾对吕蒙说："吕蒙啊，你现在担任要职，执掌权力，不能不学习。"吕蒙不愿学习，于是推辞说军中事多，没时间学习。孙权说："我不是要你研究儒家经典，去做博士，我只是要你去浏览书籍，了解过去发生过的事情。你说你事多，没时间学习，但你能像我这样忙吗？我还经常读书，并从中得到很多好处。"于是吕蒙下定决心开始读书。后来鲁肃经过浔阳，与吕蒙谈话，大吃一惊，说："你今天的才干谋略，已非当初吴下阿蒙了！"吕蒙说："士别三日，就当刮目相待，大哥怎么对这个道理都不明白啊？"鲁肃大受震动，就去拜见吕蒙的母亲，与吕

士别三日，当刮目相看。

把握现在，认真面对每一件事就是真正的精进。

蒙结为了好友。

陈寿在《三国志》中对吕蒙作了如下的评论："吕蒙勇而有谋，断识军计，谲郝普，禽关羽，最其妙者。"吕蒙本来是一介武夫，后来在孙权的劝说下，用功读书，终于成为文武双全的帅才，也成就了一段学习的佳话。对于学习，很多人往往跟吕蒙最开始的认识一样，认为没有时间，没有精力，但一切都是借口，只要从现在开始，下定决心，用心去学，你就会得到意想不到的收获。

世界上并没有免费的午餐，你必须付出。而其关键不在于要不要付出，而是什么时候付出。是在得到回报前付出，还是在得到回报后付出。如果你在前面付出，付出的代价比在后面付出小，你等待付出越久，你就得付出越多。如果你在前面玩乐，你在后面就要付出昂贵的代价；如果你在前面付出，你就可以在后面享有更多的玩乐。

把握住现在，认真做好每一件事情，是一种在收获前的付出，是一种简单而朴素的生活信仰，其目的在于锤炼自己的品性，充实自己的生活。当然，这种看似简单的信仰绝非一日或短时间内形成的，在时光的洪流中，只有日日如此，步步踏着，才能寻求生命的超脱之境。

王阳明说良知，认为良知是看不见、听不见、摸不着的。一般人只知道在看得见、听得见、摸得见的地方下苦功，却忽略了真正的良知，最终也就无法达到致良知的境界。因为人的心神只在表面的事情上，而不在看不见听不见摸不着的事情上下功夫。其实，对于那些不易显现的地方要更加警惕，更加小心，这才是致良知的功夫。要达到这一点，需要时刻怀抱谨慎认真的态度，关注细微，关注平时被忽略的事情，再小的事情，落到实处，认真去做，这样积累之后就能成熟，在遇到挑战和困难时可以不需要费太大力气，不会被外在所牵累。

生命只在一呼一吸间，每一个"现在"都是生命中最重要的时光，都需要用心体会。春风秋雨，花开花落，人们总是对不经意间消逝的美丽扼腕叹息，却不愿意为身边的美驻足赞美，待其逝去，方才幡然悔悟。这种人何其可悲。

印度大诗人泰戈尔说："如果你因错过了太阳而流泪，那么你也将错过群星。"若希望使生命中的每分每秒都有所作为，便需要在每一步都留下坚实的脚印。

不懈追求，不给自己定底线

"以亲之故而业举为累于学，则治田以养其亲者，亦有累于学乎？先正云，'惟患夺志'，但恐为学之志不真切耳。"

——王阳明

在王阳明心里，为学之人"惟患夺志"，最可怕的就是为学的志向不坚定、不真切。对于王阳明来说，他时时刻刻没有忘记先人的话。无论政治生活受到了多大的打击，无论是被罚还是被贬他都没有放弃也没有忘记自己的志向。在他心里学问永远没有做完的时候，凡事也没有一个最好的标准，只有坚定志向、不懈追求、不懈努力。

再长的路，一步一步总能走完；再短的路，不去迈开双脚将永远无法到达。成功贵在坚持，要取得成功就要坚持不懈地努力，很多人的成功，也是饱尝了许多次的失败之后得到的，我们经常说什么"失败乃成功之母"，成功诚然是对失败的奖赏，但却也是对坚持者的奖赏。古往今来，那些成功者们不都是依靠坚持而取得成就的吗？

东晋大书法家王羲之被后人誉为"书圣"，王献之是王羲之的第七个儿子，天资聪颖，机敏好学，他七八岁时始习书法，师承其父。有一次，王羲之看献之正聚精会神地练习书法，便悄悄走到其身后，猛然伸手去抽献之手中的毛笔，献之握笔很牢，没被抽掉。王羲之很是高兴，夸赞道："此儿后当复有大名。"

王羲之曾对献之说，只有写完院里的十八缸水，他的字才会有筋有骨、有血有肉，直立稳健。献之心中颇有些不以为然，他勤奋地练了五年，写完了三缸水，自认为书法已小有所成，遂将自己十分满意的习字拿给父亲过目，谁知王羲之一张张掀过，却频频摇头。直到看见一个"大"字，王羲之才现出了较满意的神色，随手在"大"字下填了一个点。小献之又将习字拿去给母亲看，母亲认真地翻看，最后指着王羲之在"大"字下加的那一点，说："吾儿磨尽三缸水，唯有一点似羲之。"献之此时方知与父亲的差距，又锲而不舍地练了下去。当他真的用尽十八缸水，其书法果然达到了力透纸背、炉火纯青的程度。王献之与其书法与其父并列，被人们称为"二王"。

王献之坚持不懈的精神，最终为他赢得与父亲齐名的声誉。陶渊明说过："勤学似春起之苗，不见其增，日有所长；辍学如磨刀之石，不见其损，日有所亏。"正是此理。

古人云："圣贤之学，固非一日之具，日不足，继之以夜，积之岁月，自然可成。"这就是说，圣贤的学问，本来就不是一天就可以通足的。白天不够用，就用夜晚来继续学习，日日月月地积累起来，自然可以完成。王阳明一生追求成圣成贤，也以弘扬圣学为己任，怀着辅助君主教化百姓的伟大抱负，讲学不辍，所到之处，成立乡约、社学、书院。同时，他还提出勤学是为学之人的教条和准则之一。

无论是做事还是学习都不是一蹴而就的事情，做事永远没有最好的标准，学问也没有最终的止境。一个人的为学做事的精神只有永远年轻，才能够"苟日新，日日新，又日新"，时时保持进步的状态，随时都会有新的境界。

世间之事正如逆水行舟，不进则退。有大学问的人，贵在有勤勉和持之以恒的努力。成大事之人，贵在对事业的不懈追求，在一点成就面前就沾沾自喜、骄傲自满，自认为比别人高人一等，再聪明的人也会有栽跟头的那一天。

专心和坚持是成功道路上的一对好伙伴。持之以恒，坚持不懈，滴水也能穿石。相反的，半途而废，浅尝辄止，只会让人止步不前，也得不到进步和发展。功到自然成。成功之前难免有失败，然而只要能克服困难，坚持不懈地努力，那么，成功就在眼前。

石头是很硬的，水是很柔软的，然而柔软的水却穿透了坚硬的石头，这其中的原因无他，唯坚持不懈而已。我们在黑暗中摸索，有时更是需要很长时间才能找寻到通往光明的道路。以勇敢者的气魄，坚定而自信地对自己说，我们不能放弃，一定要坚持。也只有坚持，才能让我们冲破禁锢的蚕茧，最终化成美丽的蝴蝶。

再多一点努力，多一点坚持，你会惊奇地发现：周围到处都穿行着绚烂的成功之花。

勤于求知，细于做事

"问难愈多，则精微愈显。"

——王阳明

庄子说："吾生也有涯，而知也无涯。"一个人，若想有一个美好的、成功的人生，必须不断学习。王阳明认为，在学习中问的问题越多，说明他的学问就会更加精细。而要想"问难愈多"，必然离不开勤奋。他还曾说过："学者时时刻刻学睹其所不睹，常闻其所不闻，工夫方有个实落处。"治学要时时刻刻抱着求知的心态，勤奋才能成才，做事也一样要勤奋、细致才能成功。

如果没有勤奋，想要做成事业是万万不可能的："千古之圣贤豪杰，即奸雄有立于世者，不外一'勤'字。"奸雄也是出类拔萃之人，他们同样需要经过不懈的奋斗才能为历史所承认，更何况是英雄呢？

曾国藩也非常重视"勤"字，他晚年在家训四条中，关于勤劳的阐述最为详备。他说喜欢安逸、厌恶劳作是人之常情，一个人如果能战胜惰性，每天所用衣食与自己对社会的贡献相当，那么自然会得到旁人乃至鬼神的认可。古代贤者的言行，体现了勤劳的两种境界：对于自己来说，通过劳动培养了一技之长，增长才识；对于社会来说，则是能够体会到别人的困难，用自己的行动去帮助别人。

在生活中，许多人都会有很好的想法，但只有那些在艰苦探索的过程中付出辛勤劳动的人，才有可能取得令人瞩目的成就。

西汉时候，有个农民的孩子，叫匡衡。他小时候很想读书，可是因为家里穷，没钱上学。后来，他跟一个亲戚学认字，才有了看书的能力。

匡衡买不起书，只好借书来读。那个时候，书是非常贵重的，有书的人不肯轻易借给别人。附近有个大户人家，有很多藏书。一天，匡衡卷着铺盖出现在大户人家门前。他对主人说："请您收留我，我给您家里白干活不报酬。只是让我阅读您家的全部书籍就可以了。"主人被他的精神所感动，答应了他借书的要求。

过了几年，匡衡长大了，成了家里的主要劳动力。他一天到晚在地里干活，只有中午歇晌的时候，才有工夫看一点书，所以一卷书常常要十天半月才能够读完。匡衡很着急，心里想：白天种庄稼，没有时间看书，我可以多利用一些晚上的时间来看书。可是匡衡家里很穷，买不起点灯的油，怎么办呢？

有一天晚上，匡衡躺在床上背白天读过的书。背着背着，突然看到东边的墙壁上透过来一线亮光。他站起来，走到墙壁边一看，原来从壁缝里透过来的是邻居的灯光。于是，匡衡想了一个办法：他拿了一把小刀，把墙缝挖大了一些。这样，透过来的光亮也大了，他就凑着透进来的灯光，读起书来。

匡衡就是这样勤奋学习的，后来他做了汉元帝的丞相，成为西汉时期有名的学者。

匡衡凿壁引光读书。

匡衡勇于战胜艰苦的条件，勤奋的读书的精神；为我们树立刻苦读书的好榜样。匡衡为了获得学习的机会，甘愿给有书的人家白干活不要报酬，而他"偷"光的行为，更是令人感叹。

在这个世界上，到处都有一些看来很有希望成功的人，他们的身上有着非凡的品质，眼中也闪烁着智慧之光。但是，他们最终并没有成功，原因就在于缺乏勤奋的精神。而那些资质一般，又没有什么特别能力的人，因为能够通过勤奋弥补自身的不足，并且坚持不懈，所以成就了自己的辉煌。勤劳是所有人通往成功的必由之路。古罗马有两座圣殿：一座是勤奋的圣殿，另一座是荣誉的圣殿。人们必须经过前者，才能达到后者。勤奋是通往荣誉的必经之路，那些试图绕过勤奋、寻找荣誉的人，总是被荣誉拒之门外。

从古至今，从精卫填海到悬梁刺股、凿壁偷光，无一不在讲述着勤奋、认真的功效。王阳明讲良知时也说到只有勤勤恳恳，兢兢业业，良知自然就会常存。所以，只要勤奋求知，细致做事，坚持不懈，有困难也能克服，悬梁刺股的疼痛、凿壁偷光的贫寒都不能阻挡成功的脚步，而如果我们本来就不需要面对这些困难，还有什么理由虚度光阴呢！

学习在某种程度上说，是人生的第一要务。一个不求知的人，不勤奋的人只能永远生活在愚昧之中，只有不断学习、不断求知的人才能有一个美好的前程。

◎第十章◎
忍耐心：岁寒，然后知松柏之后凋也

苦是乐的源头，乐是苦的归结

"哑子吃苦瓜，与你说不得。你要知此苦，还须你自吃。"

——王阳明

生活的波浪在高峰时，人即显得快乐，在低谷时，人便显得痛苦。而波浪永远都是忽高忽低，没有永恒的上扬，也没有永恒的倾泻，所以人生是痛苦与快乐交织并行，二者相伴相生，既矛盾又联系。所谓"没有痛苦也就无所谓快乐"，就是告诉我们要正确对待人生的苦乐。

王阳明二十八岁举进士，之后他担任过刑部主事、兵部主事。正当他要为朝廷出力的时候，政治劫难降临到他头上。正德元年（1506年），因营救南京科道戴铣、薄彦徽等人，王阳明抗疏，触犯了刘瑾，被罚廷杖，因此下狱，再贬谪贵州龙场做驿丞。在赴任的路上，刘瑾又派人跟踪追杀。他侥幸逃过一死，之后他又乘坐一只商船游舟山，却不料遭遇飓风，船漂流至福建的武夷山。王阳明本想隐居在武夷山，却又担心刘瑾找父亲麻烦，于是他到南京探望父亲之后，便辗转到达龙场。

逆境对个人的发展不利，但是却能磨砺人的意志，使之由脆弱变得坚强，变得有韧性。王阳明历经了磨难，心性比以前更坚强了。他开始了解群众疾苦，为生民立命，在艰苦的环境中成长着自己，最终构建了心学理论的大厦。

其实，从长远来看，挫折和失败才是人生最宝贵的精神财富。没有苦中苦，哪有甜中甜？正如哈密瓜比蜜还要甜，人们吃在嘴里乐在心上；苦巴豆比中药还要苦。然而，种瓜的老人却告诉我们：哈

其实，从长远来看，挫折和失败才是人生最宝贵的精神财富。没有苦中苦，哪有甜中甜？

密瓜在下秧前，先要在地底下埋上半两苦巴豆，瓜秧才能茁壮成长，结出蜜一样的果实来。

苦是乐的源头，乐是苦的归结。"不经风霜苦，难得腊梅香"。成功的快乐，正是经历艰苦奋斗后产生的。吃得苦中苦，方能得成果。古人"头悬梁，锥刺股"，苦则苦矣，但他们下苦功实现上进之志，本身就是一种快乐，以苦为乐，苦中求乐，其乐无穷。

人生就是一个过程，航行在人生之船上，我们可能经历波涛汹涌，也会感受风平浪静。喜悦和幸福充斥在航行的途中，苦难和挫败也是航向的一部分，只有痛饮过航行中的所有感觉，人生才会完整。然而，在"痛饮人生的满杯"的过程中，悲苦从来都是无法逃避的，多苦少乐是人生的必然。

有一群弟子要出去朝圣。师父拿出一个苦瓜，对弟子们说：随身带着这个苦瓜，记得把它浸泡在每一条你们经过的圣河，并且把它带进你们所朝拜的圣殿，放在圣桌上供养，并朝拜它。

弟子朝圣走过许多圣河圣殿，并依照师父的教言去做。回来以后，他们把苦瓜交给师父，师父叫他们把苦瓜煮熟，当作晚餐。晚餐的时候，师父吃了一口，然后语重心长地说：奇怪呀！泡过这么多圣水，进过这么多圣殿，这苦瓜竟然没有变甜。弟子听了，好几位立刻开悟了。

苦瓜的本质是苦的，不会因圣水圣殿而改变；人生是苦的，修行是苦的，生命本质也是苦的，这一点即使是圣人也不可能改变，何况是凡夫俗子！去看过著名油画大师凡·高的故居的人都知道，那里只有张裂开的木床和破皮鞋。凡·高一生潦倒困苦，没有娶妻，但也许正是生活上的困窘，帮他完成了在艺术上的造诣，使他成为大师中的大师，使他的作品成为经典中的经典。

对待我们的人生也应该是这样的，时时准备受苦，不是期待苦瓜变甜，而是真正认识那苦的滋味，这才是有智慧的态度。苦瓜本来就是苦瓜，是连根都苦的。这是一个苦瓜的实相、真相。变甜只是我们虚幻的期待而已，唯有真正面对事物的真相，我们才能从中解脱。所有的事情都是当下去面对它、解决它。

圆满的人生并不是一辈子没有吃过苦、没有失过恋，而是经历过、体验过、面对过那苦的滋味、超越那苦的感觉。苦与乐是生命的盛宴，是生命的波峰波谷，高低起伏，因而才会波澜壮阔。

当我们接纳苦，把苦看作是人生的必然历程时，苦便不再是世俗的"苦"。同样，接受乐，把乐当作是生命的历程，乐也不再仅仅是世俗的"乐"。去享受生命的盛宴，享受所有的高潮与低谷，活在生命的苦乐之中，由此生命的乐趣便已被我们掌握在手中。

面对成败淡定处之

"譬如行路的人,遭一蹶跌,起来便走,不要欺人做那不曾跌倒的样子出来。"

——王阳明

辉煌与低谷、成功与失败都只是人生的一段旅程。今天的辉煌不代表日后的成功,今天的成功也不能代表日后的低谷。正是这一段段不同的旅程才成就了此时此刻的我们,塑造着以后的我们。然而在低谷和辉煌、失败和成功转化的过程中,每个人的人生航线都会发生转折,而每一个转折都需要我们从容面对,淡然处之,勇敢继续下一段旅程。

贬谪龙场是王阳明人生的一重大转折。他没有逃避,也没有自暴自弃,而是思考儒佛道思想,于艰难的生命波涛中寻找立身之本。他针对程朱理学越来越脱离人的生命而知识化、外在化的倾向,尤其是其末流暴露出来的支离破碎的弊病,以更加简易直截的功夫与"先立乎其大"的方法入手,开辟了另一条与朱子不同的成德之学,拓宽了主体自立自主的精神价值世界,展示了道德自律与人格挺立的实践精义及具体路径。

转折是我们每个人都必须面对的。如意或不如意,起决定作用的,并不是人生的际遇,而是思想的瞬间;成功或不成功,有时候也不是由个人的努力所决定,而是取决于意念的转换。当生活与感情皆陷入泥潭,倘若连迈出下一段旅程的勇气都没有了,那岂不是自讨苦吃,苦上加苦吗?

一个秀才模样的人悠闲地走在满是尘土的路上,这个秀才背着诗词,摇着脑袋,满是惬意的模样。

秀才出门已经一年多了,他原先是进京赶考的,但是考场失利,名落孙山,心情黯淡中度过了几个月的黑色时光,整日借酒消愁,以泪洗面。两个月前,他和几个朋友共游,与一老者相谈,秀才倒出了心中的苦闷,老人听后,说道:"昨天早上与你说话的第一个人是谁?"

秀才回道:"这个已经忘了。"

老人问:"那明天你会遇到什么人?"

秀才回道:"这个我哪里知道,明天还没来。"

老人问:"此时此刻,你面前有谁?"

秀才愣了一下,说:"我面前当然是您啊。"

老人轻轻点头道:"昨天之事已忘却,明日之事尚未来,未能把握唯在此刻,你又何必对过去之事耿耿于怀,因为明天不可知,昨日已过去,不如放下挂念,平淡对之,你并没失去什么,不过是重新开始。"

秀才瞪大双眼，等着老人继续说下去，他似乎听懂了老人话中的意思。

老人说道："既然又是新的开始，又何来执着于以前？如潺潺溪水，偶被沙石所阻，但其终究万里波涛始于点滴。你可曾明白了？"

秀才微笑着点点头，此刻的他，已经有了新的打算。在京城办完了一些事情后，这个秀才告别朋友，踏上了回家的路途。他决定三年之后，自己还要再考一次。

常人说，害怕失败，是因为想得太多，想得太多是因为情绪太盛。秀才考场失败后，人生顿觉颓唐，也是同样的道理，好在他及时醒悟——心境归于平淡，目标得以重新确立。在这个秀才身上，看到的并不是放弃后的心如止水，两眼迷离，而是再度追逐后的豁然，因为这种豁然，不再对过去的遗憾耿耿于怀，不再对未知的将来作不肯定的畅想，心落在了此时此刻的"老人"面前，这个"老人"就是现在需要做的事以及如何将其做好。

成功和失败都是生活的转折点，每一个成功都是一个新的开始，每一次失败也都是为成功做准备。当面对成功与失败时，没有比迈出下一段旅程的勇气更重要的了，无论再怎么好的计划与机会，不往前迈一步，那就永远都无法成功了。

有位作家曾说："生命是个橘子，自己决定了生命，就像你选择买了这粒橘子，酸甜就要自己负责了。生命是个橘子，一瓣跟着一瓣，有时一瓣瓣是甜的，也有时是酸的，但也要亲自尝了才酸甜自知。"生命本是一段路，每一段旅程，都需要一个开始，都需要你自己去生活、去体验、去锻炼，去接受成功与失败。

事实上，成功者能够不断获取成功不在于他们有多高的智慧，而是在于他们无论是成功或失败都敢于往前迈一步，哪怕只是小小的一步，都是迈向成功的必经之步。王阳明在回答学生的问题时说，走路摔跤是正常的，跌倒了便要起来继续走，不要做出一副从来没有跌倒过的样子，也不要站在原地不敢动。

在人生的过程中，可以累积小冒险、小失败、小挫折、小成功、小胜利，唯有小小的尝试，你才能让自己找到目标、找到方法。学习开始练习小步前进，体验小小的风险和小小的冒险，直到冒险的经验已够多，让你有信心去实践更大的梦想，到了那个时刻，你会认为它只不过是稍微有点危险的一小步而已。绽放生命，需要你勇敢迈向下一段旅程。

耐住等待，才能苦尽甘来

"诸君只要常常怀个'遁世无闷，不见是而无闷'之心，依此良知，忍耐做去。"

——王阳明

"沧浪之水清兮，可以濯吾缨；沧浪之水浊兮，可以濯吾足"。当年渔父的一首《沧浪歌》，虽隔了千年，音犹在耳。从中我们可以悟出一个道理，一个人无论身处清世抑或浊世，都要刚直进取，要有豁达的心胸，只有耐得住等待，才会苦尽甘来。

面对无道昏君和奸佞小人，很多贤者要么选择迎面直对，要么选择委曲求全。然而王阳明却选择了等待。他并未向奸臣屈从，也没有速死以求解脱，他选择了坚持和忍耐。

王阳明一心为国，却忍受莫大屈辱。"何玄夜之漫漫兮，悄予怀之独结。严霜下而增寒兮，瞰明月之在隙。风呦呦以憎木兮，鸟惊呼而未息。魂营营以惝恍兮，目窅其焉极！懔寒飚之中人兮，杳不知其所自"，"夜辗转而九起兮，沾予襟之如泗"，在这些诗句中能够看出王阳明内心之苦楚与郁结，自己一片衷心，却无人理解。"何天高之冥冥兮，熟察予之忠？"然而也正是这份等待和坚持，王阳明扼守着自己的良知，以平和心态执着一份信念，最终在孤寂决绝中省悟："圣人之道，吾性自足，向求理于事物者误也。"

欲成事业就要耐得住挫折和落寞，潜心静气，才能深入"人迹罕至"的境地，汲取智慧的甘饴，如果过于浮躁，急功近利，就可能适得其反，劳而无功。

《庄子·内篇·逍遥游第一》说："北冥有鱼，其名为鲲。鲲之大，不知其几千里也；化而为鸟，其名为鹏。鹏之背，不知其几千里也；怒而飞，其翼若垂天之云。"北冥之鲲化身为鹏的过程虽然只是转瞬，但在此之前力量的累积却非一朝一夕能够完成。

"鲲化鹏"包含着两个方面：沉潜与腾飞。在人生的某个时刻，或是耽于年幼，或是囿于困境，都只能沉潜在深水之中，动都不要动，而一旦时机成熟，或自身储备了足够的能量，就能摇身一变，展翅腾飞了。

等待的目的既是为了使自己能够安心地韬光养晦，更是为了有朝一日能够一怒而飞。

"鲲化鹏"包含着两个方面：沉潜与腾飞

在人生的某个时刻，或是耽于年幼，或是囿于困境，都只能韬光养晦，沉浮于水中，不要妄动。

北冥之鲲化身为鹏的过程虽然只是转瞬，但在此之前力量的累积却非一朝一夕能够完成。

一旦时机成熟，或自身储备了足够的能量，就能摇身一变，展翅腾飞了。

等待既是为了使自己能够安心地韬光养晦，更是为了有朝一日能够一怒而飞。

春秋时代楚国著名的贤君楚庄王，少年即位，面对混乱不堪的朝政，为了稳住事态，他表面上三年不理朝政，声色犬马，实则在暗地里等待时机，旁人问他，他说："三年不飞，飞将冲天；三年不鸣，鸣将惊人。"

果然，其后楚庄王励精图治。他在位的二十二年间，知人善任，整顿朝纲，兴修水利，重农务商，楚国国力日渐强盛，先后灭庸、伐宋、攻陈、围郑，陈兵于周郊，问鼎周王朝，成为历史上著名的春秋五霸之一。

楚庄王可谓"厚积薄发"的典型，他并不惧怕蛰伏期间的碌碌无为所招致的质疑与轻蔑，而是心平气和地选择了等待的姿态。事实上，人生绝大多数时间都是在蛰伏，在积蓄，在等待。这种淡然、平静的姿势并非无为，而是以一种示弱的、最不易引起警觉和敌意的状态为自己争取到一种好的氛围，让人能够在静如止水、乐山乐水的淡然中获取自己想要的东西。

"世上无难事，只怕有心人"。熬不过等待的人得不到幸福。那些不愿意在寂寞中充实自我、等待机遇的人，多数会成为小打小闹的投机者。在一个著名的投机者的墓碑上写着这样的墓志铭："他曾经生活、投机、失败。"生活与商海一样，投机所得也会因投机而失去。故而，不如与等待为友，有了长长久久的等待，才会有精钢出鞘的绝响。

苦不入心，生命自有芳华

"凡劳其筋骨，饿其体肤，空乏其身，行拂乱其所为，动心忍性以增益其所不能者，皆所以致其良知也。"

——王阳明

幸福之于人，就像尾巴之于狗，怎么转圈都咬不到，但是只要你向前走，它就会乖乖地跟在后面；苦恼之于人，像运动员握在手里的铅球，除非尽全力抛出去，否则就是沉甸甸的负担。倘若一直把那些不幸的或者痛苦的经历捧在手里，势必身心俱疲。而如果不把苦楚与悲痛放入心间，生命也自然会绽放芳华。

王阳明初到贵州，便遭遇到意想不到的困难。那里的生活非常艰难，而且瘟疫肆虐。从中原流放到这里来的人，很多都死在半道。即使到了流放地，也很难融入当地的生活，他们或者没有生活来源，或者生病无法医治，直至饿死病死。

在艰难困苦之中，王阳明以圣人对待困境的态度作为精神支撑，苦不入心。他在《初至龙场无所止结草庵居之》中说："缅怀黄唐化，略称茅茨迹。"他沉湎在儒佛道思想之中，并渐渐感悟。他将思想的粗略处与生活的精微处相结合，用内心的意志抵抗物质的贫瘠，对待凶险像对待坦途那样平静，而不在意谪居龙场的困苦。他曾感叹说：啊，这就是古圣人当囚徒而忘了自己是囚徒，老了也不以为意的原因了，我知道我也该这样度过自己的一生。

苦不入心，生命自有芳华。这样的逻辑思维，对于指导人们应对种种挫折、变故，无疑有极大的好处。人生好似一场考验，任何通向成功的道路上都布满了荆棘，充满了数不清的艰难与困苦、辛酸与煎熬。只有经得起考验的人才能体验到生命的价值，才能最终绽放生命的芳华。在著名的佛学大师弘一法师的房间里，挂着他的一幅书法作品，上面有一句偈语：花繁柳密处拨得开，方见手段；风狂雨骤时立得定，才是脚跟。意思是说，只有经得起考验的，才是最好的。

车胤，字武子，东晋南平（今湖北公安一带）人。车胤自幼好学，可是由于家境贫困，没有钱买灯油在晚上读书。因此，到了晚上他只能背诵诗文。

一个夏夜，他在屋外诵书，忽然看到原野里如星星一样的萤火虫在空中飞舞。他突发奇想，萤火虫的光亮在黑夜里不正如灯一样吗？这样我就能够彻夜苦读了！想到这，兴奋的他立即找来了白绢扎成一个小口袋，并抓了几十只萤火虫放在里面。果然，还真的管用。

车胤就这样用工苦读，终于成了一个很有学问的人，后来做到吴兴太守、辅国将军、户部尚书等职位。

"读书莫畏难"，一个有志于学的人应该早早有心理准备，经得住各方的考验，才能够读有所成。不仅读书学习要经得住苦楚，生活也是如此。生活在给我们期待和欢乐的同时，也给我们很多的失望和伤心，很少有人能够生活得一帆风顺。但是当走过一段经历时，我们会发现那些你曾经跋涉的足迹多多少少都会留下成长的痕迹，而每一段的成长都是真实而亲切的，故而相信一切都是最好的安排！当我们沉溺在暗河时，如果能拥有一汪名为"乐在其中"的心湖，就不会再因生活的坎坷郁郁寡欢了。

初入仕途的王阳明因为伸张正义而被贬下狱，他虽然被关在破败而又黑暗的监牢中，而且身体也遭受了严重的摧残，但是他的心却更加坚定，好像沐浴在春风中，洒脱，浩荡。他说："俯仰天地间，触目俱浩浩。"足以可见王阳明坦荡无私的胸怀。

生活固然不易，但我们不能总以苦脸回应苦脸。生活艰苦如何，衣衫破旧又如何，只要有一束发光的微笑，这些灰暗的色调就会全部被照亮。

一位哲人曾说过："人的生命似洪水在奔腾，而遇到岛屿与暗礁，便难以激起美丽的浪花。"苦难并不可怕，它如咸盐，有了它的调剂，生活的满汉全席才不会显得缺少滋味，苦难如烈酒，麻木过后的人会体验到释放的快乐，醉酒之后方知清醒的可贵。喜悦与悲伤、顺利与坎坷、幸运与不幸、得到与失去交织在一起，让生命显得更加多姿多彩，也让人在垂暮之年拥有了更多可供回首的往事。

生活本身就是一道难题，最艰难的是破解的过程。波澜不兴的生活对人们心灵的成长并没有多少益处，若想变得更加勇敢，更加坚强，反倒需要依靠苦难来给我们的心灵淬淬火，加点钢。

忍得一时方能成就伟业

"岂能'以不忍人之心，而行不忍人之政'，则虽茅茨土阶，固亦明堂也；以幽、厉之心，而行幽、厉之政，则虽明堂，亦暴政所自出之地邪？武帝肇讲于汉，而武后盛作于唐，其治乱何如邪？天子之学曰辟雍，诸侯之学曰宫，皆象地形而为之名耳。然三代之学，其要皆所以明人伦，非以辟不辟、泮不泮为重轻也。"

——王阳明

正德十六年（1521年），明武宗去世，明世宗继位。因为平定朱宸濠叛乱有功，王阳明被封授"新建伯"爵位。但是他坎坷的境遇并未因此而停歇，爵位只是一个虚名，没有任何实质性的待遇。这时，王阳明的父亲王华病逝。

对手的诽谤、朝廷的无视、父亲的离世，都压得王阳明透不过气来，最终病倒。身体虽然倒下了，但是王阳明那颗竭尽全力的心却还在喘息着，他深知悲痛已无济于事，只能够忍耐，坚持下去。在这种心念之下，王阳明的病情渐渐好转。远离政治的烦扰，他将精力全部投入到讲学当中去，在这段日子里，王阳明感受到了从未有过的幸福和满足。

弹劾王阳明、非难他的学说的对手仍然有所举动，但是这些都不妨碍王阳明学说的发扬，以及越来越多的人前来听学。

王阳明忍耐当下、豁达乐观的精神，让他拥有了面对生活的勇气，并且使得心学大告于天下。其实，每个人在降生到这个世界的时候，就注定要背负起生命中的各种困难和折磨。灰心丧气、抱怨失望是人们面对苦难最常见的态度；忍耐、等待是另一种态度，他们坚信事物是变化的，三十年河东，三十年河西，说不准哪一天时来运转，就可以东山再起了。

从某种程度上说，忍耐是成就一项事业必备的品质，人要获得某方面的成就，必须学会忍耐。正如一位西方学者曾经说过："忍耐和坚持是痛苦的，但它会逐渐给你带来幸福。"

那么，究竟"忍"是如何的呢？中国人对于"忍"有特殊的理解，通常认为，所谓的"忍"是"忍辱"。没有忍辱，就不能负重，没有忍耐，就什么事情都不能成就。"忍"是一个人获得成

王阳明强调，忍得一时才能够成就伟业。

就的不可回避的过程。

汉更始元年（23年），刘秀指挥昆阳之战，震动了王莽朝廷。然而，刘秀兄弟的才干也引起了更始皇帝刘玄的嫉妒。

刘玄本是破落户子弟，投机参加了农民起义军，没有什么战功，自当上更始皇帝后，又整日饮酒作乐，不事朝政。刘玄怕刘秀兄弟夺取了他的皇位，便以"大司徒刘縯久有异心"的莫须有罪名，将立有战功的刘縯杀害了。刘秀接到兄长刘縯被杀害的消息，几乎昏厥，但当着信使的面仍极力克制自己，说道："陛下至明。刘秀建功甚微，受奖有愧，刘縯罪有应得，诛之甚当。请奏陛下，如蒙不弃，刘秀愿尽犬马之劳。"转而，刘秀又对手下众将说："家兄不知天高地厚，命丧宛县，自作自受。我等当一心匡复汉室，拥戴更始皇帝，不得稍有二心。皇帝如此英明，汉室复兴有望了。"刘秀的这种虔诚态度，感动得众将纷纷泪下。刘秀突然遭此打击，自然难以忍受。然而他心里清楚，刘玄既然杀了兄长，对他刘秀也难容。

此后，刘秀对刘玄更加恭谨，绝口不提自己的战功。刘秀的行动，早已有人密报

刘秀忍得一时成就事业

> 更始帝刘玄怕刘秀兄弟刘縯夺取了他的皇位而将其杀害。面对这一情势，刘秀虽然悲愤万分，但选择了暂时隐忍。

🔵 刘秀当着刘玄信使和众将的面，表示这次事件错在哥哥，拥护刘玄的决定和领导。

> 刘秀心中明白，自己的处境十分危险，必须找机会逃出刘玄的控制，建立自己的势力范围。

🔵 刘秀的做法蒙蔽了刘玄和绿林将领，后来刘玄派他去河北招抚，刘秀终于化险为夷了。

🔵 刘秀连忙回到刘玄所在的宛县（今河南南阳）请罪。他闭口不谈自己的成绩，也不与属僚交谈，并且不为刘縯服丧，在绿林众将中谈笑风生，保全了性命。

给刘玄。刘玄在放心的同时，觉得有些对不起刘秀，便封刘秀为破虏大将军，行大司马之事，并令刘秀持令到河北巡视州郡。刘秀借机发展自己的力量，定河北为立足之地。更始三年初春，刘秀实力已壮，便公开与刘玄决裂。

更始三年（25年）六月已末日，刘秀登基，是为光武帝，复国号汉，史称东汉。此时，刘秀只有三十二岁，正是年轻气盛、成就大业的时候。以屈求伸，"忍小愤而就大谋"，终使刘秀化险为夷，创建了东汉王朝。

细观刘秀的处世之态，你会发现一切成就也都来源于"忍"。小不忍则乱大谋。忍不是懦弱无能，忍是不屑堕入无间地狱的诱惑。忍是以退为进，忍耐是上善，老子曰，上善若水，水是最温柔的，水却又是最强大的。忍就是相信时光的力量，不是依靠自己，而是相信冥冥之中自有公道。

能屈能伸，大丈夫之道也。忍得一时方能成就伟业，相反，不能忍耐、毛毛躁躁，最终只能错失良机、遗恨千古。莫大的祸患，都来源于不能忍耐一时。刘邦在取得基本胜利后按兵不动、将功劳经常赠予项羽。是忍耐，终厚积薄发成汉高祖一代帝业；项羽急不可待，最终却是霸王别姬、饮恨乌江；韩信甘愿受胯下之辱是忍耐；司马迁受到宫刑忍耐而出《史记》；刘备与曹操青梅煮酒论英雄是忍耐，之后韬光养晦，才有与曹操、孙权三足鼎立之局。

事业失败需要忍耐，感情受挫需要忍耐，人生磨难需要忍耐，经济合作需要忍耐，人际关系需要忍耐，家庭生活需要忍耐。在人生的历程中，我们会遇到一些需要忍耐的事情，借以历练自己的心智。学会忍耐，在生命历程中实践忍耐，你就能够在不久的将来成就你的人生。

人生需要经过反复磨炼

"常人之心，如斑垢驳杂之镜，须痛加刮磨一番，尽去其驳蚀，然后才纤尘即见，才拂便去，亦自不消费力。到此已是识得仁体矣。"

——王阳明

《诗经》中说："如切如磋，如琢如磨。"人生犹如一块璞玉，必须在切、磋、琢、磨中精心打磨，只有自己努力来雕琢这块璞玉，才能使它成为完美无瑕的艺术品。

王阳明讲圣人之心与常人之心时说：圣人的心如镜子般明亮，丁点纤尘都无所容。而常人的心，则需要经过一番痛加刮磨，其表面的污垢杂质才可拂去。王阳明的一生历经了种种艰难险阻，在他看来，都是磨炼心性的过程。

《传习录》中记载：王阳明的学生陆澄暂居鸿胪寺时，突然接到家中的来信，说是儿子病危。听到这个消息后，陆澄甚是担忧。

王阳明开导陆澄：这正是一个磨炼的机会，平日讲学探讨都没有什么用。只有在遇到困难的时候用功夫，才能够真正提升自己的能力。

王阳明就是抱着这种要到达更高的人生境界，就得经历千苦百难的磨炼的心态，慢慢磨炼自己的心性，慢慢体味人生的味道，慢慢雕琢粗糙的自我，渐渐将心性打造成了美玉。像王阳明这般，如果仔细切磋琢磨自己的人生，会发现顽石中隐藏的是连自己都不曾察觉的美玉。如果不精雕细琢，安于粗陋的人生，那么终将平庸一世。

　　当然并不是每一块石头都能成为璞玉，不是每一个贝壳都可以孕育出珍珠，也不是每一粒种子都可以萌生出幼芽。一个人的思想和意志得不到磨炼，就不可能有积极向上的动力。那些遇到挫折而不退缩的人，才能活出生命的意义。

　　很久很久以前，有一个养蚌人，他想培养一颗世上最大最美的珍珠。

　　他去海边沙滩上挑选沙粒，并且一颗一颗地问那些沙粒，愿不愿意变成珍珠。那些沙粒都摇头说不愿意。养蚌人从清晨问到黄昏，他都快要绝望了。

　　就在这时，有一颗沙粒答应了他。

　　旁边的沙粒都嘲笑起那颗沙粒，说它太傻，去蚌壳里住，远离亲人、朋友，见不到阳光、雨露、明月、清风，甚至还缺少空气，只能与黑暗、潮湿、寒冷、孤寂为伍，不值得。

　　可那颗沙粒还是无怨无悔地随着养蚌人去了。

　　斗转星移，几年过去了，那颗沙粒已长成了一颗晶莹剔透、价值连城的珍珠，而曾经嘲笑它傻的那些伙伴们，依然只是一堆沙粒，有的已风化成土。

　　也许我们只是众多沙粒中最平凡的一颗，但只要我们有要成为珍珠的信念，并且忍耐着、坚持着，当走过黑暗与苦难的长长隧道时，我们就会惊讶地发现，在不知不觉中，我们已长成了一颗珍珠。每颗珍珠都是由沙子磨砺出来的，能够成为珍珠的沙粒都有着成为珍珠的坚定信念，并为之无怨无悔。

　　提到正身做人，想到了雕砚。砚石最初都是工匠从溪流里涉水挑选而来，石块呈灰，运回后首先需要暴晒，因为许多石头在溪流里十分精致，却有难以察觉的裂痕，只有经过不断地日晒雨淋才能显现。未经打磨的石头，表面粗糙，不容易看出色彩和纹理，只有在切磨打光之后，才能完美而持久地呈现。雕砚最重要的一步就是修底，因为底不平，上面不着力，就没有办法雕好，无论多么细致的花纹与藻饰，都要从最基础开始。

　　做人也是如此，无论表面怎样，经过琢磨，都会呈现美丽的纹理。从生活中历练，正如同在雕砚时磨砺，外表敦厚内心耿介的君子，经过心志与机体的劳苦之后，方能承担大任。修底与磨砺都是正身的过程，戒与慎则是正身的方法。

　　王阳明注重的是将受束缚的常人之心变换圣人之心，这虽然是一个很艰难的改变过程，但是只要有着永不退缩的勇气和毅力就可以完成。人生是要经过磨炼的，不经过反复磨炼，就会使自己永远停留在原始的状态，无论在怎样的环境里都要精心琢磨，否则就不可能改变自己的人生，创造自己的价值。

深陷逆境，其实"别有洞天"

"困知勉行，学者之事也。"

——王阳明

里希特在《长庚星》里曾经这样描述苦难：苦难犹如乌云，远望去但见墨黑一片，然而身临其下不过是灰色而已。苦难并不可怕，可怕的是面对苦难缺乏一种从容的健康心态。只要心情有阳光，苦难永远也不能统治我们的生命，只要梦里有美景，冬天就永远也不会来临，只要在关爱中相互扶持，"黑夜"里也有最美丽的童话。

苦难可以使人更严肃地思索人生，启迪智慧。王阳明就是在不断地追求真理、维护真理，历经艰难，走出困境的过程中，逐渐明白了一些百思不得其解的难题之后，悟出了"心"能左右一切的道理。

他在龙场附近的一个小山洞里品读《易经》，在沉思中"穷天人之际，通古今之变"，心境由烦躁转而为安然，由悲哀转为喜悦，一种生机勃勃的情绪油然而生。在和当地农民的相处过程中，他体会到农民的朴质无华和真诚善良。他们为他修房建屋，帮助他渡过了难关，使他感受到人间"真情"，深感"良知"的可贵，从中得到很多新的启示和灵感。

不经历巨大的痛苦，就不会有伟大的事业。我们每做一件事，都会在心中构筑一道障碍，直至完成，这些障碍都会一直存在。然而只要心中怀有美丽的"童话"，以积极乐观的态度应对发生的一切，"黑夜"里照样会开放出最美丽的花。

苦难是炼狱，我们应该勇敢地面对苦难，在苦难的磨砺中不断地练就自己，而不是将苦难看作是人生不可逾越的鸿沟。为什么在各种灾难之中会有人奇迹般地活下来，不仅仅是因为他们比别人更幸运一些，更是因为他们有着别人没有的意志力，他们相信自己可以挺过去，于是咬紧牙，最终渡过了难关。

人处逆境之中，可以明智，处顺境之中，刀光剑影立于前犹不自知。人往往身处逆境，人格、本领才会得到提高，此时的磨难反而不是一种苦果，而成了锤炼人心的工具。一切的磨难、忧苦与悲哀，都是铸就优秀品质的资本。正像田单处逆境而成功，居顺境而无所作为一样。我们在面对苦难与忧患的时候，如果能保持一颗平常心，对任何事情都清楚明净，居安思危，那么就没有什么事情是做不成的。

在平凡的日子里，一杯茶、一本书甚至偶尔邂逅的一抹绿都能带给我们无限的感动和惊喜。而当我们深陷"黑夜"的时候，我们也要相信自己会有开花的季节，因为生命在达到某一沸点之前注定要享受很多的煎熬和等待、痛苦和折磨。然后，在某一刻，我们就会突然明白：这样的生活其实才是对生命最真实的追求。你活的每一天都是值得的，都是精彩的。

曾看到一句话："生活有多难，就有多勇敢。"走过的，不只是经历，更多的是心的满足。从薄脆到丰盈，亦如春，万物复苏，生命经历轮回而重新绽放，但是人的生命只有一次，所以我们要在有限的日子里完成无限的自我超越和前进，故而我们需要倍加珍惜当下的每一步、每一个选择。正如王阳明提倡"本心"，只要依照本心做事，积极地履行自己的使命和责任，那么自己的世界便是光明的。

每个人的人生都有"黑夜"，然而只要你在"黑夜"里种一颗光明的种子，相信它总会生根、发芽，最后开出光明的花朵。

寂寞是最大的考验

"何处花香入夜清？石林茅屋隔溪声。幽人月出每孤往，栖鸟山空时一鸣。草露不辞芒履湿，松风偏与葛衣轻；临流欲写猗兰意，江北江南无限情。"

——王阳明

一位西方哲学家说："世界上最强的人，也就是最孤独的人。只有最伟大的人，才能在孤独寂寞中完成他的使命。"每个想要突破目前困境的人首先都需要耐得住寂寞，只有在寂寞中才能催生一个人的成长。

王阳明在贬谪期间饱尝各种人生摧残与折磨。为了摆脱寂寞和苦楚，他兴办书院、传递文化。他还经常和当地人交流，深刻感受到边地民众质朴人性的可贵和可爱。譬如彝族首领安贵荣知道他在龙场的艰难处境后，便主动给予他生活上的照顾，使他通过与少数民族"礼益隆、情益至"的密切交往，激发了悟道传道的生命热情。

虽然王阳明在贵州的时间不长，但贵州人对他的感情却十分深厚。在修文阳明洞，有彝族土司安国亨的题字，大书"阳明先生遗爱处"。《与安亘慰》的两封书信表达了他与少数民族之间情真意深，永志难忘。他所写的《居夷诗》百余首，还有《玩易窝记》《何陋轩记》《君子亭记》《宾阳堂记》，记述了他在贵州期间的心迹，是王阳明思想转变的历史见证。

一个人一生中的际遇肯定不会相同，但是当面对寂寞的时候，你要善于寻找方法帮助自己度过这人生最大的考验。只要你耐得住寂寞，不断充实、完善自己，当际遇向你招手时，你就能很好地把握，获得成功。

李忱是唐宪宗李纯的第十三个儿子，于长庆中期被封为光王。在他即位之前，贵为王爷的李忱不得不离京出走，这得从他当时的处境说起。李忱的母亲并不是一个有身份地位的妃子，她作为当时叛臣的罪孥进宫，

能够耐得住寂寞，就能够成就人所不能成就的事业。

结果邂逅了当朝皇帝，生下了李忱，可惜在李忱的幼年，宪宗皇帝就被宦官暗杀了，留下这一对母子，既不能母凭子贵，也不能子凭母达。

820年，李恒（李忱之兄）被宦官扶上皇位，是为唐穆宗。四年后穆宗服长生药病逝，其子敬宗李湛接任，但他只活到十八岁，驾崩后由其弟文宗李昂、武宗李炎相继接任。

在这长达二十年的时间里，三朝皇叔李忱的地位既微妙又尴尬，他只能以黄老之道，韬光养晦，装傻弄痴。尽管他为人低调，不事张扬，但光王的特殊身份，还是让他逃避不了侄儿们猜忌、排斥、挤压的命运。文宗、武宗两位皇帝更是对他心存芥蒂，非但不以礼相待，还想方设法地迫害他。841年，唐武宗登基时，李忱为避祸全身，便"寻请为僧，行游江表间"，远离了是非之地。应该说，李忱当时做出的这一抉择，当属达人知命的明智之举。而流放底层，阅尽人世沧桑，也为他将来修成大器提供了一个难得的机会。

法号"琼俊"的李忱虽然隐居于与世隔绝的深山之中，并没有一心向佛，忘却心中之志。握瑾怀瑜的他效法孔明，抱膝于隆中，准备待时而动。在唐武宗统治的六年间，他不停地通过秘密渠道打探宫内情况，积极从事夺权的活动，以实现"归去宿龙宫"的夙愿。

虽然他一直隐藏自己的这一志向，在福建境内的天竺山真寂寺的三年间，他言行谨慎，不露端倪。但在一次与黄蘗和尚观瀑吟联时，他那深藏于心的雄才大略却通过一副对联表露无遗。一日，他与当时的名僧黄蘗和尚在山中闲话，面对悬崖峭壁上的一条飞瀑，黄蘗来了雅兴，对李忱说道："我得一上句，看你能否接下句？"李忱也兴致盎然，说道："你道来我听，我必对得上。"黄蘗于是吟道："千岩万壑不辞劳，远看方知出处高。"李忱几乎是脱口而出："溪涧岂能留得住，终归大海作波涛。"黄蘗听了，赞赏有加。

没有深沉的寂寞，哪有动地的长歌？李忱就像那瀑布，经历"千岩万壑不辞劳"的艰险后，终将飞珠溅玉、石破天惊。846年，深谙权谋、忍辱负重的李忱果然在太监们的拥戴下，从侄儿手中夺过大位，成为唐宣宗，时年三十七岁。由于他长期在民间阅世读人，深知黎民疾苦，故躬行节俭，虚怀纳谏，颇有作为，号称"大中之治"。

耐得住寂寞，是所有成就事业者都遵循的一种原则。它以踏实、厚重、沉思的姿态作为特征，以一种严谨、严肃、严峻的表象，追求着一种人生目标。当这种目标价值得以实现时，不喜形于色，而是以更寂寞的人生态度去探求另一奋斗目标和途径。而浮躁的人生是与之相悖的，它以历来不甘寂寞和一味追赶时髦为特征，有着一种强烈的功利主义驱使。浮躁的向往，浮躁的追逐，只能产出浮躁的果实。这果实的表面或许是绚丽多彩的，但绝非具有实用价值和交换价值。

其实，寂寞不是一片阴霾，寂寞也可以变成一缕阳光。如果你勇敢地接受寂寞，拥抱寂寞，以平和的爱心关爱寂寞，你会发现：寂寞并不可怕，可怕的是你对寂寞的惧怕；寂寞也不烦闷，烦闷的是你自己内心的空虚。寂寞的人，往往是感情最为丰富、细腻的人，他们能够体验人所不能体验的生活，感悟人所不能感悟的道理，发现人所不能发现的思想，获取人所不能获取的能量，最后成就人所不能成就的事业。

耐得住寂寞是一种人生品质，不是与生俱来，也不是一成不变的，它需要长期的艰苦磨炼和凝重地自我修养、完善。耐得住寂寞是一种有价值、有意义的积累，而耐不住寂寞往往是对宝贵人生的挥霍。

一个人的生活中有可能会有这样、那样的挫折，会有这样、那样的机遇，但只要你有一颗耐得住寂寞的心，用心去对待、去守望，那么，成功一定会属于你。

耐得住寂寞，能够帮人脱险避祸，耐得住寂寞，能够蓄积力量走得更长远。唐宣宗李忱在寂寞中隐忍六年，才成就了后来的"大中之治"。

820年，李恒（李忱之兄）被宦官扶上皇位，是为唐穆宗。四年后穆宗服长生药病逝，其子敬宗李湛接任，但他只活到十八岁，驾崩后由其弟文宗李昂、武宗李炎相继接任。在这长达二十年的时间里，三朝皇叔李忱的地位既微妙又尴尬，他只能以黄老之道，韬光养晦，装傻弄痴。尽管他为人低调，不事张扬，但光王的特殊身份，还是让他逃避不了侄儿们猜忌、排斥、挤压的命运。

846年，李忱夺过大位，成为唐宣宗。由于他躬行节俭，虚怀纳谏，在位期间颇有作为，号称"大中之治"。

841年，唐武宗登基时，李忱为避祸全身，便"寻请为僧，行游江表间"，远离了是非之地。应该说，李忱当时做出的这一抉择，当属达人知命的明智之举。而流放底层，阅尽人世沧桑，也为他将来修成大器提供了一个难得的机会。

法号"琼俊"的李忱虽然隐居于与世隔绝的深山之中，并没有一心向佛，忘却心中之志。握瑾怀瑜的他效法孔明，抱膝于隆中，准备待时而动。在唐武宗统治的六年间，他不停地通过秘密渠道打探宫内情况，积极从事夺权的活动，以实现"归去宿龙宫"的夙愿。

千岩万壑不辞劳，远看方知出处高。

溪涧岂能留得住，终归大海作波涛。

虽然李忱一直隐藏自己的这一志向，在福建境内的天竺山真寂寺的三年间，他言行谨慎，不露端倪。但是他与当时的名僧黄檗和尚山中所对的一联对联还是体现出他的心志。

◎第十一章◎
反省心：静察己过，不论他人是非

静察己过，勿论人非

"是非之悬绝，所争毫厘耳。"

——王阳明

谈论他人是非并不是一个好的行为方式，古人曾如此告诫世人："时时检点自己且不暇，岂有工夫检点他人。"圣人孔子也曾说过："躬自厚而薄责于人。"其意思无非是，在静察己过的同时勿论人非。

而"勿论人非"体现出的是古人对于为人处世的另一层哲理性的思考与智慧。的确，有是非之言的地方便成了是非之地。人生在世，你有你的是非，他有他的是非，是非总是讲不清的，而人往往容易为是非所累。

祖孙俩买了一头驴，爷爷让孙子骑着走时，别人议论孙子不懂得孝敬爷爷；孙子让爷爷骑着走时，有人指责爷爷不疼爱孙子；祖孙俩干脆都不骑了，又有人笑话他俩放着驴不骑是傻瓜；祖孙俩同时骑在驴背上又有人指责他们不爱护动物。结果，不知所措的爷孙俩只好绑起驴扛着走了。

祖孙两人最后不知所措，是因为他们深为那些"是非"所累。"是非"本身就是极其无聊的谈资，没有任何的意义。而且那些喜欢在背后议论他人、搬弄是非的人往往也是最可恶的人。其实，背后议论别人并非是什么好事，也不是正人君子的作风，做人就应该做得光明磊落，有话就当面说，不要在背后搞任何的小动作。要知道，一味地去搬弄是非不仅害人，同时也是害己，对于自身而言没有任何好处，反而会让人看不起。

喜欢议论别人，对别人能够明察秋毫，而对自己却不能有个清醒的认识。越是喜欢议论别人的人，他本身也就存在着许多缺点，他们从不正视，不作自我批评。越是这样，缺点越是得不到改正，长此以往，缺点就会越来越多，到头来对自己没什么好处，对他人来讲也不会有什么好的影响。"正己才能正人"，不能律己，又何以要求别人呢？

在王阳明看来，是与非相差并不遥远，"所争毫厘耳"。的确，只差毫厘就有本质的变化了。正所谓"失之毫厘谬以千里",好与坏、对与错、是与非只在一念之间。既然是这样,那么莫不如少谈论一些是非,多一些对自己的省察。

自省是涤荡心灵的清泉

"学须反己。若徒责人,只见得人不是,不见自己非。若能反己,方见自己有许多未尽处,奚暇责人?"

——王阳明

年少时候的王阳明曾到居庸关去"见世面",他深深地被大漠风光吸引,回来之后并向父亲表达了以几万人马讨平鞑靼的志向,当时父亲批评他太狂傲。之后,王阳明经过一番思考、自省,向父亲承认了自己的错误。王阳明善于自省,在他立志成为圣贤的那一天起,"格物穷理"成了他每天必备的任务。但是格物并不是一天两天就能见成效的,在"格物"的过程中,王阳明也通过自省、反思一次次地思考、一次次地推翻自己的理论,最后才得以创立了心学。可以说,王阳明的成功与他善于反躬自省是分不开的。

自省在于不断地反省自我,善于承担生命给你的那一部分责任。王阳明认为:人要经常自省,若老是去指责别人,看到的只能是别人的错误,就不会看到自己的缺点。返身自省,才能看到自己的不足之处,也就不会去指责别人了。一个不善于反省自己过错的人,总是把过错推给别人,推给上天,反省自己却比登天还难。这样的人是不会成功的。

有人怀疑反省自己的作用,认为反省了半天也不见得能改变什么。其实,经过它的荡涤,就能让俗世纷纷扰扰的尘埃从我们心中流走。

王阳明强调心下自省就是致良知。

一位老人和他的小孙子住在一块儿。每天早上,老人都坐在厨房的桌边读一本书。

一天,他的孙子问道:"爷爷,我试着像你一样读书,但是我不懂得书里面的意思。我好不容易理解了一点儿,可是我一合上书便又立刻忘记了。这样读书能有什么收获呢?"老人安静地将一些煤投入火炉。然后说道:"用这个装煤的篮子去河里打一篮子水回来。"

孩子照做了,可是篮子里的水在他回来之前就已经漏完了。孩子一脸不解地望着爷爷。老人看看他手里的空篮子,微笑着说:"你应该跑快一点儿。"说完让孩子再试一次。

竹篮打水也非无用功。

这一次，孩子加快了速度。但是篮子里的水依然在他回来之前就漏光了。他对爷爷说道："用篮子打水是不可能的。"说完，他去房间里拿了一个水桶。老人说："我不是需要一桶水，而是需要一篮子水。你能行的，你只是没有尽全力。"接着，他来到屋外，看着孩子再试一次。

现在，孩子已经知道用篮子盛水是行不通的。尽管他跑得飞快，但是，当他跑到老人面前的时候，篮子里的水还是漏光了。孩子喘着气说："爷爷，你看，这根本没用。"

"你真的认为这一点儿用处都没有吗？"老人笑着说，"你看看这篮子。"孩子看了看篮子，发现它与先前相比的确有了变化。篮子十分干净，已经没有煤灰沾在篮子上面了。"孩子，这和你读书一样，你可能什么也没记住，但是，在你读书的时候，它依然在影响着你，净化着你的心灵。"

其实，我们每一个人都应该有一本心灵的书，即使我们未曾记住一句话、一个字，却依然会受益终生。因为，它会让我们的心灵如泉水般清澈、纯净，这就是自省的作用。

自省是道德完善的重要方法，是涤荡心灵的一股清泉，它能给我们混沌的心灵带来一缕光芒。在我们迷路时，在我们掉进了罪恶的陷阱时，在我们的灵魂遭到扭曲时，在我们自以为是沾沾自喜时，自省就像一道清泉，将思想里的浅薄、浮躁、消沉、阴险、自满、狂傲等污垢涤荡干净，重现清新、昂扬、雄浑和高雅的旋律，让生命重放光彩，生气勃勃。

自省的主要目的是找出过失及时纠正，所以自省绝不可以陶醉于成绩，更不可以文过饰非。以安静的心境自查自省，才能克服意气情感的干扰，发现自己的本来面目，捕捉到平时自以为是的过失。

只有善于发现并且敢于承认自己的过失，才可以进一步纠正过失。我们常常看不到自己的短处，很多缺点都是通过旁人的指出才知道。这就要求我们有一颗平常心来对待别人善意的规劝和指责，反省自己的过失。

俗话说，忠言逆耳利于行，那些逆耳忠言常常能照亮我们不易察觉的另一面。唐太宗李世民就有一面镜子——宰相魏徵。倚助这位忠臣的当面进谏，唐太宗改正了自己的许多缺点，完善了治国之道，迎来了国家的空前繁荣。这个辉煌业绩的取得，不仅得益于魏徵的敢于直言，更应归功于李世民的宽宏胸怀，试想，如果他是一个听不进意见的昏君，魏徵可能早就人头落地了。正是由于他在听了魏徵的谏言之后，能够认真地检讨自己、反省自身，才使得表面上听起来很刺耳的意见变成了治国安邦的金玉良言，而李世民的人格也因此变得崇高。

自省是一次自我解剖的痛苦过程。它就像一个人拿起刀亲手割掉身上的毒瘤，需要巨大的勇气。认识到自己的错误或许不难，但要用一颗坦诚的心灵去面对它，却不是一件容易的事。懂得自省，是大智；敢于自省，则是大勇。割毒瘤可能会有难忍的疼痛，也会留下疤痕，但它却是根除病毒的唯一方法。只要"坦荡胸怀对日月"，心地光明磊落，自省的勇气就会倍增。王阳明的良知之说，即明心见性，就是以心为理，一切都在心中，所以只要心下自省，就是致良知。

孔子说："君子之过也，如日月之食焉。过也，人皆见之；更也，人皆仰之。"这句话的意思是，日食过后，太阳更加灿烂辉煌；月食复明，月亮更加皎洁明媚。君子的过错就像日食和月食，人人都看得见，但是改过之后，会得到人们更崇高的尊敬。

终日不忘反省

"悔悟是去病之药，然以改之为贵。若留滞于中，则又因药发病。"

——王阳明

一个东西，用秤称过，才知道它的轻重，用尺量过，才知道它的长短。世间万物，都要经过某些标准的衡量，才知道究竟。而一个人更应该如此，经常反观自省，才能认识自己、改善自己。

关于自省，在王阳明看来，不是目的，而是一个办法。人要学会自省，才能有所悔悟，然而悔悟就像是治病的药，如果握在手里看着，不吃下去，病还是不会医好。所以人应该通过自省、悔悟来不断地超越过去的自己，这样才有可能走向成功的道路。

从前有座山，山上住着师徒两人。师父经常模仿徒弟，徒弟做什么，他也做什么。徒弟浇水种地，他也浇水种地；徒弟玩石子抓麻雀，他也玩石子抓麻雀。甚至徒弟偷跑出去到集镇上玩，他也跑到集镇上玩。

终于有一天，徒弟说："师父，您这么大岁数了，为什么总和我做一样的事情啊？"

师父说："我从四十岁起，就把年轻时候的事情重新做了一遍，我现在八十岁了，年轻时的我早就没有了。可是，我每天还能过年轻的生活，还能找到年轻的心态，所以我这四十年，等于过了两个四十年，一个从四十岁到八十岁的变老的四十年，一个从一岁到四十岁的重新年轻的四十年。如果这么说，我已经一百二十岁了。"

师父又说："况且小时候做过的事，肯定有很多荒谬可笑的，现在我知道哪些是对的、哪些是错的；哪些是宝贵的，应该保持，哪些是可笑的，应该一笑置之。就算保留的和抛弃的各占一半吧，那么我这重新年轻的四十年，节省了一半过去被荒废的时间，就相当于延长了一倍，要是这么说，我已经一百六十岁了。"

"回顾过去，对现在是有好处的。它可以使现在的我避免错误、节约时间，在现实的路上走得更稳，让我这变老的四十年避免走许多弯路。所以这样算来，我恐怕还不止一百六十岁呢。"

故事中师父的年龄到底多大，没有深究的意义，重要的是要和他一样保持一颗年轻的心，时时自省。正如《菜根谭》里所说的：为人修身，应该时时自省。这一点做起来并不难，但总是被大家忽略。人生就像走路，有走得顺畅的时候，也有绕弯路的时候，甚至还有走入迷途的时候。如果不管以前走过什么路，不知反省，仍然照感觉行事，就像一只掰玉米的熊，掰下一个，丢了一个，最终腋下永远只夹着一个玉米。

人必须懂得反省，通过反省来发现问题、解决问题，从而提高自己。正如老和尚所说的，反省可以延长我们的生命，更重要的是，它让我们在以前的基础上有了提升，让我们超越了之前的那个自己。

有位哲学家在晚年的时候刺瞎了自己的双眼。别人都不理解他的这一举动。他说，我只是为了更好地看清自己。"知人者智，自知者明"。真正的聪明人必须具备自知之明。何谓自知之明？圣人都有自知之明，是因为他们时刻审视着自己。能够时时审视自己的人，一般都很少犯错，因为他们会时时考虑：我到底有多少力量？我能干多少事？我该干什么？我的缺点有哪些？为什么失败了或成功了？这样做就能轻而易举地找出自己的优点和缺点，为以后的行动打下基础。

人生最大的敌人是自己。那些认真审视自己、时刻反省自己的人，才可能真正觉悟。反省是一棵智慧树，只有深植在思维里，它才能与你的神经互联，为你提供源源不断的智慧，让人生这条路变得简单、精彩起来。可见，在工作中，只有不断自我反省，才能使自己不断进步。

不断做自我反省，才可以令自己立于不败之地。一直探索格物致知的王阳明在一次同友人的对话中说，要达到真正的格物致知，就必须要仔细省察克制，不要让心中有丝毫的偏离。能够时时审视自己的人，一般很少犯错，因为他们会时时分析自己的优点和缺点，跳出自己的局限来重新观看、审察自己的所作所为是否正确，从而为以后的行动打下基础。

静时存养，动时省察

"省察是有事时存养，存养是无事时省察。"

——王阳明

老子《道德经》中说："知人者智，自知者明。"只有自知，才能知人。确实，人需要有自知之明。特别是在身处困境，地位低下的时候，一个人更应该反省自身，多思考一下自己的缺陷和不足，才能借由不断的自我调整而进步。

王阳明也很看重自我省察，他说省察是有事的时候存养天理，存养天理是无事的时候省察。通过省察看清自己是成功的基础，不能因为境况的不如意而迷迷糊糊，混了天日。

如果无法认清自己,容易骄傲自满,就像装满了水的容器,稍一晃动,水便会溢出来。一个人若心里装满了骄傲,便很难听取别人的忠告,吸取别人的经验,接受新的知识。长此以往,必定故步自封,或止步不前,或猝然受挫。

水满则溢,虚心谦谨方能不断进步。

大禹时代,一个背叛的诸侯有扈氏率兵入侵,夏禹派他的儿子伯启抵抗,结果伯启被打败了。他的部下很不服气,要求继续进攻,但是伯启说:"不必了,我的兵比他多,地也比他大,却被他打败了,这一定是我的德行不如他,带兵方法不如他的缘故。从今天起,我一定要努力改正过来才是。"从此以后,伯启每天很早便起床工作,粗茶淡饭,照顾百姓,任用有才干的人,尊敬有品德的人。过了一年,有扈氏知道了,不但不敢再来侵犯,反而主动投降了。

像伯启这样,肯虚心地检讨自己,马上改正有缺失的地方,那么最后的成功,舍他其谁呢?伯启的经历,与孔子的一句话很是契合,孔子说:"已矣乎!吾未见能见其过而内讼者也。"孔子说:"完了啊!我没见过能看到自己过失而深切自责的人。"孔子教育学生们要"修持涵养",也就是注重修养。而"内讼"正是修养的一个不可缺少的部分。所谓"内讼",说简单些,就是由内心对自己进行自我审判。怎么审判呢?就是,内心进行情感与理性、天理与人欲的权衡,找出自己的缺点,时时进行自我反省。

学到一点东西就自满自足,甚至不可一世、盲目骄傲,这都是可笑而且可怜的。对自己心存不满的人就像那个不断装入石子、沙子、石灰及水的木盆,它总是能放下更多的东西,人生也便在日积月累中向上提升。

对自己心存不满的人会随时随地为自己充电,他们从不会为了已有的知识和成绩感到骄傲,因为他们知道容器的容量虽然有限,心胸却可以无限扩展,他们总会把自己摆在最低的位置,实际上却能与伟大无限接近。

人生如秤,对自己的评价秤轻了容易自卑;秤重了又容易自大;只有秤准了,才能实事求是、恰如其分地感知自我,完善自我,对自己了然于心,知道自己能吃几碗干饭,有几许价值,才能做到自知之明。《吕氏春秋》中说:"物固莫不有长,莫不有短,人亦然。"一个人不仅要了解自己的能力有多少,也要知道自己的长处和短处在哪里,才能借由不断的自我调整而进步。

现实中人们常常秤重自己,有些人过于自信,总觉得高人一等,办事忽左忽右、不知轻重,造成不必要的尴尬和悲剧。当然也有秤轻自己的人,其表现为往往自轻和自贱,多萎靡少进取,总以为自己不如人,而经常处于无限的悲苦之中。

自知之明来源于自我修养和自我慎独。因为自省才能自制自律,自律才能自尊自

重,自重才能自信自立。自尊为气节,自知为智慧,自制为修养。人具备了自知之明的胸臆和襟怀,其人格顶天立地,其行为不卑不亢,其品德上下称道,其事业左右逢源。

自知之明与自知不明一字之差,两种结果。自知不明的人往往昏昏然,飘飘然,忘乎所以,看不到问题,摆不正位置,找不准人生的支点,驾驭不好人生命运之舟。自知之明关键在"明"字,对自己明察秋毫,了如指掌,因而遇事能审时度势,善于趋利避害,很少有挫折感,其预期值就会更高。所以,王阳明说懵懂的人,要是真的能在事物中省察,那么,愚蠢也会变得聪明,柔弱也会变得刚强。

君子改过,人皆仰之

"一念改过,当时即得本心。人孰无过?改之为贵。"

——王阳明

人在这个世界上生活、工作,就难免会犯错误,错了并没有什么,勇敢承认自己的错误反而会受到人们的敬仰和尊重。而生活中、工作中我们往往碍于面子,对自己的错误避而不谈,将错就错。其实,真正的自省是完全袒露内心,是灵魂从里到外对每个细胞的审视,是站在宇宙之上思维广阔的思考,是停下脚步仔细查看前后左右的条条道路。

在《寄诸弟》中，王阳明说了这样一句话："一念改过，当时即得本心。人孰无过？改之为贵。"意思是，很多错误都是一念之差造成的，"人非圣贤孰能无过"，但只要是将一念之过改正了，就可以得到"本心"，找回真正纯洁的灵魂。肯改正错误就是最可贵的，这样说来，敢于承认错误，改正错误的人就可以称得上是令人尊敬的君子了。

战国时期，赵国有一文一武两个得力的大臣。武的叫廉颇，他多次领兵战胜齐、魏等国，以英勇善战闻名于诸侯。文的叫蔺相如，他有勇有谋，面对强悍的秦王能够临危不惧。他两次出使秦国，第一次使国宝"和氏璧"得以完璧归赵，第二次是陪同赵王去赴秦王的"渑池之会"，两次都给赵国争回了不少面子，秦王也因此不敢再小看赵国了。于是，赵王先封他为大夫，后封他为上卿，地位在大将廉颇之上。

廉颇对蔺相如很不服气。他想：蔺相如有什么能耐，无非是会耍几下嘴皮子，我廉颇才是真正的功臣呢！他对手下的人说："我要是见到了蔺相如，一定要让他尝尝我的厉害，看他能把我怎么样！"

这话传到了蔺相如的耳朵里，他干脆装病不去上朝，避免与廉颇发生冲突。他还吩咐手下的人，叫他们以后碰着廉颇的手下，千万要让着点儿，不要和他们争吵。一次，蔺相如出门办事，正碰见廉颇远远地从对面过来，蔺相如就叫马车夫把车子赶到小巷子里，让廉颇的车马先过去。

蔺相如的手下气坏了，纷纷责怪蔺相如胆小，害怕廉颇。蔺相如笑一笑，说："廉颇和秦王哪个厉害呢？"手下说："当然是秦王厉害了。"蔺相如接着说："我连秦王都不怕，还会怕廉颇吗？要知道，秦国现在不敢来打赵国，就是因为国内文官武将一条心。我们两人好比是两只老虎，两只老虎要是打起架来，难免有一只要受伤，这就给秦国制造了进攻赵国的好机会。你们想想，国家的事要紧，还是私人的面子要紧？所以，我宁可忍让一点儿。"

这话传到了廉颇耳朵里，他感到非常惭愧。这日，他裸着上身，背着荆条，跑到蔺相如的家里去请罪。从此，两人成了最要好的知心朋友，一文一武，共同保卫赵国。

廉颇不仅是一员猛将，还是一个勇士，一个勇于面对错误、承认错误和改正错误的勇士。知错能改，这是我们从小便接受到的教育，但因为面子的问题，很多时候，即使明知自己犯了错，还是很难主动去认错。一味地回避自己所犯的错，是需要花费很大力气的，与其浪费这么多的时间与精力，不如直接为自己的错"埋单"，并将它看作一次深刻的教训。人总是在不断的磕磕碰碰中长大的，错误只是一个小水坑，许多人都是被水溅湿过，才知道以后要小心地避开。所以，前进的路上不要害怕犯错，只要在犯错之后坦诚地接受并注意改正，之后的小水坑便会越来越少，前进的道路便会越来越顺畅。

西汉时期，汉中有个叫程文矩的，他的妻子不幸去世，留下四个儿子，之后又娶李穆姜为妻，也生了两个男孩。程文矩死后，繁重的家务和教育孩子的责任都落在了李穆姜身上。作为后母的李穆姜对程文矩前妻生孩子无比慈爱，甚至比对自己的亲生儿子还要好。但是,这四个孩子却一点都不尊敬她,还处处为难她,认为李穆姜是假仁假义。

久而久之,有邻居劝李穆姜不要再管这些了。李穆姜却说:"我要用礼仪劝导他们,不让他们走向邪路。"有一次,程文矩前妻的大儿子程兴重病卧床,李穆姜十分难过,她不仅到处访求名医,还亲自熬药,将程兴照顾得无微不至。在李穆姜的精心照料下,程兴的病慢慢得以痊愈。而李穆姜的行为也深深感动了程兴。他不仅向李穆姜道歉,还对三个弟弟说:"继母仁慈,我们兄弟却置她的养育之恩于不顾,真连禽兽都不如。虽然母亲并不怪我们,对我们越来越好,但我们的罪过是不可宽恕的。"四兄弟感到非常悔恨,便跑到掌管刑罚的官员面前请求治罪。事情传到了汉中太守那里,太守不仅表彰了李穆姜,还让四子改过自新。在李穆姜的严格教育下,四子也都各有建树。

程文矩前妻的四个孩子认识了自己的错误,并且改过自新,才有了后来的建树。人的一生总是难免会犯这样或者是那样的错误,而问题的关键则在于该如何去面对我们的过错。首先是知错,若连自己的错误都不承认,就无以说到下一步,其后果也必定会是一错再错。但若能去正视并且承认自己的过错,并且能在此基础之上对其错误进行改正,那么,错误对于我们而言便是一笔财富了,要知道,犯了错误改得早,就进步快。

反观自身,不断自我提升

"见贤思齐焉,见不贤而内自省,则不至于责人已甚,而自治严矣。"

——王阳明

自省是一面莹澈的镜子,它可以照见心灵上的玷污,继而照亮前进的路途。工作中,有很多人经常怨天尤人,就是不在自身上面找原因。实际上,一个人失败的原因是多方面的,只有从多方面入手寻找失败的原因,并有针对性地进行自省,才能起到纠错的作用。

"见贤思齐焉,见不贤而内自省"。王阳明十分赞同孔子的这句箴言。看到比自己好的人就要争取进步与之齐头并进,见到不好的就要反思自己是否也有这样的错误或者坏习惯。这样才不至于严于待人,宽以待己;如果要想成为一个成功的人、伟大的人,恰恰要严于律己、宽以待人,从反躬自省中完善自己,发现、发展自己的优势力量。

陈子昂是我国初唐著名诗人。他的老家是梓州射洪(现在的四川省射洪县),幼年时他就随父亲一起来到了京城长安。由于父母平时对他非常娇惯,所以他长到十几岁时仍然不爱读书,每天只知道跟他的朋友出城打猎、游玩,要不就是四处找人斗鸡赌钱。

随着时间的流逝,陈子昂渐渐长大了,这时他的父母才发现自己的宝贝儿子不学无术,一无所长,并开始为他的前途担忧。父母对他平日里的行为也看不下去了,多次劝他除掉身上的恶习,潜心攻读。可陈子昂早就游荡惯了,哪里听得进去。

有一天,他在游玩途中路过一处书塾,在窗外无意中听到老师在说这样一段话:

"一个人是否能够享有荣誉或蒙受耻辱,完全取决于他本人的品德。品德好的人,自然会享受荣誉;品德坏的人,也自然会蒙受耻辱。一个人如果放任自流,行为举止傲慢,身上具有邪恶污秽的东西,就无法得到他人的尊敬。要想成为一名君子,就要让自己博学多才,还要经常用学来的道理对照自身进行检点。如果坚持这样做下去,你的学问和知识就会越来越多,行为上也很难有什么过失了。俗话说

● 王阳明强调要像扫去尘土、擦拭镜子一样不断反躬自省。

得好:'少壮不努力,老大徒伤悲。'在生活中,我们看到别人能做一番大事业时总是非常羡慕人家,可是你哪里知道,人家之所以能够取得成功,是下了一番苦功夫的!不经过自身的努力就想得到学问,那就如同缘木求鱼一样幼稚得可笑。"无意中听到的这一番话,使陈子昂的内心受到很大的触动。他忘记了游玩,马上赶回家,在自己的屋中反思起来,回首自己以前做过的荒唐的事情,心里追悔莫及。

从那一天起,陈子昂毅然跟原来那些朋友断绝了来往,把在家中饲养的各种小动物也都放掉了,从此和书本成了朋友,每天书不离手,勤奋刻苦地学习,直至最后成为一名伟大的诗人。

每个人都需要反思自己的行为,陈子昂如果没有反思想必也很难成为留名千古的大诗人。要想取得成功,必须适时清理一下内心的"乌云",经常自查自省,把负面的因素扔进"垃圾桶",吸取过往教训,总结经验,以免以后发生类似的事件。

王阳明和学生讨论"中",他认为"中"不是物,而是学者涵养省察时的景象。君子修德,学者求学,圣人得道,乃至君主治国,都要在时时寻找和守定这种自省的景象。背离这种景象,就会落于私欲的俗套。

一个人只有不断地反省,才会不断地提高。一个人进步的能力、学习的能力,就体现在他反省的能力上。若能通过自省找到自己的优势,并将优势发挥到极致,他就能够在该领域中取得非凡的成就,获得人生的成功。

生活的真正悲剧并不在于我们每个人都没有足够的优势,而在于未能使用我们的优势。王阳明为实现圣人之志亲身实践探索的过程,告诉我们人人都可以成为圣人。虽然世界上没有两片完全相同的树叶,每个人的天赋都是不同的。但是每个人都有表现突出的一个方面,只是我们不够相信自己。

我们的时间有限、精力有限,不可能把所有的事情做到最好,但是我们一定可以把其中的一件事做到最好。也就是说,一个人,必须首先找到自身的优势所在。做最好的自己,你就能在不知不觉中超越众人,跨越平庸的鸿沟,从众人中脱颖而出。

◎第十二章◎
谨慎心：三思而后言

有糖衣的逆言易被接受

"真言求功。"

——王阳明

说话是一门艺术，懂得如何说话，在何种场合说话，往往能够转祸为福。有句俗语称："见什么人，说什么话。"这确实是一种说话的策略，但是这个话却又有一个标准，那就是都要讲真话。王阳明说讲真话是很难得的，特别是在一些特定的时候和场景更加显得宝贵。讲真话能够求得功名，真正能够打动人心的也还是真话。不过，在某些场合讲真话要懂得方式方法。

有这样一个幽默故事，说有个外国的留学生赞美中国的男同学很帅时，那男同学谦虚道："哪里，哪里。"这个学了一点中文的外国留学生感到不知所措："我只不过客套地赞美他，他还要问我具体美在哪里。"这个留学生当然不知道这是我们中国人的含蓄。

其实在某些特定的场合，含蓄一点也未尝不好，如果把话说得太直、太透，可能会引起对方的不满，或者对自己产生不利的影响，但意思又不能不表达。这时，如果采用"借他人之言，传我腹中之事"的方法，借用一个并不在场的第三者之口说出，便可以弱化对方的不满和对我方的不利影响。

在语言策略上，这种方法被称为近话远说。运用此法，能够人为地拉开话题与现场之间的距离，给双方留下一个缓冲带。

说话转个弯儿，在表达自己意见的同时，也为自己留了条后路。顾及了双方的面子，使自己和对方都有台阶下。

说话是一门艺术。

对于不宜直言的问题,绕个弯儿说话,有时会让自己化险为夷。说话绕弯子在中国历史上屡见不鲜,有时确能化解过激的行为。

我国古时候,有一个县官很喜欢附庸风雅,尽管画术不佳,但画画的兴致很高。他画的虎不像虎,反而像猫。并且,他还每画完一幅画,都要在厅堂内展出示众,让众人评说。大家只能说好话,不能说不好听的话,否则,就要遭受惩罚,轻则挨打,重则流放他乡。

差役巧妙应答避祸。

有一天,县官又完成了一幅"虎"画,悬挂在厅堂,召集全体衙役来欣赏。

县官得意地说:"各位瞧瞧,本官画的虎如何?"

众人低头不语。县官见无人附和,就点了一个人说:"你来说说看。"

那人战战兢兢地说:"老爷,我有点怕。"

县官:"怕,怕什么?别怕,有老爷我在此,怕什么?"

那人:"老爷,你也怕。"

县官:"什么?老爷我也怕。那是什么,快说。"

那人:"怕天子。老爷,你是天子之臣,当然怕天子呀!"

县官:"对,老爷怕天子,可天子什么也不怕呀!"

那人:"不,天子怕天!"

县官:"天子是天老爷的儿子,怕天,有道理。好!天老爷又怕什么?"

那人:"怕云。云会遮天。"

县官:"云又怕什么?"

那人:"怕风。"

县官:"风又怕什么?"

那人:"怕墙。"

县官:"墙怕什么?"

那人:"墙怕老鼠。老鼠会打洞。"

县官:"那么,老鼠又怕什么呢?"

那人:"老鼠最怕它!"来人指了指墙上的画。

故事中,被点名的差役没有直接说县太爷画的虎像猫,而是接二连三地抬出第三方,绕着弯说话。让县官在众人面前保住了脸面,又让自己避免了一场灾难。

人常说:"良言一句暖三冬,恶语伤人六月寒。"一言可以兴邦,一言可以丧邦;一句话可以把人说笑,一句话也可以把人说恼。人与人之间性格各方面都有差别,生活中也常常遇到一些不便于直言的场合和事情，说话曲折一点、绕一点弯儿，让逆言裹着糖衣，自然可以生出迂回进言的效果，让人思考以后才知道，揣摩之后才明白。

善言的高手，即使遇到棘手的话题或难以回答的问题，也能够巧妙地运用一些方法，如近话远说，从而避免恶语伤人，更能有效地保全自身。

言辞不可太露骨

"言不可尽善。"

——王阳明

当代著名学者季羡林老先生曾说过一句话：假话全不说，真话说一半。这句话是季老先生从大半生丰富的阅历中总结出来的经验。前半句警告那些喜欢吹嘘、撒谎的人，一个假话总要十个假话来圆，假话越说越多只能给自己带来更多的麻烦，所以还是不说为好；后半句就更微妙了，真话为什么要说一半呢？因为很多时候，说得越多错得也越多，少说话不仅能够避免传播谣言也能够给人留下处事谨慎的好印象。

王阳明也曾说过一句话：言不可尽善。意思是讲话不可以只讲好话、亲善的话。因言招祸的事情常常发生，王阳明自己就是一个很好的例子。因为不满刘瑾等宦官为非作歹，王阳明上书朝廷，为受害同僚讲话，最终导致自己也遭受迫害。所以，王阳明说这句话的意思是警示人们在讲话上要十分谨慎小心。

有一篇文章叫作《说话的温度》，它这样写道：

"急事，慢慢地说；大事，清楚地说；小事，幽默地说；没把握的事，谨慎地说；没发生的事，不要胡说；做不到的事，别乱说；伤害人的事，不能说；讨厌的事，对事不对人说；开心的事，看场合说；伤心的事，不要见人就说；别人的事，小心地说；自己的事，听听自己的心怎么说；现在的事，做了再说；未来的事，未来再说。"

话语本身是有温度的，说话也是有技巧的。只有技巧拿捏得恰到好处，才能赋予语言适合的温度，不会把聆听者灼伤，也不会让他感觉到冷漠。

王阳明强调讲话要谨慎，但是也主张要有讲真话的勇气。在各项与说话相关的原则中，讲真话一直被视为正直人士的标签，似乎一个人不说真话就算不得真诚。不过，讲真话有时候也得分聆听对象，分地点场合。

早在两千多年前，孔子就曾告诫我们："可与言之而不与之言，失人；不可与言而与之言，失言。"说话之前，先得想清楚"可与言"和"不可与言"这两种人和两种情况，对那些有诚意、可信赖的"可与言"的人，如果"不与之言"，不说真话，那就是我们的失理、失礼，可能会因此失去难得的朋友或师长；但如果对方是不可信赖的"不可与言"者，你仅凭听了几句漂亮说辞或慷慨承诺，就"与之尽言"，向他掏出了所有心里话，那你就可能失言或上当。

心与心的距离就像硬币的两面，有时候很近，近得似乎融为一体；但有时候又很遥远，远到永远不可能达到对面。没有人能完完全全地理解另一个人，也没有一个人能被人完完全全地理解。我们每个人内心里都有一片私人领域，在这里我们埋藏了许多心事。心事是自己的秘密，一般时候都只可留给自己，不要轻易说出口。

很多人有一个共同的毛病：心里藏不住事，有一点点喜怒哀乐之事，就总想找个人谈谈；更有甚者，不分时间、对象、场合，见什么人都把心事往外吐。其实这也没有太大关系，每个人都有与他人分享心情与感想的欲望，这些都再正常不过。

真话可以说，但不能"随便"说。因为我们的每个倾诉对象都是不一样的，所以要学会有所鉴别，有所取舍。

"假话全不说，真话不全说"。这句话中其实蕴涵着传统的中庸观念，看似有些"明哲保身"的意味，但我们不得不承认这种态度更接近现实生活的原貌。

在中国古代，诸多饱学之士莫不把这中庸之道当成确保自身"不倒翁"地位的经验之谈，这与传统观念提倡的忠孝仁义、君臣之纲，缺少反叛意识有莫大关联。虽然历史上也有知名的谏臣，比如唐朝的魏徵、明朝的海瑞，但毕竟只是少数。忠言逆耳，更何况很多时候，与我们相交的人嘴中吐露的也未必就是心中所想，而且他也未必愿意听我们的实话，所以，有人愿意披着"皇帝的新装"，自然也就有人愿意充当"不明真相"的围观者。

打折的真话并不全然意味着胆怯或软弱，在说话的时候有所隐瞒，说些折中的话、弹性的表述、搁置敏感点，有时候也是实现目的的变通之策。减少真话可能带来的无意义的口舌之争，用实践去检验真理，或许是一种更好的方法。

嘴巴闭关，舌头收箭

"以言语谤人，其谤浅。"

——王阳明

外交官在传达两方面意见的时候，翻译官也一样，传其原意，过分的话不能传，也不能添油加醋，做到了这一步，才算完成使命，也才能够保全自己。这虽然是讲外交官的修养，做外交的哲学，但也是告诉我们做人的道理，应该怎么做，不应该怎么做。王阳明在回复学生周道通的信中说："以言语谤人，其谤浅。"意思是用言语诽谤别人，这种诽谤是很肤浅的。尽管舌头没有骨头，但也应该特别小心它的厉害。因为话一旦说出口，就像射出的箭，再也不能收回了。因此，管好自己的舌头，学会说话处世很重要。

在为人处世时，要学会对人的性格作具体分析，要见什么人说什么话，对傲慢无礼的人说话应该简洁有力，最好不要跟这种人多谈，所谓"多说无益"；对沉默寡言的人就要直截了当；对深藏不露的人，你只把自己预先准备好的资料拿给他看就可以了；对于瞻前顾后、草率决断的人，说话时要把话分成几部分来讲。

徐文远是名门之后,他幼年跟随父亲被抓到了长安,那时候生活十分困难,难以自给。但他勤奋好学,通读经书,后来官居隋朝的国子博士,越王杨侗还请他担任祭酒一职。隋朝末年,洛阳一带发生了饥荒,徐文远只好外出打柴维持生计,凑巧碰上李密,于是被李密请进了自己的军队。李密曾是徐文远的学生,他请徐文远坐在朝南的上座,自己则率领手下兵士向他参拜行礼,请求他为自己效力。徐文远对李密说:"如果将军你决心效仿伊尹、霍光,在危险之际辅佐皇室,那我虽然年迈,仍然希望能为你尽心尽力。但如果你要学王莽、董卓,在皇室遭遇危难的时刻,趁机篡位夺权,那我这个年迈体衰之人就不能帮你什么了。"李密答谢说:"我敬听您的教诲。"

后来李密战败,徐文远归属了王世充。王世充也曾是徐文远的学生,他见到徐文远十分高兴,赐给他锦衣玉食。徐文远每次见到王世充,总要十分谦恭地对他行礼。

有人问他:"听说您对李密十分倨傲,对王世充却恭敬万分,这是为什么呢?"

徐文远回答说:"李密是个谦谦君子,所以像郦生对待刘邦那样用狂傲的方式对待他,他也能够接受;王世充却是个阴险小人,即使是老朋友也可能会被他杀死,所以我必须小心谨慎地与他相处。我察看时机而采取相应的对策,难道不应该如此吗?"

等到王世充也归顺唐朝后,徐文远又被任命为国子博士,很受唐太宗李世民的重用。

徐文远之所以能在隋唐之际的乱世保全自己,屡被重用,就是因为他针对不同的人有不同的应对之法,懂得灵活处世,懂得管好自己的嘴巴。

愚者常常暴露出自己的愚昧,贤者却总是隐藏自己的知性。当你时时意识到这个问题,不说闲话也就成了一种习惯,并进而改变了自己的心态,从耻笑别人转为审视自己。王阳明被封"新建伯"爵位,表面上十分光鲜,但只是挂了一个空号,对王阳明没有半点实质性的帮助,本有怨言的他被老父亲王华的一句"我以为惧"说得心服口服。父亲去世之后,他不再抱怨,不再说一些闲话,而是潜心学习。

警惕自己的舌头,如同慎重地对待珍宝一样,使自己的舌头保持沉默,人生将会得到很大的好处。人之所以有两个耳朵、一张嘴巴,是为了让人多听少说,听的分量

李密曾是徐文远的学生,徐文远认为李密是个谦谦君子,所以像郦生对待刘邦那样用狂傲的方式对待他,他也能够接受。

王世充也是徐文远的学生,徐文远了解王世充是个阴险小人,即使是老朋友也可能会被他陷害杀死,所以必须小心谨慎地与他相处。

要有说的两倍。于是，那些懂得此理的人总是让人尊敬，而那些喋喋不休之人只能让人更厌恶。

少妄言，多好话

"凡今天下之论议我者，苟能取以为善，皆是砥砺切磋我也，则在我无非警惕修省进德之地矣。"

——王阳明

王阳明的一封书信中曾经写道："凡今天下之论议我者，苟能取以为善，皆是砥砺切磋我也，则在我无非警惕修省进德之地矣。"世事纷繁复杂，真真假假，当是非降临时，我们也不必害怕，人间最大的力量不是枪炮或者拳头，而是忍，忍最终能将流言在真理面前击碎。做人应该以恕己之心恕人，以责人之心责己，一个真正的忍者，对待恶骂、打击、毁谤都要有承担、忍耐的力量。

一个人心地再好，如果嘴巴不好，也不能算是好人。言语谨慎是十分必要的。如果一个人总是滔滔不绝地讲话，说得多了，话里自然而然便会暴露出来很多问题。诗曰：不智之智，名曰真智。蠢然其容，灵辉内炽。用察为明，古人所忌。学道之士，晦以混世。不巧之巧，名曰极巧。一事无能，万法俱了。露才扬己，古人所少。学道之士，朴以自保。在生活的谈判桌上，"讷者"有时才是最杰出的谈判家。

南唐广陵人徐铉以学识渊博和通达古今闻名于北宋朝廷。

有一次，江南派徐铉来纳贡，照例要由宋廷派官员去做陪伴使。宰相赵普不知究竟选谁为好，就去向宋太祖请示。

太祖想了想，令殿前司写出十个不识字的殿中侍者的名字，太祖御笔一挥，随便圈了其中一个名字说："这个人就可以。"

这使在场的所有官员都大吃一惊。赵普也不敢再去请示，就催促那侍者马上动身。那位侍者得不到任何明确指示，只好莫名其妙地前去执行命令。

一见面，徐铉就滔滔不绝，口若悬河，所有人都叹服他的能言善辩。那位侍者大字不识，当然无言以对，只好频频点头称是。徐铉不知他深浅，更加搜索枯肠喋喋不休地想和他辩论。但是在一起住了好几天，那个侍者无一言相对。徐铉口干舌燥，疲惫不堪，只好闭嘴不说了。

实际上，当时宋廷上有陶毅和窦仪等博览群书的大儒，说起论辩之才，未必就输给徐铉。但宋太祖作为大国之君，接待小国使臣，没有派他们去争口舌之长短。因为两强相争，谁也不会服谁，反而有失大国体面。

人们常说沉默是金，不仅是保住自己不惹祸端的好方法，更是一剂绝妙的做事药方。当我们面对自己不熟悉的或不擅长的事务之时，不如以沉默之精神以待，反而能更好地达成任务。

如王阳明所说，面对讥谤、无礼要做到不发怒不怨恨，而这又需要多么博大的胸怀。总是对别人吹毛求疵的人，一定不是个受欢迎的人；能容天下者，方能为天下人所容。你想要彩虹，就得宽容雨点，如果雨点滴到身上的那一刻便勃然大怒，又怎么能在彩虹出现的时候以一份怡然自得的心情去观赏那美丽的风景呢？

能容天下者方能为天下人所容。你想要彩虹，就得宽容雷电。

与讥谤相反的是赞美，赞美是一种良好的修养和明智的行为，诗人布莱克曾经说过："赞美使人轻松。"赞美是一种精明、隐秘和巧妙的奉承，它从不同的方面满足给予赞美和得到赞美的人们。当我们赞美别人的时候，就是把自己和别人放在同一条水平线上了。不要吝啬对他人的赞美，每一个人的身上都有其自身的闪光点，都有值得别人赞美的地方。而在赞美他人的时候，你的心情也同样是愉快的，经常去赞美他人的人往往也容易得到他人的赞美，正所谓送人玫瑰，手留余香。

世上只要有人的地方就有纷争，尤其是有"我"有"你"再加个"他"，你、我、他之间的纷争就更多了。想在这种复杂的环境中营造和谐的人际关系，一要少言，二要多说好话。

言满天下无口过

"夫言日茂而行益荒，吾欲无言也久矣。"

——王阳明

作为官场中人，王阳明并不热衷于权力的明争暗抢，也不想多拿国家一分一厘，虽然不争名不争利一心想着报国救民，但也难免成为官场中人暗伤的对象。王阳明在多次的起伏中证明最好的明哲保身的办法就是少说话、多做事，话说得越多行为就会越来越少，要注重实行，就得少说假、大、空的话，多做一些实在的、有益于国家、有利于人民的事情。

老子说"多言数穷，不如守中"，王阳明对此也是十分的赞同。但是有人认为"多言数穷，不如守中"只是明哲保身、与世无争的教条，因为为人处世终究是"是非只为多开口，烦恼皆因强出头"，这样理解有些浅显，只是抓住了这句话的一层含义而已。天地好比是一个大风箱，当用的时候，便鼓动成风，助人成事；当不需要的时候，便戛然而止，缄默无事。因此，"多言数穷，不如守中"，并非让人完全不开口说话，只是说所当说的，既不可多说，也不可不说。所谓"言满天下无口过"，才是守中的道理。

宋人张邦基在《墨庄漫录》中曾录有一则与苏轼有关的乡谈趣闻。

苏轼在翰林院供职时，他的弟弟苏辙在处理政务的机构为官。有个早年与苏轼兄弟有往来的旧交，写信求苏辙在任内为他谋份差事，久而未遂。一天，这人找到苏轼，说："鄙人想托学士为我的事情跟令弟打个招呼。"苏轼沉吟片刻，跟他说了个故事："过去有个人很穷，无以为生，就去盗墓。他挖开一座古墓，见有个全身赤裸的人坐在棺内对他说：'我是汉代的杨王孙，提倡裸葬，没有财物可接济你。'盗墓人无奈，又费了好一番力气挖开了另一座古墓，见有个皇帝躺在棺内对他说：'我是汉文帝，墓里没有金银玉器，只有陶瓦器皿，无法接济你。'盗墓人颇为丧气，见有两座古墓并排在一起，就去挖左边这座墓，直挖到精疲力竭方才挖开。只见棺内有个面带菜色的人对他说：'我是伯夷，被饿死在首阳山下，没办法帮到你。'接着，伯夷又说：'我劝你还是别费力气再挖了，还是另找个地方吧，你看我瘦成这样，我弟弟叔齐也好不到哪儿去，也帮不了你。'"

听完苏轼所说的故事，旧交顿悟，大笑而去。

苏轼以讲故事的形式，巧妙地运用了三个典故，将自己兄弟俩严于律己、不谐流俗的意思，逐层循次地表达了出来，语言生动流转，妙趣横生，取得了非常好的婉拒效果。既说出了自己的原则，又让故人会心而去，言满天下，不留罅隙。

鬼谷子也曾说过："与智者言依于博，与博者言依于辩，与辩者言依于要，与富者言依于豪，与贫者言依于利，与勇者言依于敢，与愚者言依于锐。"意思是告诉人们，和聪明的人说话，须凭见闻广博；与见闻广博的人说话，须凭辨析能力；与有钱的人说话，言辞要豪爽；与穷人说话，要晓之以利；与勇敢的人说话不要怯懦；与愚笨的人说话，可以锋芒毕露。

可见，言满天下无口过，是智慧，也是艺术，是一门语言艺术，做人艺术。正如王阳明所言"夫言日茂而行益荒"，话多而行为少时要遵循"多言数穷，不如守中"的原则，做人懂得把握言语的机妙，何时该说，该说什么，如何说，自然做人无过，这个时候即便多言也自何妨了。

◎第十三章◎
包容心：能容能恕，厚德载物

待人处世，忍让为先

"一起一伏，一进一退，自是功夫节次。"

——王阳明

在明朝正德年间，朱宸濠起兵反抗朝廷。王阳明率兵征伐，一举擒获了朱宸濠，为朝廷立了大功。但是当时受正德皇帝宠信的江彬十分嫉妒王阳明的功绩，以为他夺走了自己建功立业的机会。于是，就四处散布流言："最初王阳明和朱宸濠是同党，后来听说朝廷派兵征伐，才抓住朱宸濠自我解脱。"

王阳明听到这个消息之后，就与身边的人商议道："如果退让一步，把擒获朱宸濠的功劳让出去，就可以避免不必要的麻烦。假如坚持下去，不作妥协，江彬等人很可能狗急跳墙，做出伤天害理的勾当。"为此，他将朱宸濠交给太监张永，使之重新报告皇帝："擒获朱宸濠，是总督军们和士兵的功劳。"如此一来，江彬等人也就无话可说了。

王阳明称病到净慈寺修养。张永回到朝廷之后，大力称颂王阳明的忠诚和让功避祸的高尚之举，正德皇帝终于明白了事情的始末，就免除了对王阳明的处罚。王阳明以退让的方法，避免了飞来的横祸。

努力进取、坚持不懈的行为无疑是值得肯定的。然而，在复杂的人生道路上，既需要勇敢拼搏，也需要有卫有守。退让不仅是一种机智，也是一种坚忍的毅力和顽强的意志。瞬间的忍耐，有限的退让，将使狭隘的人生之路变得无限广阔。

唐朝娄师德性格稳重，很有度量。他弟弟当上代州刺史，临行向他告别，并征询他的建议。娄师德对弟弟说："我现在辅助丞相，你现在又承皇上厚爱，得以任州官，我们真是受皇上恩宠太多了。而这正是别人所嫉怒的，你如何对待这些妒忌以求自免家祸呢？"娄师德弟弟说："自今以后，若有人朝我脸上吐唾沫，我自己擦去唾沫，决不叫你为我担忧。"娄师德说："这正是我所担忧的地方。别人向你吐唾沫，是对你恼怒，如果你将唾沫擦去，那岂不是违反了吐唾沫人的意愿吗？别人会因此而增加他的愤怒。不要擦去唾沫，让它自己干了，应当笑着去接受它。"

上篇　王阳明心学的智慧

娄师德告诫弟弟要隐忍到唾面自干的程度。

任唾沫自干，笑着忍耐接受，娄师德想要告诉我们的无非是"忍一时风平浪静，退一步海阔天空"的道理。能够将别人的愤怒化为无形是很不容易的事情，能够称赞挖苦过你的人，那真令人敬佩；能够用智慧、品行战胜狭隘的嫉妒，可以说更是很了不起的本事了。如果一个人平常为人在语言上肯吃点亏，让人一句，在事情上留有余地，肯让人一步，也许收获就能更大。

对于隐忍退让，王阳明也曾说过，起伏、退让都是功夫。就像海上波浪一样，有起就有伏，人生际遇有进也必然有退。

人之形形色色，事之千变万化。在现实生活中，常常遇到不如意的事，如不能处之泰然，就很容易引起心理上的不平衡，并进一步导致身体上和精神上的疾病。为了保持心理上的平衡，必须学会自己欣赏自己，对他人期望不要过高，以免对方达不到自己的要求，而感到失望。要及时疏导自己的愤怒情绪。在小的地方无须过分坚持，必要时应做出适当的让步。暂时回避，等情绪稳定后再重新面对。不要处处与人竞争，对人多存善意，心境自然会变得平衡。

更多时候，有限的退让是一种自保的策略，更是一种为人处世必备的心理素质。因为只有退让才能换来更大的生存空间、发展空间；只有退让才能换来以后更长足的进步、更辉煌的前程。

待人处世，凡事要忍让为先。常言道："忍得一时之气，免得百日之灾。"对长辈容忍则孝，夫妻间容忍则和，对朋友容忍则善，对年幼者容忍则美。能容忍别人的人，别人自然会容忍你。忍字头上一把刀，一忍万事消。宁可人负我，绝不我负人。万一跟人有了争执，一定要这么想："小不忍则乱大谋。"对人应宽其胸，明其理，知其道，以嫌为上，切勿以己之心，度他人之腹。要知道："能忍耐终身受益，大学问安心吃亏。"

忍得一时之气，免得百日之灾。

退一步，得饶人处且饶人

"不管人非笑，不管人毁谤，不管人荣辱，任他功夫有进有退，我只是这致良知的主宰不息，久久自然有得力处，一切外事亦自能不动。"

——王阳明

王阳明不仅是著名的哲学家，更是一名出色的军事家。而王阳明的用兵之道往往与众不同，在别人认为应该进攻的时候，他却认为应该退守。宁王朱宸濠叛乱时期，朱宸濠久攻安庆不下，集结兵力的王阳明不顾众人从背后攻击叛军的意见，坚持认为应该退而攻南昌。结果证明他的判断是对的，南昌城攻下之后，朱宸濠彻底失去了反击的根据地。

其实，王阳明的军事思想和用兵之道也适用于我们的生活。人生是一场华丽的舞会，聪明人往往选择跳探戈，自始至终保持着优雅奔放、进退自如的姿态。我们无论处于何时何地，都会遇到各种各样的人，都要与各种各样的人相交相处。在人际关系中，难免会出现磕磕碰碰，难免会发生问题。有人说：只要有人的地方，就会有争斗。若想与他人和平相处，就要拥有一个良好的人际关系网，在原则范围内，偶尔的吃亏，偶尔的退让，既是一种包容的胸怀，也是一个友好的讯号。若太过计较，双方都将陷入泥潭而难以挣脱，就像是那些在篓中互相钳制难以逃生的螃蟹。

一个青年到河边钓鱼，遇到一捕蟹老人，身背一个大蟹篓，但没有盖上盖子。他出于好心，提醒老人说："大伯，你的蟹篓忘了盖上。"

老人回头看了他一眼，微微一笑："年轻人，谢谢你的好意。不过你放心，蟹篓可以不盖。要是有蟹爬出来，别的蟹就会把它钳住，结果谁都跑不掉。"

那一篓互相钳制的螃蟹是否曾想到，钳住别人也就堵住了自己的出路。在现实生活中，留三分余地给别人，就是留三分余地给自己，就像跳探戈一样。

探戈是一种讲求韵律节拍，双方脚步必须高度协调的舞蹈。探戈好看，但要跳好探戈绝非一件轻而易举的事，很多高手均需苦练数年才能练就炉火纯青的舞技。跳探戈与处世，有着许多异曲同工之处，亲子、朋友、同事、上下级之间，如果能用跳探戈的方式彼此相处，彼此协调，知进知退，通权达变，不但要小心不踩到对方的脚，而且要留意不让对方踩到自己的脚。这样，人与人之间才能和睦相处。

与人方便就是与己方便，在人生中，将别人渴望的东西主动送上门去，能免愤恨、招感激，为自己赢得一份宝贵的人情，给自己以后的人生留下了余地。因为世事艰险，谁也说不准会遇到什么天灾人祸，如果不注意在人生的点滴处留人情，就会无形中给自己埋下不少可怕的定时炸弹！而如果得饶人处且饶人，适当地网开一面，也许就在无形中消除了很多危险。

宰相肚里能撑船

"凡人言语正到快意时便截然能忍默得,意气正到发扬时便翕然能收敛得,愤怒嗜欲正到胜沸时便廓然能消化得,此非天下之大勇者不能也。"

——王阳明

"宰相肚里能撑船"不是一句虚话,但凡真正的大人物,都有相对广阔的胸襟,斤斤计较之辈,一般难有太大的出息。

王阳明虽然没有做过宰相,却比一般宰相还要大度。平定了叛乱,俘虏了宁王朱宸濠之后,他先是把功劳全都让给了别人。而之后,朝中太监张永向王阳明索要朱宸濠筹备造反时打通关系送礼行贿的账本,张永本想借此账本整理整理那些平时跟王阳明唱反调的人,但王阳明却声称把这个账本给烧了。在他眼中,叛乱已经平定,再没有理由大动干戈,就到此为止吧!

一个真正成功的人,必须要有博大的胸襟。一个胸襟宽广的人,才能不被狭隘偏私所限制,才能认识生命真正的意义,成为识人才的伯乐,眼光高远,千金买马骨。

曹操在诗中所说:"青青子衿,悠悠我心。但为君故,沉吟至今。"无论在什么时代,人才永远都是最重要的。人才难得,所以很多政治家对冒犯自己的人才往往能既往不咎,收为己用。这也是他们能成就霸业的关键。

齐桓公即位后,即发令要杀公子纠,并把管仲送回齐国治罪。因为管仲做公子纠的师傅时,想用箭射死齐桓公。结果齐桓公假死逃过一劫。管仲被关在囚车里送到齐国。鲍叔牙立即向齐桓公推荐管仲。齐桓公气愤地说:"管仲拿箭射我,想要我的命,我还能用他吗?我恨不得杀之而后快!"鲍叔牙说:"以前他是公子纠的师傅,所以他用箭射您,这不正好体现了他对公子纠的忠心吗?而且要是论起本领来,他比我强多了。主公如果要干一番大事业,我看管仲可是个用得着的人。"

齐桓公也是个豁达大度的人,听了鲍叔牙的话,不但不治管仲的罪,还立刻任命他为相,让他管理国政。管仲帮着齐桓公整顿内政,开发富源,大开铁矿,多制农具,后来齐国越来越富强了。

齐桓公既往不咎,原谅了管仲的冒犯,原因在那儿呢?一是各为其主;二是管仲确有大才。还有最重要的一点是齐桓公确实是一个有胸襟的人。化敌为友,使其成为自

鲍叔牙劝齐桓公要以宽容为怀。

帮助刘邦平定天下的韩信也曾忍受胯下之辱。

己最得力的干将，这是古代领导者常见的戏码。

我们常说，滴水之恩，当涌泉相报，就是这个道理。对别人的好，以后都会反馈回来的。《孙子兵法》里最精妙的招数要数"攻心"。而要攻心，就得有一颗有容乃大的心。能够包容、忍受别人不能忍受的苦难甚至屈辱，才能成就别人无法成就的大事业。

韩信是淮阴人，他幼年丧父，后来母亲也在贫病交加中死去了。韩信从小只好读书习武，不会种田、做生意，到了无以为生时，只得到邻里家中混饭吃。

一天，韩信遇到一群恶少，其中一个侮辱韩信说："别看你长得又高又大，好佩刀剑，其实是个胆小鬼。你要是怕死，就从我的胯下钻过去。"韩信牢牢地盯着他看了好久，终于忍了气爬着从他的胯下钻了过去。市井人皆耻笑韩信，认为他胆小如鼠，这就是"胯下之辱"。后来，刘邦在韩信的帮助下终于打败项羽，平定了天下。

韩信可谓是一个聪明顾大局的人。如果当时韩信一怒之下杀了那个无赖，吃了官司置身于牢狱之中，还谈什么抱负。要想能屈能伸就得学会忍，忍气吞声是一种肚量，能够克己忍让，是深刻有力量的表现，也是雄才大略的表现；能够明白轻重，分清大小的人才具有成大业的潜质。

王阳明接受两广新命的时候，当朝的小人对其的诬陷仍然不断，朝廷没有对其给予任何的澄清，但是王阳明把天下百姓的安危放在最重要的位置，不顾病体，踏上了前往广西收拾残局的道路。没有私心也就自然能够容忍小人的不仁，生活中，我们虽然没有机会面对这样的重大选择，但也应该学学王阳明，凡事不要总考虑自己的利益，心自然就能容纳更多。

容人方能得人之心

"处朋友，务相下则得益，相上则损。"

——王阳明

嘉靖元年（1522年），一位泰州商人穿着奇装异服来到王阳明家里求学，想拜入王阳明门下，王阳明一口答应了。不久，这人就打算穿着奇装异服出去游历、讲学。王阳明问他为什么要穿成这样，这人便以反对理学陋规，讲究心学为借口。王阳明知道他是怕别人看不起，所以才穿着奇异的服装，打着王阳明的旗号出去讲学，便一口拆穿了他,说他只不过是想出名罢了。这人一听被老师看穿了,只想收拾起最后一点尊严离开,没想到王阳明没有计较,反而继续留他在家里。从此这个人洗心革面、一心向学,他就是王阳明最优秀的学生、泰州学派的创始人——王艮。

人们常说水至清则无鱼,人至察则无徒。如果你是别人的上级或者师长,不能容忍下属、学生的任何过错与不足,久而久之是很难在下属或者学生之中树立起威信的。

其实,历史上有很多明君,他们都是睁一只眼闭一只眼,在小事情上他们都无比糊涂,不会把下属逼得每日战战兢兢,如临深渊、如履薄冰。当然遇到大事情或者触犯大原则的时候,他们也毫不客气,一点也不手软。容忍别人的过错,是一个人心胸宽广的表现,同时也是一种生存的谋略。

楚庄王逐鹿中原,连续几次取得了胜利。庄王设宴款待群臣。席间,庄王命最宠爱的妃子为参加宴会的人敬酒。

这时,天色渐渐暗下来,大厅里开始燃起蜡烛。猜拳行令,敬酒干杯,君臣喝得兴高采烈,好不热闹。忽然,一阵狂风刮过,客厅内所有的蜡烛一下全被吹灭,整个大厅一片漆黑。庄王的那位美妃,正在席间轮番敬酒,突然,黑暗中有一只手拉住了她的衣袖。对这突然发生的无礼行为,美妃喊又不敢喊,走又走不脱,情势紧迫之下,她急中生智,顺手一抓,扯断了那个人帽子上的缨。那人手头一松,美妃趁机挣脱身子跑到楚庄王身边,向庄王诉说被人调戏的情形,并告诉庄王,那人的帽缨被扯断,只要点明蜡烛,检查帽缨就可以查出这个人是谁。

楚庄王听了宠妃的哭诉,出乎意料地表示出很不以为然的样子,趁烛光还未点明,便在黑暗中高声说道:"今天宴会,盛况空前,请各位开怀畅饮,不必拘礼,大家都把自己的帽缨扯断,谁的帽缨不断谁就是没有喝好酒!"群臣哪知庄王的用意,为了讨得庄王欢心,纷纷把自己的帽缨扯断。等蜡烛重新点燃,所有赴宴人的帽缨都断了,根本就找不出那位调戏美妃的人。就这样,调戏庄王宠妃的人,不仅没有受到惩罚,就连尴尬的场面也没有发生。按说,在宴会之际竟敢调戏王妃,堪称杀头之罪了。楚庄王为什么蓄意开脱,不加追究呢?他对王妃解释说:"酒后失态是人之常情,如果追查处理,反会伤了众人的心,使众人不欢而散。"

时隔不久,楚庄王借口郑国与晋国在鄢陵会盟,于第二年春天,倾全国之兵围攻郑国。战斗十分激烈,历时三个多月,发动了数次冲锋。在这场战斗中有一名军官奋勇当先,与郑军交战斩杀敌人甚多,郑军闻之丧胆,只得投降。楚国取得胜利,在论功行赏之际,才得知奋勇杀敌的那名军官,名叫唐狡,就是在酒宴上被美妃扯断帽缨的人,他此举正是感恩图报啊!

如果说当年楚庄王"三年不鸣,一鸣惊人"之举表现出他在诸侯中问鼎称霸的韬略和气魄的话,那么在宴会中绝缨之事,则表现了他宽容大度的襟怀。

容人之过,方能得人之心。有过之人非常希望看到他人的宽容和友谊,希望得到悔过自新的机会。这种需要一旦得到满足,其对立情绪便会立即消失,感恩戴德,"得人滴水之恩,必当涌泉相报"的情感很快在心理上占据主导地位。在这个基础上,稍加引导,就会产生像"戴罪立功"那样的心理效果。

一名统御者能宽宥属下的某些过失,宽大为怀,容人之过,念人之功,谅人之短,扬人之长,必然会得到部下的奋力相报,在客观上为自己留下了一条后路。

不急人怒,忍让内敛

"往年区区谪官贵州,横逆之加,无月无有。迄今思之,最是动心忍性砥砺切磋之地。"

——王阳明

世间什么力量最大?忍辱的力量最大。拳头刀枪,使人畏惧,但不能服人,唯有忍辱才能感化强者。诸葛亮七擒孟获,廉颇向蔺相如负荆请罪,此皆忍辱所化也。

王阳明也坦言,当时被贬谪贵州,逆来顺受、一无所有的境地,是最能锻炼自己忍耐力、最能够使他静心忍性的地方。在军事思想上王阳明最擅长的就是绝地反攻,在平定朱宸濠叛乱的时候,王阳明率领的义军几次陷入绝境却又几次奇迹般地获得胜利,最终打倒了朱宸濠。即使在自己占据兵力优势的时候,王阳明也善于忍耐、再忍耐,等到最佳时机用最少的损失获得战斗的主动权和最终的胜利。他善于忍耐,善于放低自己的位置,这样的军事思想源自他的自信和忍耐。

"自行本忍者为上"。做人要忍,尤其对那些性情暴躁之人,遇事不要轻易发火,要学会自制,否则,得罪的人多了不利于自己日后的发展。

富弼忍让内敛,不与人争。

富弼是北宋仁宗时一位品行很好的宰相,然而富弼年轻的时候,因能言善辩常常在无意间得罪了不少人,给自己的事业、生活带来了不利影响。

经过长期的自省,他逐渐变得宽厚谦和。所以,当有人告诉他谁在说他的坏话时,他总是笑着回答:"怎么会呢,他怎么会随便说我呢?"

一次,一个穷秀才想当众羞辱富弼,便在街心拦住他道:"听说你博学多识,我想请教你一个问题。"

富弼知道来者不善,但也不能不理会,只好答应了。

秀才问富弼:"请问,欲正其心必先诚其意,所谓诚意即毋自欺也,是即为是,非即为非。如果有人骂你,你会怎样?"富弼想了想,答道:"我会装作没有听见。"秀才哈哈笑道:"竟然有人说你熟读四书,通晓五经,原来纯属虚妄,富弼才智驽钝,充其量不过是个庸人而已!"说完,大笑而去。

富弼的仆人埋怨主人道:"您真是难以理解,这么简单的问题我都可以回答,怎么您却装作不知呢?"

富弼说道:"此人乃轻狂之士,若与他以理辩论,必会剑拔弩张、面红耳赤,无论谁把谁驳得哑口无言,都是口服心不服。书生心胸狭窄,必会记仇,这是徒劳无益的事,又何必争呢?"

几天后,那秀才在街上又遇见了富弼。富弼主动上前打招呼。

秀才不理,扭头而去;走了不远,又回头看着富弼大声讥讽道:"富弼乃一乌龟耳!"

有人告诉富弼那个秀才在骂他。

"是骂别人吧!"

"他指名道姓骂你,怎么会是骂别人呢?"

"天下难道就没有同名同姓之人吗?"

他边说边走,丝毫不理会秀才的辱骂。秀才深感无趣,便走开了。

人的一生中,谁都难免会遇上像富弼这样难堪的局面,遭到他人不公正的批评甚至辱骂。富弼用行动告诉我们,不论是卑鄙的、恶毒的、残酷的,你千万不要被对方一句不公正的批评或难听的辱骂而变得像对方一样失去理智。获胜的唯一战术,就是保持沉默,不和别人发生正面冲突,就连多余的解释也没必要。如果别人骂你,你大可以把他当成空气,对他置之不理。因为在这种情况下,相互争吵、辱骂既不会给任何一方带来快乐,也不会给任何一方带来胜利,只会带来更大的烦恼、更大的怨恨、更大的伤害。退一步讲,在

王阳明认为忍让内敛是对人心性的最好磨炼。

对骂中没有占上风的一方,当众出丑,带来的只是对自己的怨恨。占了上风的一方,虽然把对方骂得体无完肤,又能怎么样?只能加深对立情绪,加深对方的怨恨。

成功学家戴尔·卡耐基说:"要真正憎恨对方的简单方法只有一个,即发挥对方的长处。"憎恶对方,恨不得剥他的皮、吃他的肉,而其结果则只能是使自己焦头烂额、心力交瘁。卡耐基的"憎恶"是另一种形式的"宽容",憎恶别人不是咬牙切齿,而是把对方的长处化为自己强壮身体的钙质。

为了更好地保全自己、发展自己、成就自己,我们就要学会俯身,放低姿态,在社会生活中表现得谦逊、低调、圆融、平和。因为,许多时候,正是我们的"低姿态"、我们的"内敛",才使我们的人生更加完满。

恕人之过,释人之嫌

"及至吾身与至亲,更不得分别彼此厚薄。盖以仁民爱物,皆从此出;此处可忍,更无所不忍矣。"

——王阳明

王阳明推崇心学之说,认为万事万物要从自己内心中去寻求。在当时宋儒理学流行的年代,心学是一种突破性的学说,让人在一片茫然中看到了希望,所以听王阳明讲心学的弟子逐渐遍布天下。王学的风靡,让朝中当权者们受到了威胁,于是非难王阳明及心学。弟子们为老师受到这样的待遇很是不满,纷纷为王阳明打抱不平。王阳明倒是宽宏大度,一如既往地进行着自己的讲学事业。

一个人若能有宽宏的度量,他的身边便会集结起大群知心朋友。大度,表现为对人、对事能"求同存异",不以自己的特殊个性或癖好对待他人;大度,也表现为能听得进各种不同意见,尤其能认真听取相反的意见;大度,还要能容忍他人的过失,尤其是当他人对自己犯有过失时,能不计前嫌,一如既往;大度,更应表现为能够虚心接受批评,发现自己的过失,便立即改正,和他人发生矛盾时,能够主动检查自己,而不文过饰非、推诿责任。大度者,能够关心人,帮助人,体贴人,责己严,责人宽。王阳明曾说,自己和亲人之间都不应该分彼此薄厚,应该以仁爱宽容的心去对待人民和世间万物。这里可以忍耐,就没有别的不可以忍耐的地方了。

人与人在相处中,难免会发生矛盾,出现这样或那样的失误与差错,如果你不让我,我不让你,就很容易引发争斗。这时,我们就需要打造宰相的"肚子",既宽容他人也宽容自己。

朝廷里有位高官这日在家中宴请宾朋,酒过三巡之后,高官向一旁的悬云观道士请教道:"怎样才能提高一个人的修养?"

道士说:"从最根本做起。"

高官道:"愿闻其详。"

道士说："在你对别人求全责备的时候，想想自己是不是已经做到了，在指出别人不对的时候，看看自己是不是做正确了。所谓'严于律己，宽以待人'便是此理。"

按照这位道士的话，人最根本的修养就是用宽容之心对待别人。宽容是一门做人的艺术。宽容待人，首先要在心理上接纳别人、理解别人、体谅别人，在接受别人的长处时，也接受别人的短处。其次，当你遇到事情打算用愤恨去实现或解决时，不妨试着去宽容，或许它更能帮你实现目标，解决矛盾，化干戈为玉帛。

把自己当成别人，站在对方的角度去体会对方的情感；把别人当成自己，感同身受，亲身去体验别人的感受；把别人当成别人，我们无法强求别人改变，只能去理解别人；把自己当成自己，我们的一切理解和包容并非为了别人，而是为了自己，设身处地地宽容别人，其实也是在宽容我们自己！

容人之过、释人之嫌是一种为人的度量，也是一种谋略。大肚能容，方能得人之心。人非圣贤，谁能不犯错误呢？人犯了错之后，总是非常迫切地希望得到别人的宽容，给他一次悔过自新的机会。所以，对于一些不属于罪在不赦的错误，为什么不给对方一个改过的机会呢？对方一旦重新获得别人的宽容，就会产生感恩图报的心理，以期通过自己加倍的改过表现来获得对方的认可。

忍小事成大事

"其后谪官龙场，居夷处困，动心忍性之馀，恍若有悟。"

——王阳明

王阳明自言被贬谪龙场后，居住在蛮夷之地，处境贫困之极，但是自己"动心忍性"，最终有所领悟。那时候的王阳明初入官场，胸怀大志却被奸臣刘瑾暗算，贬谪到贵州，甚至在路上险些遭到杀害。但他还是忍下了这口气，巧妙地躲过了暗杀，走马上任。也正是因为他的隐忍，暂时打消了刘瑾的疑心，保住了性命；更是因为他暂时的隐忍才有了后来的"龙场悟道"，从此创立了心学。

王阳明虽被贬，心中志向也被扼杀，但他仍然不急不躁，不仅避免了杀身之祸，还成就了自己的前途。在现实生活中，性格急躁、粗心大意的人，难以办成大事；性情温和、内心安详的人，必然万事顺意。不掌握自己命运的人，必定要被命运所捉弄。

王阳明学说强调人要有忍耐之心。

图解 王阳明心学

世外高人调教爱生气的妇人。

古时，有位妇人经常为一些琐碎的小事生气。她也知道这样不好，便去求一位世外高人为自己开阔心胸。世外高人听了她的讲述，一言不发，把她领到柴房中，上锁而去。妇人气得跳脚大骂。骂了许久，世外高人也不理会。妇人转而开始哀求，世外高人仍是置若罔闻。妇人终于沉默了。世外高人来到门外，问她："你还生气吗？"

妇人说："我只为我自己生气。我怎么会到这个地方来受罪。"

"连自己都不能原谅的人，怎么能心如止水？"世外高人转身而去。

过了一会儿，世外高人又问她："还生气吗？"

"不生气了。"妇人说。

世外高人问："为什么？"

妇人答："生气也没有办法呀！"

"你的气并没有消逝，还压在心里，爆发后，将会更加剧烈。"世外高人又离开了。

世外高人第三次来到门前，妇人告诉他："我不生气了，因为不值得生气。"

"还知道不值得，可见心里还有衡量的标准，还是有'气根'。"世外高人笑道。

看到世外高人的身影迎着夕阳立在门口时，妇人问他："什么是气？"

世外高人将手中的茶水倾洒到地上。

妇人看了一会儿，突然有所感悟，于是，她叩谢而去。

妇人问"什么是气"。高人想说的是：气，其实是一种需要上的失落。当我们容许别人来掌控自己的情绪时，本身就已经成为一个受害者，当对发生的现况无能为力的时候，抱怨与愤怒便成了唯一释放的选择。生气就是在用别人的过错来惩罚自己。既然如此，又何必生气呢？

莫生气，因为生气伤身又伤神。每个人都有自己的情绪，要学会控制，否则，有些过分的语言和行为，会误事更会伤人。要做大事，要成大事，关键在于一个"忍"字。人常说，忍字头上一把刀。忍耐是痛苦的，但是忍字也有一颗心。如果多一些容忍，不管是包容别人的人，还是被包容的人都会获得身心的愉悦。

古代有个叫张崇的人，年轻的时候在山坡上放牛，没多久张崇便不知不觉地打起盹来。这时，他被一声牛叫惊醒，他看到自己的邻居蹑手蹑脚地抓起缰绳，把自己家的牛牵走了。

张崇并没有马上喊叫起来，他很了解这个邻居的情况，由于家里贫困，邻居家已经很久没吃上肉了。张崇从地上起来，不动声色地跟在邻居的后面。

到了邻居家后，张崇看到邻居正在磨刀，看样子是要宰牛。此时，邻居发现张崇立在一旁，顿时满脸羞愧，拿刀的手不知往哪里放。张崇并没有责怪邻居，而是对他说了一个故事。

原来，张崇小时候家里的日子过得很艰难，常常吃了上顿没下顿，一次，他跑到一户人家的地里，偷了一个西瓜，主人发现后并没有说什么，而是从地里又拿来节西瓜给张崇吃，临走还让他捎上几个。

过了十几年，张崇在京城当了官，经常对手下人讲起这两个故事，说："我用我自己的行为去感染对方，这要比责骂杀头有用得多，如果天下人都这么做，那么我们就能看到太平之世了。"

张崇宽恕并教导盗牛者。

西瓜的主人并没有责备张崇，反而给他西瓜吃。张崇被感染了，于是当自己的牛被人牵走时，他也没有责骂，而是忍耐着，用行动去感染。所谓小事不忍，难成大谋。为人要学会忍耐，如果一点小事都不能容忍而发脾气，就只会坏事。只有下定决心耐住性子，才能做成事，否则就会有麻烦缠上身。只需忍耐，明天就一定会有阳光。

明朝初期，宋儒理学占有统治地位，但是王阳明的学说问世后刮起一股新风，开辟了儒学新的局面。但是也遭到了不少学者的非议。如同朝为官的吴廷翰就"知行"的问题对王阳明的学说进行了批判。他认为，人所认识的是外界的客观存在，强调感性的知和行在认识中的作用，也就是说，知便物的对应，"不可求知于物之外""言知之物，乃知之着实处"，假如离开了外界事物，则只有"空知"，失去了认识的对象和来源等。王阳明对于他人的批判，指责，并没有表现出多么的不满，而是包容大度，他认为这是学术发展的正常现象。暂且不说学术上的对与错，只看王阳明的包容之心。

每一位优秀人物的身旁总会萦绕着各种纷扰，对它们保持沉默要比寻根究底明智得多。我们应当保持一种温和平静的心态，从容地面对那些纷扰。

生活中有些事情或许你永远不会习惯，但这样的日子你还得一天一天地过下去，所以你必须学会忍耐。没有能力改变现实，那么你就必须忍耐、适应，等一切都过去了，剩下的就是美好的了。

我们应当保持一种温和平静的心态，从容地面对那些纷扰。

◎第十四章◎
利他心：己所不欲，勿施于人

善待别人就是善待自己

"君子贤其贤而亲其亲，小人乐其乐而利其利。"

——王阳明

王阳明带兵打仗，所到之处，都会站在当地百姓的立场来看问题，想问题。王阳明在作任何决定的时候，都会从良知出发。他认为天地万物本是一体的，人民困苦，也就相当于自己身受困苦。这个时候他不仅在当地采取措施帮助人民逃离苦海，还上书朝廷帮助解决困难。

金钱、地位、名声种种都是披着豪华的外衣，招惹了一批又一批的追逐者。这其中有追逐成功的，被我们叫作富人、成功人士；有失败的，就是我们常说的平民、穷人。但是，这些仅仅只是外在的，就算富可敌国，终有一天，它们都会离你而去。所以，拥有财富、拥有荣誉，不光是光环那么简单，更多的是一种责任。这个时候，顾及的不只是个人而已，造福社会才是长久的可行之道。

正像王阳明说的，君子尊重并赏识贤德的人，而小人只顾自己享乐，只顾贪图自

君子人与君子人相亲善，正是所谓"择其善而从之"。

老百姓有老百姓的生活，让老百姓能够安居乐业，就是在位的贤君子们最大的善行。

己的利益。贪婪的本质是不安定，它像是长在人内心深处的一棵毒草，不断地腐蚀着本来清净的心灵。它时而蛰伏，时而膨胀，人若不能摆脱就只能受制，所谓人心不足蛇吞象，过于贪婪而没有节制只能招致生活的惩罚。无论是贫还是富，只要你能够帮助到别人，就不应该吝啬自己的善心。

年长者的慷慨。

两个同村的砍柴人相约去村西的山上砍柴，这两个砍柴人一个年长，一个少壮，都是砍柴的一把好手。但是相比之下，由于岁数和经验的差别，年长的这个砍柴人还是比少壮的这人显出更大的能力。

两人来到山上，拿出砍刀砍柴，村西的这座山，山势不高而且树木繁茂，一开始两个人的进度都相差不多，过了两个多小时，天气渐渐炎热起来，少壮的砍柴人躺在地上休息了一会，而年长的那位依然砍柴不止，并且已经从山的这边移到了山的那边。眼看就要比预计的时间提前一个多小时砍完柴。

这个时候，少壮的从梦中醒来，看看天色暗了下来，而自己还没有砍完今天的两捆柴，于是急忙起来，也不用砍柴刀，而是用手一根根地折断树枝和杂草。但是今天的天色不知怎地暗得比以往早，直到太阳落山，少壮的砍柴人也没有砍完今天所需用的柴火。

这时年长的喊他下山了，当这个年长的砍柴人看到他孤零零的一捆柴时，明白少壮的这人没有好好砍柴，他一声不响地拿过自己的一捆柴火，对少壮的说："这下够你用一天的了。后天我们再来砍。"

少壮的说："这些柴火都是用来卖钱的，你给了我，不是少了很多收入吗？"

年长的说："钱今天少赚，明天可以多赚，但是烧火做饭却是一刻不能受影响的。我这些柴火够我用了，而你也不会受饿，这不是两全其美的事情嘛。"

年长的砍柴人其实说出了我们很多人明白但又很难做到的真理——你是一个人享用此间的美好，还是将这种美好散播到每个人的身上，独乐乐不如众乐乐？其实，再平凡再普通的人只要有一颗爱心，一样能做出让所有人感动的善行。而那些只顾自己享乐的人大多是因为心中欲望太多，不能一一得到满足，于是产生烦恼，就会觉得苦。人为了摆脱这种感觉就会竭尽全力地再次索取，像是困在海上的水手，船仍在海上，彼岸遥遥而淡水枯竭，无边浩瀚的海洋就像是诱惑无数的花花世界，第一口海水本意为了解渴，哪知命运却也就此断送在了这一口海水中。

欲望是无穷的，贪婪像是一把利刃，不能丢下就不能踏上苦海之岸，心中揣着太

▲ 王阳明学说强调人要做善行。

多的贪念，行走尚且蹒跚，又怎么回头？不回头，哪里是苦海的岸呢？要想上岸，必须除去贪念，提起一颗爱心，将奉献当作一种快乐。

王阳明晚年回答学生的书信中写道：择其善而从之。就是强调要做善行。善待别人、给予他人就是奉献，所奉献的不仅仅是物质财富，还包括精神和理念。这是抵制贪念的第一利器，是一个人充满爱心的具体表现，更是一个人有智慧和有责任心的表现。通过帮助别人可以体验到快乐，所以说，善待别人，也就是善待了自己。

自利则生，利他则久

"夫道有本而学有要，是非之辩精矣，义利之间微矣。"

——王阳明

王阳明很注重个体的社会责任，个体作为社会的存在，同万事万物是共存的关系，这个观念便具体化为以仁道的原则对待一切社会成员并真诚地关心、友爱他人。他那看似不容于世，其实又处于俗世的一生始终都坚持着通过仁爱来显现内心的良知。即便抱负冤屈，坎坷一生也是如此。

利他方能自利，害人实际是在害己。敬人者，人敬之；爱人者，人爱之；损人者，人损之；欺人者，人欺之。所以，我们应该做到自利利他，不可损人利己。我们每一个人都有两只手和两只脚，这本来就是为劳动而准备的，倘若我们不将它们用来劳动，不但让双手双脚发挥不了作用，而且对身体也没有任何好处。换句话说，倘若常常劳动，身体必定很健康。这样对双手双脚有利的同时也对身体有利，可谓是一举两得。而在王阳明看来，义与利之间的差别很小，也就是说，如果能做一些"义"事，对他人有益，自己也一定能获得利益。

利己是人与生俱来的本性，它归根结底源自生存的需要。但人是生活在群体之中的，单方的利己行不通，互相帮助更有利，帮助别人是帮助自己，于是产生了群体中利他的行为准则。

雍正年间，京城有一家规模很大的药店，他们的药物质地好，连皇上都信得过他们，并允许他们给皇官供药。

有一年，由于前一年是暖冬，没怎么下雪，一开春的时候，气候反常，所以在三月里的会试能不能顺利进行，就成了朝廷最为担心的事情。因为当时清廷招募考生，都是在科场号舍举行的，那里多为应付考试搭建的，里面空间狭窄，伸不开腿，也直不起腰。考生从开考到结束，三天不能出号舍，这样身体差一点的就会支撑不住，再加上天气的原因让很多考生的精神都变得萎靡。

根据这一年的实际情况，那家药店赶治了一批治时气的药散，并托付内阁大臣奏明皇上，说要送给每一个考生，让他们备不时之需。雍正帝正在为会考的事情发愁，见这家药店主动为皇上解忧，自然大加赞许。于是，这家药店派专人守在考场门口，给每个考生发派药物，并且附带一张宣传单，上面印上了他们药店最有名的药物。结果，一半是因为药店的支持，另一半是由于当年考生的运气好，很少有人中场离席。由此一来，不管是中举的还是没中的，人们纷纷来这家药店买药。由于考生们来自全国各地，自此以后，全国的人都开始知道了这家药店，并且都来支持他们的生意。

只用了很少的本钱，却换来了大生意。这家药店能够赢得这么大的成功，就是因为它懂得利他方能自利的原则。

一个人活在世上，虽然不能做到利人不利己，最少要能从利己想到利人，此所谓"自利利他"。利己与利他并不总是处于对立的位置，很多时候，二者完全可以统一起来，人都有利己的一面，这是由于每一个生命个体都有自己生存的各种各样的需求，人的一切行为都是为了满足自身的需要，因此人的行为动机为利己。在利己的意识驱动下，人做出了种种行为，而这种种行为的客观结果产生了利他。

如果我们每一个人都能做到利他，那么我们每个人也都会得到自利，这便是所谓的"我为人人，人人为我"。因为我们在别人眼中也是"他"，对别人来说是利他，对自己来说就是利己。如果人人都不管"他人"，而只顾自己，那么我们自己就成为了人人都不管的"他人"，而只有自己去关心自己。然而，在这个群体共生互助依存的社会上，只靠自己关心自己是远远不够的，一个人的能力是有限的，需要借助他人的力量。因此，对于我们每一个人而言，利他方能利己，所以，用一颗利他的心去对待他人才是生存之道。

爱出者爱进，福往者福来

"意在于仁民爱物，即仁民爱物便是一物。"

——王阳明

正德年间，宁王朱宸濠叛乱，时任赣南巡抚的王阳明手里既没有平叛的兵权也没有平叛的御旨，打倒朱宸濠的叛军对他来说不是责任也不是义务，但是他却毅然挑起了平叛的重任，为的不是别的，就是为了报国救民，为的就是使千千万万的无辜百姓免受硝烟战火的蹂躏和摧残。也正是因为王阳明对百姓的爱和付出，当他义旗高举的时候在短短十几天内就获得了众多百姓的支持。平叛后，智勇双全的王阳明也自然受到了黎民百姓的爱戴。

孟子向邹穆公阐释果报的道理。

"爱出者爱返，福往者福来"。为他人奉献善心，为社会造福祉，他人和社会必定会以善回报于我们。这就好比因果循环，我们种下了什么样的因，也将会收获什么样的果。

人们之所以不快乐，是因为不明白仁爱的道理。往往忽视了自己也是需要付出的，而去一味地寻求结果，结果只会导致不分青红皂白的怨天尤人，抱怨自己没有得到幸福和快乐。福往与福来间，我们都要为自己的举动负责，因果之间不只是简单的报应关系，而是一种对责任的深化。如果心中有爱，胸中有福，不是一人独享，而是与人分享，那人生又有什么苦恼可言呢？

孟子在与邹穆公对话时，引用了曾子的话，"出乎尔者，反乎尔者也"，这都是因果报应的观念。古今中外，一切事情都逃不开这个因果律。因果，最简单的解释，就是"种什么因，得什么果"，这是自然界的普遍法则，世界上没有任何一种结果不是从它的原因生成，正所谓"种瓜得瓜，种豆得豆"，福往者才能福来。关于因果之缘的古今轶事，实在不胜枚举。

春秋时期，秦穆公在岐山有一个王室牧场，饲养着各种名马。有一天几匹马跑掉了，管理牧场的牧官大为惊恐，因为一旦被大王知道，定遭斩首。牧官四处寻找，结果在山下附近的村庄找到了部分疑似马骨的骨头，心想，马一定是被这些农民吃掉了。牧官大为愤怒，把这个村庄的三百个农民全部判以死刑，并交给穆公。

牧官怕秦穆公震怒，于是带领这些农民向穆公报告说，这些农民把王室牧场里的名马吃掉了，因此才判他们死刑。穆公听了不但不怒，还说这几匹名马是精肉质，就赏赐给他们下酒。结果这三百个农人被免除了死刑，高兴地回家了。

几年后，秦穆公与晋惠公交战，陷入绝境，士兵被敌军包围，眼看快被消灭，穆公自己也性命堪忧。这时敌军的一角开始崩裂，一群骑马的士兵冲进来，靠近秦穆公的军队协助战斗，这些人非常勇猛，只见晋军节节败退，最后只得全部撤走，穆公脱离险境。到达安全地点后，穆公向这些勇敢善战的士兵表达自己的谢意，并问他们是哪里的队伍。他们回答说：我们是以前吃了大王的名马，而被赦免死罪的农民。

秦穆公的善举最终获得了好的回报。因果也就是这个道理，一念之善救人救己，人生就是如此。一个人在其漫长的一生中所走的每一步，都已为明天埋下了伏笔。我们所做的每一件事，都如同我们撒下的一粒种子，在时光的滋润下，那些种子慢慢生根、发芽、抽枝、开花，最终结出属于自己的果实。我们自己所种下的因，遇到适合的条件就会产生一个结果。在这个世界上，因果自有定，做人不执着、不自私、不占有，为而无为，所得与所想，虽常不一致，但皆由人自己制造。

我们种了什么种子，自然结出什么果子。善得善果，恶得恶果。

世间的爱就犹如这因果一样可以循环。爱，给予别人，不见得有直接的回报，但最终也会循环到自己身上。如果每个人在爱护自己的同时，也去关爱别人，那么最终自己也能得到更好的爱护。

秦穆公宽厚得回报。

爱出者爱进，福往者福来。世间的爱与福皆在这因果当中，等着我们去播撒与收获。

与人为善，暖人暖己

"然爱之本体固可谓之仁，但亦有爱得是与不是者；须爱得是方是爱之本体，方可谓之仁。"

——王阳明

早年间王阳明立志于格物穷理，在他看来，明白善与恶的差别就是良知，而怀有善心做一些善事，反对和去除一切"恶人""恶事"便是格物，便能穷理了。其实，无论我们做什么工作，如果能秉持多付出一点爱心的原则，成功就是必然的。

"人之初，性本善"是人所共知的《三字经》的开篇语，但是长大的我们心中是否还留有这一份善呢？也许我们有，也许我们的心里早就被不良诱惑挤满了，不再有善的踪迹。然而，善良依然是这个世界最感人的力量，它使我们充满力量与勇气，使我们赢得尊重和支持，帮助我们一步步走向成功。

东汉的开国皇帝刘秀精于谋略，智勇兼备。刘秀在征伐天下的过程中，十分注重御心之术，很多棘手的问题他都能轻松化解，最终战胜所有对手，拥有天下。

建武三年（27年），刘秀亲率大军前往宜阳，截断了赤眉军的退路。赤眉军无可奈何只好投降。

刘秀的手下深恐赤眉军再起叛乱，私下对刘秀说："陛下仁爱待人，只需安抚住赤眉军将士即可。刘盆子身为敌人头领，难保不生二心，此人不可不除啊。"

刘秀对手下人说："行仁义，全在心诚无欺，如此方有效力。朕待他不薄，他若再反，那是他自取灭亡；朕若背信枉杀，乃朕之失，自不同也。"

刘秀对刘盆子赏赐丰厚，还让他做了赵王的郎中。

在刘秀的治理下，天下混乱的局面也平息下来，日渐安定。

刘秀懂得人心永远不是武力可以征服得了的，让人心服才是真正的征服。而善良仁爱的手段具有强大的力量，它在帮助别人的同时也帮助了自己。人的一生应该是施与爱的一生，只有这样，我们才能活出真正的自我，获得一个充实而美丽的人生。

善待社会、善待他人，并不是一件复杂、困难的事，只要心中常怀善念，生活中的小小善行，不过是举手之劳，却能给予别人很大帮助，何乐而不为呢？

心中有情有爱，世界才会风光无限。仁爱之心如一盏明亮的灯，它可以照亮我们的人生。所谓仁爱，就是先想到别人，能宽容别人，就是要与人为善。

楚惠王吃酸菜时，突然发现菜中有一条蚂蟥，他没有声张，不动声色地吞了下去，结果肚子痛得不能吃饭。令尹前来问候，关心地问道："大王怎么得了这种病？"

楚惠王说："我吃酸菜时见到一条蚂蟥，心想，如果把这事张扬出去，只是斥责庖厨等人，而不治他们的罪，就违反了法度，那样，今后我自己的威信就无法树立；如果追究他们的责任，就应该诛杀他们，这样，太宰、监食的人，按法律都将处死，我于心不忍啊。所以，我只好把蚂蟥悄无声息地吞咽下去。"令尹深深地施了一礼，祝贺道："我听说上天是铁面无私、六亲不认的，只是辅佐有德行的人。大王您大仁大德，正是上天保佑的人啊，这点小病是不会伤害您的。"当晚，楚惠王胃里的蚂蟥真的出来了，他也不用再忍受疼痛之苦。

古语云："人生一善念，善虽未为，而吉神已随之。"意思是说一个人只要心存爱心，即使还没有去付诸实践，吉祥之神已在陪伴着他了。楚惠王为使他人免除灾难，而不惜自己忍受痛苦的人，这样怎么会得不到上天的眷佑呢？爱人者，人恒爱之；敬人者，人恒敬之。

说到底，慈悲是一种关怀，是无条件地爱一切生命。播种爱心，慈悲为怀不仅能够得到内心的安静祥和，达到美好的境界，而且能够让别人获益，记取你的那份善良与美好。上善若水，涓涓细流，润物无声。播撒爱心，幸福触手可及。

爱人者人爱之

"圣人一生实事，俱播在乐中。所以有德者闻之，便知他尽善尽美，与尽美未尽善处。"

——王阳明

王阳明一生立志做圣贤，虽然父亲反对，觉得他"做圣贤"的志向根本就是无稽之谈，因为历史上能够成为圣贤的人只有寥寥数位，父亲觉得王阳明只是痴人说梦罢了。可是，王阳明却从未停下过脚步，始终向着自己的目标迈进。他说，圣人一生要做的事情就是在人世间播种欢乐。他认为，生命因为有了爱，而更加富有。善良是我们的灵魂所固有的一种感情，行善是一种美德。善行既可以帮助身处困境中的人，又可以使自己的心灵得到安慰，使自己的修养得到提升。

当我们将手中的鲜花送与别人时，自己已经闻到了鲜花的芳香；而当我们要把泥巴甩向其他人的时候，自己的手已经被污泥染脏。与其在自我中心导致的疏远冷漠中承受孤单，不如走出自我封闭的心门，在融洽的互相交往中感受快乐——彼此的快乐。

私心使人昏聩到叫水流停止的程度。

有一句话叫"生命不是用来自私的"，这是对人生的一种呼喊与渴求，自私的人，时刻在想着自己，而忽略了世间的其他人。他们总是认为整个世界就是为了他而存在，地球也是为了他而旋转的。

从前有一个人，经过长途跋涉，非常疲乏和干渴。他看见一条竹筒连成的水道淌出清清的细流，就赶紧跑过去捧水便喝。喝饱后，他满足地对竹筒说："我已经喝够了，水就不要再流了。"他说完后，发现水依然细细地流着，心中发起了火，"我说我喝完了，叫你不要再流，为什么还流？"有人见到他这个样子，暗自发笑，上前开导说："你真没有智慧。你自己为什么不离去，反叫水不要流呢？"

希望那些水只为自己而流，不过是自私心理在作祟。无论是谁，都会有私心，这是人类天性中的缺陷，但这种缺陷并非无药可救。即使我们无法做到"舍弃小我，成全大我"，但基本的仁爱也是应该有的，它可以帮助人们摒弃私心，它可以让人们明白：自己对别人的态度，就是别人对自己的态度。很多时候，我们无须专门地去为别人做些什么，只要在想到自己的同时能想到别人，那么私心就已经开始远离，而一种共赢的局面就开始进入人们的生活。

王阳明说，人能够将天地万物看为一体，并不是他们特意这样去想，而是他们本有的善性和仁心。他们爱他人、爱生灵万物，把他人和万物视如自己身体的一部分，都是这种仁心善性的表现。

所以，生活在这个世界上，每个人都可能是给予者同时也是接受者。每个人都有需要帮助的时候，那么不如在别人需要帮助的时候宽心地、毫不吝啬地给予，那么在接受别人帮助的时候也不会因为曾经的吝啬和高傲而愧疚、难堪。

每一种善行都有回声

"善念发而知之,而充之。恶念发而知之,而遏之。"

——王阳明

慈悲不是出于勉强,它像甘露一样从天降下尘世,它不但给幸福于受施的人,也同样给幸福于给予的人。行善是一种幸福,当和尚出门化缘的时候,总是一家一家地敲门,其实这也是在提醒人们,时刻不要忘了做善事。

在平定了宁王叛乱之后,权奸江彬却依然怂恿贪玩皇帝朱厚照南下江西去平叛。王阳明知道,一旦江彬这些群盗小人到了江西,江西百姓肯定逃不过一番烧杀抢掠,所以他做出了一个决定——抗旨将反王朱宸濠押往南京,迫使朱厚照在南京止步。王阳明的抗旨,又是为了江西的百姓。

生活中,我们虽然做不成像王阳明那样的大事,却可以多为他人着想,做一些高贵的善事来提升自己的灵魂,让心灵获得了丰收。与其说是为了爱别人而行善,不如说是为了尊敬自己。

隋侯珠与和氏璧是中国珠宝玉石文化中最重要的代表作。古有"得隋侯之珠与和氏璧者富可敌国"之说。由此可见,隋侯珠的价值与珍贵。隋侯珠的来历也非常有传奇色彩。

汉姬姓诸侯隋侯,有一次出使齐国,途中见一蛇,被困在热沙滩上打滚,头部受伤流血,隋侯怜悯,急忙以物用药敷治,然后用手杖挑入水边让它恢复体力后游去。

一天夜里,隋侯从梦中惊醒,发现那只巨蛇口里衔着一颗硕大溜圆的珍珠盘踞在他的床头。巨蛇见他醒来便放下珍珠离去。原来巨蛇为报答隋侯的救命之恩,特意从江中衔来一颗硕大的珍珠给他,这就是"隋侯之珠"。

"隋侯珠"直径一寸,纯白色,夜里发光,可以照耀全室,世称为隋侯宝珠。

举手的善行,有可能像隋侯一样得到价值连城的回报。所以,"勿以善小而不为",人要让随时随地地行善成为一种习惯,在不断的行善的过程中会发现,人生的道路会越走越广。

王阳明反复强调心的本体是至善的,恶是不存在的,一旦受到外物的干扰动了恶的念头,既要及时制止,也就是他所说的为善去恶的功夫。所以,每个人都有一盏心灯。点亮属于自己的那一盏灯,既照亮了别人,更照亮了自己。善意的帮助别人,就好像一盏心灯。今天你帮助他人,给予他人方便,他可能不会马上报答,但他会记住你的好处,也许会在你不如意时给你以回报。

付出是一种精力,不但帮助了他人,还为付出的人创造了更多。这是一条真实的自然法则,不论付出的人想要什么或究竟发生了什么事。

诸恶莫作，众善奉行

"性之本体原是无善无恶的，发用上也原是可以为善、可以为不善的，其流弊也原是一定善一定恶的。"

——王阳明

王阳明认为人性本来是无善无恶的，所谓善恶都是人心造成的区别。而他自己也无时无刻怀一颗善心，做了许多善事。他从小就试马居庸关立志扫平鞑靼，报效祖国、解救天下饱受战争之苦的老百姓。后来他满腔热血却被人暗算，被贬至偏远地区，他深感壮志难酬、报国无门却没有放弃心中的理想。在蛮荒之地他开设学堂办学，教苗族人学文化、明道理。

王阳明提倡的良知，仁爱不是纯粹的形式，而是看天下万物没有内外远近之分，都要施予仁爱之心。想要做圣贤的王阳明进一步提出，常人之心和圣人之心是相同的，常人是因为蒙受私欲，才不及圣人之心明净。仁不仅是修养要达到的境界，也是人心之本体。

唐代诗人白居易喜欢佛法，有一次，他听说鸟巢禅师的修行相当高，于是专程向鸟巢禅师的住处去请教。白居易问鸟巢禅师："佛法的大意是什么？"鸟巢禅师答："诸恶莫作，众善奉行。"白居易鼻孔里哼了一声，说："这个，三岁的小孩也知道这样说。"

鸟巢禅师说："虽然三岁的小孩也说得出，但未必八十的老翁能够做到。"白居易心中服膺，便施礼退下了。

三岁小孩都知道的道理，但是又有几个人能够真正奉行呢？莫作诸恶，并尽量做到至善。这要求能够大爱无疆，把他人的痛苦看得和自己的一样重要，想他人之所想，尽心行善，至善了无痕。

定义一个人的一生是否成功，不一定是用地位和财富来界定，而应该是看他是否能坚持良善的真心，利益他人的信念，不受动摇，至情无悔。

大爱无私，至善无痕。我们都应该怀着一颗慈悲的心，以一己之力帮助他人，做到至善至美，这也是人生之一大境界。

做人处事，时时刻刻要有至善的心，

三岁小孩都知道的道理，但是又有几个人能够真正奉行呢？

以一颗爱心惠及他人，不仅可以温暖他人，也能实现自己的生命价值。

古时候有个叫齐恒的人，自命清高，不喜与达官显贵来往，常常隐居乡间，吟诗作画，认为自己这样做是十分明智的。这天，齐恒从隐居的房舍里出来，走向一条小道，远远看到几个庄稼汉正在辛劳的种着秧苗，觉得好玩，便上前观看。

齐恒问其中一个老农："除了种田，你还会干别的吗？"

老农摇摇头，说："我是个庄稼人，没有什么别的本事，只会干农活，特别是对种葫芦很有方法。能在集市上能卖出很高的价钱，官老爷也专门从我这里买葫芦。去年开始，我把种葫芦的方法教给了村里的乡亲，一年下来，大家都过上了好日子。"

齐恒听后，对这个老农说："这么好的事情，你一个人享用不就好了吗？何必还要让大家都学会种葫芦。你自己有了安定的生活，就不用大热天的还在田里干活，就能像我这样逍遥自在。"

老农听后，沉思了一会儿，说："我有一个大葫芦。它不仅坚硬得像石头一般，而且皮非常厚，以至于葫芦里面没有空隙。我想把这只大葫芦送给您。"

齐恒说："葫芦嫩的时候可以吃，老了不吃的时候，它还能盛放东西。可是你说你的这个葫芦不仅皮厚，没有空隙，而且坚硬得不能剖开，像这样的葫芦既不能装物，也不能盛酒，我要它有什么用处呢？"

老农笑道："先生说得对极了，不过先生是否考虑过这样一个问题，您隐居在此，空有满脑子的学问和浑身的本领，却对他人没有一点益处，您同我刚才说的那个葫芦不是一样吗？"

一个人即便怀惊天才能，然而不能惠及别人，也不过是瓷的花瓶，摆设而已，于己、于人乃至于国都不会有意义。在老农看来，这就是齐恒最为失败的地方。一个人只顾及自我，而忘记他人，表示这个人走到了荒芜之地，脚下虽有零星孤叶，放眼望去，却是满目凄凉。

我们很难估量做好事对一个人生命价值的影响有多大。

大爱无私，做善事并不是为了引起别人的关注，生命需要我们做的是敞开心扉爱他人，真诚地爱他人，去宽慰失意的人，安抚受伤的人，激励沮丧泄气的人。

至善无痕，领悟王阳明的智慧：心原本就是无善无恶，所以其出发点可以为善、可以为不善，一切都是心为主宰，那就让心就像玫瑰花一样散发芬芳吧。

老农以葫芦为喻讽劝齐恒。

◎第十五章◎
平常心：宠辱不惊，去留无意

饥来吃饭倦来眠

"当下即去消磨，便是立命工夫。"

——王阳明

《道德经》中说："合抱之木，生于毫末；九层之台，起于累土；千里之行，始于足下。"合抱的大树，是从细小的萌芽生长起来的；九层的高台，是从一筐筐土开始堆积而成的；千里的远行，是从脚下第一步开始的。又说："图难于其易，为大于其细。天下难事，必作于易；天下大事，必作于细。是以圣人终不为大，故能成其大。"难事是由一件件容易的事累积成的，大事也是由一件件细微之事组成的。天下的难事，必定是从每一件容易的事做起；天下的大事，也必定是从每一件看似微不足道的小事做起。

正如小树一样，你看不到它是如何成长，但是它成长于不知不觉之间。它没有一刻不是处于成长变化中，假如它有一秒钟不成长或不变化，那么第二秒、第三秒乃至永远都不会成长或变化。九层的高台、千里的远行、天下的难事无不说明这个道理。也正是由于这个原因，那些成就了伟大功业的圣人，从不好高骛远去做所谓的"大事"，而是扎扎实实地从身边的每一件小事做起，每时每刻都在努力，活在当下。

王阳明说："我们这些人探索心灵的奥秘，也只是依据各自的能力尽力而为之。今天的探究到这样的程度，就只依据今天所理解的延伸到底。明天，我们的心灵又有新的体悟，那就从明天所理解的延伸到底。这样才是专注于一个目标、踏踏实实的功夫。"

他认为，初学者对于修心养性的功夫，应当循序渐进。因为人的天赋不一样，领悟能力也不同，如果要求资质较差的学者，一开始就去做那些天资很高之人才能做的事，如何能够做得到呢？所以一定要先从细小的地方去进行修养，不管环境怎样，自己只要持之以恒地完善自我，活在当下的每一刻，这样才能以最好的准备来等待机会的到来。

"活在当下"的真正含义即吃饭就是吃饭，睡觉就是睡觉。正在做的事情，正在和你一起做事情的人，都是眼下最重要的，它是直接可以操作的。而若沉湎过去和未来就会迷失现在的一切，包括自己本身。

一位哲学家途经荒漠，看到很久以前的一座城池的废墟，哲学家想在此休息一下，就顺手搬过来一个石雕坐下来。望着被历史淘汰下来的城垣，想象曾经发生过的故事，不由得感叹了一声。

忽然，有人说："先生，你感叹什么呀？"

他四下里望了望，却没有人，正在他疑惑的时候。那声音又响起来，端详那个石雕，原来那是一尊"双面神"的神像。

哲学家好奇地问："你为什么有两副面孔呢？"

双面神回答说："有了两副面孔，我才能一面察看过去，牢牢地汲取曾经的教训；另一面又可以瞻望未来，去憧憬无限的美好的蓝图啊。"

哲学家说："过去只是现在的逝去，再也无法留住，而未来又是现在的延续，是你现在无法得到的。你不把现在放在眼里，即使你能对过去了如指掌，对未来洞察先知，又有什么意义呢？"

双面神听了哲学家的话，不由得痛哭起来，他说："先生啊，听了你的话，我至今才明白，我落得如此下场的根源。"

哲学家问："为什么？"

双面神说："很久以前，我驻守这座城池时，自诩能够一面察看过去，一面又能瞻望未来，却唯独没有好好地把握住现在，结果，这座城池被敌人攻陷了，曾经的辉煌都成了过眼云烟。我也被人们唾弃而弃于废墟中了。"

世界上有三种人：前两种人就是和故事中的双面神一样，一种人只会回忆过去，在回忆的过程中体验感伤；另种人只会空想未来，在空想的过程中不务正事。只有第三种人注重现在，脚踏实地，慢慢积累，一步一步踏踏实实地走向未来。

"活在当下"就是要你把关注的焦点集中在这些人、事、物上面，全心全意认真去接纳、品尝、投入和体验这一切。它是一种全身心地投入人生的生活方式。

当你活在当下，没有过去拖在你后面，也没有未来拉着你往前时，你全部的能量都集中在当下的这一刻，你的生命因此也具有一种强烈的张力。然而大多数的人都无法专注于"当下"，他们总是想着明天、明年甚至下半辈子的事，把生命大部分的气力都耗费在虚妄的未来，却对眼前发生的事情视若无睹。

其实，当下的每一步都是未来的阶梯，当下的每一步都重要于昨日、于明日，因而我们应更加看重脚下，看重头顶的晴空。或许人生的意义，不过是嗅嗅身旁每一朵绮丽的花，享受一路走来的点点滴滴而已。毕竟，昨日已成历史，明日尚不可知，只有"当下"才是上天赐予我们的最好的礼物。

人生无常，很多事情都不是我们能预料的，我们所能做的只是把握当下，珍惜拥有。该做什么就做什么，饿了吃饭，渴了饮茶，不为昨天的事犯愁和追悔。按照王阳明说的"当下即去消磨，便是立命工夫"，做好当下力所能及的事情，避免历史重演，再犯错误便够了，否则下一刻还要为上一刻的过失烦恼，这样人生就无有穷尽的处在为过去烦恼的痛苦之中了。

有时聪明不如糊涂，糊涂不如装糊涂

"智深险少矣。"

——王阳明

人生在世，我们总是避免不了别人对我们做出评价。评价有真有假，有赞誉也有批评。每个人面对评价的想法和反应也有不同。对于别人的评价，王阳明有着自己的思考。

王阳明的学生曾经问：叔孙、武叔两个人都诋毁仲尼，为什么像孔子这样的大圣人还有人诋毁呢？王阳明在解释这个问题的时候，说："毁谤是从外界来的，即使是圣人也免不了。人只应注重自身修养。如果自己实实在在是个圣贤，纵然人们都毁谤他，也说不倒他。好比浮云蔽日，怎么能损害太阳的光明呢？如果自己是个外貌端庄恭敬、内心空虚无德的人，纵然没有一个人说他坏话，他潜藏的恶总有一天会暴露。所以孟子说：'有意料不到的赞扬，也有过于苛刻的诋毁。'毁誉来自外面，怎么能逃避？只要能够修养自身，外来的毁誉又能怎样呢？"

在实际生活中，不只是面对别人的毁誉时我们要加强自己的修炼，偶尔也可以采取装糊涂的方式一笑而过。在生意场上甚至战场上，装糊涂都是一种智慧的生存策略。

装糊涂的表面是一种假糊涂，内心里却是一颗真聪明的心。为什么要装糊涂？有时候是情况所迫，不得已而为之。在这方面，历史上著名的军事家孙膑就遇到过这样的经历。

孙膑是战国时期著名的军事家，与庞涓一起拜鬼谷子为师，在才智方面超过庞涓。鬼谷子因孙膑单纯质朴，对他厚待一层，偷偷地将孙膑先人孙武所著兵书《十三篇》传授给他。

庞涓当了魏国大将，孙膑到他那里去做事，庞涓才知道孙膑在老师那里另有所得，更加嫉恨孙膑。他在魏惠王面前诬告孙膑里通外国，并请魏惠王对孙膑施以刖刑。被施以刖刑的孙膑无法逃跑，庞涓就把

孟子说：有意料不到的赞扬，也有过于苛刻的诋毁。

他关在一个秘密的地方,表面上大献殷勤,好吃好喝地供养,实则是乘机向孙膑索要《十三篇》一书。孙膑因无抄录手本,庞涓就让他抄录下他记得的章节。庞涓准备在孙膑完成之后,断绝食物供给,把他饿死。但是,庞涓派来侍候孙膑的童仆偷偷把庞涓的阴谋诡计告诉了孙膑,孙膑才恍然大悟。

孙膑是一个有着远大抱负的军事谋略家,他立即想出了一条脱身之计。当天晚上,孙膑就伪装成得了疯病的样子,一会儿号啕大哭,一会儿嬉皮笑

孙膑装疯避祸。

脸,做出各种傻相,或唾沫横流,或颠三倒四,又把抄好的书简翻出来烧掉。庞涓怀疑他装疯卖傻,派人把他扔进粪坑里,弄得满身污秽。孙膑为了自己的远大志向,在粪坑里爬行,显出毫不在意的样子。庞涓又让人献上酒食,欺骗他说:"吃吧,相国不知道。"孙膑怒目而视,骂不绝口,说:"你们想毒死我吗?"随手把食物倒在地上。庞涓让人拿来土块或污物,孙膑反而当成好东西抓来吃。庞涓由此相信孙膑确实是精神失常了,疑心稍有解除。

此时,墨翟的弟子禽滑厘把他在魏国所见的孙膑的情况全部告诉了齐国相国邹忌,邹忌又转告了齐威王。齐威王命令辩士淳于髡到魏国去见魏惠王,暗中找到孙膑,秘密地把孙膑接回齐国。

孙膑在身陷囹圄之时,冷静沉着,故意装得愚蠢疯傻,忍受巨大的耻辱与折磨,骗过庞涓,保住了性命。后来,在马陵之战中,孙膑以卓越的军事才能,设计除掉了死对头庞涓,洗刷了耻辱。

孙膑利用装糊涂的办法保全了自己的性命。这种装糊涂的背后其实是一种大智慧,往往看似无用,实则抱愚藏拙,能包容一切人,而自己以"无用"的面目示人。你越谦虚就显得对方越高大;你越朴实和气,对方就越愿与你相处,认为你亲切、可靠;你越恭敬顺从,他的指挥欲就越能得到满足,认为与你配合得很默契、很合得来。相反,你若以强硬姿态出现,处处高于对手,咄咄逼人,对方心里会感到紧张,做事没有把握,而且容易让对方产生一种逆反心理,使交往和工作难以继续。

孔子曾说过"刚、毅、木、讷,近于仁"的话,而老子也说过真正的智者都是大智若愚的模样。在这一点上,古今中外的人们似乎有着惊人的相似,美国总统富兰克林·罗斯福如此表达他的为人哲学:"不懂得隐藏自己智巧的人是一个真傻瓜。"因此说大巧若拙,大智若愚,此乃真聪明真智慧,只不过用一张假糊涂的脸来遮掩自己的聪明罢了。

生命任其流衍，心体安稳平裕

"无欲之谓也，是谓集义者也。"

——王阳明

能人将才素来好"忆往昔峥嵘岁月"，以如今风华不再，垂垂老矣，不胜唏嘘。古今曾经多少被称为天才的幼童，到了成年往往变得平庸；年轻时功勋卓绝的人到了晚年却往往寂寂无声。二者都难免会喟叹当年的辉煌早已不在，也不免感慨时光流逝，世态炎凉。

王阳明作为军事家和政治家，立下不世之功，彪炳史册；作为思想家，开创儒学新天地，成为一代心学宗师。正如梁启超对王阳明的评价："他在近代学术界中，极其伟大，军事上政治上，亦有很大的勋业。"但他的一生，又坎坷波折，历经贬谪、受诬、辞官、病老等人生中的不幸。

刘瑾倒台后，王阳明被重新起用，但他的仕途并没有从此一帆风顺，他被任命为南京兵部尚书的闲职。忧愤之下，以回家养病为名请求辞官回归故里，得到批准。然而嘉靖六年（1527年），两广地区再次爆发起义，朝野上下又想到了被闲置已久的王阳明，让他重新出山前去镇压起义，王阳明又重新上路，然而不幸的是，此时王阳明的身体每况愈下，到任不足一年就病逝了。

不管仕途之路走的多么辛苦，每每有国家召唤，王阳明总能一切归零，放弃之前的辉煌和磨难，重新出发。然而现实中芸芸众生常常自夸当年的辉煌，贪恋往昔成功的光环。

苏洵，字明允，四川眉山人，与其子苏轼、苏辙合称"三苏"，列入"唐宋八大家"。

苏洵在文学上取得显著成就，是经过一番刻苦读书、认真作文的过程的。据他自述，少年时，他不爱学习，到了二十五岁，才开始知道读书。自以为比伙伴们学得好，后来，他无意中读到谢安一篇关于让人爱惜时间、刻苦攻读的故事。他认真地读了一遍，感到这个故事很生动，又读了一遍，更加感到有意义，于是他反复读了好几遍，每读一遍，就有一次收获。他觉得这故事好像是专门为自己写的一样，不由得心中发出感慨：时光无情的飞逝，我已经快到而立之年了，自己虽然写过一些文章，却都是些平庸之作，没有什么大的建树。他想：现在不努力，还要等到什么时候啊！从这时起，苏洵又开始发愤苦读。经过一年多的时间，他觉得自己在学习上有了长进，就急急忙忙地参加录取秀才和进士的两场考试，但两次考试都落榜了。才觉得古人的"出言用意"都跟自己大不相同。然后，将《论语》《孟子》以及韩愈的文章取来，终日诵读，读了七八年，才感到古人文章确实写得好。一天，苏洵的书房内冒出黑烟，家人感到发生了意外，忙不迭奔向书房，进去一看，只见苏洵自己把许多文稿一件件往火炉里送。家人一问才明白，原来，苏洵要把自己过去不成熟的作品当成废纸全部焚烧，决心从头开始。

从此，苏洵就谢绝宾客，闭门不出，夜以继日地辛勤研读书卷。如此这般发愤攻读了五六年，终于文才大进，下笔有神。

苏洵把自己以前的书稿付之一炬，借此来激发自己在文学上的潜能。只有大胆的摒弃自己以前价值不高的成就，才能够在今后的道路上有更大的发展，如果因自己的一点小成就而沾沾自喜、裹足不前，结果就只有一步步沦为平庸，很难再有好的发展，只有像苏洵那样焚稿激励自己，才会不断地锻炼自己，提高自己。

俗语说，智者莫念昔日功，好汉不提当年勇。大丈夫者，无论身在何处，境况如何，年龄几许，都能找到自己继续生活下去支柱，而不会对过去的辉煌念念不忘还时刻挂在嘴边。他们视那些辉煌如粪土，活得恬淡自如，坦坦荡荡，不受过去所羁绊，他们懂得人活在今时今日，便要做眼前此刻的事情，这才是有勇的智者，明理的勇士。

对过去的辉煌念念不忘的，多是现实境况不顺心的人。当他们的现状与以前的岁月出现了落差，心理上的失落让他们终日难以平衡，便陷入了自我折磨之中。这时候，当所有人都在努力铭记昔日的辉煌时，"遗忘"的存在就显现了其价值。每个人心中能存放的事情是有限的，若不能将旧日里的丰功伟绩抛置身后，又哪里有多余的空间来容纳新的挑战和新的机遇？痛苦应该遗忘，辉煌也应该任其褪色，如果人人一点都不忘，那么我们的世界会成为什么样子呢？

所以，从零开始，是唯一正确的想法。零意味着过去的结束和未来的开始，忘记曾经的辉煌，踏上新的起点，将来的旅程也许还会有归零的时候，那也没什么，多一次开始而已。

随时随地，随遇而安

"人生达命自洒落。"

——王阳明

一个人要使自己的生命多一些快乐，少一些烦恼，必须学会随遇而安。

"方园不盈亩，蔬卉颇成列。分溪免瓮灌，补篱防豕蹢。芜草稍焚剃，清雨夜来歇。濯濯新叶敷，荧荧夜花发。放锄息重阴，旧书漫披阅。倦枕竹下石，醒望松间月。起来步闲谣，晚酌檐下设。尽醉即草铺，忘与邻翁别"。西园，位于龙岗书院旁边，是个很不起眼的乡村小菜地，但在王阳明眼里，确是个好去处，篱笆、野花、菜，于自然情怀中随景游心。他可以在阴凉处歇息、读书，跟着农民哼哼歌谣。傍晚，在屋檐下放着小桌子就餐，醉了，就草席睡下。于这首诗中，我们可以看出王阳明的随时随地、随遇而安的心境。

上篇　王阳明心学的智慧

人要学会随遇而安。

著名国学大师南怀瑾说，一个人想做到随时安然是非常困难的。世间万物皆有其自身的规律之所在，水在流淌的时候是不会去选择道路的；树在风中摇摆时是自由自在的，它们都懂得顺其自然的道理。因此，拔苗助长固不可取，逆流而上也是一种愚蠢。

再美好的事物，其结果都是一样的——或好或坏、或高或低、或美或丑、或大或小，感觉上没有什么太大的差别。不同的则是他们的过程，在过程中享受奋斗的惬意，那才是幸福快乐的，而这个过程便是境遇，一种无法抵抗的客观事实，你只能顺其自然。

从前有一个国家，地不大，人不多，但是人民过着悠闲快乐的生活，因为他们有一位不喜欢做事的国王和一位不喜欢做官的宰相。

国王没有什么不良嗜好，除了打猎以外，最喜欢与宰相微服私访。宰相除了处理国务以外，就是陪着国王下乡巡视，他最常挂在嘴边的一句话就是"一切都是最好的安排"。

有一次，国王兴高采烈地到大草原打猎，射伤了一只花豹。国王很开心，他眼看花豹躺在地上许久都毫无动静，一时失去戒心，居然在随从尚未赶上时，就下马检视花豹。谁想到，花豹突然跳起来，使出最后的力气向国王扑过来。

还好，随从及时赶上，立刻发箭射入花豹的咽喉，国王觉得小指一凉，花豹就闷声跌在地上，这次它真的死了。但国王的小手指被咬掉小半截。

回宫以后，国王越想越不痛快，就找了宰相来饮酒解愁。宰相知道了这事后，一边举酒敬国王，一边微笑着说："大王啊！少了一小块肉总比少了一条命来得好吧！想开一点，一切都是最好的安排！"

国王听了很是生气，他凝视宰相说："你真是大胆！你真的认为一切都是最好的安排吗？"

宰相发现国王十分愤怒，却也毫不在意地说："大王，真的，如果我们能够超越自我一时的得失成败，确确实

宰相向国王阐释"一切都是最好的安排"的哲学。

173

实,一切都是最好的安排。"

国王说:"如果我把你关进监狱,这也是最好的安排?"

宰相微笑说:"如果是这样,我也深信这是最好的安排。"

国王大手一挥,两名侍卫就架着宰相走出去了。

过了一个月,国王养好伤,打算像以前一样找宰相一起微服私巡,可是想到是自己亲口把他打入监狱的,一时也放不下身段释放宰相,叹了口气,就独自出游了。

路上碰到一群野蛮人抓了国王用来祭神。但大祭司终于发现国王的左手小指头少了小半截,他忍不住咬牙切齿咒骂了半天,忍痛下令说:"把这个废物赶走,另外再找一个!"因为祭神要用"完美"的祭品。脱困的国王大喜若狂,飞奔回宫,立刻叫人将宰相释放了,在御花园设宴,为自己保住一命,也为宰相重获自由而庆祝。

国王向宰相敬酒说:"宰相,你说得真是一点也不错,果然,一切都是最好的安排!如果不是被花豹咬一口,今天连命都没了。"

宰相回敬国王,微笑说:"贺喜大王对人生的体验更上一层楼了。"过了一会儿,国王忽然问宰相说:"我侥幸逃回一命,固然是'一切都是最好的安排',可是你无缘无故在监狱里蹲了一个月,这又怎么说呢?"

宰相慢条斯理喝下一口酒,才说:"大王!您将我关在监狱里,确实也是最好的安排啊!您想想看,如果我不是在监狱里,那么陪伴您微服私巡的人不是我还会有谁呢?等到蛮人发现国王不适合拿来祭祀满月女神时,谁会被丢进大锅中烹煮呢?不是我还有谁呢?所以,我要为大王将我关进监狱而向您敬酒,您也救了我一命啊!"

宰相说:"一切都是最好的安排",这是顺其自然的心态。但顺其自然并不是消极地去等待,更确切地说,顺其自然是寻求生命的平衡。其实,很多时候,顺其自然是一种境界。这种的心态实则是无为而有为,是无欲而有欲,是成熟的一种标志,是成功者的一种素养。

人之于世界本来就渺小脆弱,可还是经常自我膨胀,缺乏清醒的自我定位,这往往是造成太多遗憾的根源,于是挫败成为必然。面对人生的荣辱成败,我们要学会随遇而安,卸下捆绑于心的精神枷锁,轻装上阵。

平常心,心平常

"万缘脱去心无事。"

——王阳明

王阳明思想上的转折点就是"龙场悟道"。但是在艰苦的环境下,他的随从们一个个病倒了。王阳明被迫自己打柴担水,做稀饭给随从们吃。他又担心他们心情抑郁,便和他们一起朗诵诗歌,唱唱家乡的曲子。唯有这样,随从们才能稍稍忘记当时的处境。

然而,王阳明始终在想:"如果是圣人,面对这种情况,会有什么办法呢?"苦思冥想的王阳明，终于在一个夜梦中豁然开朗，悟得"圣人之道，吾性自足"的道理。荒芜的龙场，给了哲学家心性的自由，成了王阳明"运思"的天堂，也孕育了王阳明从"平凡"到"圣人"之路。

其实，生活就是在平凡与伟大的交错中延伸开来的，每一个伟大的人必定曾经是一个平凡的人或以后会变回平凡的人。但是有一点不变的：伟大，总是在平凡以后。

庄周家境贫寒，于是向监河侯借粮。监河侯说："行，我即将收取封邑之地的税金，打算借给你三百金，好吗？"庄周听了脸色骤变，愤愤地说："我昨天来的时候，有谁在半道上呼唤我。我回头看见路上车轮碾过的小坑洼处，有条鲫鱼在那里挣扎。我问它：'鲫鱼，你干什么呢？'鲫鱼回答：'我是东海水族中的一员。你也许能用斗升之水使我活下来吧。'我对它说：'行啊，我将到南方去游说吴王越王，引发西江之水来迎候你，可以吗？'鲫鱼变了脸色生气地说：'我失去我经常生活的环境，没有安身之处。眼下我能得到斗升那样多的水就活下来了，而你竟说出这样的话，还不如早点到干鱼店里找我！'"

得道的"圣人"庄子的生活其实和大部分人一样，并非不食人间烟火，他也会遭遇贫穷，甚至连饭都吃不上，只有去借钱，还惨遭拒绝。但是当面对生命中的困窘时，他们能保持超然物外的心境，坚持自己卓尔不群的人格。我们还可以说，"圣人"就在平凡的人世间。

一个真正了不起的人，自己心中是没有伟大这个观念的。他认为帮助别人都是人应该做的事情而已，做完了就过去了，心中不留痕迹。这是符合王阳明将万物众生看作一体的观点的。

每一个生命都是如此平凡，但你若把自己降到最低的位置，你就成了大海。一切伟大也都蕴于平凡之中，平常就是真道，最平凡的时候是最高的，真正的真理是在最平凡之间；真正仙佛的境界，是在最平常的事物上。所以真正的人道完成，也就是出世、圣人之道的完成。

然而，生活中的有些人在心中嘀咕，我整天为了工作奔忙，为了能买套房子、为了能养活家人无比辛劳，我这能算伟大吗？能算"圣人"吗？其实，我们所做的这些工作其实和庄子当日为了生活而奔忙的工作又有何不同？只要我们能够在这平凡的生活中修养自己的心灵，不让自己沉迷于物欲，保持一份超然的心情，我们也能在芸芸众生中活得更精彩。圣人就在平凡的人间世。文豪泰戈尔曾经说过："天空虽不曾流下我的痕迹，但我已飞过。"有一份自信。一种坦然，就已足够。

抱朴守拙，藏行不露

"柔不致败。"

——王阳明

"盛时当做衰时想，上场当念下场时"，在志得意满时，一定要能够安于低调。用低

"盛时当作衰时想，上场当念下场时"，在志得意满时，一定要能够安于低调。用低调屏障保护自己，这样才能避免灾难性的后果。

调屏障保护自己，这样才能避免灾难性的后果。

在赣州和南昌的平叛战争结束以后，王阳明并没有真正受到朝廷的嘉奖，反而因此受到了各种各样的猜忌、诬陷和诽谤。面对这些恶意中伤、侮辱的言语和行为，王阳明深知爬得越高则可能跌得更重，他主动请求放弃官职，回归故乡。

众所周知，鱼不可脱于水，龙不可脱于渊，人不可脱于权。一个久握重权、身居高位的人，一旦失去权柄，就会惨不可言，即使想成为平民百姓，过着贫苦下贱的生活都不可能。在中国的历史舞台上，统治者与开国功臣之间常常玩起"兔死狗烹"的游戏，懂得了游戏规则，才能占据博弈中的主动权。

越王勾践卧薪尝胆，灭吴复国，这其中起了关键作用的是他的两大功臣：一个是范蠡，一个是文种。当勾践被围会稽山上，弹尽粮绝之时，是文种提出以乞和求降之计来保存性命，使勾践得以生还；当勾践被拘往吴国，是文种留在越国，救死抚孤，耕战自备，发愤图强。当勾践从吴国归来之后，是文种提出了破灭吴国的七种办法。

勾践打败了吴国，称霸一时。就在欢庆胜利的时刻，范蠡急流勇退，隐姓埋名，弃政经商去了。他出逃之后，曾给文种送来一封信说："狡兔死，走狗烹；飞鸟尽，良弓藏；敌国破，谋臣亡。越王可与共患难，不可与共欢乐，你如果不赶快离开，将有大祸临头。"

文种以为范蠡太多心了，不过，从此以后他也不大过问国事了，终日称病在家。可是，勾践并没有放过他。于是，他借探病为名，来见文种，问他道："先生曾以灭吴的七种手段指教过我，我只采用了其中的三种，便将吴国灭了，剩下四种，你打算再怎么去使用呀？"

文种说："我看不出它们还有什么用处。"

勾践说："请先生带了这四种手段，到九泉之下去辅佐我的先人吧！"说罢起身登车而去，留下了一把名为"屠镂"的利剑。

文种明白，勾践容不下他了，便自刎而死。

"兔死狗烹"不只反映了历代功臣的悲剧命运，也揭示了最高掌权者的性格特征。不过勾践这个人杀功臣的手腕不大高明，他直率地表达了他对文种高明智谋的畏惧，而不像后代许多屠杀功臣的掌权者们，还要给受害者扣上"造反""通敌"之类的大帽子，因此，他被后代视为忘恩负义的典型。其实，他比那些后来者要仁慈得多，他没有动用酷刑、凌迟之类的残忍手段，只留下一把宝剑，由文种自行就死，而且他也罪止文种一人，而没有大肆株连。所以，知晓"兔死狗烹"的游戏规则，不与人共富贵才能全身而退。

权势到手，确实令人身价百倍，也实在可以令人"荣华富贵，风光无限"。但是稍有不慎，大难临头，权力旁落，后果也就自然连普通百姓都不如。他们由于权力达到了极点，而给自己和家人带来了极大的灾祸。

因而，要想成为一个成功的人，一定要练就强大的韧性和足够的弹性，这样才

大夫文种因不懂得功成身退、抱朴守拙，所以不得善终。因此，越是春风得意、志得意满的时候越要收敛锋芒、低调做人。历史上这种教训比比皆是。

可以最大限度地保护自己。在机会来临时，可以以最大的能量来挥洒自己的智慧和才干，赢得别人的敬重。在危机时，能够根据客观情况见机行事，这样可以更好的保全自己，进退自如。

对于一些掌权者来说鸟尽弓藏，有能力的人是他们的工具，用完了就不再希望他们与自己来分享胜利果实，只可共患难不可共富贵。因此，要吸取兔死狗烹的教训，适时功成身退。

浊者自浊，清者自清

"人若著实用功，随人毁谤，随人欺慢，处处得益，处处是进德之资。若不用功，只是魔也，终被累倒。"

——王阳明

王阳明平定宁王朱宸濠的叛乱之后，天下诽谤和议论他的人越来越多。有一天王阳明请学生说天下人诽谤他的原因。有的学生说王阳明的功绩越来越大，权势也越来越大，天下嫉妒之人就越来越多；有的学生说王阳明的学说越来越普及，所以为宋儒理学争辩的人越来越多，等等。王阳明听了他们的回答说，你们说的这些原因，相信都是有的，但是我自己内心体会到的，你们都还没有说啊。我在南都以前，心中尚有一些乡愿（指那些看似忠厚实际却没有一点道德原则，只知道媚俗趋势的人）的意思在，我现在相信自己的良知，是就是是，非就是非，按照良知去做事，没有遮遮掩掩，也没有畏畏缩缩，按照良知，该做什么就做什么，该怎么做就怎么做。我现在才是个狂者的胸怀，天下人说我也没关系。

谈到如何对待诽谤和别人的侮辱的问题时，王阳明说："人若着实用功，随人毁谤，随人欺慢，处处得益，处处是进德之资。若不用功，只是魔也，终被累倒。"因而，总结来说，面对诽谤和侮辱，王阳明倡导既要有超然坦荡的心境，又要实实在在

地用功，相信自己的良知，如果能脚踏实地、扎扎实实地痛下苦功，就能在诽谤和侮辱中得到益处。

浊者自浊、清者自清，这是常人面对诽谤惯用的方法。当诽谤来临的时候，不需要汲汲务求去澄清，只需要自己心境坦荡，谣言毁谤自然不攻自破。

"所谓夫大道不称，大辩不言，大仁不仁，大廉不嗛，大勇不忮。道昭而不道，言辩而不及，仁常而不成，廉清而不信，勇忮而不成"。这句话的意思是指，至高无上的真理是不必称扬的，最了不起的辩说是不必言说的，最具仁爱的人是不必向人表示仁爱的，最廉洁方正的人是不必表示谦让的，最勇敢的人是从不伤害他人的。真理完全表露于外那就不算是真理，逞言肆辩总有表达不到的地方，仁爱之心经常流露反而成就不了仁爱，廉洁到清白的极点反而不太真实，勇敢到随处伤人也就不能成为真正勇敢的人。

能具备这五个方面的人可谓是悟了做人之道。真理不必称扬，会做人不必标榜。真正有修养的人，即使在面对诽谤时也是极其具有君子风度的，以坦然心境面对诽谤。

苏轼因"乌台诗案"入狱，一年后，皇帝为了试探他是否有意谋反和悔改，特意派一个太监装成犯人入狱和苏轼同住。白天吃饭时，小太监用言语挑逗他，苏轼牢饭吃得津津有味，说："任凭天公雷闪，我心岿然不动！"夜里，他倒头睡，小太监又撩拨道："苏学士睡这等床，岂不可叹？！"苏轼不理会，倒头就睡，且鼾声大作。

第二天一大早，太监推醒他，说道："恭喜大人，你被赦免了。"要知道，那一夜可是危险至极啊！只要苏轼晚上有不能安睡的异样举动，太监就有权照谕旨当下处死他！

"君子坦荡荡，小人长戚戚"。苏东坡是君子，当然就能够坦坦荡荡了。而要能够做到坦荡却也不是一件容易的事，试问世人之中，有几个能够无愧于天地良心。宋神宗想出的测试办法也算经典，因为一个心中有愧的人是不可能做到倒头便睡的，而苏轼当然也不会想到，能够安睡倒救了他一命。我们也要做一个坦荡荡的君子，让自己能够在任何时候都能够踏踏实实的睡觉。

在现实生活中，言来言去，自难免失真之语。诽谤就是失真言语中的一种攻击性恶意伤害行为了。俗语云：明枪易躲，暗箭难防。也许，在很多时候，诽谤与流言并非我们所能够去制止的，甚至是有人群的地方就有流言。而我们对待流言的态度则显得尤为重要，正如美国总统林肯所说："如果证明我是对的，那么人家怎么说我就无关紧要；如果证明我是错的，那么即使花十倍的力气来说我是对的，也没有什么用。"这与王阳明对待诽谤的态度——遇谤不辩，是如出一辙。

用坦然的心态来应对诽谤，浊者自浊、清者自清，诽谤最终会在事实面前不攻自破的。这是我们从圣人的思想中撷取的智慧之花，在现实生活中，做人拥有"不辩"

的胸襟，就不会与他人针尖对麦芒，睚眦必报；拥有"不辩"的情操，友谊永远多于怨恨。

点一盏光而不耀的心灯

"心外无物，心外无事，心外无理，心外无义，心外无善。"

——王阳明

心学的创立，成就了王阳明攀上中国思想巨人高峰。但他的心学，不是在象牙塔里"悟"出来的，而是在极端艰难困苦的情况下，凭借其不屈不挠的坚强意志，冲出绝境的心灵足迹，构成"心学"大厦的一字一句。

"心学"这盏灯点明了王阳明的铁窗生涯。当初被贬下狱，他不断询问自己有什么力量可以让他度过这深悲大戚。他在不断找寻和磨砺之中，于内心种下了觉悟的种子。等他到达龙场，他终于顿悟"万物皆备于我"的道理，他明白了如何将不利的因素化解为有利条件，并在艰难的环境中成就了"心学"的明灯。这盏灯光而不耀，却能帮助他绝处逢生，化险为夷。王阳明恰恰一直在寻找的正是这种智慧。

点一盏心灯，从失败中挺立出来，再造辉煌的智慧，这是任何时代的人都需要的真正的人生智慧。然而这盏灯一定要光而不耀，否则太过耀眼又会灼伤自己。能够温柔笼罩却不会有灼伤的疼痛，才是最为温暖而朴素的人格。光而不耀，其实也正是内心从容、淡定，悠扬而飞的状态。万丈红尘，扑鼻迷眼，能够点亮自己的一盏心灯，让它散发出微弱而美好的光，实在是对尘世最大的贡献。

西汉武帝时，卫青因姐姐卫子夫受宠于汉武帝，被任命为大将军，封长平侯，率大兵攻打匈奴。

右将军苏建在与匈奴作战中全军覆没，单身逃回，按军律当斩。

卫青问长史、议郎等属官："苏建应当如何处置？"

议郎周霸说："大将军出兵以来，从未斩过一名偏将小校，如今苏建弃军逃回，正可斩苏建的头，来立大将军之威。"

卫青说："我因是皇上的亲戚而带兵出塞，并不怕立不起军法的威严，你劝说我杀人立威，就失掉了做臣子的本分。我的权限虽可以斩杀大将，然而我把专杀大将的权力还给皇上，让皇上来决定是否诛杀，来显示我虽在境外，受皇上宠爱，却不敢专权杀将，这不是更好吗？"

属官们都钦佩地说："大将军高见，属下等万万不及。"

卫青便派人把苏建押回长安，汉武帝怜惜其才，并未杀他，让他出钱赎罪，而对卫青的处置大为满意。

苏建后来又跟随卫青出塞攻打匈奴，他劝卫青说："大将军的地位是至尊至重了，可是天下的贤士名人没人夸赞传扬您的威名。古时的名将都向朝廷推荐贤良才能之士，

卫青登门拜访汲黯。

自己的名声也传遍四海,希望大将军能学习古时名将的做法。"卫青摇头说:"你只知其一,不知其二。以前武安侯田蚡、魏其侯窦婴各自招揽宾客,结成朋党,以颂扬自己的名声,皇上常常恨得咬牙切齿。亲近贤士名人,进用贤良贬黜不肖,这都是皇上的权柄,我们做臣子的,只知道遵守国法,履行自己的职责而已。"

汉武帝特别宠爱卫青,谕令群臣见到卫青都要行跪拜礼,以显示大将军的尊贵。群臣都不敢抗旨,见到卫青无不匍匐礼拜,只有主爵都尉汲黯见到卫青,依然行平揖礼,有人好意劝汲黯:"对大将军行跪拜礼是皇上的意思,您这样做不怕皇上恼怒吗?"

汲黯昂然道:"跪拜大将军的多了,多我一个不多,少我一个不少。难道说大将军有一个平礼相交的朋友,就不尊贵了吗?"

卫青听说后,非常高兴,登门拜访汲黯,谦虚地说:"久仰大人威名,一直没有机会和大人结交,现在有幸承蒙大人看得起,请把我当作您的朋友吧。"

汲黯见他态度诚恳,不以富贵骄人,便破例地交了这个朋友。卫青以后凡有疑难问题,都虚心向汲黯请教。

汉武帝也很欣赏卫青的谦逊,也就不计较汲黯的抗礼了,对卫青的宠爱也始终不衰。

卫青谦和处世的道理,所谓"人外有人,天外有天",这是再简单不过的,但是很多年轻人常因年少气盛,自以为才气逼人,所以心浮气躁。人们常说:"地低为海,人低为王。"海成其大的最根本原因,就是它在最低处,所以陆地上的江河才流向海洋。人于凡世生存,假如能像大海一样将自己放在最低处,视己如尘世间的一粒尘土,方能如那些细流一样流入江海。

其实,一个人越是修为高,反而会表现得越谦恭,这是知识与修养给他带来的改变。有人曾问一位哲学家:"像您这样的大哲学家为什么还要那么谦虚呢?"哲学家说:"据我所知,人的知识就像一个圆圈,圆圈里面的是你已经知道的知识,圆圈外面代表的是你的未知。圆圈越大的人越会发现自己的知识不足。"越是成熟的稻穗越是往下弯腰,一个人的学问越高,也就越发显得谦虚。

儒家仁爱,道家智慧,佛家慈悲。能够用这些平凡而伟大的天地之理,点亮自己的人生,实在是难能可贵的品质。

◎第十六章◎
谦卑心：谦受益，满招损

不争才是最高境界

"君子求退勿迟。"

——王阳明

争与不争是两种处世的态度：争者摩拳擦掌；不争者平淡处之。关于不争，"水德"是对其最好的赞誉。在自然界的万事万物中，水利养滋润了万物，而又并不从万物那里争取任何有利于自己的东西。这种无私的表现为其赢得"唯其不争，故天下莫能与之争"。

王阳明在中国哲学思想上取得惊人成就，也与其"为而不争，天下莫能与之争"有关。年少时的王阳明满怀雄心壮志，一心追求真理、成为圣人。然而由于他性格耿直，不愿屈从恶势力，结果招致祸殃。之后，王阳明的人生发生了一个重大的转折。他远离政治，潜心研究儒教、佛教、道家思想，他的"不争"并不是放弃眼前的一切，而是以不争今日之利争万世，不争当前之利争天下。因其"不争"，故而能静心悟道，并体悟许多以前百思不得其解的道理，进而攀登上中国哲学思想的高峰。

只有无争，才能无忧。利人就会得人，利物就会得物，利天下就能得天下。善利万民的人，如同水滋润万物而与万物无争，不求所得。所以不争的争，才是争的最高境界。做人成事也是同样的道理。

楚汉相争时，张良、萧何和韩信共同辅佐刘邦夺取天下。由于楚军强大，刘邦被项羽打败。公元前205年，刘邦率领残兵败将到了荥阳，才停下脚步做暂时的休整。此时汉军丞相萧何已经知道刘邦兵败退守荥阳的消息，就在关中地区大量征兵，送到

君子之德应有似于水，利万物而不争。

荥阳。在东边打下齐国的韩信也得知了消息，可他不但不来增援，反而派人来向刘邦提出要求，希望同意他自立为"假齐王"。面对韩信的无礼要求，刘邦当即大怒，想马上派兵去攻打韩信。关键时刻，谋士张良提醒刘邦，在这危急关头，不如就同意韩信，先稳住他，以防小不忍而生大变。刘邦立刻改口骂道，"他韩信大丈夫南征北战，出生入死，要做就做个真王，哪有做假王之理，封他为齐王！"然后派张良带上印信，前往齐国，封韩信为齐王。韩信立刻带兵赶到，汉军兵力大增，又恢复了战斗的士气。

不争之争才是做人和做事的最高境界。

刘邦领悟了"不争"的智慧，使韩信断绝了非分之想，有效地稳定了军心，控制了复杂的局势。后来，韩信又帮助刘邦大争天下，最后"天下莫能与之争"，终成千古一帝。所以，不争不是无所作为、甘于堕落，不是要让人彻底断绝私心欲望，而是劝告世人要顺应大道，不要贪图眼前的小私，只有着眼于大局，才能得到最多的利益。

权力场上变化无常，欲免于忧患，就应保持一种"不争"的心情。与人无争，与世无争，看似消极避世，但实际上恰到好处的"与人无争"，是一种知晓进退规则之后的释然，也是一种不急功近利的心机。"与人无争"说到底是智慧的"退"，而"无人能与之争"则是聪明的"进"。

因而，我们在为人处世时，也应效法天道，把我们的智慧贡献出来，不辞劳苦，不计较名利，不居功，秉承天地生生不已、长养万物万类的精神，只问耕耘，不问收获，如能这样，则自然达到"为而不争，天下莫能与之争"的高境界。

低头是一种智慧

"士傲命蹇焉。"

——王阳明

在古越这片土地上，越王勾践卧薪尝胆最终报仇复国的精神最见越人气性。王阳明在为人作序时，落款常是"古越阳明子""阳明山人""余姚王阳明"等，他以生为越人为荣。王阳明自幼受古越民风滋润，也深悟"卧薪尝胆"的精髓。少年时的王阳明曾去居庸三关，了解古代征战的细节，思考御边方策，回来之后甚至还屡屡想上疏朝廷献言献策，这种狂妄的想法受到了父亲的斥责。面对父亲的呵斥，王阳明并没有昂首怒目，反而经常出游，"考察"居庸三关，拜访乡村老人，询问北方少数民族的生活习俗，以探访各部落的攻守防御之策，为其"平安策"寻找可支撑的依据。最终写下著名的关于边防军队改革的奏疏，初显他卓越的军事才能。

有时候，俯首比昂首怒目更有威严，为了实现自己的梦想，短暂的低头并不是一种懦弱，韬光养晦之道实则是一种积极进取的精神。诚如梁漱溟先生所言：儒家虽然提倡温良恭俭让，但实质宣扬的却是一种积极进取的精神。换句话说，暂时的俯身就是"以退为进，以柔克刚"，是一种方圆处世的态度。

民间有句谚语，说"低着头的是稻穗，昂着头的是稗子；低头的稻穗充满了成熟的智慧，而昂头的稗子只是招摇着空白的无知"。大哲学家苏格拉底曾说："天地只有三尺，高于三尺的人要想长久立于天地之间，就要懂得低头。"懂得低头便是一种智慧。

秦始皇陵兵马俑博物馆的"镇馆之宝"是一尊跪射俑。许许多多出土的兵马俑都可以算作人间精品，但唯独是它享有了"镇馆之宝"的无上荣誉。

事实上，在出土、清理和修复的一千多尊各式兵马俑中，只有这尊跪射俑保存得最为完整，未经人工修复。如果仔细观察，还会发现这尊跪射俑身上的衣纹、发丝都清晰可见。

专家介绍说，这尊跪射俑之所以能够保存得如此完整，完全是得益于它自身的"低姿态"。原来兵马俑坑是地下通道式土木结构建筑，一旦棚顶塌陷、土木俱下时，高大的立姿俑自然是首当其冲遭受灭顶之灾，这样一来，低姿的跪射俑受到的损害就大大减小。此外，跪射俑呈蹲跪姿，右膝、右足、左足三个支点呈等腰三角形，完全支撑着上体，整个身体重心在下，增加了它的稳固性，这与两足站立的立姿俑相比，就避免了倾倒、破损。所以，秦始皇陵兵马俑中的跪射俑在经历了两千多年的岁月后，依然完整地呈现在我们面前，真可谓是"宝中至宝"。

综观中国历史，那些成熟的人，有成就的人，往往都具备了低头、忍让、不自高自大的品质。譬如，西汉的韩信，因忍受"胯下之辱"，专心研究兵法，练习武艺，终得到刘邦的重用。三国时期的刘备再三低头：从三顾茅庐到孙刘联合，每一次低头，都会迎来"柳暗花明又一村"，终于成就"三足鼎立"的辉煌。

当今社会，错综复杂，变幻莫测。因此，在人生的漫长跋涉中，我们就必须学会低头。好比当你陷入泥潭时，你最先做的是迅速地爬起来，并且远远地离开泥潭，而不是对着自己的鞋子说，我们可是出淤泥而不染的。

很多时候，低头都是为了追求长远利益而采取的策略。一个为了追求更大成功的人，面对暂时的困厄，不得不低头，通过忍耐甚至放弃尊严来保全自己。它需要很大的勇气，所以我们应当用平和的心态，像跪射俑那样，时刻保持着生命的低姿态，这样就一定会避开无谓的纷争，避免意外的伤害；就能更好地保全自己，发展自己，成就自己。

老子说过，当坚硬的牙齿脱落时，你的柔软舌头却完好无损。柔软有时候是完全可以胜过强硬的。以柔克刚，以退为进，恰恰是人生的大智慧、大境界。

在其位，善谋其政

"众望莫负。"

——王阳明

中国自古就有"不在其位，不谋其政"的说法，其有四个方面的含义，即"在其位，谋其政""在其位，不谋其政""不在其位，谋其政""不在其位，不谋其政"。其中"在其位，谋其政"，实际上是与"不在其位，不谋其政"相对应的，两个说法表面相反但内涵一致。

王阳明的一生，在竭尽全力地实践着"在其位，谋其政"的思想，他勤勤恳恳地为百姓办事，又鞠躬尽瘁地为朝廷排忧解难。在他以左佥都御史身份巡察江西南安、赣州、福建汀州、漳州等地时，途中遭遇起义农民拦阻。当商船集结阵势，扬旗鸣鼓，准备迎战时，那些走投无路的起义农民立即跪拜在岸边，陈述他们是灾民，希望得到救济。王阳明宣布停战，并且一到赣州，就派人救济灾民。

另外，在其为官时，他运用手中的权力行其"亲民"之道，让"明德"在民间"明"起来。因而，在他管制之下的地区百业兴旺，安居乐业。当其不为官时，他又能广为布道，广收弟子，运用心学的思想威力，教化民众。

在其位，善谋其政。对于领导而言，就是运用手中的权力，指挥其他人为一个目标而努力、而行动。一个领导手中有多大权力，就应该发挥多大的能力，否则就会出现孟子所说的"不能者"与"不为者"之间的矛盾。

一次，齐宣王问孟子："不为者与不能者之形，何以异？"即两者之间有什么差异？孟子答曰："挟泰山以超北海，语人曰'我不能'，是诚不能也，为长者折枝，语人曰'我不能'，是不为也，非不能也。"意思是说，要人做背着泰山以超越北海的事情，如果他回答不能做到，那是真的不能，但是让他为长者鞠躬，他如果说不能，那就是有这个能力而不去做了。孟子是暗示齐宣王，你有施行仁政的权力和能力，不是做得到做不到的问题，只是你肯不肯做而已。正是在其位，就必须善用其权，该做的、必须做的，不仅要做，还要做好。否则，于人于己，于家于国，有害而无利也。

清代纪晓岚的《阅微草堂笔记》里记载了这样一个故事：一位官员死了之后去见阎王，自称清廉，所到之处只饮一杯水，不收一分钱，自认无愧于心。不料，阎王却大声训斥道："不要钱即为好官，植木偶于堂，并水不饮，不更胜公乎？"官员辩解："某虽无功，亦无罪。"阎罗王又言："公一生处处求自全，某狱某狱，避嫌疑而不言，非负民乎？某事某事，畏烦重而不举，非负国乎？三载考绩之谓何？无功即有罪矣。"

古代庸官的形象在这则故事中被刻画得入木三分。这种形象放在今天，就是一杯茶一支烟，一张报纸看半天，不求有功、只求无过，办事拖拉、工作推诿，纪律涣散、政令不畅，虽然两袖清风，但却无所作为。它的害处在于其"在其位而不谋其政"，不能想群众之所想、急群众之所急，误国误民。想要成就一番事业的领导就必须剔除这种思想。

古人说："坐而论道，谓之王公；作而行之，谓之士大夫。"为官者需要各司其职，各尽其能。明君、清官也好，为民办实事的县长、局长也好，或者是各个企业的领导也好，既然有了一个足以施展抱负的位子，那么就应该在位子上尽心尽力，出谋划策，将自己的本职工作做到最好。

上梁正，则下梁不歪

"舜只是自进于义，以义熏蒸，不去正他奸恶。"

——王阳明

正德初年，王阳明因冒言直谏触犯权贵，被贬至贵州龙场。到任不久，捕获了一个罪大恶极的强盗头目。这个强盗头目平时杀人抢劫、无恶不作。在接受审讯的时候他还摆出一副无赖的架势。强盗知道自己犯的是死罪，便说要杀要剐悉从尊便。王阳明面对他无礼的态度并无怒气，反而和气地告诉他既然这样就不用审判了，还劝强盗天太热，可以脱去外衣！这个强盗想到脱掉外衣还可以松松绑，就脱去了外衣。王阳明又说不如把内衣也脱掉吧！强盗想了想又把内衣脱掉了。王阳明又劝他把内裤也脱掉吧，强盗着急了，他紧张起来，连声说"不方便"。王阳明看他如此紧张，就说这个强盗还是有廉耻心和道德良知的，并非一无是处。强盗看到王阳明这样说，便从实交代了自己的罪行。

王阳明善于从德化良知的角度来解决问题。他认为，德化良知能走入民心，更好地达到"其身正，不令则行"的目的。倡导"致良知""知行合一"的王阳明一向注重德化的作用，他广泛布道，接纳弟子，传播心学。每到一地，他就普及文化，兴办学校，教百姓读书识字，宣传国家大政方针，防止民众违法犯罪。他希望通过这些措施上行下效，用文化和德政来教化当地百姓。王阳明认为舜自觉地采用安抚的手段感化象，而不是直接去纠正他的奸恶，就是德化的一种表象，是值得称道的做法。

中国有句俗话说："上梁不正

其身正，不令而行；其身不正，虽令不从。这就是榜样的力量。

下梁歪。"指的是做父亲的如果管不好自己,给孩子树立起不好的榜样,孩子就会效仿,最后也成为像自己父亲一样的人。

《论语·子路》中,子曰说:"其身正,不令而行;其身不正,虽令不从。"意思是说,当管理者自身端正,做出表率时,不用下命令,被管理者也就会跟着行动起来;相反,如果管理者自身不端正,而要求被管理者端正,那么,纵然三令五申,被管理者也不会服从的。这两段话都说明了一个道理:上行下效是一种风气。

上梁正,下梁则不歪。对于领导者而言,要想赢得下属的追随,就应当以身作则。东汉末年的曹操曾被人称为"治国之能臣,乱世之奸雄"。古今褒贬不一,虽然其功过不定,任由后人评说,但他在治国治军方面深得将士尊重,因为他深谙管理之道,正人先正己,以身作则。

麦熟时节,曹操率领大军去打仗,沿途的百姓因害怕士兵,躲到村外,无人敢回家收割小麦。曹操得知后,立即派人挨家挨户告诉百姓和各处看守边境的官吏,他是奉旨出兵讨伐逆贼为民除害的,现在正是麦收时节,士兵如有践踏麦田的,立即斩首示众,以儆效尤。百姓心存疑虑,都躲在暗处观察曹操军队的行动。曹操的官兵在经过麦田时,都下马用手扶着麦秆,一个接着一个,相互传递着走过麦地,没一个敢践踏麦子,百姓看见了,无不称颂。

但是,当曹操骑马经过麦田时,田野里忽然飞起一只鸟,坐骑受惊,一下子蹿入麦地,踏坏了一片麦田。曹操为服众立即唤来随行官员,要求治自己践踏麦田之罪。

曹操斩发自罚,正是正人先正己的榜样。

官员说:"怎么能给丞相治罪呢?"曹操言道:"我亲口说的话都不遵守,还会有谁心甘情愿地遵守呢?一个不守信用的人,怎么能统领成千上万的士兵呢?"随即抽出腰间的佩剑要自刎,众人连忙拦阻。此时,大臣郭嘉走上前说:"古书《春秋》上说,法不加于尊。丞相统领大军,重任在身,怎么能自杀呢?"

曹操沉思了好久说:"既然古书《春秋》上有'法不加于尊'的说法,我又肩负着天子交付的重任,那就暂且免去一死吧。但是,我不能说话不算话,我犯了错误也应该受罚。"于是,他就用剑割断自己的头发说:"那么,我就割掉头发代替我的头吧。"曹操又派人传令三军:丞相践踏麦田,本该斩首示众,因为肩负重任,所以割掉头发替罪。

古人云:"身体发肤,受之父母。"曹操深知军纪的重要性,正所谓,上梁正,下梁才不歪,要想让士兵发自内心地重视军纪,他自己就要遵守军纪。曹操割发代首,士兵看在眼里,心里必定会想:"丞相尚且如此,我等更应该严格遵守。"

要正人,先正己。领导是下属效仿的对象,只有自己以身作则才能更好地约束下属。美国前副总统林伯特·汉弗莱说:"我们不应该一个人前进,而要吸引别人跟我们一起前进,这个试验人人都必须做。"就是说,一个优秀的领导者应当以身作则,用自己的修养和思想影响身边的人,凡事自己起个好的带头作用,这样才能具有凝聚力,使下属自觉团结在自己周围。

与贪婪断交,与清风做伴

"贪心生,责此志,即不贪。"

——王阳明

人是身心的统一体,也是社会关系的总和。对于每一个人而言,维持内心的平衡与稳定是相当重要的。行经在尘世间,难免会有担忧、失落以及悲伤,这时的心灵就会处于一种失衡状态。如果心灵的平衡被打破,人就很容易到达崩溃的边缘。那么该如何对待心灵的失衡呢?

在佛家看来,"人生本来是苦的,苦的根源在于各种欲望。"很多时候,心灵的失衡都是欲望过强导致的,当人的欲望太多时,我们的情绪便很容易被这种贪欲左右。在不知足的状态下,金钱多了还想再多,官位高了还想更高,房子宽了还想更宽……贪欲就像一把干草,一旦点起,就容易成燎原之势,于是,对自我生存状态的否定以及盲目攀比的虚荣便阻断了我们快乐的根源。佛教认为要摆脱欲望之苦,唯一的方法就是修炼。只要从内心到行为,都按照一定的准则和要求进行修炼,禁止凡俗种种欲求,进入空门,就有望修成正果。

王阳明对佛家的这种看法无法深信。在他看来,普通人终身只是做一件事情,从少年到老年,从早上到晚上,不管有没有事,只做得一件事,就是必有事焉,即不管遇到什么事情，不要急于求成，用内心的良知去应付。面对贪欲也是一样，不要被毁誉得失给牵制住了。如果能实实在在地致良知，那么平日所见的善者未必是善，所说的不善者恐怕正是被毁誉得丧所控制，自己把自己的良知给埋没了。所以人要致良知，就必须学会看淡，"与贪婪断交，与清风做伴"，保持一片淡泊心境，豁达地看待生命的潮起潮落。

历史上受后人景仰的杰出政治家大多具备这一品质，明朝宰相于谦就是其中一位。

于谦打退瓦剌，保住了大明江山，位极人臣。但他并不以名利为本。他认为"钱多自古坏名节"，把钱财看得轻如鸿毛，从不聚敛，廉洁自守。他的俸禄用在自己身上的少，常常用以救济贫穷亲朋。平时自奉俭约，衣不锦绣，食不兼味，从不铺张浪费。当时达官贵人把生日看得极重，要大肆庆贺。但于谦过生日，谢绝一切贺客，拒收任何礼物，常常是独坐静思，回省自己的政务，激励自己。于谦执政，日理万机，"日夜分国忧，不问家产"，"所居仅蔽风雨"，"门前无列戟"，常被"错认野人家"，与他的职位极不相称。

正统年间，宦官王振专权，作威作福，肆无忌惮地招权纳贿。百官大臣争相献金求媚。每逢朝会期间，进见王振者，必须献纳白银百两；若能献白银千两，始得款待酒食，醉饱而归。而于谦每次进京奏事，从不带任何礼品。有人劝他说："您不肯送金银财宝，难道不能带点土产去？"于谦潇洒一笑，甩了甩他的两只袖子，说："只有清风。"他还特意写诗《入京》以明志：手帕蘑菇与线香，本资民用反为殃。清风两袖朝天去，免得闾阎话短长！

这种两袖清风，有多少人能够做到？在于谦之后，明朝另一位杰出的政治家张居正，在推行改革时虽然倡清廉、反腐败，可惜自己却未能洁身自好。改革刚开始时，张居正确实是带头执行。他父亲过生日，派仆人骑驴回家送礼，特吩咐不得住驿站。但后来他回乡葬父，坐的是三十二抬的特制大轿，沿途地方官员郊迎郊送，还要呈上黄金，担负护卫任务的是比国家正规军装备还要精良的特殊卫队，弄得朝野上下议论纷纷。他反对别人受贿，而自己受贿却十分惊人。

铁打的官场流水的官，每一个政治家都是这个舞台上的匆匆过客，他们的是非褒贬，逃不过后人的评论。嘉靖七年十一月二十九日(1529年1月9日)王阳明病逝，远近百姓闻讯无不遮道哭送，人已远去，可是王阳明的英名以及事迹都让大家难以忘怀。为国为民的清官永远是百姓所敬仰的。即便没有什么惊天伟业，但是能造福一方百姓而清廉自守，足以让这一方的百姓铭记。

然而对我们这些普通人来说，活的简单一点，心里的负荷便会减少一些。眼前的繁华美景，不过是过眼云烟。与其辛苦的追名逐利，不如放下心头的贪欲，任世界物转星移，沧海桑田，做一个安贫乐道、淡泊明志之人，这样心胸自然开阔，生活也快乐很多。

位高不自居，功高不自傲

"人生大病，只是一傲字。"

——王阳明

自正德十一年（1516年）王阳明奉命平乱，至嘉靖七年十一月二十九日(1529年1月9日)病故于征战途中，辗转十几年，经历大小战役六次，数量虽不多，但是他从来没打过败仗。"位高不自居，功高不自傲"是王阳明累累赢得战争的重要因素。

对于赢得战争的人而言，一般都会享受加官晋爵、增加俸禄等待遇。但是王阳明把功名利禄看得很淡，他一生七次擢升官职，五次属于征战有功，但都辞官，因皇帝不批准，他才勉强继续官职。

王阳明认为人生的大病，只是一个傲字。作为子女的，如果骄傲的话，就必定不孝顺父母；作为臣子的，如果骄傲的话，就必定不忠于君主。一个人骄傲就是时时心中只有自己，而如果做到无我的境界，人就能够变得谦虚和容易进步。王阳明他把骄傲列为一个人所有恶劣品质中最恶劣的一种。

不居功、不自傲的王阳明经常穿梭于百姓之中，体察民生。作为朝廷命官，他只想为老百姓做事，实现他经国济世的抱负。

事实上，官大不招摇，功高不自傲，高调做事，低调做人，需要有较高的修为。这是一门精深的学问，也是一门高深的艺术。真正的智者，总是在声名显赫时藏锋敛迹，持盈若亏，从而在不显山不露水中成就一番大事业。明朝的开国功臣徐达就深谙这个道理。

徐达出生于濠州一个农家，儿时曾与后来做了大明皇帝的朱元璋一起放牛。他有勇有谋，为明朝的创建立下赫赫战功，深得朱元璋宠爱。

徐达虽战功累累，却从不居功自傲。他每年春天挂帅出征，暮冬之际还朝。回来后立即将帅印交还，回到家里过着极为俭朴的生活。

朱元璋曾对他说："徐达兄建立了盖世奇功，从未好好休息过，我就把过去的旧宅邸赐给你，让你好好享几年清福吧。"

朱元璋口中的这些旧邸，是其登基前当吴王时居住的府邸，徐达

王阳明强调，人生最大的弊病在一个"傲"字。

不肯接受。

朱元璋请徐达到旧府邸饮酒,将其灌醉。徐达半夜酒醒问周围的人自己住的是什么地方,内侍说:"这是旧邸。"

徐达大吃一惊,连忙跳下床,伏在地上自呼死罪。朱元璋见其如此谦恭,心里十分高兴,即命人在此旧邸前修建一所宅第,门前立一牌坊,并亲书"大功"二字。

朱元璋曾赐予徐达一块沙洲,由于正处于农民水路必经之地,徐达的家臣以此擅谋其利。徐达知道后,立即将此地上缴官府。

徐达夜半酒醒,伏在地上自呼死罪。

1385年,徐达病逝于南京。朱元璋为之辍朝,悲恸不已,追封徐达为中山王,并将其肖像陈列于功臣庙第一位,称之为"开国功臣第一"。朱元璋登基后,从1380年至1390年,因清洗丞相胡惟庸牵连被杀的功臣、官僚共达3万人;1393年,有赫赫战功的将领蓝玉及其有关的人士均被杀,先后牵连被杀的竟有15万多人;洪武十五年(1382年)的空印案,洪武十八年(1385年)的郭桓案,被杀者更多达8万之众。

朱元璋为强化其统治用严刑重刑,杀了包括功臣在内的10多万人,从小与朱元璋在一起的徐达,当然十分清楚"伴君如伴虎"的道理。因此,他虽功高过人,却仍恭谨谦和,最终换来了平安度日。

任何时候,任何人都不喜欢骄傲自大的人,即使这个人做出了巨大的贡献,创造出不俗的功业。任何时候,谦虚都是被人们喜欢的品质,因为谦虚就意味着对别人的尊重,没有人不喜欢被尊重。

王阳明贬斥傲,傲是一种可怜的自以为是,而谦虚才是一种竞争的优势,大凡有真才实学者无一不是虚怀若谷,谦虚谨慎的。当做出贡献的时候,需要知道并不是给领导做出功劳就可以高枕无忧,只有一边做出贡献让领导满意,一边又谦恭温顺不露出一丁点的骄傲,这样的成功者才不会惹来麻烦。

礼让功劳,不露锋芒得安身

"古先圣人许多好处,也只是无我而已。无我自能谦,谦者众善之基,傲者从恶之魁。"

——王阳明

《菜根谭》中有这样一段话:"完美名节,不宜独任,分些与人,可以远害其身;辱行污名,不宜全推,引些归己,可以韬光养德。"意思是说拥有完美名节,分些与人，无可厚非，而且还可以帮助自己远离祸害。当名誉受损的时候，不宜全部推脱责任，自己承担一些，可以帮助自己韬光养德。

行走人生，祸福总是相伴相生。面对功劳，要懂得礼让；面对祸害，要懂得承担。王阳明在为明政府扫清四处作乱的匪寇后，把功劳全部归于赏识他、为他工作扫除障碍的兵部尚书王琼。他讲求道德、气节，不在乎权势金钱，仅礼让功劳这一项就足为人们称道。

曾国藩也是一位知道礼让功劳的人。他明白要真正地赢得将士们的爱戴，名和利是最好的资本。因此，他从来都不独享功劳，而总是推功于人，他说，凡是遇到有名、有利的事情，都要注意和别人分享。

曾国荃围攻金陵久攻不下，但是又想独享大功，不愿意接受李鸿章的援军，曾国藩就写信开导说：

近日来非常担心老弟的病，初七日弟交差官带来的信以及给纪泽、纪鸿两儿的信于十一日收到，字迹有精神、有光泽，又有安静之气，言语之间也不显得急迫匆促，由此预测荃弟病体一定会痊愈，因此感到很宽慰。只是金陵城相持时间很久却还没有攻下，按我兄弟平日里的性情，恐怕肝病会越来越重。我和昌岐长谈，得知李少荃实际上有和我兄弟互相亲近、互相卫护的意思。我的意思是上奏朝廷请求准许少荃亲自带领开花炮队、洋枪队前来金陵城会同剿灭敌军。等到弟对我这封信的回信，我就一面上奏朝廷，一面给少荃去咨文一道，请他立即来金陵。

曾国藩在此委婉地向曾国荃表达了希望李鸿章能够与他一同作战，同立战功的想法。但是李鸿章一方面看到曾国荃并不想他插手金陵，同时也不愿意借此揽功，就上报朝廷，一方面上报朝廷说曾氏兄弟完全有能力攻克金陵，另一方面又派自己的弟弟前去帮助攻城。

攻下金陵后，李鸿章亲自前去祝贺，曾国藩带曾国荃迎于下关，说："曾家兄弟的脸面薄，全赖你了！"李鸿章自然谦逊一番。曾国藩一再声称，大功之成，实赖朝廷的指挥和诸官将的同心协力，至于他们曾家兄弟是仰赖天恩，得享其名，实是侥幸而来，只字不提一个"功"字。

他还上书朝廷把此次战功归于朝廷的英明和将士们，不提自己和弟弟的辛劳。谈到收复安庆之事，他也是归功于胡林翼的筹谋划策、多隆阿的艰苦战斗。在其他战役中，曾国藩也总是把赏银分给部下，把功劳归于他人并加以保举，如此一来，既得到了将士们的心，鼓舞了他们的士气，也让朝廷对他放心。

没有一个领导者能够不得众而长久地居于高位，因而领导者都应深谙不独享功劳之道。曾国藩这种"有福同享，有难同当"的气魄展示了一个领导者的魅力，每一个将士都愿意跟随这样的领导者，乐于为他所用。

与曾国藩相对的是中国历史上另一个大将项羽。项羽力能扛鼎，一方称王，但在楚汉争天下的斗争中以失败而告终。韩信在分析他的性格时说：项王待人恭敬慈爱，言语温和，有生病的人，心疼得流泪，将自己的饮食分给他，等到有的人立下战功，该加官晋爵时，把刻好的大印放在手里玩磨得失去了棱角，舍不得给人，这就是所说的妇人的仁慈啊。将士的浴血奋战却没能得来应得的报酬，长此以往，项羽自然会失去军心；军心一失，失败早已注定。

对于生活中的我们来说，一件事情的完成，不可能只依靠个人之力，往往是凭借亲人、朋友或者同事等多方的努力。王阳明能够成为心学大师，是因为身边有志同道合的朋友，可以时常切磋，探讨学问；能够成为战场上的不败将军，是因为有忠心不二的部下。请务必将这件事牢记在心头。当自己活跃的表现，受到周遭人的赞赏时，更应该大度地说："这不是我一个人的功劳，是大家一起努力的成果。"这种肚量，能吸引周遭的人更乐于提供帮助。这样的良性循环，也便于工作和生活展得更顺利、更远大。

在低潮时进去，在高潮时退出

"大抵七情所感，多只是过，少不及者。才过，便非心之本体，必须调停适中始得。"

——王阳明

王阳明由兵部主事贬至龙场时，生活异常艰难。为了生计，他不得不耕作种田。他深知老百姓的智慧，不耻下问，询问其耕地种田之道，还咨询当地民风习俗等，深受老百姓爱戴。

他在讲学的时候也如此。他授徒的最大特点就是把门人当朋友，没有训诫、没有体罚，寓教于乐，教学相长。他认同学生的智慧，从不强加自己的观点给学生。在他逝世之后，明廷部分官员、门人为继承他的事业，宣传他的思想、观点、主张，纪念他的功绩，缅怀他对地方对人民的好处。

民间的智慧才是大智慧，王阳明虚心向百姓求教，谦卑与学生交谈，广纳四方意见，在学习和探讨中不断完善自己的哲学思想，这样的态度着实令人佩服。

《道德经》中说："故贵以贱为本，高以下为基。是谓侯王自谓孤、寡、不谷。此非以贱为本邪？非乎？故至誉无誉，不欲琭琭如玉，珞珞如石。"意思是说：贵要以贱为根本，高要以下为根基，因此，侯王自称为孤、寡、不谷，这不就是以贱为本吗？不是吗？所以最高的荣誉就是没有荣誉，作为侯王最好不要表现自己，不要像玉那样显示它的光亮文采，宁可像石头那样朴实无华。

侯王本是高高在上的人，但依然自称孤、寡、不谷。即使我高贵为侯王，但我依然孤独，依然德浅才疏，因此希望百姓来帮助我，大臣来支持我。这就是处下，就是高以下为根本，贵以贱为根基。

众所周知，"水能载舟，亦能覆舟"。意指事物用之得当则有利，反之必有弊害。我们把舟比喻为君王,把水比喻为百姓;舟在上位,水在下位。如果船上的高贵者经常想到船下面的水,认识到这是自己之所以能高贵、高高在上的根本和基础,常常居上思下、处尊思贱,就不会发生危险。如果忘了根本、失去了根基,那么就危险了。在《三国演义》中,有一个人就非常懂得"处下"的智慧,这个人就是刘备。

刘备是大汉皇叔,出身高贵,却与出身卑微的关羽、张飞结义,从此奠定了自己事业的基点。在后来的天下大乱、诸侯混战中,他也是采用"处下"的智慧,一步步充实自己的实力。他先是投靠公孙瓒,后来他解了徐州之围,并投靠了徐州刺史陶谦。因为他善于处下,结果陶谦三让徐州,最后刘备做了徐州牧。

再后来他又投靠曹操、袁绍、刘表,在"处下"中前进,在"处下"中积聚力量,在"处下"中百炼成钢。在这个过程中,最著名的当属刘备"三顾茅庐"了。为了请出诸葛亮,刘备不惜降尊屈贵,带领关羽、张飞,三次登门拜访。

第一次去,看门的小童听说他们是来找自己主人的,回答说:"先生不在家,早上就出门去了,也不知去了哪儿,更不知什么时候回来。"刘备只好失望地离开了卧龙岗。

过了些时日,刘备打听到诸葛亮已经回家,又和关羽、张飞一起顶着漫天的大雪去隆中。可是到了才知道,诸葛亮已在头一天和朋友云游去了,三人又扑了个空。

又过了些时候,刘备准备第三次去请诸葛亮,关羽和张飞都有些恼火,但刘备并不灰心,三人再次来到卧龙岗。听小童说诸葛亮在睡觉,刘备便恭恭敬敬地站在草堂的台阶下等着。过了很长时间,小童才出来把三人请进草屋。刘备终于见到了诸葛亮,诸葛亮见刘备谦虚诚恳,便说:"荆州地势险要,是个用兵的好地方,刘表既然守不住它,将军应当取而代之。先占据荆州,站稳脚跟,再取益州,然后联合孙权,交好西南各族,待时机成熟,再向中原发展。那么,统一天下的大业就能够获得成功。"

诸葛亮的这一番话,果然让刘备豁然开朗,眼睛一亮。但是当他邀请诸葛亮立即一同前往新野时,诸葛亮没有答应,说自己一向乐意耕锄,不能奉承遵命。于是刘备哭起来,把衣襟袍袖都哭湿了。诸葛亮终于被其感动而出山。

这里,刘备为得人才而将"处下"的功夫表现得炉火纯青。处下是一种"虚怀若谷、吞吐万千"的气势风骨。处下不意味着低下,谦逊、尊贤,才能得到民众的爱戴。试想,王侯尚且如此,那么一般人更应该"处下",并时刻保持谦虚谨慎的态度。脚踏实地、虚心向学、任劳任怨,你自然容易获得周围的人以及老板、领导、合作者、各路朋友的信任;你平易近人、尊重人、理解人、关心人、降尊纡贵,自然广受爱戴,由高处不胜寒变为高处春意暖。到那时,事业和成功自然是水到渠成。

◎第十七章◎
淡定心：不以物喜，不以己悲

常在静处，谁能差遣我

"当极静时，觉此心中虚无物，旁通无穷，如长空云气，流行无所止极。"

——王阳明

"非宁静而无以致远。"诸葛武侯如是说。静是什么？是泰山崩于前而色不变，是大胸襟，也是大觉悟，非丝非竹而自恬愉，非烟非茗而自清芬。

如何才能进入静的境界？王阳明给出了一种答案：不要轻易起心动念。常人之所以和圣人有分别，完全因为起心动念。因此，万事万物呈现在心中的时候，寂然无我；而当达到了寂然无我的境界时，万事万物自然也会呈现在心中。

紧张和焦灼的生活，很难让人品味到静的清芬与恬愉，甚至会渐渐浮躁起来，可是浮躁往往不利于事情的发展。因此，与其让浮躁影响我们正常的思维，不如放开胸怀，静下心来，默享生活的原味。毕竟唯有宁静的心灵，才不营营于权势显赫，不奢望金银成堆，不乞求声名鹊起，不羡慕美宅华第，因为所有的营营、奢望、乞求和羡慕，都是一厢情愿，只能加重生命的负荷，加速心灵的浮躁，而与豁达康乐无关。

谢安乃晋朝名臣。晋简文帝时，权臣桓温想要简文帝禅位给他，简文帝死后，谢安等人趁他不在京都，马上立太子做了皇帝。桓温气急败坏，于是在宁康元年（373年）二月，亲率大军，杀气腾腾地回兵京师，向谢安问罪。并欲趁机扫平京城，改朝换代。眼见朝廷上下，人心惶惶，新帝司马曜也不得不下诏让吏部尚书谢安和侍中王坦之到新亭迎接桓温。

二月的京城，春寒料峭，桓温的到来更给这里增添了一派肃杀气象。桓温到来时，百官都去迎接。文武百官纷纷跪拜在道路两旁，甚至连抬头看一眼威风凛凛从眼前经

人只有不急功近利，才能享受鱼跃鸢飞的洒脱。

过的桓温的勇气都没有，这里面也包括那些有地位有名望的朝廷重臣。但谢安除外，面对四周杀气腾腾的卫兵，他先是先作了一首咏浩浩洪流的《洛生咏》，然后才从容地说："我听说诸侯有道，就会命守卫之士在四方防御邻国的入侵。明公入朝，会见诸位大臣，哪用得着在墙壁后布置人马呢？"桓温一下子被他镇住了，于是赶忙赔笑说："正因为不得已才这样做呀！"他连忙传令撤走兵士，笼罩在大家中间的紧张气氛一下子消除了。

谢安从容迎桓温。

接下来，他又摆酒设馔，与谢安两人"欢笑移日"，在这欢笑声中，东晋朝廷总算度过了一场虚惊。

"泰山崩于面前而不惊"，如此的定力不是每个人都可以具有的。谢安曾经在桓温的手下做事，面对这个杀气腾腾的上级，要想保持镇定，不仅需要在气势上胜过他，更要在内心上胜过他。可以说，谢安能够在桓温面前安然自在，是因为他自己保持了内心的宁静，在气势上胜过了桓温。

王阳明良知的哲学思想中包含这样一层含义，即良知是生命本源的一种知觉。宁静作为一种功夫的意义就在此，它能够减去压在良知表面上的重物。宁静是一种气质、一种修养、一种境界、一种充满内涵的悠远。安之若素，沉默从容，往往要比气急败坏、声嘶力竭更显涵养和理智。

其实，真的不需太急功近利，不如将心跳放缓，随青山绿水而舞，见鱼跃鸢飞而动。水流任急境常静，花落虽频意自闲。把心常放在静处，荣辱得失，哪一样能够左右我？

不动心，不烦恼

"心之本体，原自不动。"

——王阳明

王阳明曾在平定叛乱后，看见世风日下感慨道：破山中贼易，破心中贼难。心中之贼便是"私欲"，"私欲"是一切万恶的源头。他认为一个人持有什么样的心态，就可能成为什么样的人，也就能够拥有一个什么样的人生。

世间的事，纷至沓来，只有做到不动心，才能得到真正超然物外的洒脱。王阳明认为，心的本体，原本就是不动的。心不动，即便有三千烦恼丝缠身，亦能恬静自如。这就好比同样多的事情，有人为世事所叨扰，忙得焦头烂额，有人却能泰然自若地悉数处理完毕，生活的智者总是懂得在忙碌的生活之外，存一颗闲静淡泊之心，寄寓灵魂。后者虽因忙碌而身体劳累，却因为时时有着一颗清静、洒脱而无求的心，便很容易能找到自己的快乐。

苏轼是宋代名士，既有很深的文学造诣，他的思想也兼容了儒释道三家关于生命哲理的阐释，虽如此，有时候他也不能真正领悟到心定的感觉。

苏轼被贬谪到江北瓜洲时，和金山寺的和尚佛印相交甚多，常常在一起参禅礼佛，谈经论道，成为非常好的朋友。

一天，苏轼作了一首五言诗：稽首天中天，毫光照大千；八风吹不动，端坐紫金莲。作完之后，他再三吟诵，觉得其中含义深刻，颇得禅家智慧之大成。苏轼觉得佛印看到这首诗一定会大为赞赏，于是很想立刻把这首诗交给佛印，但苦于公务缠身，只好派了一个小书童将诗稿送过江去请佛印品鉴。

书童说明来意之后将诗稿交给了佛印禅师，佛印看过之后，微微一笑，提笔在原稿的背面写了几个字，然后让书童带回。

苏轼满心欢喜地打开了信封，却先惊后怒。原来佛印只在宣纸背面写了两个字："狗屁！"苏轼既生气又不解，坐立不安，索性搁下手中的事情，吩咐书童备船再次过江。

哪知苏轼的船刚刚靠岸，却见佛印禅师已经在岸边等候多时。苏轼怒不可遏地对佛印说："和尚，你我相交甚好，为何要这般侮辱我呢？"

佛印笑吟吟地说："此话怎讲？我怎么会侮辱居士呢？"

苏轼将诗稿拿出来，指着背面的"狗屁"二字给佛印看，质问原因。

佛印接过来，指着苏轼的诗问道："居士不是自称'八风吹不动'吗？那怎么一个'屁'就过江来了呢？"

苏轼顿时明白了佛印的意思，满脸羞愧，不知如何作答。

身在人世操劳一生，却能心安身安，这着实是一件不容易实现的事。这需要我们转换对生活的态度，持一颗清静的心，不生是非分别，不起憎爱怨亲，就能够安稳如山，自在如风。

世上本无事，庸人自扰之。王阳明说人人都具有心力，大凡终日烦恼的人，实际上并不是遭遇了多大的不幸，而是自己的内心对生活的认识存在着片面性，心无力而已。真正聪明的人即使处在烦恼的环境中，也能够自己寻找快乐。

在忙碌、纷扰的生活外保持一颗清静的心，这是每一个人必须谨记在心的真理。心中有青山，就算

佛印禅语羞苏轼。

是忙，也永远是"气定神闲的忙"。

顺境逆境都能从容

"是有意于求宁静，是以愈不宁静耳。"

——王阳明

生活充满了种种偶然与不测，很多人的心情都容易因此受到影响，使得精神无时无刻不在忐忑不安之中。而要沉着冷静地去面对，则需如王阳明所说的涤荡内心。不管是顺境，还是逆境，都要静心不动。

静心即净心。平常人想要净心的时候，往往习惯于用理性去控制但这样做的结果可能适得其反。告诉自己"不能动心，不能动心"，这个时候心已经动了。提示自己"心不能随境转"，这个时候心已经转了。王阳明说，有意去找寻宁静，这个时候已经不宁静了。真正的净心不是特意去控制它，也不是刻意去把握它。什么时候都知道自己的心，心自然而然就不动了。心不动了，人就不会为外界的诱惑所动从而净化自身。

仰山禅师有一次请示洪恩禅师道："为什么吾人不能很快地认识自己？"

洪恩禅师回答道："我给你说个譬喻，如一室有六窗，室内有一猕猴，蹦跳不停，另有五只猕猴从东西南北窗边追逐猩猩。猩猩回应，如是六窗，俱唤俱应。六只猕猴，六只猩猩，实在很不容易很快认出哪一个是自己。"

仰山禅师听后，知道洪恩禅师是说吾人内在的六识（眼、耳、鼻、舌、身、意）和追逐外境的六尘（色、声、香、味、触、法），鼓噪繁动，彼此纠缠不息，如空中金星蜉蝣不停，如此怎能很快认识哪一个是真的自己？因此便起而礼谢道：

"适蒙和尚以譬喻开示，无不了知，但如果内在的猕猴睡觉，外境的猩猩欲与它相见，且又如何？"

洪恩禅师便下绳床，拉着仰山禅师，手舞足蹈似的说道：

"好比在田地里，防止鸟雀偷吃禾苗的果实，竖一个稻草假人，所谓'犹如木人看花鸟，何妨万物假围绕'。"

仰山终于言下契入。

为什么人最难认清自己呢？主要是因为真心被掩盖了。就像一面镜子，布满灰尘，就不能清晰地映照出物体的形貌。真心没有显现出来，妄心就会影响人心，时时刻刻攀缘外境，心猿意马，不肯休息。

心不动才能真正认清自己，遇到顺境不动，遇到逆境也不动，不受任何外在的影响。现代人的状况大多相反，遇到顺境的时候高兴得不得了，遇到逆境的时候痛苦得不得了，这就带来许多痛苦。其实，我们遇到的任何外境都一样，如果我们能够了解这一点，就不会被六尘所诱惑，也不会被六识所蒙蔽。

实际上，顺境跟逆境不过是一体两面而已，一个是手背，一个是手心。顺境时得意忘形，逆境时失意"忘形"，都是不对的，换句话说，是心有所住。有所住，就被一个东西困住了，就得不到解脱。要想真正解脱，并不是去崇拜偶像，也不是迷信权威，而是要心无所住，心不为动。这样，面对任何事情，物来则应，过去不留。

外面再美的景致，也无法使我们的心得到真正的休息，反而白白浪费掉精力。王阳明启示我们，把浑浊、动荡的心澄清，不要刻意去欢喜、悲伤。就好像看一池生长于污泥中的荷花，池边的观赏者有人欢喜有人忧，可是一池的荷花却在那里，不动，不痴，也不染，荷花只是荷花。人如果也能像荷花一样，不被外物牵绊，活出真我，心便能回归寂静，生活也就不会被境遇随意差遣。

静坐静思，不被外物所扰

"日间功夫，觉纷扰，则静坐。"

——王阳明

在纷乱的社会生活中，人们常常感到不安。对此，王阳明建议学习静坐。闭上眼睛去养神。养着养着，外在的喧嚣和热闹都消失了，随即便发现了心灵内在更为美好的境界。

"独坐禅房，潇然无事，烹茶一壶，烧香一炷，看达摩面壁图。垂帘少顷，不觉心静神清，气柔息定，蒙蒙然如混沌境界，意者揖达摩与之乘槎而见麻姑也"。这是《小窗幽记》给人们阐述的一个幽静、美妙的意境：独自坐在禅房中，清爽而无事，煮一壶茶，燃一炷香，欣赏达摩面壁图。将眼睛闭上一会儿，不知不觉中，心变得十分平静，神智也十分清静，气息柔和而稳定。这种感觉，仿佛回到了最初的混沌境界，就像拜见达摩祖师，和他一同乘着木筏渡水，见到了麻姑一般。

人只有心静下来的时候，才能够观照到自己的本来面目。就好像波浪迭起的时候，我们无法看到水底的情况；只有当水平波静的时候，我们才能看到清澈的水底。所以，静坐是人们放下心外一切的有效方法。

静坐是指放松入静，排除杂念，呼吸自然，一切的一切主要是为了让一个人变得安静，变得能感觉到自己的存在，然后一直变到忘我之境。静坐可以让一个人的身体保持内外的平衡，也利于提升自己的心灵境界。一个人若能在嘈杂中感悟宁静，也就达到了人生快乐的极高境界。

有四个人聚在一块进行一项"不说话"的训练，以此考验自己的定力。四个人当中，有三个人的定力较高，只有一个人定

静坐修身的功夫，要达到心如止水的境界。

力较弱。由于是在晚上，要时常为灯添油，所以四人商量过后，点灯的工作就由定力最弱的那个人负责。

"不说话"开始后，四个人就围绕着那盏灯静坐。几个小时过去了，四个人都默不作声。

油灯中的油越燃越少，眼看就要枯竭了，负责管灯的那个人，见状大为着急。此时，突然吹来一阵风，灯火被风吹得左摇右晃，几乎就要灭了。

管灯的人实在忍不住了，他大叫说："糟糕！火快熄灭了。"

静心息虑，物我两忘的境界绝不应是做表面功夫。

其他三个人，原来都闭目静坐，始终没说话，听到管灯的那个人的喊叫声，有一个人立刻斥责他说："你叫什么！我们在做'不说话'，不能开口说话。"

又有一个人闻声大怒，他骂第二个人说："你不也说话了吗？太不像样了。"

第四个人始终沉默静坐。可是过了一会儿，他就睁眼傲视其他三个人说："只有我没说话。"

到达心灵的宁静境界实属不易，如果还要在宁静的境界里感悟人生的奔腾则是难上加难。因为外物的嘈杂难敌内心的安宁，但是环境的安宁却不容易让人兴奋。当人们被静谧所吞没的时候，是兴奋不起来的，因此在宁静中让自己的内心变得活力四射就显得更难得。

人当心如止水，但是止水并不是死水，所谓静止只是相对的状态，人生往往是宁静里波涛汹涌，那些最平淡的事情里面往往酝酿着最为激烈的革命。一个人如能做到在宁静中感悟奔腾，就证明已到达了心灵的至高境界。

静虑息欲致良知，这个办法是王阳明说知行合一时提出的办法，当人们万分疲惫的时候，只需静坐下来，闭上眼睛，打开心眼去看你内心存在的那个世界，疲劳也就渐渐消退，祥和空灵的境界随之而来。

身处喧嚣尘世，我们也要独自静处在房中，清静无为，摆脱了尘世的喧扰，焚烧上一炷好香，烹煮上一壶清茶，慢慢地品味着妙道的清香。然后静坐闭目，心自澄明，哪里还记得这俗世的烦恼呢？

心清净，便悠然自得

"初学用功，却须扫除荡涤，勿使留积，则适然来遇，始不为累，自然顺而应之。"

——王阳明

人类在任何时代都需要一颗清净心。也就是远离烦恼的迷惘,有了清净心,遇到失意之事能治之以忍,遇到快心之事能视之以淡,遇到荣宠之事能置之以让,遇到怨恨之事能安之以忍,遇到烦乱之事能处之以静,遇到忧悲之事能平之以稳。

王阳明说:"扫除荡涤,勿使留积,则适然来遇,始不为累,自然顺而应之。"排除杂念,不为外物所累,追求心灵的自由。王阳明强调的是一种心灵的模式,拥有一颗清净的心,摆脱外界环境的干扰,完全沉浸、专注于当下所做的事情当中,用整个身心来解决所面临的问题,而不是纠缠于自我。

俗语说:"世上无难事,只怕有心人。"人若是专心致志,任何难题都能较好地解决,而深入研究问题的起因、经过、结果以及相关的问题,则能做到"触类旁通",解决了此问题便能解决与此相通的问题。反之,倘若三心二意,被外物所扰,再聪明的人也不能掌握真正的技术,不能学会更多的知识。

从前,有个名叫弈秋的人,他的棋艺水平闻名全国。每隔两年,弈秋大师都招收两名徒弟,这一次,他的徒弟是两个年轻小伙子,一个叫东木,一个叫西木。

弈秋讲棋有个习惯,总是闭着眼睛讲解,用手摸着棋子出招,并不监督徒弟们学习的态度,全凭他们的自觉来掌握棋艺。

开始时,东木和西木都能够全神贯注地听老师讲课,有时,两个人还时不时打断弈秋的讲解,提出各种疑问。晚上回到住宿的地方,两人往往兴致未尽,在院子中互相切磋棋艺,其水平不相上下,进步很快。

一年后,东木和西木回家看望。经过一片林子时,他们恰好看到一个英俊的猎人拉弓搭箭,一下子射落一只正在高飞的天鹅。这情景深深地吸引了西木,给他留下了难忘的印象。回到老师身边,东木和西木学棋的态度有所不同了。东木学棋的兴致越来越浓,西木却感到整天学棋太枯燥了。东木听老师讲解棋谱时,专心致志,用心去领会老师说的每一句话;西木呢,他对猎鸟更感兴趣,总惦记着,天鹅是不是正在天上飞呢,有时,他还隐隐约约地听到天鹅的叫声,眼前不时浮现猎人射落天鹅的英姿。

又一年过去了,东木和西木学艺期满。弈秋让二位徒弟对弈,检验他们的棋艺。结果当然是东木棋高一筹,把西木"杀"得落花流水。

弈秋大师看完两位徒弟的棋局,感慨道:"初学时,我闭目教棋时听你们两人的回答,我认为你们同样的聪明;后来,我闭目教棋时只听到东木一个人的回答,西木的心已经飞走了,所以我明白东木才是我真正的徒弟。"

清净心能够提高人的人生境界。清净之心就是一粒小小的种子,虽然外表看来微不足道,但其中蕴涵着最伟大的力量,凭借这种力量,人能够实现非常大的提升。

诸葛亮五十四岁时写给他八岁儿子诸葛瞻的《诫子书》中说:"非淡泊无以明志,非宁静无以致远。"意思是一个人在社会中生活,若淡泊名利等身外之物,便可以真正明确自己的志向,若心无旁骛地投入某项你所钟爱的事业中,便可以实现远大的目标。这是诸葛亮一生的真实写照,亦是我们后人谨遵的警句名言。

为世俗名利所困扰,就算成功了,得到的也只是物质丰裕的快感,缺少"闲居无事可评论,一炷清香自得闻"的那派悠然,按照王阳明所说的,我们若做一件事物,沉下心来好好地投入,研究它、发展它,把功名等泛泛之事都抛之脑后,终有一天,会收获兴致,还有成功。

在紧张忙碌的日子里,拿出许多小小的空闲为自己净心,片刻的净心会带来片刻的安宁,无数个片刻积累起来,人就获得了一份悠然自得的心情,整个身心也就能达到和谐的状态。

按心兵不动,如止水从容

"你未看此花时,此花与汝心同归于寂。你来看此花时,则此花的颜色一时明白起来。便知此花不在你的心之外。"

——王阳明

我们每个人的心中都难免有理性和情绪上的斗争和争讼。这种"心、意、识"自讼的状态就叫作"心兵"。普通人心中随时都在打内战,如果妄念不生,止水澄波,心兵永息,自然天下太平。

"我不看花时,花与我心同寂。我看花时,花的颜色一时明白起来,便知此花不在我心之外。"这句话被奉为王阳明的经典话语。王阳明认为外物之所以存在是因为心的存在。所以在面对人生中的诸多沉浮时,我们大可不必左右摇摆之,而是要以一种从容淡定的心情去对待之,并借此来修炼自己的心灵,达到不动心的境界,以获得一个悠然自在的人生。

从容淡定,是一种活法,一番境界。有一则有趣的笑话,下雨了,大家都匆匆忙忙往前跑,唯有一人神态悠然,在雨中踱步,旁边大步流星跑过的人十分不解:"你怎么不快跑?"此人缓缓答道:"急什么,前面不也在下雨吗?"

当人们在面临风雨匆忙奔跑之时,那个淡然安定欣赏雨景的人,正是深谙从容的生活智慧。在现代都市竞争的人性丛林中,从容淡定是一种难以达到的大境界,别人都在杞人忧天、慌不择路,只有他镇定从容。正如一首耳熟能详的歌中唱得那样:"曾经在幽幽暗暗反反复复中追问,才知道平平淡淡从从容容才是真。"

黄帝做了十九年天子,诏令通行天下,听说广成子居住在崆峒山上,特意前往拜见他。

黄帝见到广成子后说:"我听说先生已经通晓至道,冒昧地请教至道的精华。我一心想获取天地的灵气,用来帮助五谷生长,用来养育百姓。我又希望能主宰阴阳,从而使众多生灵遂心地成长,对此我将怎么办?"

广成子回答说:"你所想问的,是万事万物的根本;你所想主宰的,是万事万物的残留。自从你治理天下,天上的云气不等到聚集就下起雨来,地上的草木不等到枯黄就飘落凋零,太阳和月亮的光亮也渐渐地晦暗下来。然而谄谀的小人心地是那么褊狭和恶劣,又怎么能够谈论大道!"

黄帝听了这一席话便退了回来,弃置朝政,筑起清心寂智的静室,铺着洁白的茅草,谢绝交往独居三月,再次前往求教。

广成子头朝南躺着,黄帝则顺着下方,双膝着地匍匐向前,叩头着地行了大礼后问道:"听说先生已经通晓至道,冒昧地请教,修养自身怎么样才能活得长久?"

黄帝向广成子求教。

广成子急速地挺身而起,说:"问得好啊!来,我告诉给你至道。至道的精髓,幽深邈远;至道的至极,晦暗沉寂。什么也不看什么也不听,持守精神保持宁静,形体自然顺应正道。一定要保持宁寂和清静,不要使身形疲累劳苦,不要使精神动荡恍惚,这样就可以长生。眼睛什么也没看见,耳朵什么也没听到,内心什么也不知晓,这样你的精神定能持守你的形体,形体也就长生。小心谨慎地摒除一切思虑,封闭起对外的一切感官,智巧太盛定然招致败亡。我帮助你达到最光明的境地,直达那阳气的本原。我帮助你进入幽深渺远的大门,直达那阴气的本原。天和地都各有主宰,阴和阳都各有府藏,谨慎地守护你的身形,万物将会自然地成长。我持守着浑一的大道而又处于阴阳二气调谐的境界,所以我修身至今已经一千二百年,而我的身形还从不曾有过衰老。"

黄帝再次行了大礼叩头至地说:"先生真可说是跟自然混而为一了!"

广成子主要说的是怎样才能求得道,我们却可以从中体悟到"静"的作用,每个人想要得到幸福,都要保持自己心灵的平静,按住心兵不动。

王维诗云:

人闲桂花落,夜静春山空。
月出惊山鸟,时鸣春涧中。

诗描写的不仅是美丽的自然,也是诗人生命的美。如果一个人在喧闹的都市中,仍保持一颗清静无为的心,就能像王维那样体验到生命中蕴含着的花落、月出、鸟鸣的美丽,就能拥有一个诗意的幸福人生。

从容不动心,能够让你在车马喧嚣之中多一分理性,在名利劳形之中多一分清醒,在奔波挣扎中多一分尊严,在困顿坎坷中多一分主动。从容是一种处世泰然,是一种宠辱不惊;从容是以一颗平常心接受着现实的凝重、琐碎、磨难甚至屈辱。

王阳明一再讲"心外无物""心外无理",他声称心是万物的主宰,一切都源于"心",心是可以灵活多变的,你需要学会掌控。所以,任何时候都不要让心兵慌乱,只需一种从容的淡定,一切便会豁然开朗。

下篇
《传习录》

◎卷上◎

徐爱① 录

【原文】

先生于《大学》"格物"诸说，悉以旧本为正，盖先儒②所谓误本者也。爱始闻而骇，既而疑，已而殚精竭思，参互错综，以质于先生，然后知先生之说若水之寒，若火之热，断断乎"百世以俟圣人而不惑"者也③。先生明睿天授，然和乐坦易，不事边幅。人见其少时豪迈不羁，又尝泛滥于词章，出入二氏之学，骤闻是说，皆目以为立异好奇，漫不省究。不知先生居夷三载④，处困养静，精一之功⑤固已超入圣域，粹然大中至正之归矣。

爱朝夕炙门下，但见先生之道，即之若易而仰之愈高，见之若粗而探之愈精，就之若近而造之愈益无穷。十余年来，竟未能窥其藩篱。世之君子，或与先生仅交一面，或犹未闻其謦欬，或先怀忽易忿激之心，而遽欲于立谈之间，传闻之说，臆断悬度。如之何其可得也？从游之士，闻先生之教，往往得一而遗二，见其牝牡骊黄，而弃其所谓千里者。故爱备录平日之所闻，私以示夫同志，相与考而正之，庶无负先生之教云。

门人徐爱书

【注释】

①徐爱（1488~1518）：字曰仁，号横山，浙江余杭人，是王阳明最得意，也是第一位门生。王阳明的妹夫，有"王门颜回"之称，曾任工部郎中。下文的"爱"即徐爱的自称。②先儒：指程颢、程颐和朱熹。③"断断乎"句：意为等到百代以后圣人出世也不会有疑惑。语出《礼记·中庸》。④居夷三载：正德元年（1506），王阳明因上疏抗辩，获罪下狱，后贬谪到贵州龙场（今修文县）前后三年。龙场当时尚未开化，所以称"夷"。⑤精一之功：为精纯的功夫的意思。语出《尚书·大禹谟》："人心惟危，道心惟微，惟精惟一，允执厥中。"

学生以《尚书》中的"精一"境界称赞王阳明，"精一"也正是王阳明所强调的"致良知"的功夫所在。

【译文】

　　王阳明先生对于《大学》当中"格物"等观点，全以郑玄作注、孔颖达作疏的《礼记·大学》为准，即朱熹等大儒们认为是误本的那一版本。开始听说时我感到十分惊讶并且对先生的学说抱有怀疑。后来，我用尽心力，综合起来后进行参照对比，再向先生本人请教。最后我才明白先生的学说像水之寒冷，又像火之热烈。正如《中庸》中所说的，后世出现的圣人也不会怀疑它的正确。先生的睿智与生俱来，并且他为人和蔼、坦荡、平易近人、不修边幅。人们只知道先生年轻时豪迈不羁，曾经热衷于诗词文章的修习，受过佛、道两家学说的熏陶，乍一听到他的学说，都把它视为标新立异、荒诞不经的言论，不再深加探究。孰知先生在贬居贵州的三年当中，经历了艰难困苦的环境，修身静虑，精纯的功夫已经超凡入圣，进入了绝妙的境界，归入中正之旨。

学生以相马来比喻向王阳明求学的感受。

　　我日夜在先生门下修习，聆听他的教诲，认为先生的学说刚接触时会感觉浅易，而越是深入研究越觉得十分高深。表面粗疏，但认真探究就越发感到精妙。接近时好像浅近，但深造时就觉得无穷无尽。修习十几年来，我自己觉得还没能窥探到它的边缘。当下的学者，有的与先生仅仅有过一面之缘，从没有听过先生的学说，一开始就先入为主地怀着轻视、偏激的心理，还没有仔细交谈便根据传闻草率地妄加揣度，做下了臆断。这样怎么可能真正理解先生的学说呢？跟随先生的学生们，听了先生的教诲，也是大都遗漏得多而学到的少。就好比相马的时候，仅仅看到了马的性别、颜色等表面情况，却漏掉了识别千里马的关键特征。因此，我把先生平日里的教诲尽悉记录了下来，给同学们传阅，然后共同考核订正，以免辜负先生的谆谆教诲。

学生徐爱记

一

【原文】

　　爱问："'在亲民'，朱子谓当作'新民'，后章'作新民'之文似亦有据。先生以为宜从旧本作'亲民'，亦有所据否？"

　　先生曰："'作新民'之'新'，是自新之民，与'在新民'之'新'不同，此岂足为据？'作'字却与'亲'字相对，然非'亲'字义。下面'治国平天下'处，皆于'新'字无发明。如云'君子贤其贤而亲其亲，小人乐其乐而利其利'，'如保赤子'，'民之所好好之，民之所恶恶之，此之谓民之父母'之类①，皆是'亲'字意。'亲民'犹《孟子》'亲亲仁民'②之谓，'亲之'即'仁'也。'百姓不亲'，舜使契为司徒，'敬敷五教'，③所以亲之也。《尧典》'克明峻德'便是'明明德'，④'以亲九族'至'平章协和'，⑤便是'亲民'，便是'明明德于天下'。又如孔子言'修己以安百姓'，⑥'修己'便是'明明德'，'安百姓'便是'亲民'。说'亲民'便是兼教养意，说'新民'便觉偏了。"

【注释】

①"如云"之后所引之语皆出自《大学》。②亲亲仁民：语出《孟子·尽心上》"亲亲而仁民，仁民而爱物"。③"舜使契"二句：舜，传说中的五帝之一。契，商族的始祖，帝喾之子，曾助禹治水有功，被舜封为司徒，掌管教化之职。敷，布、施。五教，五种伦理道德，即父义、母慈、兄友、弟恭、子孝。④"《尧典》"句：克明俊德，语出《尚书·尧典》"克明俊德，以亲九族"。俊，通"峻"，高大。明明德，语出《大学》，意为弘扬善良的德行。⑤"以亲"句：语出《尚书·尧典》"克明俊德，以亲九族。九族既睦，平章百姓。百姓昭明，协和万邦，黎民于变时雍"。⑥修己以安百姓：语出《论语·宪问》："修己以安百姓，尧舜其犹病诸！"

王阳明认为，"亲民"不但要养育民众，还要教化民众。

【译文】

徐爱问："《大学》中'在亲民'一词，朱熹认为应当写作'新民'，并且后面的文章有'作新民'的词句，可以作为他的凭证。先生却认为应当依照旧本作'亲民'，您这样认为也有什么依据吗？"

先生说："'作新民'的'新'，意思是自新之民，自我更新，与'在新民'中的'新'含义不尽相同，怎么能用这作为依据呢？'作'和'亲'相对应，但不是'亲'的意思。下面所讲的'治国'、'平天下'等地方，都没有对'新'字发表阐述。如：'君子贤其贤而亲其亲，小人乐其乐而利其利'，'如保赤子'，'民之所好好之，民之所恶恶之，此之谓民之父母'等等，这些都有'亲'的意思。'亲民'就像《孟子》中的'亲亲仁民'所说，'亲之'也就是'仁之'，对他们'亲'也就是对他们'仁'。百姓缺少亲情，舜命契担任司徒，'敬敷五教'，教化百姓父子有亲、君臣有义、夫妇有别、长幼有序、朋友有信，使他们相互亲近。《尧典》中说的'克明峻德'就是'明明德'，'以亲九族'到'平章'、'协和'就是'亲民'，就是'明明德于天下'。又比如孔子所说'修己以安百姓'一句，'修己'就是'明明德'，'安百姓'就是'亲民'。说'亲民'就兼有教化和养育两个意思，朱熹说成'新民'，意思就显得偏僻而狭窄了。"

二

【原文】

爱问："'知止而后有定'，朱子以为'事事物物皆有定理'①，似与先生之说相戾。"

先生曰："于事事物物上求至善，却是义外②也。至善是心之本体，只是'明明德'到至精至一处便是，然亦未尝离却事物。本注③所谓'尽夫天理之极，而无一毫人欲之私'者得之。"

【注释】

①知止而后有定：语出《大学》。事事物物皆有定理：这是朱熹对"知止而后有定"的解释。语出朱

熹《大学·或问》："能知所止，则方寸之间，事事物物皆有定理矣。"②义外：语出《孟子·告子上》："告子曰：'食、色，性也；仁，内也，非外也。义，外也，非内也。'"孟子反对告子义在心外的观点，认为仁和义都在人心之中。③本注：即朱熹《大学章句》第一章注，"明明德新民，皆当止于至善之地而不迁。盖必其有以尽夫天理之极，而无一毫人欲之私也。"

【译文】

　　徐爱问："《大学》中的'知止而后有定'，朱熹认为是说事物都有特定的道理，这好像和您的学说有抵触。"

　　先生说："要在具体的万事万物上寻求至善，就是把'义'当作是外在的东西了。至善是心的本体，只需'明明德'达到了精一的程度，那便是至善了。显然这并没有脱离客观事物。那像朱熹在《大学章句》中所说的穷尽天理，而心中没有丝毫私欲的人，就能够达到这种至善的境界。"

心中没有丝毫私欲的人，就能够达到这种至善的境界。

三

【原文】

　　爱问："至善只求诸心，恐于天下事理有不能尽。"

　　先生曰："心即理①也，天下又有心外之事、心外之理乎？"

　　爱曰："如事父之孝，事君之忠，交友之信，治民之仁，其间有许多理在。恐亦不可不察。"

　　先生叹曰："此说之蔽久矣。岂一语所能悟？今姑就所问者言之。且如事父，不成去父上求个孝的理；事君，不成去君上求个忠的理；交友、治民，不成去友上、民上求个信与仁的理。都只在此心，心即理也。此心无私欲之蔽，即是天理，不须外面添一分。以此纯乎天理之心，发之事父便是孝，发之事君便是忠，发之交友治民便是信与仁。只在此心去人欲、存天理上用功便是。"

　　爱曰："闻先生如此说，爱已觉有省悟处。但旧说缠于胸中，尚有未脱然者。如事父一事，其间温凊定省②之类，有许多节目。不亦须讲求否？"

　　先生曰："如何不讲求？只是有个头脑。只是就此心去人欲存天理上讲求。就如讲求冬温，也只是要尽此心之孝，恐怕有一毫人欲间杂。讲求夏凊，也只是要尽此心之孝，恐怕有一毫人欲间杂。只是讲求得此心。此心若无人欲，纯是天理，是个诚于孝亲的心，冬时自然思量父母的寒，便自要去求个温的道理。夏时自然思量父母的热，便自要去求个凊的道理。这都是那诚孝的心发出来的条件。却是须有这诚孝的心，然后有这条件发出来。譬之树木，这诚孝的心便是根。许多条件便是枝叶。须先有根，然后有枝叶。不是先寻了枝叶，然后去种根。《礼记》言：'孝子之有深爱者，必有和气。

有和气者,必有愉色。有愉色者,必有婉容。'③须是有个深爱做根,便自然如此。"

【注释】

①心即理:王阳明学说的核心命题。②温清定省:语出《礼记·曲礼上》。温,冬天让父母温暖;清(qìng),夏天让父母凉快;定,夜里让父母睡得安稳;省,早上向父母问安。③"孝子"句:语出《礼记·祭义》。

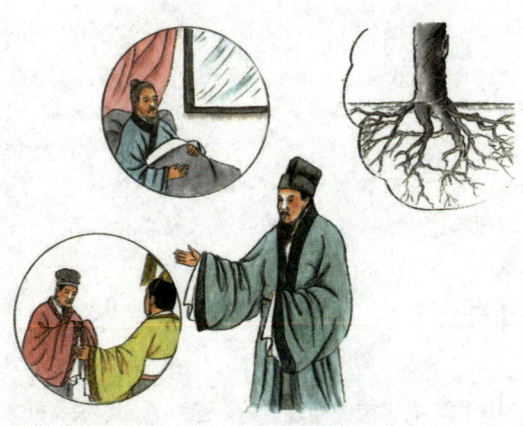

王阳明认为,孝、忠的道理都存在于人的心中,这个心就好像树木的根一样,是为人的根本。

【译文】

徐爱问:"世上有万事万物的道理,而只在心里去追求至善的境界,恐怕难以去探究完吧?"

先生说:"心就是理,难道天下有什么事物和道理是在人心之外的吗?"

徐爱说:"比如侍奉父亲的孝道,辅佐君王的忠心,结交朋友的诚信,治理百姓的仁义等,这当中有很多的道理存在,恐怕也不能不去考察的。"

先生慨叹说:"这不是一句话就能解释清楚的,因为此种说法蒙蔽人们很长时间了。姑且就你问的这些来说,侍奉父亲,不能从你父亲身上找个孝的理;辅助君王,不能从君主身上找个忠的理;结交朋友、治理百姓,也不能从朋友或者百姓的身体上探寻到信和仁的道理。这些孝、忠、信、仁的道理都只存在于人的心中,所以说心就是理。当人心还没有被个人私欲所蒙蔽,那不需要从外面添加一丝一毫,人的内心就是天理。凭着这种合乎天理的心,用心侍奉父亲便是孝,用心辅佐君王便是忠,用心交友、治民便是信和仁。只需要用功去除心中的私欲、存养天理就行了。"

徐爱说:"听了先生的教诲,我已经觉得有些明白了。但是以前的学说还在我的心里面,让我有纠结不清的地方。譬如说侍奉父亲这件事,有让父亲冬暖夏凉、白天请安、晚上请定等许多细节,这些不需要讲求吗?"

先生说:"怎么不讲求呢?只是有个核心,就是先要摒除私欲,保存天理,然后在这上面去讲求。就比如讲求父母冬天暖和,不过是要尽一尽自己单纯的孝心,唯恐有点滴的私心杂念存在其中;讲求父母夏天凉快,也只是想尽尽孝心,唯恐有丝毫私欲夹杂其中,为的只是讲求这份心而已。自己的心如果没有任何私欲,纯属天理,是一颗虔诚孝敬的心,那到了自然会冬天记挂父母的寒冷,夏天记挂父母的暑热,也就自然会讲求'冬温''夏清'的道理。这些具体的事情,都是人那颗虔诚孝敬的心发出来。只有存在这颗虔诚孝顺的心,然后才有具体的事发生。以树木做比喻,虔诚孝顺的心是树根,具体的事情就是树的枝叶。绝对不是先找到枝叶,然后才去种树根,而必须是先有树根然后有枝叶。《礼记》有言:'深爱父母的孝子,对待双亲一定很和气;有和气的态度,定会有愉悦的气色;有了愉悦的气色,人就会有美

王阳明主张心即是理,心外无物。

好的表情了。'所以有一颗深爱的心做树根,就自然而然会有'冬温''夏清'等一系列细节了。"

四

【原文】

郑朝朔①问:"至善亦须有从事物上求者?"

先生曰:"至善只是此心纯乎天理之极便是,更于事物上怎生求?且试说几件看。"

朝朔曰:"且如事亲,如何而为温清之节,如何而为奉养之宜,须求个是当,方是至善。所以有学问思辨②之功。"

先生曰:"若只是温清之节、奉养之宜,可一日二日讲之而尽,用得甚学问思辨?惟于温清时,也只要此心纯乎天理之极;奉养时,也只要此心纯乎天理之极。此则非有学问思辨之功,将不免于毫厘千里之缪。所以虽在圣人,犹加'精一'之训。若只是那些仪节求得是当,便谓至善,即如今扮戏子,扮得许多温清奉养的礼节是当,亦可谓之至善矣!"

爱于是日又有省。

【注释】

① 郑朝朔:名一初,广东揭阳人,官至监察御史。王阳明任吏部主事时,朝朔为御史,曾向阳明问学。② 学问思辨:语出《中庸》"博学之,审问之,慎思之,明辨之,笃行之"。

【译文】

郑朝朔问:"至善也需要从具体的事物上探求吗?"

先生说:"只要使自己的心达到纯然天理的状态,那就是至善,在事物上怎么探求呢?你暂且举几个例子出来谈一谈。"

朝朔说:"以孝顺父母为例,怎样合理地进行防寒降暑适度,怎样做到得当地侍奉,都必须处理得恰到好处,找一个合适的标准才是算是至善。所以我觉得这里面就有了一个学习、询问、思考、辨别的功夫。"

事亲的道理,并不是从书本中得来,而是发自于人的本性。

先生说:"如果只是防寒降暑、奉养适宜的问题,一两天就可以学习完,根本无须什么学问思辨的功夫。在这些问题上,只要讲求自己的心达到至纯天理的境界。要做到自己的心至纯天理,就必须有学问思辨的功夫了,否则将难免差之毫厘、谬之千里。所以,即便是圣人,仍要有'精一'的规范。如果只讲求把那些礼节琐事完成适当,就认为是至善,那现在的演员在台上,他们恰当表演了许多对父母奉养得当的礼节,那他们也可以看作是至善了。"

这一天,徐爱又明白了许多。

五

【原文】

爱因未会先生知行合一之训，与宗贤①、惟贤②往复辩论，未能决。以问于先生。

先生曰："试举看。"

爱曰："如今人尽有知得父当孝、兄当弟者，却不能孝不能弟，便是知与行分明是两件。"

先生曰："此已被私欲隔断，不是知行的本体了。未有知而不行者，知而不行，只是未知。圣贤教人知行，正是要复那本体，不是着你只恁的便罢。故《大学》指个真知行与人看，说'如好好色，如恶恶臭'③。见好色属知，好好色属行。只见那好色时已自好了，不是见了后又立个心去好；闻恶臭属知，恶恶臭属行。只闻那恶臭时已自恶了，不是闻了后别立个心去恶。如鼻塞人虽见恶臭在前，鼻中不曾闻得，便亦不甚恶，亦只是不曾知臭。就如称某人知孝、某人知弟。必是其人已曾行孝、行弟，方可称他知孝、知弟。不成只是晓得说些孝、弟的话，便可称为知孝弟。又如知痛，必已自痛了方知痛；知寒，必已自寒了；知饥，必已自饥了。知行如何分得开？此便是知行的本体，不曾有私意隔断的。圣人教人必要是如此，方可谓之知。不然，只是不曾知，此却是何等紧切着实的功夫！如今苦苦定要说知行做两个是什么意？某要说做一个是什么意？若不知立言宗旨，只管说一个两个，亦有甚用？"

爱曰："古人说知行做两个，亦是要人见个分晓。一行做知的功夫，一行做行的功夫，即功夫始有下落。"

先生曰："此却失了古人宗旨也。某尝说，知是行的主意，行是知的功夫；知是行之始，行是知之成。若会得时，只说一个知，已自有行在；只说一个行，已自有知在。古人所以既说一个知，又说一个行者，只为世间有一种人，懵懵懂懂的任意去做，全不解思惟省察，也只是个冥行妄作，所以必说个知，方才行得是。又有一种人，茫茫荡荡，悬空去思索，全不肯着实躬行，也只是个揣摸影响，所以必说一个行，方才知得真。此是古人不得已补偏救弊的说话，若见得这个意时，即一言而足。今人却就将知行分作两件去做，以为必先知了然后能行。我如今且去讲习讨论做知的功夫，待知得真了，方去做行的功夫，故遂终身不行，亦遂终身不知。此不是小病痛，其来已非一日矣。某今说个知行合一，正是对病的药，又不是某凿空杜撰。知行本体原是如此。今若知得宗旨时，即说两个亦不妨，亦只是一个；若不会宗旨，便说一个，亦济得甚事？只

王阳明认为，人们在看见美色的时候就自然喜欢上了，并不是看见美色之后才立马生个心去喜欢，懂得美色是知，喜欢美色是行。孝道不是从书本上学来的，而是出自于人的本心本性。我们说某人知道孝顺父母、尊敬兄长，一定是这个人已经做了一些孝顺、尊敬的行为，才可以说他知道孝顺、尊敬的道理。

是闲说话。"

【注释】

① 宗贤：黄绾（1477~1551），字宗贤，号久庵，浙江黄岩人。官至礼部尚书，王阳明的学生。② 惟贤：顾应祥（1483~1565），字惟贤，号箸溪，浙江长兴人。官至兵部侍郎，王阳明的学生。③ 如好好色，如恶恶臭：语出《大学》"所谓诚其意者，毋自欺也。如恶恶臭，如好好色，此之谓自谦"。

【译文】

　　徐爱因为还没有领会先生知行合一的教导，和宗贤、惟贤反复争辩后，仍旧不能了然于胸，于是请教先生。

　　先生说："举个例子说说你的看法。"

　　徐爱说："现在孝顺父母、尊敬兄长的道理，人人都明白，但事实上却没有办法完全做到，由此可见，知与行分明是两件事。"

　　先生说："这并不是知行的本来面目，因为私欲已经隔断了这种人的知行。没有知而不行的，知而不行是因为没有真知。圣贤们教育人们知行，并不是简单地教人们如何认识、如何实践，其目的是要恢复知行的本体。因此，《大学》举出了一个真正知行的例子，说'如好好色，如恶恶臭'，意即喜爱美色，厌恶腐臭。懂得美色是知，喜欢美色是行。人们在看见美色的时候就自然喜欢上了，并不是看见美色之后才立马生个心去喜欢；闻到腐臭是知，厌恶腐臭是行，人也是一闻到腐臭就自然厌恶了，并非闻到之后而又另生出个心去讨厌它。如果那个人鼻子不通，那就算是看到腐臭的东西摆在面前，他的鼻子闻不到，也不会太厌恶，因为根本没有认识到臭。再比如，我们说某人知道孝顺父母、尊敬兄长，一定是这个人已经做了一些孝顺、尊敬的行为，才可以说他知道孝顺、尊敬的道理。难不成，只因为他会说些孝顺、尊敬的话，我们就认为他孝顺、尊敬吗？再如，一个人知道痛，一定是自己已经经历了或者正在经历痛，才知道痛；知寒、知饥，一定是已经经历了寒冷和饥饿。由此可见，知行如何能够分得开？这些例子就是知与行的本体，还不曾被私欲隔开的。圣人一定是这样教育学生，才能算作知。不然就并非真知，可见这是多么紧要切实的功夫呀！现在硬要将知行分开算作两件事情，有什么意思呢？而我要把知行看作一个整体，又有什么意思呢？如果这番话的宗旨都不知道，只管在这里争论知与行是一件事还是两件事，又有什么用处呢？"

　　徐爱说："古人把知行分成两回事，也只是为了让人们能够有一个分别，好弄明白。一边对知下功夫，一边对实践下功夫，这样才能更好地落到实处。"

　　先生说："但是，这样说反而丢失了古人的本意了。我曾经说过，知是行的宗旨，行是知的实践；知是行的开始，行是知的成果。如果领会了这一点，就应该明白，只说一个知，已经自然有行存在；只说一个行，知也自然存在了，知行一同存在。古人之所以将行与知分开，说一个知又说一个行，是因为社会上有一种人，他们完全不会认真思考观察，只是懵懵

● 王阳明认为，圣人之所以将"知""行"分开来说，是因为有些人不会认真思考观察，只是懵懵懂懂地随意做事情；而有些人不切实际，漫天空想，不愿行动，只是靠主观猜测、捕风捉影。

懂懂地随意做事情，一个劲儿胡行妄作，因此必须跟他讲'知'的道理，他才能够清醒地做事。还有一种人，不切实际，漫天空想，又完全不愿意有所行动，只是靠主观猜测、捕风捉影，因此必须教他'行'的道理，这样他才能正确地知。古人为了补偏救弊不得已才将知行分开说的，如果真正领会了其中的含义，只要一个知或行就够了。今人非要将知行分开，以为必须要先认识才能实践。自己先去讨论如何做到知，等到真正知了才去做行的功夫，最后终身无法实践，也终身一无所知。这个问题由来已久，不再是一个小毛病。现在我提出知行合一，就是对症下药。而且这并非我凭空杜撰，知行的本体原本是这样的。如果我们把知行合一的宗旨掌握了，即使将知行分开说，两者仍然是一回事，是一个整体；如果没领会知行合一的宗旨，即便说二者是一回事，那又何济于事呢？不过是说些无用的话而已。"

六

【原文】

爱问："昨闻先生'止至善'①之教，已觉功夫有用力处，但与朱子'格物'之训②，思之终不能合。"

先生曰："'格物'是'止至善'之功，既知'至善'，即知'格物'矣。"

爱曰："昨以先生之教，推之'格物'之说，似亦见得大略。但朱子之训，其于《书》之'精一'，《论语》之'博约'③，《孟子》之'尽心知性'，皆有所证据，以是未能释然。"

先生曰："子夏笃信圣人。曾子反求诸己。④笃信固亦是，然不如反求之切。今既不得于心，安可狃于旧闻，不求是当？就如朱子亦尊信程子，至其不得于心处，亦何尝苟从？'精一'、'博约'、'尽心'，本自与吾说吻合，但未之思耳。朱子'格物'之训，未免牵合附会，非其本旨。'精'是'一'之功，'博'是'约'之功。曰仁既明知行合一之说，此可一言而喻。'尽心知性知天'，是'生知安行'事；'存心养性事天'，是'学知利行'事；'夭寿不贰，修身以俟'，是'困知勉行'事。⑤朱子错训'格物'。只为倒看了此意，以'尽心知性'为'物格知至'，要初学便去做'生知安行'事。如何做得？"

爱问："'尽心知性'何以为'生知安行'？"

先生曰："性是心之体，天是性之原，尽心即是尽性。惟天下至诚为能尽其性，知天地之化育。⑥'存心'者，心有未尽也。'知天'，如知州、知县之'知'，是自己分上事，己与天为一。'事天'，如子之事父、臣之事君，须是恭敬奉承，然后能无失，尚与天为二。此便是圣贤之别。至于'夭寿不贰其心'，乃是教学者一心为善，不可以穷通夭寿之故，便把为善的心变动了，只去修身以俟命。见得穷通寿夭有个命在，我亦不必以此动心。'事天'虽与天为二，已自见得个天在面前；'俟命'便是未曾见面，在此等候相似。此便是初学立心之始，有个困勉的意在。今却倒做了，所以使学者无下手处。"

爱曰："昨闻先生之教。亦影影见得功夫须是如此。今闻此说，益无可疑。爱昨晓思，格物的'物'字，即是'事'字。皆从心上说。"

先生曰："然。身之主宰便是心。心之所发便是意。意之本体便是知。意之所在便是物。如意在于事亲，即事亲便是一物。意在于事君，即事君便是一物。意在于仁民爱物，即仁民爱物便是一物。意在于视听言动，即视听言动便是一物。所以某说无心外之理，无心外之物。《中庸》言'不诚无物'，《大学》'明明德'之功，只是个'诚意'。'诚意'之功，只是个'格物'。"

先生又曰："'格物'如孟子'大人格君心'⑦之'格'，是去其心之不正，以全其本体之正。但意念所在，即要去其不正以全其正，即无时无处不是'存天理'，即是'穷理'。'天理'即是明德。'穷理'即是'明明德'。"

又曰："知是心之本体，心自然会知。见父自然知孝，见兄自然知弟，见孺子⑧入井自然知恻隐。此便是良知，不假外求。若良知之发，更无私意障碍。即所谓'充其恻隐之心，而仁不可胜用矣'。然在常人不能无私意障碍，所以须用'致知''格物'之功，胜私复理。即心之良知更无障碍，得以充塞流行，便是致其知，知致则意诚。"

【注释】

①"止至善"句：达到最高的境界。语出《礼记·大学》。②朱子"格物"之训：语出朱熹《大学章句》。③博约：语出《论语·雍也》。④子夏：姓卜，名商，是孔子学生。曾子：名参，字子舆，是孔子学生。⑤"尽心知性知天""存心养性事天""夭寿不贰，修身以俟"：语出《孟子·尽心上》。⑥"惟天下"句：语出《中庸》。⑦大人格君心：语出《孟子·离娄上》："惟大人惟能格君心之非"。格，正、纠正。⑧孺子：幼童。

【译文】

徐爱问："昨天听先生讲'止至善'，觉得有了用功的方向，但细想起来总觉得和朱熹'格物'的观点有不一样的地方。"

先生说："'格物'是为'止至善'下的功夫，既然明白了'至善'，也就明白了'格物'。"

徐爱说："昨天用先生的学说来推究朱熹的'格物'学说，大致上理解了。但是朱熹的观点有许多依据，例如《尚书》中的'精一'，《论语》中的'博约'，《孟子》中的'尽心知性'，因而对您的学说我才不能坦然接受。"

先生说："子夏十分相信圣人的言论，相反曾子则选择相信自己。相信圣人固然不错，但远不如自己反省探求来得深入。在心里还没有弄清楚的时候，你怎么可以选择因循守旧，而不自己想办法去探究正确的答案呢？朱熹同样尊崇和相信程颢，但是当他心里不明白的时候，又何曾盲目信从？'精一''博约''尽心'，这些与我的学说本来是相互吻合的，只是你还没有想明白罢了。至于朱熹'格物'的观点，未免有些牵强附会，并不是真正'格物'的宗旨。求精是达到根本的功夫，博览多学是达到简洁的功夫。既然你已经

王阳明强调要在"止至善""尽心知性"上下功夫。

尽心，就好比说大臣侍奉君王，需要毕恭毕敬地小心奉承。

明白了知行合一的道理，一句话就可以把它说清楚了。'尽心知性知天'是'生知安行'的人能够做的事；'存心养性事天'是'学知利行'的人能够做的事；'夭寿不贰，修身以俟'是'困知勉行'的人能够做得事。朱熹会错误地解释'格物'，是因为他颠倒了前后的因果关系，认为'尽心知性'就是'物格知至'，要求初学者去做'生知安行'的事，怎么可能会做得来呢？"

徐爱问："'尽心知性'怎么会是'生知安行'者才能够做的事呢？"

先生说："心的本体是人的本性，天理是人性的本源，因而把人的本心尽力发扬就是把人性彻底地发挥。《中庸》说过：'只有天下最真诚的人才能把人性发挥彻底，领悟到天地万物的变化发展。'所谓'存心'，反过来是说还没有做到'尽心'。'知天'中的'知'就像知州、知府中的'知'，意即治理州、县是他们分内的事，两者合而为一体。所以'知天'也就是说人知晓天理，与天合为一体。'事天'，就好像儿子对待父亲、大臣侍奉君王，需要毕恭毕敬地小心奉承，不要有所闪失，'事天'也就是仍然还没有与天合二为一。圣人区别于贤人就在这里。至于'夭寿不贰'其心，是指教育学生一心向善，不管处境好坏、寿命长短，绝不动摇行善的心，而只去修养身体，听天由命。当看到穷困通达、寿命长短都是由上天注定的，自己也不必因此而动摇了行善的心。'事天'，虽然心与天没有合而为一，是两回事，但是自己已经看清楚天命就在面前了；'俟命'就是还不曾与天命相近，只在此等候它的到来。这就是初学者开始确立志向的时候，有困而知之，努力自勉的意思。而今朱熹却把这样一个循序渐进的过程颠倒了，让初学的人感到无从下手。"

徐爱说："昨天听先生的教诲，也隐隐约约觉得应该这样下功夫。今天又听了您的解释，更加没有什么怀疑了。我昨天早上想，'格物'的'物'字，就是'事'字的意思，都是从心上来讲的。"

先生说："对了。身体的主宰就是心，心发出来的就是意念，意念的本源就是感知，意念存在于事物之上。比如意念在侍奉双亲之上，那么侍奉双亲就是一件事；意念在辅佐国君上，那么辅佐国君就是一件事；意念在仁爱百姓、爱护万物上，那么关心百姓、爱护万物就是一件事；意念在看、听、说、动上，那么看、听、说、动就是一件事。所以我说：'没有天理存在于心外，也没有事物存在于心外。'《中庸》中说'心不诚就没有万事万物'，《大学》中说'弘扬崇高德行'的功夫就是要心诚，而心诚的功夫就是'格物'，探究事物的原理。"

先生又说："'格物'的'格'就像孟子所说'大人格君心'中的'格'，指去掉内心的邪术，从而使全体的纯正得以保持。一旦有意念萌生，就要去掉其中的邪念，时时处处都存养天理，就是穷尽天理。'天理'就是'明德'，崇高德行。'穷尽天理'

知行合一就好比人们看到美色就喜欢，闻到臭味就厌恶。如果看到美色不知道喜欢，那就是不符合人的本性。

就是'明明德',弘扬崇高德行。"

先生又说:"心自然会感知,因为知是心的本体。见到父亲自然而然会有孝敬之心,见到兄长也自然知道尊敬,见到小孩落井恻隐之心会自然产生。这就是良知,全凭本心,不需要从心外的东西求得。如果良知出现,也没有私心杂念阻碍,就会像孟子所说的'充分发挥恻隐之心,那么仁爱的感情就会取之不尽用之不竭'。但是一般人都会有私心阻碍,所以就需要用'致知''格物'的功夫,克服私心、恢复天理。心体的良知再没有什么障碍,充满心田,就会自如地发挥,充分地发扬流传,这就是'致知'。良知得到了,思想也就能够真诚专一。"

七

【原文】

爱问:"先生以'博文'为'约礼'功夫①,深思之未能得,略请开示。"

先生曰:"'礼'字即是'理'字。'理'之发见,可见者谓之'文','文'之隐微,不可见者谓之'理',只是一物。'约礼'只是要此心纯是一个天理。要此心纯是天理,须就'理'之发见处用功。如发见于事亲时,就在事亲上学存此天理;发见于事君时,就在事君上学存此天理;发见于处富贵贫贱时,就在处富贵贫贱上学存此天理;发见于处患难夷狄时,就在处患难夷狄上学存此天理。至于作止、语默,无处不然,随他发见处,即就那上面学个存天理。这便是'博学之于文',便是'约礼'的功夫。'博文'即是'惟精'。'约礼'即是'惟一'。"

王阳明认为,"礼"即是"理",就是天理的表现。

【注释】

①博文、约礼:语出《论语·雍也》:"君子博学于文,约之以礼,亦可以弗畔矣夫!"畔,通"叛"。

【译文】

徐爱问:"先生将'博文'当作是'约礼'的功夫,对此我加以深思但还不是很明白,因此向先生请教,请您帮我讲一讲。"

先生说:"'礼'即是'理','理'表现出来就是'文','文'中隐藏看不见的就是'理','礼''理'其实是一回事。所谓'约礼'便是让心精纯地符合天理。而要做到让心纯然符合天理,就须要把功夫下在'理'表现出来的地方。比如表现在侍奉双亲上,就要在侍奉双亲上学着存养天理;表现在侍奉君王上,就要在侍奉君王上学着存养天理;表现在身处富贵贫贱上时,就在富贵贫贱上学着存养天理;表现在身陷患难夷狄时,就在患难夷狄的处境中学习存养天理。至于是行动还是静止、说话还是沉默,随时随地都不能忘了存养天理,无不如此。这就是'博学之于文',在'文'中求'博',也就是'约礼'的功夫。'博文'就是'惟精',就是要在万事万物上广泛地学习存养天理,而目的就是求得至精至纯。'约礼'就是'惟一'，就是用礼来约束人与天理的统一，而天理只有一个。"

八

【原文】

爱问："'道心常为一心之主，而人心每听命'①，以先生'精一'之训推之，此语似有弊。"

先生曰："然。心一也，未杂于人谓之道心，杂以人伪谓之人心。人心之得其正者即道心，道心之失其正者即人心，初非有二心也。程子谓：'人心即人欲，道心即天理。'②语若分析，而意实得之。今曰'道心为主而人心听命'，是二心也。'天理''人欲'不并立，安有'天理'为主，'人欲'又从而听命者？"

【注释】

① 道心、人心：语出《尚书·大禹谟》"人心惟危，道心惟微"。朱熹《中庸章句·序》云："必使道心常为一身之主宰，而人心每听命焉。"道心，指合乎天理的心；人心，指私欲之心。② 人心即人欲，道心即天理：语出《河南程氏遗书》："人心，私欲也；道心，正心也。"

王阳明强调，"道心"是指没有染上私心杂念的心。

【译文】

徐爱问："拿先生对'精一'的理解来推敲朱熹的'道心常为一身之主，而人心每听命'，这句话似乎有弊病。"

先生说："对。心只有一个。'道心'是指没有染上私心杂念的心，被私欲限制了的便称之为人心。同样，如果人心能够去除私欲也可成为道心，道心失去了纯正便变成了人心，原本就并不是说有两个心。程颐说：'人心即人欲，道心即天理'，这句话看似把人心和道心分开成两个，但实际上是把二者当作一体。而朱熹说'道心为主而人心听命'，这样就把心一分为二成为两个并存的概念了。'天理''人欲'根本上是不可能并存的，又怎会有'天理'为主，'人欲'服从'天理'的道理呢？"

九

【原文】

爱问文中子、韩退之。①

先生曰："退之，文人之雄耳。文中子，贤儒也。后人徒以文词之故，推尊退之，其实退之去文中子远甚。"

爱问："何以有拟经之失？"

先生曰："拟经恐未可尽非。且说后世儒者著述之意，与拟经如何？"

爱曰："世儒著述，近名之意不无，然期以明道；拟经纯若为名。"

先生曰："著述以明道，亦何所效法？"

曰："孔子删述《六经》②，以明道也。"

先生曰："然则拟经独非效法孔子乎？"

爱曰："著述即于道有所发明，拟经似徒拟其迹，恐于道无补。"

徐爱向王阳明请教对王通和韩愈两个人的看法。

先生曰："子以明道者，使其反朴还淳而见诸行事之实乎，抑将美其言辞而徒以诳诳于世也？天下之大乱，由虚文胜而实行衰也。使道明于天下则《六经》不必述，删述《六经》，孔子不得已也。自伏羲画卦至于文王、周公，其间言《易》如《连山》《归藏》③之属，纷纷籍籍，不知其几，《易》道大乱。孔子以天下好文之风日盛，知其说之将无纪极，于是取文王、周公之说而赞之，以为惟此为得其宗。于是纷纷之说尽废，而天下之言《易》者始一。《书》《诗》《礼》《乐》《春秋》皆然。《书》自《典》《谟》④以后，《诗》自《二南》⑤以降，如《九丘》《八索》⑥，一切淫哇逸荡之词，盖不知其几千百篇。《礼》《乐》之名物度数，至是亦不可胜穷，孔子皆删削而述正之，然后其说始废。如《书》《诗》《礼》《乐》中，孔子何尝加一语？今之《礼记》诸说，皆后儒附会而成，已非孔子之旧。至于《春秋》，虽称孔子作之，其实皆鲁史旧文；所谓'笔'者，笔其旧，所谓'削'者，削其繁，是有减无增。孔子述《六经》，惧繁文之乱天下，惟简之而不得，使天下务去其文以求其实，非以文教之也。《春秋》以后繁文益盛，天下益乱。始皇焚书得罪，是出于私意，又不合焚《六经》，若当时志在明道，其诸反经叛理之说悉取而焚之，亦正暗合删述之意。自秦汉以降，文又日盛，若欲尽去之，断不能去，只宜取法孔子，录其近是者而表章之，则其诸怪悖之说亦宜渐渐自废。不知文中子当时拟经之意如何，某切深有取于其事，以为圣人复起不能易也。天下所以不治，只因文盛实衰，人出己见，新奇相高，以眩俗取誉，徒以乱天下之聪明，涂天下之耳目，使天下靡然，争务修饰文词以求知于世，而不复知有敦本尚实、反朴还淳之行。是皆著述者有以启之。"

【注释】

① 文中子：王通（584~618），字仲淹，隋朝绛州龙门（今山西河津）人。曾仿《春秋》《论语》著《元经》《中说》等，主张儒、佛、道三教合一，以儒为主。韩退之：韩愈（768~824），字退之，唐朝河阳（今河南孟州市）人，倡导儒学，排斥佛、道。著有《韩昌黎集》。② 孔子删述《六经》：孔子晚年编修删改《诗经》《尚书》《礼记》《乐经》《易经》和《春秋》六种经典，即后世所谓《六经》。③《连山》《归藏》：《连山》相传为夏朝的《易》，《归藏》相传为商朝的《易》，后都失传。④《典》《谟》：指《尚书》中的《尧典》

王阳明讲，孔子删《六经》就是使天理返璞归真，因而删除了《九丘》《八索》等，所有淫秽逸荡的词句共有成百上千篇。

《舜典》《大禹谟》《皋陶谟》和《益稷谟》,共称为二典三谟。谟,计谋、谋略。⑤《二南》:即《诗经》中的《周南》《召南》两篇。⑥《九丘》《八索》:远古时代的书名。孔安国《古文尚书序》:"八卦之说,谓之《八索》,九州之志,谓之《九丘》。

【译文】

徐爱问先生对王通和韩愈两个人的看法。

先生说:"韩愈是文人学士中出类拔萃的人,王通则是贤明鸿儒。因为文章诗词的缘故,后人相对更加推崇韩愈,但实际上韩愈比王通差很远。"

徐爱问:"那么如何解释王通仿作经书这种过失呢?"

先生说:"也不能够全盘否定仿作经书的事。后世儒生们著书立说、阐经述典的用意和仿作经书有什么不同呢?"

徐爱说:"后世儒生们著书讲经虽不无邀名之嫌,有追求名声的私心,但其主要目的还是在于阐明圣道,仿作经书纯粹是为了个人的名利。"

先生说:"为了阐明圣道而著书讲经,效仿的是谁呢?"

徐爱说:"孔子删改过《六经》以阐明圣道,效仿的是他。"

先生说:"那么仿作经书不也是效法孔子吗?"

徐爱说:"著书论经会使圣经有所发挥,并让之通晓,但仿作经书似乎只是模仿圣人的学说,对圣道恐怕并没有什么好处。"

先生说:"那你认为阐明圣道,是使天理返璞归真使之付诸实事呢,还是利用华美的言辞招摇过市呢?之所以会天下大乱,就是因为虚文兴盛而缺少实践。假如圣道大白于天下,那么《六经》也不必删改了。孔子也是不得已而删改《六经》。从伏羲画八卦到周文王、周公,期间解释过《易经》的有《连山》《归藏》等,林林总总,数不胜数,使得《易经》的圣道弄得极其混乱。孔子觉得天下喜好文藻的风气每日剧增,知道《易经》将会被歪曲,于是倡导文王、周公的学说,把他们的学说视为《易经》的正宗。从此其他的学说都被废止,天下对于《易经》的阐述得以统一。《书》《诗》《礼》《乐》《春秋》也都是这样统一的。《书》自《典》《谟》以后,《诗》自《周南》《召南》以后,像《九丘》《八索》等,所有淫秽逸荡的词句共有成百上千篇。《礼》《乐》中的名物制度也是数不胜数。孔子做出了正确的阐释,把之前一一删除,废止了其他乱七八糟的学说。《书》《诗》《礼》《乐》等书中,孔子删除时并没有增加过自己的言论。如今《礼记》中的众多阐述,并非孔子删改的原本,大都是后世儒生的附会。至于《春秋》,虽然后人认为作者是孔子,但实际上是鲁国旧史书中的文字,只是经过孔子的整理削述,摘录原文、去掉繁杂,只有减少而无增加。孔子把《六经》删减到不能再减了,以免纷华浮逸的文辞扰乱天下人心,使天下人从此抛弃华丽的文饰注重文章的实质,而不是用虚逸淫荡的文辞来教化天下。《春秋》以后,各种华而不实的文辞日益兴盛,天下大乱。秦始皇焚书留下千古罪名,是因为他这样做是

王阳明强调,自秦汉之后,繁文又一天天兴盛起来,如果想要除尽此风是不可能的,因此只能效法孔子,摘录那些接近真理的阐释加以宣传表彰。

出于控制天下的私心，把《六经》也焚毁了。如果当时他旨在阐明圣道，将那些离经叛道的学说悉数焚毁，就会暗合了孔子删改《六经》的本意。自秦汉之后，繁文又一天天兴盛起来，如果想要除尽此风是不可能的，因此只能效法孔子，摘录那些接近真理的阐释加以宣传表彰，那些怪理悖论也就会慢慢地自行消亡了。虽然我不知道王通当初仿作经书的本意何在，但我深切地体会到，他的做法是有可取之处的。我想即使圣人复活，是不会阻止他的。天下纷乱的原因，正在于盛行浮华的文风，求实之风却日渐衰败。人们标新立异，各出已见，为了取得功名不惜哗众取宠，扰乱天下人的思绪，混淆大家的视听，使得天下人争着崇尚虚文浮词，在社会上争名夺利，忘记敦厚实在、返璞归真的品性。这些都是那些阐述经典的人所开启的。"

+

【原文】

爱曰："著述亦有不可缺者，如《春秋》一经，若无《左传》，恐亦难晓。"

先生曰："《春秋》必待《传》① 而后明，是歇后谜语矣，圣人何苦为此艰深隐晦之词？《左传》多是鲁史旧文，若《春秋》须此而后明，孔子何必削之？"

爱曰："伊川亦云：'《传》是案，《经》是断。'如书弑某君，伐某国，若不明其事，恐亦难断。"

徐爱就《春秋》和《左传》向王阳明提问。

先生曰："伊川此言恐亦是相沿世儒之说，未得圣人作经之意。如书'弑君'，即弑君便是罪，何必更问其弑君之详？征伐当自天子出②，书'伐国'，即伐国便是罪，何必更问其伐国之详？圣人述《六经》，只是要正人心，只是要存天理去人欲，于存天理去人欲之事，则尝言之，或因人请问，各随分量而说，亦不肯多道，恐人专求之言语，故曰'予欲无言'。若是一切纵人欲、灭天理的事，又安肯详以示人？是长乱导奸也。故孟子云：'仲尼之门，无道桓、文之事者。是以后世无传焉。'此便是孔门家法。世儒只讲得一个伯者的学问，所以要知得许多阴谋诡计，纯是一片功利之心，与圣人作经的意思正相反，如何思量得通！"因叹曰："此非达天德③ 者，未易与言此也！"

又曰："孔子云：'吾犹及史之阙文也。'④ 孟子云：'尽信书，不如无书。吾于《武成》取二三策而已。'⑤ 孔子删书，于唐虞夏四五百年间不过数篇，岂更无一事？而所述止此，圣人之意可知矣。圣人只是要删去繁文，后儒却只要添上。"

【注释】

①《传》：指解释《春秋》的三传《左传》《公羊传》《谷梁传》。② 征伐当自天子出：语出《论语·季氏》："孔子曰：天下有道，则礼乐征伐自天子出；天下无道，则礼乐征伐自诸侯出。"③ 天德：与天同德，意为道德极其高尚。语出《中庸》："苟不固聪明圣知达天德者，其孰能知之？"④ 吾犹及史之阙文也：语出

王阳明讲，圣人不肯把一些放纵私欲、毁灭天理的事详细地告诉人们，因为那会助长混乱、引导奸邪。

《论语·卫灵公》："吾犹及史之阙文也，有马者借人乘之。今亡矣夫！"⑤尽信书不如无书，吾于《武成》，取二三策而已：语出《孟子·尽心下》。《武成》为《尚书》中篇名，记载武王灭商后，与大臣商量怎样治理商地等。

【译文】

徐爱说："后世文人的一些著书阐述也是必要的，以《春秋》为例，假如没有《左传》作为它的注解，后人恐怕难以读懂。"

先生说："如果必须有《左传》为《春秋》注解，众人才会明晓，那岂不是像歇后语一样了？圣人为什么要写如此隐晦难懂的文章呢？《左传》的文章大多来自鲁国旧史书，如果《春秋》必须有《左传》作注才能看得明白，那么孔子又何苦费神将鲁史删改为《春秋》呢？"

徐爱说："程颐先生也曾说过：'《传》是案，《经》是断.'比如《春秋》中记载弑某君、伐某国，如果不明白整件事的来龙去脉，恐怕对这件事也难以判断。"

先生说："程颐先生说这句话，恐怕也是沿袭了世俗儒生的说法，而没有明白圣人作这些经书的本意。既然《春秋》记载了'弑君'，就是说弑君本身就是大罪，他杀害国君的细节又何足多言？征讨本就应该由天子授权，书中写伐国，那伐国本来就是犯罪，便无须多言伐国的详细情况。圣人阐述《六经》，只是为了正人心，存天理、去人欲。关于这些，孔子也是在有人请教的情况下才因人因时酌情作些解说，但也绝不会说太多，害怕人们会拘泥于辞藻。因此他对子贡说'我不想说什么了'。圣人绝不肯把一些放纵私欲、毁灭天理的事详细地告诉人们，因为那会助长混乱、引导奸邪的。所以孟子说'仲尼之门，无道桓、文之事者'，这是孔门的家法。后世儒生只研究霸道的学问，所以他们就要懂得许多阴谋诡计，这纯粹是功利之心，与圣人做出经书的目的正好相反，怎么可能理解《春秋》一书呢？"说到这里，先生慨叹道："如果不是通达天理的人，和他们也很难谈到这个！"

先生又说："孔子说：'我还遇到过史书里有疑点的地方.'孟子说：'全然相信《尚书》，倒不如没有《尚书》。《武成》这篇文章里我只取两三节罢了.'孔子删改《尚书》，即使是尧、舜、夏朝四五百年的历史，也存留不过仅有的几篇。难道再没有一件事可写了吗？但他就阐述了仅有的这几篇，圣人的用意显而易见了。实际上圣人是要去繁就简，但是后世儒生却硬要往里添加繁文。"

十一

【原文】

爱曰："圣人作经，只是要去人欲，存天理。如五伯以下事，圣人不欲详以示人，则诚然矣，至如尧舜以前事，如何略不少见？"

先生曰："羲黄之世，其事阔疏，传之者鲜矣。此亦可以想见，其时全是淳庞朴素，略无文采的气象，此便是太古之治，非后世可及。"

爱曰："如《三坟》①之类，亦有传者，孔子何以删之？"

先生曰："纵有传者，亦于世变渐非所宜。风气益开，文采日盛，至于周末，虽欲变以夏商之俗，已不可挽，况唐虞乎？又况羲黄之世乎？然其治不同，其道则一。孔子于尧舜则祖述之，于文武则宪章之。② 文武之法即是尧舜之道，但因时致治，其设施政令已自不同。即夏商事业施之于周，已有不合，故'周公思兼三王，其有不合，仰而思之，夜以继日'③，况太古之治，岂复能行？斯固圣人之所可略也。"

又曰："专事无为，不能如三王之因时致治，而必欲行以太古之俗，即是佛、老的学术；因时致治，不能如三王之一本于道，而以功利之心行之，即是伯者以下事业。后世儒者许多讲来讲去，只是讲得个伯术。"

又曰："唐虞以上之治，后世不可复也，略之可也。三代④ 以下之治，后世不可法也，削之可也。惟三代之治可行，然而世之论三代者，不明其本而徒事其末，则亦不可复矣。"

王阳明认为，《三坟》一类的书籍不能够流传下来的原因是因为年代太过久远，因时代的变化逐渐不合时宜。

【注释】

①《三坟》：相传为伏羲、神农、黄帝之书。② 祖述、宪章：借为效法、遵循前人的行为或学说。③"周公"四句：语出《孟子·离娄下》"周公思兼三王，以施四事。其有不合者，仰而思之，夜以继日；幸而得之，坐以待旦"。④ 三代：夏、商、周谓之三代。

【译文】

徐爱说："孔子作《六经》，目的是要去人欲，存天理。因此孔子不想将春秋五霸之后的事详细地展示给世人，这是自然的。但尧舜以前的事，为什么也略而不论呢？"

先生说："一来，伏羲、黄帝，时代已经久远，事迹零散，可以想象，流传下来的很少。而且那时世风淳朴，不会有注重行式、喜好华文的风气，这就是太古时期的社会状况，是后世不能相比的。"

徐爱说："也有流传下来《三坟》之类的书，但是孔子为什么把它们都删掉了呢？"

先生说："那些书即使有些流传下来，会因时代的变化逐渐不合时宜。社会风气日益开放，文采日渐兴盛，世道沧桑，周朝末年的时候，要恢复夏商时期的淳朴风俗，已经不可能了，何况尧舜时的世风呢？太古时期的伏羲、黄帝的世风就更不可能挽回了。各国治理国家的具体方法尽管各不相同，他们遵循的天道准则都是一样的。孔子效法尧、舜和周文王、周武王。周文王、周武王实行的制度其实也就是尧、舜时的法则。但是他们都因时施政，因此制度政令会有所分别。夏、商的制度政令在周朝施行，就已经是不合时宜的了。所以周公对大禹、商汤及文王的制度吸收并举的同时，遇到有不合适

孔子作《六经》，旨在挽救天下礼崩乐坏、互相征伐的局面。

的地方，就会反复琢磨、经过深思熟虑。更何况太古时的制度政令，更不可能再直接沿用？这些本然就是孔子可以略而不举的。"

先生又说："固执地想要恢复施行太古时的典章制度，只一味提倡采取无为而治的政策措施，而不能像三王那样因时施治，是佛教和老庄学派所宣扬的观点。春秋五霸以后的因时施治，不像三王一样遵循圣道，用道来一以贯之，而是存有功利之心来施政。后世儒生讲了很多，不过讲了些施行霸道之术而已。"

先生又说："后世不能再恢复唐尧、虞舜以前的治世了，因此可以删略。夏、商、周三代以后的治理方法，后世不能纯然效法，也可以删略。只有三代的治国方法是效法推行的，但是后世人们研究三代，并没有弄清楚其本质，而仅仅是探讨一些细枝末节，所以三代之治也不能恢复了！"

十二

【原文】

爱曰："先儒论《六经》，以《春秋》为史。史专记事，恐与《五经》①事体终或稍异。"

先生曰："以事言谓之史，以道言谓之经。事即道，道即事。《春秋》亦经，《五经》亦史。《易》是包牺氏之史，《书》是尧舜以下史，《礼》《乐》是三代史。其事同，其道同，安有所谓异！"

又曰："《五经》亦只是史，史以明善恶、示训戒。善可为训者，时存其迹以示法。恶可为戒者，存其戒而削其事以杜奸。"

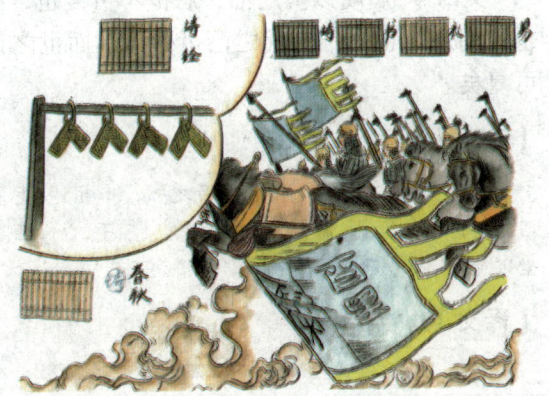

● 王阳明认为《五经》也是史，有明辨善恶、总结历史经验教训的作用。

爱曰："存其迹以示法，亦是存天理之本然，削其事以杜奸，亦是遏人欲于将萌否？"

先生曰："圣人作经，固无非是此意，然又不必泥着文句。"

爱又问："恶可为戒者，存其戒而削其事以杜奸，何独于《诗》而不删郑卫？先儒谓'恶者可以惩创人之逸志'②，然否？"

先生曰："《诗》非孔门之旧本矣。孔子云：'放郑声，郑声淫。'③又曰：'恶郑声之乱雅乐也。'④'郑卫之音，亡国之音也。'⑤此是孔门家法。孔子所定三百篇，皆所谓雅乐，皆可奏之郊庙，奏之乡党，皆所以宣畅和平，涵泳德性，移风易俗，安得有此？是长淫导奸矣。此必秦火之后，世儒附会，以足三百篇之数。盖淫泆之词，世俗多所喜传，如今闾巷皆然。'恶者可以惩创人之逸志'，是求其说而不得，从而为之辞。"

【注释】

①《五经》：指《诗》《书》《礼》《易》《春秋》，六经中《乐》已佚失，故称五经。②恶者可以惩创人之逸志：语出朱熹《论语集注·为政篇》，意为记录历史上丑恶的事可以惩戒人们贪求安逸的思想。③放郑声，郑声淫：意为禁绝郑国的音乐，郑国的音乐淫靡放荡。语出《论语·卫灵公》。④恶郑声之乱雅乐也：意为厌恶郑国的音乐扰乱了高雅的音乐。语出《论语·阳货》⑤郑卫之音，亡国之音也：意为郑国、卫国的音乐淫靡放荡，足以亡国。语出《礼记·乐记》。

【译文】

徐爱说："朱熹论述《六经》时，把《春秋》算作史书一类。史书是专门记载具体的历史事件的，这恐怕和《五经》的体例宗旨有点差别。"

先生说："记事的角度看是史书，载道的角度看是经典。事实是天理的表现，所以天理就是事实。因此《春秋》也是经典，其余四经也可以看作是史书。《易》是伏羲氏时的史书，《尚书》是尧、舜之后的史书，《礼》《乐》是夏、商、周三代时的史书。它们记载的事件是相类的，所遵循的天理也一样，差异从何而来呢？"

先生又说："《五经》也是史。明辨善恶、总结历史经验教训是史书的作用。善行可以供后世效法，因此特意保存具体而又典型的善事。而用来训诫的恶事，则保留可以警戒世人的部分而略去具体的恶行，以此杜绝后世模仿。"

徐爱说："保存善行供后人效法，是存天理的根本；而省略恶行以防止后世模仿，是为了把人的私欲遏止在萌芽状态吗？"

先生说："孔子作六经的本意无非就是这样，但读者要掌握其宗旨，而不是拘泥于文章中的词句。"

徐爱问："用来训诫的恶事，保留可以警戒世人的部分而略去具体的恶行，以杜绝后世模仿。那为何不删除《诗经》中的《郑风》《卫风》呢？真的像朱熹所说，'记录历史上丑恶的事可以惩戒人们贪图安逸的思想'？"

先生说："现在的《诗经》并非孔子所删定的旧本了。孔子曾说过：'驱逐郑国的音乐，郑国的音乐放荡淫靡。'又说：'讨厌郑国的音乐扰乱了高雅的音乐。''郑国和卫国的音乐是亡国的音乐。'这是孔门的家法。孔子所删定的《诗经》三百篇，都是纯正典雅的音乐，在祭祀天地祖先的场合和乡村中都可以演奏，能起到宣扬和平、涵养德行、移风易俗的作用，郑国和卫国的音乐怎么可能掺杂其中呢？这些只能助长淫乱，导致奸邪。想必是在秦始皇焚书之后，后世儒生为了凑足三百篇，穿凿附会而成。大概俗人多喜欢传唱淫逸之词，现在的大街小巷也还是这样。朱熹无法正确解释这种情况，不得已而说'记录恶事可以惩戒人们贪图安逸的思想'。"

徐爱跋

【原文】

爱因旧说汩没，始闻先生之教，实是骇愕不定，无入头处。其后闻之既久，渐知反身实践，然后始信先生之学为孔门嫡传，舍是皆旁蹊小径、断港绝河矣。如说"格物"是"诚意"①的工夫，"明善"是"诚身"的工夫，②"穷理"是"尽性"的工夫，

"道问学"是"尊德性"的工夫,③"博文"是"约礼"的功夫,"惟精"是"惟一"的工夫,诸如此类,始皆落落难合,其后思之既久,不觉手舞足蹈。

【注释】

①诚意:语出《大学》"欲诚其意者,先致其知。致知在格物"。②明善、诚身:明善,意为明察事理,了解什么是善。诚身,意为使自己的行为符合天理准则。语出《中庸》。③道问学、尊德性:道问学,意为虚心学习,探究事理。尊德性,意为遵从道德规范。语出《中庸》。

【译文】

徐爱因为沉溺于程朱旧学中,受到程朱理学的影响较深,所以刚开始受到先生的教诲时,实在有点不知所云,寻不出头绪来。后来长时间得到先生的教诲,才渐渐回过头来,并笃行实践,由此开始相信先生的学说才是孔门的真传,其余都是旁门左道。比如先生所说的"格物"是"诚意"的功夫,"明善"是"诚身"的功夫,"穷理"是"尽性"的功夫,"道问学"是"尊德性"的功夫,"博文"是"约礼"的功夫,"惟精"是"惟一"的功夫。诸如此类的思想,刚开始实在难以理解,后来思考的时间久了,也就领会了其中意思,高兴得手舞足蹈。

陆澄录

一

【原文】

陆澄①问:"主一之功,如读书则一心在读书上,接客则一心在接客上,可以为主一乎?"

先生曰:"好色则一心在好色上,好货则一心在好货上,可以为主一乎?是所谓逐物,非主一也。主一是专主一个天理。"

【注释】

①陆澄:字原静,又字清伯,浙江吴兴人。官至刑部主事,王阳明的学生。

【译文】

陆澄问:"关于专一的功夫,比方读书,便一心一意地读书;接待客人,便专心地接待客人,这样可以叫作'主一'吗?"

先生说:"好色就一心全在好色上,喜欢财物就一味去追求财物,难道这也可以算作专一吗?这只是追逐物欲,而并非专一。'主一'是指对于天理圣道的专心。"

☯ 王阳明认为专一应该是专注于天理,而非书本、美色、钱财。

二

【原文】

问立志。

先生曰："只念念要存天理，即是立志。能不忘乎此，久则自然心中凝聚，犹道家所谓'结圣胎'①也。此天理之念常存，驯至于美大圣神②，亦只从此一念存养扩充去耳。"

【注释】

① 结圣胎：圣胎是道教修炼所成的内功，是修道成仙的基础。② 美大圣神：指人道德完善的几种境界。语出《孟子·尽心下》："可欲之为善，有诸己之谓信，充实之谓美，充实之有光辉之谓大，大而化之之谓圣，圣而不可知之之谓神。"驯，逐渐。

王阳明认为只要时刻保有并发扬存天理的意念，就能达到精美、宏大、神圣的境界。

【译文】

陆澄询问关于立志的问题。

先生说："立志就是时刻不忘存天理。能够不把存天理忘记了，久而久之心自然就会凝聚天理，就像道家所说的'结圣胎'。存天理的念想时常记挂在心里，逐步达到精美、宏大、神圣的境界，就是不断保存这一意念并发扬开来的结果。"

三

【原文】

"日间功夫，觉纷扰，则静坐；觉懒看书，则且看书。是亦因病而药。"

【译文】

先生说："白天学习，觉得烦扰，就学习静坐；觉得懒于看书，就去看书。这也是对症下药。"

四

【原文】

"处朋友，务相下则得益，相上则损。"

【译文】

"同朋友相交，一定要相互谦让，就会获得好处，而相互攀比，互争高低则只会受损。"

五

【原文】

孟源①有自是好名之病,先生屡责之。一日警责方已,一友自陈日来工夫请正。源从傍曰:"此方是寻着源旧时家当。"

先生曰:"尔病又发。"源色变,议拟欲有所辨。

先生曰:"尔病又发!"因喻之曰:"此是汝一生大病根。譬如方丈地内种此一大树,雨露之滋,土脉之力,只滋养得这个大根,四傍纵要种些嘉谷,上面被此树叶遮覆,下面被此树根盘结,如何生长得成?须用伐去此树,纤根勿留,方可种植嘉种,不然任汝耕耨培壅,只是滋养得此根。"

【注释】

① 孟源:字伯生,滁州(今安徽滁县)人,王阳明的学生。

◎ 王阳明对孟源说,虚名就像遮挡雨露、盘结土壤的大树,要把它连根拔起,才能种植优良的种子。

【译文】

自以为是、喜好虚名是孟源一直以来的缺点,为此先生曾多次批评他。一天,先生刚刚才批评了他,一个朋友来向先生陈述自己近日来所学,并请求先生加以指正。孟源在旁边说:"你的这些所学只是找着了我以前的那些老家当。"

先生说:"你又犯毛病了!"孟源顿时脸色一变,想要为自己辩解。

先生说:"你又犯毛病了!这是你一生的大病根。就好比一丈方圆的地里种着一棵大树,滋润的雨露,肥力的土壤,只能养着这棵树根。若在四周种上些优良的种子,大树的树叶会把其遮挡住,下面还会被树根盘结,它们怎么能够长活呢?所以必须将这棵树连根拔起,这个地方才能够再种植优良的种子。否则,任凭你努力耕耨和栽培,也只能仅仅滋养了那个树根。"

六

【原文】

问:"后世著述之多,恐亦有乱正学。"

先生曰:"人心天理浑然,圣贤笔之书,如写真传神,不过示人以形状大略,使之因此而讨求其真耳;其精神意气,言笑动止,固有所不能传也。后世著述,是又将圣人所画摹仿誊写,而妄自分析加增以逞其技,其失真愈远矣。"

【译文】

有人问:"后世著述太多,恐怕也是会扰乱正确的学说的。"

先生说:"人心中的天理浑然一体,圣贤写下的书就像是对它的真实模样的描绘和传达,只不过是把他的大概的外观给人看,让人从这探求其本质罢了;人的精神、想法、说笑、举止,总有一些是不能传达的,后世人写的书,是又将圣人描绘的东西进行摹仿誊写,进而妄作分析、增加来显示自己的手段高明。他们离本质更远了。"

七

【原文】

问:"圣人应变不穷,莫亦是预先讲求否?"

先生曰:"如何讲求得许多?圣人之心如明镜,只是一个明,则随感而应,无物不照,未有已往之形尚在,未照之形先具者。若后世所讲,却是如此,是以与圣人之学大背。周公制礼作乐以文天下,皆圣人所能为,尧舜何不尽为之而待于周公?孔子删述《六经》以诏万世,亦圣人所能为,周公何不先为之,而有待于孔子?是知圣人遇此时,方有此事。只怕镜不明,不怕物来不能照。讲求事变亦是照时事,然学者却须先有个明的功夫。学者惟患此心之未能明,不患事变之不能尽。"

曰:"然则所谓'冲漠无朕,而万象森然已具'①者,其言何如?"

曰:"是说本自好,只不善看,亦便有病痛。"

【注释】

① 冲漠无朕,而万象森然已具:程颐语,出自《河南程氏遗书》。意为在宇宙还是一片混沌时,万事万物的理已经在冥冥之中存在了。

【译文】

陆澄问:"圣人能够根据情况随时应变,莫非这也是事先就预备好了的吗?"

先生说:"怎么能预先准备得那么多呢?圣人的心像是一面明镜,只需它十分明亮,就没有什么东西是不能反映的,能够随着感触而应付自如。镜子里不会有先前所照见的东西存留,也不可能有没有照过的东西事先出现在镜子上。如果后人是这样认为的,那就与圣人的学说大不相同了。周公为教化世人制定礼乐,这是圣人们都能做的事,那么尧舜二帝为何不先行亲自制定而要等周公来做呢?孔子删定《六经》以昭明后人,也是圣人们都能做的事,周公为什么不先行亲自删定而等孔子来做呢?所以说圣人只有处于恰当的时代,才会有恰当的作为。就怕镜子不够明亮,无法照出镜前的东西。根据情况随机应变就像是用镜子,学者们所须只是先下功夫使自己这面镜子保持明亮。学者只应担心自己不能心如明镜,而不须担心自己明镜般的心不能应付发展的变化。"

陆澄说:"那么程颐先生所说的'宇宙间混顿无物时,就已经有万物之理在冥冥之中存在了',这句

圣人之心如明镜,只是一个明,则随感而应,无物不照。

话如何解释呢?"

先生说:"这句话本身正确,只是世人不能正确理解,也就有了毛病。"

八

【原文】

"义理无定在,无穷尽。吾与子言,不可以少有所得而遂谓止此也,再言之十年,二十年,五十年,未有止也。"

他日又曰:"圣如尧舜,然尧舜之上善无尽;恶如桀纣,然桀纣之下恶无尽。使桀纣未死,恶宁止此乎?使善有尽时,文王何以'望道而未之见'①?"

【注释】

① 望道而未见之:语出《孟子·离娄下》。

【译文】

"义理不会有固定不变的所在,它根本无法穷尽。所以我跟你讲学,你稍有收获,就停滞不前,是不对的。即使再学习十年、二十年、五十年,也不能停止。"

一天,先生又说:"尧、舜二帝已经十分圣明了,但在尧舜之上,善还远没有穷尽;恶人最多做到桀纣了,但在桀纣之下,还有无穷无尽的恶。而且即使桀纣还未死,残恶在他们这儿就到了尽头了吗?假如善会有穷尽之时,周文王何会感叹道'始终追求天理却依旧没有遇到过天理'呢?"

在尧舜之上,还有无尽的善,在桀纣之下也还有无尽的恶。善恶都是没有止境的,所以文王"望道而未之见"。

九

【原文】

问:"静时亦觉意思好,才遇事便不同,如何?"

先生曰:"是徒知静养,而不用克己工夫也。如此,临事便要倾倒。人须在事上磨,方立得住,方能'静亦定,动亦定'①。"

【注释】

① 静亦定,动亦定:语出《河南程氏遗书》。

【译文】

陆澄问:"静养的时候也感觉自己的想法很清晰,可是遇到具体的事情就不能再依据自己的思路去做,

王阳明认为光懂得静心休养是不够的,还要在具体的事情中磨炼自己,才能"静亦定,动亦定"。

为什么？"

先生说："这是你只懂得静心修养，却不下功夫来克制自己的原因。这样的话，遇到具体的事情就会觉得思路不稳。人必须在遇到事情的时候磨炼自己，才能稳，才能'静亦定，动亦定'。"

十

【原文】

问上达①功夫。

先生曰："后儒教人，才涉精微，便谓'上达'未当学，且说'下学'②，是分'下学'、'上达'为二也。夫目可得见、耳可得闻、口可得言、心可得思者，皆'下学'也。目不可得见、耳不可得闻、口不可得言、心不可得思者，'上达'也。如木之栽培灌溉，是'下学'也，至于日夜之所息③，条达畅茂，乃是'上达'，人安能预其力哉？故凡可用功、可告语者皆'下学'，'上达'只在'下学'里。凡圣人所说，虽极精微，俱是'下学'。学者只从'下学'里用功，自然'上达'去，不必别寻个'上达'的工夫。"

【注释】

①上达：意为参悟天理。语出《论语·宪问》："君子上达，小人下达。" ②下学：意为关于事物的基本知识和思想方法。语出《论语·宪问》："不怨天，不忧人。下学而上达。知我者其天乎？" ③日夜之所息：语出《孟子·告子上》。

【译文】

陆澄求教参悟天理的功夫。

先生说："后世儒生教人，才涉及精微之处，便说不应当学参悟天理的功夫，只学一些简单的基础知识和思想方法，于是将'上达'和'下学'分开了。那眼睛看得见、耳朵听得到、嘴巴说得出、心里想得到的，都是'下学'；而那些用眼睛看不到、耳朵听不到、嘴巴说不出、心里想不到的，就是'上达'。比如说树木的栽种灌溉，都是属于'下学'，至于树木的生长休息、树枝繁茂，就是'上达'，不会被人力干预。所以凡是那些能够用功学到、用言语告知的，都只是'下学'，'上达'只存在于'下学'当中。凡是圣人谈到的虽然极其精微，但也只是'下学'而已。学者只需在'下学'的功夫里用功，自然而然就能到达到'上达'的功夫，而不必要在别的地方去寻'上达'的功夫。"

十一

【原文】

问："'惟精''惟一'是如何用功？"

先生曰："'惟一'是'惟精'主意，'惟精'是'惟一'功夫，非'惟精'之外复有'惟一'也。'精'字从'米'，姑以米譬之。要得此米纯然洁白，便是'惟一'意，然非加舂簸筛拣'惟精'之功，则不能纯然洁白也。舂簸筛拣是'惟精'之功，然亦不过要此米到纯然洁白而已。博学、审问、慎思、明辨、笃行者，皆所以为'惟精'而求'惟一'也。他如'博文'者即'约礼'之功，'格物致知'者即'诚意'之功，'道问学'即'尊德性'之功，'明善'即'诚身'之功，无二说也。"

【译文】

陆澄问："如何在'惟精'、'惟一'上下功夫？"

先生说："'惟一'是'惟精'的目的，'惟精'是'惟一'的功夫，'惟一'并不是在'惟精'之外的。'精'是'米'字旁，就用米来作比喻。'惟一'是要让大米纯然洁白，但是如果不经过舂簸筛拣等之序，大米就不可能纯然洁白。舂簸筛拣好比是'惟精'的功夫，其目的是让大米洁白。博学、审问、慎思、明辨、笃行等，也皆是'惟精'而求得'惟一'罢了。另外，'博文'是'约礼'的功夫，'格物致知'是'诚意'的功夫，'道问学'是'尊德性'的功夫，'明善'是'诚身'的功夫，也都是这个意思。"

"博文"者即"约礼"之功，"格物致知"者即"诚意"之功，"道问学"即"尊德性"之功，"明善"即"诚身"之功。

十二

【原文】

"知者行之始，行者知之成。圣学只一个功夫，知行不可分作两事。"

【译文】

先生说："认识是实践的起点，实践是认识的成果。圣人的学问只是一个功夫，认识和实践不能当作两回事。"

十三

【原文】

"漆雕开①曰：'吾斯之未能信。'②夫子说之。子路使子羔为费宰，③子曰：'贼夫人之子。'④曾点⑤言志，夫子许之。圣人之意可见矣。"

【注释】

①漆雕开：鲁国人，字子若，孔子的学生。②吾斯之未能信：语出《论语·公冶长》："子使漆雕开仕。对曰：'吾斯之未能信。'子说。"③子路：仲由（公元前542~公元前480），鲁国卞（今山东泗水）人，姓仲，名由，字子路，又字季路，孔子的学生。子羔：齐国人，姓高，名柴，孔子的学生。④贼夫人之子：意为危害人家的孩子。语出《论语·先进》。⑤曾点：曾皙，鲁国人，孔子的学生。

【译文】

先生说:"漆雕开对孔子说:'对于做官,我没有自信。'孔子听了这话,心里很高兴。子路让子羔在费地担任地方官员,孔子说:'陷害别人的孩子。'曾点对孔子讲自己的志向,孔子表示赞许。由此可以看出孔子的心意。"

十四

【原文】

问:"宁静存心时,可为'未发之中'①否?"

先生曰:"今人存心,只定得气。当其宁静时,亦只是气宁静,不可以为'未发之中'。"

曰:"'未'便是'中',莫亦是求'中'功夫?"

曰:"只要去人欲存天理,方是功夫。静时念念去人欲存天理,动时念念去人欲存天理,不管宁静不宁静。若靠那宁静,不惟渐有喜静厌动之弊,中间许多病痛只是潜伏在,终不能绝去,遇事依旧滋长。以循理为主,何尝不宁静?以宁静为主,未必能循理。"

【注释】

① 未发之中:语出《中庸》"喜怒哀乐之未发谓之中"。意为喜怒哀乐尚在内心,没有表现出来,理学认为这种状态的情绪纯真无伪,最符合'理'。

【译文】

陆澄问:"当一个人静处以存心养性时,可以看作是'未发之中'吗?"

先生说:"如今人们存心养性,仅仅是定气养神。宁静下来的时候也只有气得到了安定,全然不能算作是'未发之中'。"

陆澄说:"'未发之中'就是'中',这难道不也是寻求'中'的功夫吗?"

先生说:"只有去人欲存天理,方能算功夫。不管是宁静时还是行动时,时时都想着去人欲存天理。假若仅仅在宁静时存天理,不但会渐渐养成喜静厌动的弊病,而且会有许多的毛病隐藏在心里,遇事便会滋长起来,终究很难断绝清除。心中时时遵循天理,怎么可能得不到宁静呢?单单追求宁静不一定能够遵循天理。"

十五

【原文】

问:"孔门言志①,由、求②任政事,公西赤③任礼乐,多少实用!及曾皙说来,却似耍的事,圣人却许他,是意何如?"

曰:"三子是有意必④,有意必便偏着一边,能此未必能彼。曾点这意思却无意必,便是'素其位而行,不愿乎其外,素夷狄行乎夷狄,素患难行乎患难,无入而不自得'⑤矣。三子所谓'汝器也'⑥,曾点便有'不器'⑦意。然三子之才,各卓然成章,非若世之空言无实者,故夫子亦皆许之。"

子由、冉求志在政事,公西赤志在礼乐教化,曾点则随遇而安。前三者是专才,曾点则有多方面才能。

【注释】

① 孔门言志:语出《论语·先进》。讲的是孔子和他的学生谈论志向的故事。② 由、求:由,仲由,即子路;求,冉求,字子由,孔子的学生。③ 公西赤:姓公西,名赤,字子华,孔子的学生。④ 意必:语出《论语·子罕》"子绝四:毋意、毋必、毋固、毋我"。意,即主观猜测。必,即武断绝对。⑤"素其位"五句:语出《中庸》。素其位,安于现在的地位、条件。⑥ 汝器也:语出《论语·公冶长》。器,即器具,特定的器具有特定的才能。⑦ 不器:语出《论语·为政》"君子不器"。意为不是一般的器具,具有多种才能。

【译文】

陆澄问:"孔子的门徒们谈论他们的志向,子由和冉求想要担任政事,公西赤想要从事礼乐教化,多少有些经世致用的意思。但曾皙说起来像耍着玩一样,孔子反而赞许他,是什么意思呢?"

先生说:"前面三人的志向都带着点主观的揣测、武断而又绝对,带有这样的倾向,便会偏执于一方面,能做这件事未必能做那件。曾皙的志向没有此种倾向,只不过是'在自己的条件下行事,身处夷狄,就做夷狄能做的事;身处患难,就做患难中能做的事,无论在哪都能依据情势,怡然自得'了。前面三人是孔子所说在单方面有才能的人,而曾皙是孔子所说的在多个方面有才能的人。然而他们三人,各自才能卓著,而不是世间那些只讲讲而不实行的人,所以孔子也会赞许他们。"

十六

【原文】

问:"知识不长进,如何?"

先生曰:"为学须有本原,须从本原上用力,渐渐'盈科而进'①。仙家说婴儿亦善譬。婴儿在母腹时只是纯气,有何知识?出胎后,方始能啼,既而后能笑,又既而后能识认其父母兄弟,又既而后能立、能行、能持、能负,卒乃天下之事无不可能。皆是精气日足,则筋力日强,聪明日开。不是出胎日便讲求推寻得来,故须有个本原。圣人到'位天地育万物',也只从'喜怒哀乐未发之中'上养来。后儒不明格物之说,见圣人无不知,无不能,便欲

王阳明强调做学问要有一个根基,就像婴儿在母亲肚子里时什么都不知道,慢慢才学会所有事情,也是要有个根基的。

初下手时讲求得尽，岂有此理！"

又曰："立志用功，如种树然。方其根芽，犹未有干，及其有干，尚未有枝，枝而后叶，叶而后花、实。初种根时，只管栽培灌溉，勿作枝想，勿作叶想，勿作花想，勿作实想。悬想何益？但不忘栽培之功，怕没有枝叶花实！"

【注释】

① 盈科而进：语出《孟子·离娄下》。比喻循序渐进。

王阳明把做学问比作种树。树的生长要经历发芽、生枝、长叶、开花、结果的过程，做学问也一样需要循序渐进。

【译文】

陆澄问："知识没有长进，该怎么办？"

先生说："做学问首先须有一个根基，然后从根基上面下功夫，慢慢地循序渐进。道家学说用婴儿作比，说得很精辟。婴儿在母亲的肚子里还未成形时只是一团气，完全什么都没有。待他出生后，方才能够啼哭，之后能够笑，然后认识父母兄弟，既而可以站立、行走、背、拿，最后世上的事情已经无所不能。因为婴儿的精气日益充足，筋骨也越来越有力气，头脑则越来越聪明。婴儿并非出生便具备了各种能力，所以须要有个根基。圣人也是从涵养起喜怒哀乐各种情绪没有表现出来的时候慢慢培养起来，才能够立足于天地之间让万物随其本性生长。后代的儒生们不懂得格物的学说，却觉得圣人看起来无所不知、无所不能，于是妄想一开始就把学问讲求完，真是岂有此理！"

先生又说："立下志向用功夫做学问，就好比种树。开始发芽时没有树干，长出树干时没有树枝，长了树枝后才长叶子，叶子长好后才开花，最后结果。种上树根的时候，不要事先想着生枝、长叶、开花、结果，只管培土灌溉。因为空想也是无益。只要不忘尽心培土灌溉，怎怕没有枝、叶、花、果？"

十七

【原文】

问："看书不能明，如何？"

先生曰："此只是在文义上穿求，故不明。如此，又不如为旧时学问。他到看得多，解得去，只是他为学虽极解得明晓，亦终身无得。须于心体上用功，凡明不得，行不去，须反在自心上体当，即可通。盖四书①五经，不过说这心体，这心体即所谓'道'，心体明即是道明，更无二。此是为学头脑处。"

【注释】

① 四书：宋代理学家朱熹把《大学》《中庸》《论语》《孟子》合起来，编为《四书》，作为儒学的基本经典。

【译文】

陆澄问："读书时看不懂含义，怎么办呢？"

先生说："读不懂主要是因为你只求明白字面上的含义，钻牛角尖。这样的话，倒不如专门去做程朱的学问。他们做学问极其清楚明白，看得多，而且解得通。但也只是终生没有收获。做学问必须在自己的心上苦下功夫，凡是看不明白、想不通的，回到自己的内心仔细体会，这样就能明白了。《四书》《五经》所阐述的不过是个心体，这个心体就是所谓的'天理'，体明就是道明，再没有别的。这才是读书做学问的关键。"

十八

【原文】

"'虚灵不昧，众理具而万事出。'①心外无理，心外无事。"

或问："晦庵先生曰，'人之所以为学者，心与理而已。'此语如何？"

曰："心即性，性即理，下一'与'字，恐未免为二，此在学者善观之。"

或曰："人皆有是心，心即理，何以有为善，有为不善？"

先生曰："恶人之心，失其本体。"

【注释】

①"虚灵"两句：语出朱熹《大学章句》。

【译文】

"'让心空灵明澈而不愚昧，就会具备了各种道理，万事万物也从这里显现。'在人心之外再无天理，也无事物。"

有人问："朱熹先生说过：'人之所以为学者，心与理而已。'这句话说得对吗？"

先生说："心就是性，性就是理，'心'和'理'之间掺入一个'与'字，恐怕会将'心''理'分开。这就要求学者善于观察和体会。"

有的人善良，有的人却不善良，恶人的心已经丧失了它的本体。

有人说："人人都同样有心，而心就是天理，那为什么有的人善良，而有的却不善良呢？"

先生说："恶人的心早已经丧失了它的本体。"

十九

【原文】

问："'析之有以极其精而不乱，然后合之有以尽其大而无余'①，此言如何？"

先生曰："恐亦未尽。此理岂容分析？又何须凑合得？圣人说'精一'自是尽。"

"省察是有事时存养，存养是无事时省察。"

【注释】

①"析之"句：语出朱熹《大学或问》"析之极精不乱，说条目功夫；然后合之尽大无余，说明明德

于天下"。

【译文】

陆澄问:"朱熹说'分析天理可以使它显得精干而不混乱,综合天理便可使其包罗万象,各个方面都无从遗落',这话对吗?"

先生说:"恐怕并不全对。天理怎么可以分割开来加以分析?又何必需要综合?圣人所说'精一'就已经把它说尽了。"

先生说:"省察是在具体的事情上存养天理,而存养天理就是在无事时反省体察天理。"

二十

【原文】

澄尝问象山①在人情事变上做工夫之说。

先生曰:"除了人情事变则无事矣。喜怒哀乐非人情乎?自视听言动,以至富贵贫贱患难死生,皆事变也。事变亦只在人情里,其要只在'致中和②','致中和'只在'谨独'③。"

【注释】

① 象山:陆九渊(1139~1193),字子静,自号存斋,江西抚州人。曾讲学于象山,学者称象山先生。② 中和:语出《中庸》。中,天下的根本。和,天下的大道。③ 谨独:即慎独,意为一个人独处也要严格要求自己,言行思想要符合道德规范。

王阳明认为人的喜怒哀乐、富贵贫贱,都是人情事变,做学问就是在人情事变上下功夫。

【译文】

关于陆九渊在人情事变上下功夫的学说,陆澄曾向先生请教。

先生说:"除了人情事变,世界上也再没有别的事了。喜怒哀乐不是人情吗?从看、听、说、做再到富贵、贫贱、患难、死生,都是'事变'。而事变都只在人情里体现,它的关键是要做到'中正平和',而'中正平和'的关键就在于'慎独'。"

二十一

【原文】

澄问:"仁、义、礼、智之名,因已发而有?"

曰:"然。"

他日,澄曰:"恻隐①、羞恶、辞让、是非,是性之表德邪?"

曰："仁、义、礼、智也是表德。性一而已，自其形体也谓之天，主宰也谓之帝，流行也谓之命，赋于人也谓之性，主于身也谓之心。心之发也，遇父便谓之孝，遇君便谓之忠，自此以往，名至于无穷，只一性而已。犹人一而已，对父谓之子，对子谓之父，自此以往，至于无穷，只一人而已。人只要在性上用功，看得一性字分明，即万理灿然。"

王阳明认为，心性只有一个，只是在不同的对象面前有了不同的称呼，就像人总是一个人，在儿子面前就被称为父亲，在父亲面前就被称为儿子一样。

【注释】

①"恻隐"句：语出《孟子·公孙丑》。

【译文】

陆澄问："仁、义、礼、智的名称，是人的心性发挥出来之后有的吗？"

先生说："是。"

又一天，陆澄问："恻隐、羞恶、辞让、是非等等，这些善良或邪恶的情感也是心性展示出来的吗？"

先生说："仁、义、礼、智是善良的心性。心性只有一个，从它外在形式上叫作'天'，从它主宰万事万物的角度就叫作'帝'，而从它的流传变化就叫作'命'，它赋予人时称作'性'，主宰人的身体时称作'心'，但实际上心性只有唯一的一个。心性体现的时候，善待父母便叫孝，忠于国君就叫忠，以此类推，虽然它的名称数不胜数，但心性也只有一个而已。就好比一个人，他拥有的称呼也是无穷无尽的，相对于父亲他是儿子，对于儿子他又是父亲。但实际上这只是同一个人而已。所以人只需用功把心性参悟透彻，世上的一切道理就会清楚明白了。"

二十二

【原文】

一日，论为学功夫。

先生曰："教人为学，不可执一偏。初学时心猿意马，拴缚不定，其所思虑，多是人欲一边，故且教之静坐息思虑。久之，俟其心意稍定，只悬空静守，如槁木死灰①亦无用，须教他省察克治。省察克治之功，则无时而可间，如去盗贼，须有个扫除廓清之意。无事时，将好色、好货、好名等私，逐一追究搜寻出来，定要拔去病根，永不复起，方始为快。常如猫之捕鼠，一眼看着，一耳听着，才有一念萌动，即与克去，斩钉截铁，不可姑容，与他方便，不可窝藏，不可放他出路，方是真实用功，方能扫除廓清。到得无私可克，自有端拱时在。虽曰'何思何虑'，非初学时事。初学必须思省察克治，即是思诚，只思一个天理。到得天理纯全，便是'何思何虑'矣。"

【注释】

① 槁木死灰：语出《庄子·齐物论》："形固可使如槁木，而心固可使如死灰乎？"

【译文】

有一天，大家讨论为学的功夫。

先生说："教人如何做学问，绝不能偏执一个方法。初学者心猿意马，心中考虑的多是个人私欲而不能够集中精力，因此，姑且可以教他学习静坐，安定思绪，平息心中私欲。久而久之，当他的心思渐渐安定，如果还一味让他像槁木死灰一般悬空静坐，也没有什么作用。在这个时刻就须教他做反省体察克制私欲。这种功夫是不能间断的，就像铲除盗贼，要有彻底清除的决心。没有事的时候，一定要把好色、贪财、慕名等私欲逐一搜出来，然后将其连根拔起，使它永不复发，才觉痛快。平时则要像猫捉老鼠，一边用眼睛看着，一边用耳朵听着，有丝毫的私心杂念萌动的时候，就要立马斩钉截铁地把它克服掉，绝不能姑息纵容，让它有放松的机会，不包藏它，更不能让它有生路，如此才能尽扫心中的私欲，这才是真功夫。到了心中再无私欲需要克除，就可以轻轻松松地做端坐拱手状。虽然也是什么都不想，但却不是初者能做到。初学时必须专注思考省察克治，也就是想如何使意念专诚，只思考一个天理。到了天理纯正圆满的境界，就真正'何思何虑'了。"

二十三

【原文】

澄问："有人夜怕鬼者，奈何？"

先生曰："只是平日不能'集义'①而心有所慊，故怕。若素行合于神明，何怕之有？"

子莘②曰："正直之鬼不须怕，恐邪鬼不管人善恶，故未免怕。"

先生曰："岂有邪鬼能迷正人乎！只此一怕即是心邪。故有迷之者，非鬼迷也，心自迷耳。如人好色即是色鬼迷，好货即是货鬼迷，怒所不当怒是怒鬼迷，惧所不当惧是惧鬼迷也。"

王阳明认为人之所以怕鬼，是因为自己心中有愧，心地正直的人是不会被鬼迷惑的。

【注释】

① 集义：意思是经常积累善心。语出《论语·公孙丑上》。② 子莘：马明衡，字子莘，福建莆田人。官至御史，王阳明最早的福建弟子。

【译文】

陆澄问："夜里怕鬼的人该怎么办？"

先生说："因为平日里不积累善心，因此心中有愧，才会怕鬼。如果平时的行为合乎神明，有什么害怕的呢?"

子莘说:"不须怕正直的鬼,只是邪恶的鬼会无视善恶,而伤害人,所以未免有些害怕。"

先生说:"难道有邪鬼能够迷惑正直人的吗?有怕的心理,就是此人心术不正的表现。是人的心把自己迷惑了,而并非是鬼迷惑了人。就像人好色,便是色鬼迷;贪财,就是贪财鬼迷;不应当发怒的地方发怒了,就是被怒鬼迷;害怕不该怕的,就是被怕鬼迷。"

二十四

【原文】

"定者,心之本体,天理也。动静,所遇之时也。"

【译文】

"定,恒定平静,是心的本体,也就是天理。动和静的变化,是天理在不同环境下的具体表现。"

二十五

【原文】

澄问《学》《庸》同异。

先生曰:"子思①括《大学》一书之义,为《中庸》首章。"

【注释】

① 子思:孔子的孙子。相传为曾子的学生,继承和发扬了孔子的中庸思想。

【译文】

陆澄向先生请教《大学》《中庸》两本书的异同。

先生说:"子思总结了《大学》一书的宗旨,并以此写了《中庸》的第一章。"

二十六

【原文】

问:"孔子正名①。先儒说:'上告天子,下告方伯,废辄立郢。'此意如何?"

先生曰:"恐难如此。岂有一人致敬尽礼,待我而为政,我就先去废他,岂人情天理!孔子既肯与辄为政,必已是他能倾心委国而听。圣人盛德至诚,必已感化卫辄,使知无父之不可以为人,必将痛哭奔走,往迎其父。父子之爱本于天性,辄能悔痛真切如此,蒯聩岂不感动底豫?蒯聩既还,辄乃致国请戮。聩已见化于子,又有夫子至诚调和其间,当亦决不肯受,仍以命辄。群臣百姓又必欲得辄为君。辄乃自暴其罪恶,请于天子,告于方伯诸侯,而必欲致国于父。聩与群臣百姓亦皆表辄悔悟仁孝之美,请于天子,告于方伯诸侯,必欲得辄而为之君。于是集命于辄,使之复君卫国。辄不得已,乃如后世上皇故事,率群臣百姓尊蒯为太公,备物致养,而始退复其位焉。则君君、臣臣、父父、子子②,名正言顺,一举而可为政于天下矣。孔子正名,或是如此。"

蒯聩被儿子卫辄的孝行感化了,于是让卫辄继续治理国家。众大臣也都表彰卫辄仁孝的美德,支持他担任国君。

【注释】

① 正名:使名分恰当。语出《论语·子路》:"子路曰:'卫君待子而为政,子将奚先?'子曰:'必也正名乎!'"孔子认为,为政治国必须先有恰当的名分,做到"君君、臣臣、父父、子子",严格遵守等级秩序。② "君君"句:语出《论语·颜渊》:"齐景公问政于孔子。孔子对曰:'君君、臣臣、父父、子子。'"意思是君臣父子都要遵守各自的行为规范。

【译文】

陆澄问:"孔子正名。朱熹说孔子是'上要告知天子,下需告知诸侯,废除公子辄而拥立公子郢'。是吗?"

先生说:"恐怕不是这样解释。哪有别人对我恭敬有礼,让我执掌政权,我却要先把他废除的道理?显然不符合人情天理。一定是全心全意听从孔子的教诲,并把国家委托给他,孔子才会愿意帮助辄治理国家。卫辄已经为孔子的品德高尚,心灵至诚感化了,明白不孝顺父亲就不算是一个真正的人。所以卫辄定会痛哭着亲自跑去把他父亲迎接回来。卫辄能如此真切地痛改前非,蒯聩怎会不被他彻底感动,更何况父子之爱本来就是人的天性?把父亲接回来之后,卫辄想要把政权交还给父亲,并请求父亲让他以死谢罪。蒯聩被儿子的行为彻底感化了,并且又有孔子在当中诚恳调解,他是绝不会再接治理国家这副担子,反而命令辄继续治理国家。蒯聩与众大臣百姓们也都表彰辄仁孝的美德,于是请示天子,昭告诸侯,一定要卫辄担任国君。他们一起请求辄,让他担任卫国的国君。卫辄不得已,便像后世帝王那样,率领众大臣和全国百姓尊奉父亲为太上皇,然后,辄才恢复了他的国君之位。这样君像君、臣像臣、父像父、子像子,各人恪守自己的身份,名正言顺,天下便一举可治了。孔子所谓正名,或许就是如此吧!"

王阳明告诉弟子,孔子的"正名"是说要让父子之间恪守本分,名正言顺,这样才能天下大治。

二十七

【原文】

澄在鸿胪寺仓居①,忽家信至,言儿病危,澄心甚忧闷,不能堪。

先生曰:"此时正宜用功,若此时放过,闲时讲学何用?人正要在此等时磨炼。父之爱子,自是至情,然天理亦自有个中和处,过即是私意。人于此处多认做天理当忧,则一向忧苦,不知已是'有所忧患不得其正'②。大抵七情所感,多只是过,少不及者。才过,便非心之本体,必须调停适中始得。就如父母之丧,人子岂不欲一哭便死,方快于心?然却曰'毁不灭性'③,非圣人强制之也,天理本体自有分限,不可过也。人但要识得心体,自然增减分毫不得。"

王阳明教导学生不要因为家人病危就忧愁郁闷,无法承受。天理本身要有限度,不能过分,过分了就成了情欲,而感情多是有些过分的。

【注释】

① 鸿胪寺:掌管赞导相礼的衙门。王阳明于正德九年(1514)升任南京鸿胪寺卿,许多弟子随他前往。仓居,在衙舍居住。② 有所忧患不得其正:语出《大学》。③ 毁不灭性:意思是孝子哀伤不能伤害性命。语出《孝经·丧亲》。

【译文】

陆澄在南京鸿胪寺的衙门里居住的时候,突然接到儿子病危的家信,顿感忧郁,无法忍受。

先生说:"这是修身养性的好时机,如果此时不用功,平日里无事时讲求学问有什么用呢?这时候的人就应该磨炼自己。父亲关爱儿子,是符合天理的最深切的情感,但是天理也要有中正的度,超过这个限度就成了私欲。大多人在这时依照天理应当心有忧伤,于是一味悲伤痛苦,而不知自己已是'有所忧患不得其正'。一般来讲,七情六欲一旦出现,大多有点过分,很少有不足的。然而只要过分,便不再是心的本体,所以一定要调节,直至适中才可。比如父母去世,作为人子,哪有不想一下子哭死以能化解心中的悲痛的?然而圣人说过:'毁不灭性'。这并非圣人要强行规定,而是因为天理本身便有限度,凡事不能过分。人只要真正认识了心体,自然不会增减分毫。"

二十八

【原文】

"不可谓'未发之中'常人俱有。盖'体用一源'①,有是体即有是用,有'未发之中'即有'发而皆中节之和'。今人未能'有发而皆中节之和',须知是他'未发之中'亦未能全得。"

【注释】

①体用一源：语出《伊川易传·序》："至微者，理也；至著者，象也。体用一源，显微无间。"意为体与用同出于一个源头即易，它们虽然有或者显著或者微妙的差异，却是紧密结合、不可分割的。

【译文】

先生说："不能说一般人都能保持'情感没有表达出来时中正的态度'。因为'本体和运用是同一个源'，它们虽然有显著或者微妙的差异，却是紧密结合，不可分割的。有这样的体才会有这样的用。有'情感未发时的中正'，就会有'情感发出来符合中正的平和'。如今人们应该知道是因为他'情感未发时的中正状态'还没能完全得到的缘故，才没能做到'情感发出来符合中正的平和'。"

王阳明认为，人的情感发出来时能否保持中正平和，与其未发出来时是否能够保持中正平和是密切相关的。

二十九

【原文】

"《易》之辞是'初九，潜龙勿用'①六字，《易》之象是初画，《易》之变是值其画，《易》之占是用其辞。"②

【注释】

①初九，潜龙勿用：《易经》乾卦的初九爻爻辞，象征潜伏的龙，不能发挥作用。初九，指乾卦从下数第一爻，亦称初画。易经中用九代表阳爻，用六代表阴爻。②辞、象、变、占：《易经·系辞上》"《易》有圣人之道四焉：以言者尚其辞，以动者尚其变，以制器者尚其象，以卜筮者尚其占"。象，即用卦爻等符号比拟自然界和社会的形态与变化。

【译文】

先生说："《易经》乾卦的初九爻爻辞是'初九，潜龙勿用'六个字，《易经》的卦象是初九爻，《易经》的变化是出现新爻，《易经》的占卜用的是卦辞和爻辞。"

三十

【原文】

"'夜气'①是就常人说。学者能用功，则日间有事无事，皆是此气翕聚发生处。圣人则不消说'夜气'。"

【注释】

①夜气：语出《孟子·告子上》。人在夜里产生的清明和善的心气或精神状态。

【译文】

先生说："存养'夜气'是对普通人而言的。学者修养功夫，便会不论白天有没有事情，心中也都是清明和善的心气聚敛的地方。因此圣人不会讲究'夜气'。"

三十一

【原文】

澄问"操存舍亡"①章。

曰："'出入无时，莫知其向'，此虽就常人心说，学者亦须是知得心之本体亦元是如此，则操存功夫始没病痛。不可便谓出为亡，入为存。若论本体，元是无出无入的。若论出入，则其思虑运用是出，然主宰常昭昭在此，何出之有？既无所出，何入之有？程子所谓'腔子'②，亦只是天理而已。虽终日应酬而不出天理，即是在腔子里；若出天理，斯谓之放，斯谓之亡。"

又曰："出入亦只是动静，动静无端，岂有乡邪？"

王阳明说，心的本体是没有什么出和入的，它始终存在于天理之中，一旦超出了天理，就是所谓的亡了。

【注释】

①操存舍亡：语出《孟子·告子上》："孔子曰：'操则存，舍则亡，出入无时，莫知其乡，惟心之谓欤？'"操，指保持人的善良本心。乡，通"向"，即方向。②腔子：指胸腔。语出《河南程氏遗书》："心要在腔子里。"

【译文】

陆澄就《孟子》中"操存舍亡"一章向先生求教。

先生说："'心的离开或回归没有规律可循，不知道它的方向'，虽然这是就一般人的心说的，学者应当明白心的本体原本也只是如此，那么操存功夫才不会出现问题。不能简单地认定出即是亡，入就是存。如果就心的本体来说，原本就是没有什么出和入的。如果要谈论到出入，那么人的思考就是出，然而人的主宰明明就在心里面，哪有什么出呢？既然没有出，何入之有？程颐所说的'心腔'，也只不过是天理。即使一天到晚不停地应酬，也不会超出天理，就是在心腔里。一旦会超出天理，就是所谓的放，所谓的亡。"

先生又说："心的出入只是运动和静止而已，运动和静止无常，怎会有什么方向？"

三十二

【原文】

王嘉秀①问："佛以出离生死诱人入道，仙以长生久视②诱人入道，其心亦不是要人做不好，究其极至，亦是见得圣人上一截，然非入道正路。如今仕者，有由科，有由贡，有由传奉，一般做到大官，毕竟非入仕正路，君子不由也。仙佛到极处与儒者略同，但有了上一截，遗了下一截，终不似圣人之全。然其上一截同者，不可诬也。后世儒者又只得圣人下一截，分裂失真，流而为记诵词章、功利训诂，亦卒不免为异端。是四家者终身劳苦，于身心无分毫益，视彼仙佛之徒清心寡欲，超然于世累之外者，反若有所不及矣。今学者不必先排仙佛，且当笃志为圣人之学。圣人之学明，则仙佛自泯，不然则此之所学，恐彼或有不屑，而反欲其俯就，不亦难乎！鄙见如此，先生以为何如？"

王阳明认为，圣人之道是上下连贯的，而佛家与道家对圣道的理解都有失片面，所以他们便有了种种弊病。

先生曰："所论大略亦是。但谓上一截、下一截，亦是人见偏了如此。若论圣人大中至正之道，彻上彻下，只是一贯，更有甚上一截、下一截？'一阴一阳之谓道'，但'仁者见之便谓之仁，智者见之便谓之智，百姓又日用而不知，故君子之道鲜矣'。仁智岂可不谓之道？但见得偏了便有弊病。"

【注释】

①王嘉秀：字实夫，王阳明的学生，好谈佛道。②长生久视：指长生不老。语出《老子》："有国之母，可以长久，是谓之深根固柢，长生久视之道。"

【译文】

王嘉秀问："佛教诱惑人信奉佛教用超脱生死轮回的说法，而道教诱惑人信奉道教则用长生不老的说法，其本意并非引诱人去做不好的事。然而归根结底，只是看到了圣人的上一截，然而并不是进入圣道的正路。如今做官的人，有的通过科举入仕，有的通过乡里举荐，有的继承前辈爵位、大官荫庇，同样做了大官。但毕竟不是仕途正路，正人君子是不会随波逐流的。道、佛到了最高境界，和儒家大体相同。但是他们只注意到了上一截，而忽略了下一截，终究不像圣道那么全面。然而不可否认，他们的上一截和儒家的是相同的。后世的儒生们又只学到了圣道的下半截，使圣道分裂而丧失了其本原，沦为仅剩下记诵、功利、训诂，最后难免变成异端邪说。与那些修道、信佛，一生清心寡欲，超脱了俗世纷扰的人相比，记诵、功利、训诂四家的人，反倒一生劳苦，身心也无所裨益。如今的学者应当作的更应该是专心致志于圣人的学说，不必事先先排斥道、佛。待到圣人的学说得到彰明，道、佛也就会自然泯灭了。否则的话，儒生所学不但很难让他们俯首称臣，恐怕反过来还要为道、佛所不屑。此乃我的见解，先生觉得如何？"

先生说："你的论说大体上是正确的。但是你所说的将圣道分为上一截、下一截，也是一般人的理解，有失偏颇。圣道广大中正，上下连贯在一起，哪会有什么上一截、下一截？《易经》说'一阴一阳谓之道'，但是'仁者见仁，智者见智，百姓对于日常生活中的道并不知晓，所以君子所推崇的圣道并非人人明白'。仁慈、智慧也是道，但理解片面了就会有毛病。"

三十三

【原文】

"蓍①固是《易》，龟亦是《易》。"

【注释】

①蓍：一种草。蓍草茎，古代常用来占卜。

【译文】

先生说："用蓍草占卜是《易经》，用龟甲占卜也是《易经》。"

三十四

【原文】

问："孔子谓武王未尽善①，恐亦有不满意？"

先生曰："在武王自合如此。"

曰："使文王未没，毕竟如何？"

曰："文王在时，天下三分已有其二②，若到武王伐商之时，文王若在，或者不致兴兵，必然这一分亦来归了。文王只善处纣，使不得纵恶而已。"

【注释】

①孔子谓武王未尽善：语出《论语·八佾》。孔子认为武王用武力得到天下不是最好的方法。②"天下三分"句：语出《论语·泰伯》"三分天下有其二，以服事殷。周之德，其可谓至德也已矣"。意为当时三分之二的诸侯国已归顺周，而周文王仍恪守臣节，尊奉殷朝。

【译文】

陆澄问："孔子说周武王没有做到尽善，孔子可能对武王有不满意的地方吧？"

先生说："周武王自己来看的话，就应该那样做。"

陆澄说："如果文王没有死，那又会是什么样的结

王阳明认为，孔子所说的周武王没有做到尽善，是说他不能像周文王一样妥善处理与商纣的关系，使他不纵恶。

果呢?"

先生说:"文王在世的时候,已经拥有了天下的三分之二。假如周文王在武王伐纣的时候还没有死,也许就不至于动用兵卒,而剩下那三分之一也会自然归顺。文王只需妥善处理与商纣的关系,使纣不再纵恶,就可以了。"

三十五

【原文】

问孟子言"执中无权犹执一"①。

先生曰:"中只是天理,只是易,随时变易,如何执得?须是因时制宜,难预先定一个规矩在。如后世儒者,要将道理一一说得无罅漏,立定个格式,此正是执一。"

【注释】

① 执中无权犹执一:意为坚持中庸虽然正确,但如果不知因时制宜,加以权变,那就是偏执。

【译文】

惟乾向先生请教孟子所说"执中无权犹执一"一句的含义。

先生说:"中庸就是天理,就是易。随着时间而发生变化,怎么能'执'而不变呢?所以很难事先确定一个标准,必须因时制宜。后代的儒生们,为了把道理阐述得没有缺漏,就去定一个个固定的模式,这正是所谓的偏执了。"

三十六

【原文】

唐诩①问:"立志是常存个善念,要为善去恶否?"

曰:"善念存时即是天理,此念即善,更思何善?此念非恶,更去何恶?此念如树之根芽,立志者长立此善念而已。'从心所欲不逾矩'②,只是志到熟处。"

【注释】

① 唐诩:江西人,王阳明的弟子。② "从心"句:意为心与天理已合二为一,不管做什么都不会背离规矩。语出《论语·为政》。

【译文】

唐诩问:"立志就是心中一直存一个善念,就是行善去恶吗?"

王阳明认为,善念就像树的根和芽一样,自会成长,只要存有善念,就不用刻意去除恶。

先生说:"善念存于心间,就是天理。这个念头就是善,还需要想其他别的善吗?这个念头并不是恶,还哪有恶去除呢?这个意念就好像树的根和芽,立志的人就是永远确立这个善念罢了。只有等到立志已经十分纯熟,成为习惯时方可做到孔子所说'从心所欲不逾矩'。"

三十七

【原文】

"精神、道德、言动,大率收敛为主,发散是不得已,天、地、人、物皆然。"

【译文】

先生说:"精神、道德、言语、行动,大多以收敛为主,向外发散开来是不得已而为之。天、地、人、物都是这样。"

三十八

【原文】

问:"文中子是如何人?"
先生曰:"文中子庶几'具体而微'①,惜其早死。"
问:"如何却有续经之非?"
曰:"续经亦未可尽非。"
请问。
良久曰:"更觉'良工心独苦'②。"

【注释】

①具体而微:意为已经具备了圣人的基本条件,只是某些方面稍微逊色。语出《孟子·公孙丑上》。②良工心独苦:语出杜甫《题李尊师松树障子歌》。意为优秀的工匠匠心独运,却因此而常受到庸人们的非议,可是跟一般俗人又无法沟通,所以很苦闷。

【译文】

陆澄问:"文中子是怎样的一个人?"
先生说:"文中子是一个孟子所说'几乎具备圣人条件,只是某方面稍有不足'的人,只可惜他很早就死了。"
陆澄问:"可是他怎么会犯仿造经典的错误呢?"
先生说:"续经的行为也不全是错误的。"
陆澄问先生为什么。
过了很久,先生才叹道:"现在我越发能够体会到'良工心独苦'这句话的含义了。"

三十九

【原文】

"许鲁斋①谓儒者以治生为先之说,亦误人。"

【注释】

① 许鲁斋:名衡,字仲平,号鲁斋,怀州河内(今河南沁阳)人。元代大儒,力倡程朱理学,为理学在北方的传播贡献很大。他曾说过:学者治生最为先务。

【译文】

先生说:"许鲁斋认为儒生以谋生为重,这种说法很误人子弟。"

四十

【原文】

问仙家元气、元神、元精。

先生曰:"只是一件,流行为气,凝聚为精,妙用为神。"

【译文】

陆澄向先生请教道家所说的元气、元神、元精。

先生说:"这三者是同一回事,运行就是气,凝聚起来就成精,巧妙运用便是神。"

四十一

【原文】

"喜、怒、哀、乐本体自是中和的,才自家着些意思,便过不及,便是私。"

【译文】

先生说:"喜怒哀乐,其本体自然就是中正平和的,只是人本身有一些别的意念,就会过度或不足,便成了私欲。"

四十二

【原文】

问:"哭则不歌"①。

先生曰:"圣人心体自然如此。"

【注释】

① 哭则不歌：语出《论语·述而》"子于是日哭，则不歌"。意为孔子哭过后，当天就不再唱歌。

【译文】

陆澄问："哭过之后不再歌唱是什么意思。"

先生说："圣人的心体原本就是这样的。"

四十三

【原文】

"克己须要扫除廓清，一毫不存方是；有一毫在，则众恶相引而来。"

【译文】

先生说："克己一定要彻底，应该不留存一丝一毫；有一毫的私念存在，那么众多的恶行便会接踵而至。"

四十四

【原文】

问《律吕新书》①。

先生曰："学者当务为急，算得此数熟，亦恐未有用，必须心中先具礼乐之本方可。且如其书说多用管以候气②，然至冬至那一刻时，管灰之飞或有先后，须臾之间，焉知那管正值冬至之刻？须自心中先晓得冬至之刻始得，此便有不通处。学者须先从礼乐本原上用功。"

【注释】

①《律吕新书》：南宋蔡元定著，上卷《律吕本源》，下卷《律吕辨证》。②候气：测量阴阳之气的变化。古人用黄钟律管测定节气变化，把芦苇之灰放进律管里，冬至来时，阳气上升，管中的灰就会飞扬。

【译文】

陆澄询问先生对《律吕新书》怎么看。

先生说："学者即使把确定乐律的方法算得再熟悉，恐怕也没有什么作用。学者应该把在心中确定礼乐作为当务之急。而且《律吕新书》多用律管查看阴阳二气的变化。但是冬至到了的那一刻，律管中的灰飞扬的时间会有先后，区别只在顷刻之间，

王阳明告诉弟子，要先弄清礼乐的本源，才能熟悉《律吕新书》中确定乐律的方法。

哪能确定哪一根律管代表的是冬至来临的那一刻呢？必须在心里已经知道冬至到的时刻才行。这就有说不通的地方了。所以学者应该先从学习礼乐上用功。"

四十五

【原文】

曰仁①云："心犹镜也。圣人心如明镜，常人心如昏镜。近世格物之说如以镜照物，照上用功，不知镜尚昏在，何能照？先生之格物如磨镜而使之明，磨上用功，明了后亦未尝废照。"

【注释】

① 曰仁：徐爱的字。

【译文】

徐爱说："人心就像是镜子。圣人的心像明亮的镜子，而普通人的心像黯淡的镜子。近代朱熹的格物学说就像是用镜子照事物，但只会在照上用功，不晓得镜子本身还仍旧是黯淡的，这怎么可能会照清楚呢？先生的格物学说就像是在打磨镜子，使它变得明亮，把功夫下在打磨镜子上，镜子明亮后就不会影响照亮事物。"

王阳明认为，人心就像镜子，要照清事物，就要把镜子磨亮，但是朱熹的格物学说却并不是在打磨镜子，而是在照的方法上下功夫。

四十六

【原文】

问道之精粗。

先生曰："道无精粗，人之所见有精粗。如这一间房，人初进来只见一个大规模如此；处久，便柱壁之类一一看得明白；再久，如柱上有些文藻细细都看出来，然只是一间房。"

【译文】

陆澄向先生请教道的精深和粗浅。

先生说："只是人们对圣道的认识才有精粗之分，圣道本身并没有精粗的区分。就好比一间房子，人们刚进来的时候，只看一个大概的轮廓而已；住久了，房间里的柱子墙壁也能一一看清楚；时间再长一些，人就会把柱子的花纹等都看得明明白白。但实际上房子还是只是同样的一个房子。"

王阳明认为，圣道是没有精深和粗浅之分的，就像一间房子，本来只是一个样子，只是人了解的程度不一样罢了。

四十七

【原文】

先生曰:"诸公近见时少疑问,何也?人不用功,莫不自以为已知,为学只循而行之是矣。殊不知私欲日生,如地上尘,一日不扫便又有一层。着实用功便见道无终穷,愈探愈深,必使精白,无一毫不彻方可。"

【译文】

先生说:"最近见面,为什么你们都很少提问题呢?人如果不努力,就会自以为已经懂得怎样做学问了,只需循着已知的方法做就行了。哪里知道私欲就好像地上的灰尘,会日日滋长,一天不去打扫就又积多一层。真正踏实用功的人认为圣道是不能够穷尽的,越探究越深奥,一定要做到精通明白,尽然透彻了才行。"

四十八

【原文】

问:"知至然后可以言诚意。今天理人欲知之未尽,如何用得克己工夫?"

先生曰:"人若真实切己用功不已,则于此心天理之精微日见一日,私欲之细微亦日见一日。若不用克己工夫,终日只是说话而已,天理终不自见,私欲亦终不自见。如人走路一般,走得一段,方认得一段,走到歧路处,有疑便问,问了又走,方渐能到得欲到之处。今人于已知之天理不肯存,已知之人欲不肯去,且只管愁不能尽知,只管闲讲,何益之有?且待克得自己无私可克,方愁不能尽知,亦未迟在。"

【译文】

陆澄问:"《大学》说:'完全知道后才可以说诚意。'但是在还没有完全弄明白天理私欲的时候,如何去下克制自己私欲的功夫呢?"

先生说:"假若一个人真正坚持不懈用功修炼,他会一天比一天深刻地认识到天理的精妙细微和私欲的细微。如果没有下功夫克制私欲,每天只是说一说而已,最终就认识不到天理和私欲。就像人走路,走一段才能看清楚前面一段。到了岔路口,有了疑惑就不耻下问,问明白再走,这样才能渐渐走到目的地。如今人们即使已经认识到了天理也不愿存养,已经认识到了私欲却不愿意去克制,仅仅在原地发愁是不能够把天理认识完全的,一味空谈有什么用呢?且先克制自己到再没有私欲的境界,再去发愁不能完全认识天理和私欲,那也不迟。"

王阳明认为,认识天理就像走路,是个渐进的过程。走到岔路口时,找人问明白了自然就能走到目的地。

四十九

【原文】

问:"道一而已①,古人论道往往不同,求之亦有要乎?"

先生曰:"道无方体②,不可执着,却拘滞于文义上求道,远矣。如今人只说天,其实何尝见天?谓日、月、风、雷即天,不可;谓人、物、草、木不是天,亦不可。道即是天,若识得时,何莫而非道?人但各以其一隅之见认定,以为道止如此,所以不同。若解向里寻求,见得自己心体,即无时无处不是此道,亘古亘今,无终无始,更有甚同异?心即道,道即天,知心则知道、知天。"

又曰:"诸君要实见此道,须从自己心上体认,不假外求,始得。"

【注释】

① 道一而已:语出《孟子·滕文公上》"夫道,一而已矣"。② 道无方体:语出《易经·系辞上》"故神无方而易无体"。神,指道变化神妙。方,方向。体,具体形态。

【译文】

陆澄问:"只有一个道,但是古人论道往往不一样,难道求道也有关键的地方吗?"

先生说:"圣道没有具体的方向和形态,所以不能执着。拘泥在文字含义上求道,反而与圣道背道而驰了。现在人们只谈论天,其实他们又何曾认识真正的天?将日、月、风、雷认定为天是不对的;而把人、物、草、木当作天也不正确。道就是天,如果认识到了这一点,那么天下有什么不是道?人们把自己的一隅之见当作道,以为道仅仅是这样罢了,所以各人对道的理解自有不同。如果懂得在自己的内心上寻求,看见自己的本心,那么从古至今,无终无始,时时处处都是道,哪里会有什么异同?心即道,道即天。认识到了本心就认识了道和天。"

先生又说:"你们真想认识到这个道,就必须从自己的本心上去认识,不要借助外物才行。"

王阳明说,道只有一个,就像天只有一个,不同人看的角度不一样,所以就有了不同的理解。

五十

【原文】

问:"名物度数,亦须先讲求否?"

先生曰:"人只要成就自家心体,则用在其中。如养得心体果有未发之中,自然有发而中节之和,自然无施不可。苟无是心,虽预先讲得世上许多名物度数,与己原不相干,只是装缀,临时自行不去。亦不是将名物度数全然不理,只要'知所先后,则近道'①。"

又曰:"人要随才成就,才是其所能为。如夔②之乐,稷③之种,是他资性合下便

王阳明指出，人要根据自己的才能做出成就，就像稷长于耕种便致力于耕种，夔长于音乐便致力于音乐。

如此。成就之者，亦只是要他心体纯乎天理。其运用处皆从天理上发来，然后谓之才。到得纯乎天理处，亦能'不器'，使夔、稷易艺而为，当亦能之。"

又曰："如'素富贵，行乎富贵。素患难，行乎患难'，皆是'不器'。此惟养得心体正者能之。"

【注释】

①知所先后，则近道：语出《大学》"物有本末，事有终始。知所先后，则近道矣"。②夔：传说是舜的乐官。③稷：周人的先祖，尧舜时主管农事的官。

【译文】

陆澄问："一个物体的称呼、数量和用处也必须先探究清楚吗？"

先生说："人只要能够存养、顺从自己的心体，那么，发挥运用就已经包含在其中。如果存养心体已经有了未发之中，自然有发便能中正平和，自然无所不可了。如果没有存养心体到未发之中的境界，即使预先懂得到世上许多事物的名称、数量和用处，也和本身的心体毫无干系，只是算作装饰，面临事情都无法应对。当然名物度数的知识并非全然无用，只是'知道了做事情的先后，就离圣道很近了'。"

先生又说："一个人所能做到的就要顺从自己的才能做出成就。就像夔擅长音乐，后稷精于庄稼的种植，他们的天性适合从事这样的工作。成就一个人，也就是要让他的心体纯然合乎天理。他做事都是顺从天理，然后后世才会把他当作有才能的人。心体达到纯然合乎天理的时候，就会成为'不器'之才。如果交换夔和稷所从事的事业，他们同样也会做得到。"

先生又说："《中庸》中说的'处于富贵，就做富贵时能做的事。处于患难，就做患难中能做的事'，都是'不器'的意思。这些都只有那些存养心体达到纯正的人才能做到。"

五十一

【原文】

"与其为数顷无源之塘水，不若为数尺有源之井水，生意不穷。"

时先生在塘边坐，傍有井，故以之喻学云。

【译文】

先生说："与其造一个数顷宽却没有水源的池塘，还不如挖一口数尺深但会有水源的井，这样才不会干枯。"

当时，先生刚好坐在池塘边，旁边有一口井，所以他就用这个来比喻治学。

五十二

【原文】

问:"世道日降,太古时气象如何复见得?"

先生曰:"一日便是一元①。人平旦时起坐,未与物接,此心清明景象,便如在伏羲时游一般。"

【注释】

① 一元:宋朝邵雍说天地从形成到毁灭的一个周期叫作一元,共有129600年。

【译文】

陆澄问:"如今世风日下,怎样才能重现太古时期的淳朴民风呢?"

先生说:"一天就是一元。清晨醒来的时候坐起身,还没有接触任何事物,这个时候心中的清明景象,就像游历在伏羲所处的时代。"

王阳明用人一天的经历来比喻历史,认为人对社会的感受在于他的心地,比如清晨时心地清明,就跟处于伏羲所处的时代一样了。

五十三

【原文】

问:"心要逐物,如何则可?"

先生曰:"人君端拱清穆,六卿分职,天下乃治。心统五官,亦要如此。今眼要视时,心便逐在色上;耳要听时,心便逐在声上。如人君要选官时,便自去坐在吏部;要调军时,便自去坐在兵部。如此,岂惟失却君体,六卿亦皆不得其职!"

【译文】

陆澄问:"心要追逐外物,怎么办才好?"

先生说:"国君端身拱手,庄重肃穆,而六卿各司其职,天下才能大治。人心要统领五官,也需要如此。眼睛看的时候,心就追逐在颜色上;耳朵听的时候,心就追逐在声音上。如果国君选拔官吏的时候,要亲自去吏部;调动大军的时候,要亲自去兵部,像这样的话,哪里只是国君的身份丧失,官员们也不能好好履行属于自己的职责了。"

王阳明认为,人心不能追逐外物,这是感官的事,就像君主治理国家,不应事必躬亲,让各部门官员各司其职就行了。

五十四

【原文】

"善念发而知之,而充之;恶念发而知之,而遏之。知与充与遏者,志也,天聪明也。圣人只有此,学者当存此。"

【译文】

先生说:"认识到善念萌发便发展扩充它;认识到恶念萌发就努力遏止它。扩充善念、遏止恶念是心志的体现,也是上天赋予人的聪明才智。圣人是拥有这种聪明才智,而学者则应当存养这种聪明才智。"

五十五

【原文】

澄曰:"好色、好利、好名等心,固是私欲,如闲思杂虑,如何亦谓之私欲?"

先生曰:"毕竟从好色、好利、好名等根上起,自寻其根便见。如汝心中决知是无有做劫盗的思虑,何也?以汝元无是心也。汝若于货、色、名、利等心,一切皆如不做劫盗之心一般,都消灭了,光光只是心之本体,看有甚闲思虑?此便是'寂然不动',便是'未发之中',便是'廓然大公',自然'感而遂通'①,自然'发而中节',自然'物来顺应'②。"

王阳明说,人的闲思杂念,就像好色、贪财、重视名利之心一样,都是私欲引起的,没有私欲便不会有闲思杂念。

【注释】

①寂然不动,感而遂通:语出《易经·系辞上》"寂然不动,感而遂通天下之故"。意为易本身是宁静不动的,有人来问吉凶,易便会与天下之事相通,显示出吉凶祸福来。②廓然大公,物来顺应:语出程颢《答横渠先生定性书》"君子之学,莫若廓然大公,物来而顺应"。意为心胸宽广,大公无私,遇到事情时能坦然自如地应对。

【译文】

陆澄问:"好色、贪财、重视名利等,固然属于私欲,但是那些闲杂的心思,为什么也叫作私欲呢?"

先生说:"归根结底也是好色、贪财、重视名利滋生了这些闲思杂念,你自己从本源上寻找就会发现。例如,你心里自信绝对不会产生偷、抢、盗、劫的念头,为什么呢?你本心就没有那样的心思。如果你对色、财、名、利等这些心思,都像不做贼的心思一样,在心底一干二净了,完完全全只剩下心的本体,怎还会有什么闲思杂念?这就是所谓的'寂然不动',就是'未发之中',就是'廓然大公'。这样,人心自然会'感而遂通',自然可以'发而中节',自然也能够'物来顺应'。"

五十六

【原文】

问"志至气次"①。

先生曰:"志之所至,气亦至焉之谓,非极至、次贰之谓。'持其志',则养气在其中。'无暴其气',则亦持其志矣。孟子救告子②之偏,故如此夹持说。"

【注释】

① 志至气次:语出《孟子·公孙丑上》。孟子说:"所谓志向,是意气的统帅;意气,充满身体之内。志向为首要,意气还在其次。所以说:'把握住思想意志,不要随便意气用事。'"② 告子:名不害,战国人。他提出性无善恶论,并有"生之谓性","食色,性也"的论点,与孟子性善论相对立。所以有"孟子救告子之偏"说。

王阳明认为,人的志向和意气是一同发展的,坚定志向就意味着要存养意气。

【译文】

陆澄请教"志至气次"的问题。

先生说:"它的意思是说志向到哪里,气也跟随着到达,而不是朱熹说的,先要以立志为主,才能够接着存养意气。'坚定志向',那么存养意气就包含在其中了。'不意气用事',也就是坚定了志向。孟子是为了纠正告子的错误理解,才这样把'志''气'一分为二来说。"

五十七

【原文】

问:"先儒曰,'圣人之道必降而自卑,贤人之言则引而自高。'如何?"

先生曰:"不然。如此却乃伪也。圣人如天,无往而非天。三光①之上天也,九地之下亦天也,天何尝有降而自卑?此所谓'大而化之'②也。贤人如山岳,守其高而已。然百仞者不能引而为千仞,千仞者不能引而为万仞。是贤人未尝引而自高也,引而自高则伪矣。"

【注释】

① 三光:日、月、星辰。② 大而化之:语出《孟子·尽心下》"充实而有光辉之谓大,大而化之之谓圣"。意为内心充满善而且光明正大地表现出来便叫"大","大"又能融会贯通便叫"圣"。

【译文】

陆澄问:"程颐先生说:'圣人论道是朴素谦卑,而贤人不一样,是自我抬高。'这样说是什么意思?"

先生说:"不是这样。如果是这样的话就显得虚伪、做作了。圣人像天一样,而宇宙间无处不是天。日月星辰之上是天，九泉之下也是天，天什么时候会自降身份到卑微的地位呢？这就是所谓的'大而化之'吧。而贤人像高山大岳，他们只需坚守着自己的高度罢了。但是百仞高的山不能自拔为千仞，千仞高的山不能自拔为万仞。所以贤人从没有抬高过自己，如果抬高了自己就是虚假了。"

五十八

【原文】

问："伊川谓'不当于喜怒哀乐未发之前求中'。延平①却教学者看未发之前气象。何如？"

先生曰："皆是也。伊川恐人于未发前讨个中，把中做一物看，如吾向所谓认气定时做中，故令只于涵养省察上用功。延平恐人未便有下手处，故令人时时刻刻求未发前气象，使人正目而视惟此，倾耳而听惟此，即是'戒慎不睹，恐惧不闻'②的工夫。皆古人不得已诱人之言也。"

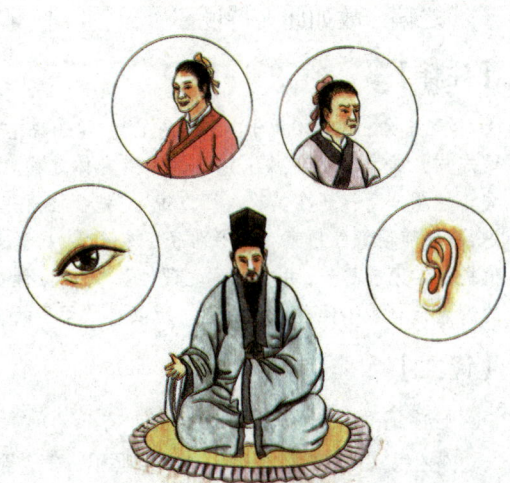

◎王阳明认为，追求中正平和既要像程颐所说的一样在涵养上下功夫，也要像李侗所说的一样在视听观察方面下功夫。

【注释】

① 延平：姓李，名侗，字愿中，世称延平先生，今福建南剑人。程颐三传弟子，朱熹曾从游其门下。
② 戒慎不睹，恐惧不闻：语出《中庸》"是故君子戒慎乎其所不睹，恐惧乎其所不闻。莫见乎隐，莫显乎微。故君子慎其独也"。意为君子在别人看不到听不到的情况下也不忘时时检点、警诫自己。

【译文】

陆澄问："程颐先生教学生说'不应该在喜怒哀乐没有表现出来之前求中和的状态'。而延平先生教育学生要注意观察感情没有发泄出来之前的各种情形。他们的这些说法对吗？"

先生说："都是对的。程颐先生是把中正看作一件事物，因为怕人们会在感情未发之前追求所谓中正平和。就像我一向把'气定'当作中正平和那样，所以只让人们在涵养省察上下功夫。而延平先生则怕初学者找不到入门的地方，所以让他们时时刻刻观察感情未发之前的各种现象，使人集中所有精力看、听未发前的状况，这就是所谓的'戒慎不睹，恐惧不闻'的功夫。这些都是古人为了诱导学生存养天理迫不得已才说的话。"

五十九

【原文】

澄问："喜、怒、哀、乐之'中''和'，其全体常人固不能有。如一件小事当喜怒者,平时无有喜怒之心,至其临时,亦能'中节',亦可谓之'中''和'乎?"

先生曰:"在一时之事,固亦可谓之'中'、'和',然未可谓之'大本'、'达道'①。人性皆善,'中'、'和'是人人原有的,岂可谓无?但常人之心既有所昏蔽,则其本体虽亦时时发见,终是暂明暂灭,非其全体大用②矣。无所不'中',然后谓之'大本';无所不'和',然后谓之'达道'。惟天下之至诚,然后能立天下之'大本'。"

曰:"澄于'中'字之义尚未明。"

曰:"此须自心体认出来,非言语所能喻。'中'只是天理。"

曰:"何者为天理?"

曰:"去得人欲,便识天理。"

曰:"天理何以谓之'中'?"

曰:"无所偏倚。"

曰:"无所偏倚是何等气象?"

曰:"如明镜然,全体莹彻,略无纤尘染著。"

曰:"偏倚是有所染著,如著在好色、好利、好名等项上,方见得偏倚。若未发时,美色、名、利皆未相著,何以便知其有所偏倚?"

曰:"虽未相著,然平日好色、好利、好名之心原未尝无。既未尝无,即谓之有;既谓之有,则亦不可谓无偏倚。譬之病疟之人,虽有时不发,而病根原不曾除,则亦不得谓之无病之人矣。须是平日好色、好利、好名等项一应私心,扫除荡涤,无复纤毫留滞,而此心全体廓然,纯是天理,方可谓之喜、怒、哀、乐'未发之中',方是天下之'大本'。"

【注释】

① 大本、达道:语出《中庸》"喜怒哀乐之未发,谓之中;发而皆中节,谓之和。中也者,天下之大本也;和也者,天下之达道也"。② 全体大用:语出朱熹《大学》补传"是以《大学》始教……至于用力之久,而一旦豁然贯通焉,则众物之表里精粗无不到,而吾心之全体大用无不明矣"。

【译文】

陆澄问:"喜、怒、哀、乐等发挥出来的中正平和,一般人是不可能具有它的全体。如果平时心中没有喜怒,当一件应该高兴或者愤怒的小事情发生时,也能表现出来中正平和,这难道也可以称为'中正''平和'吗?"

先生说:"在一个时间或一件事情上,固然也能叫作'中正''平和'。但是还没有达到大本、达道的境界。就像人的本性都是善良的,'中正''平和'原本也是人人都有的,怎么能说没有或者说不是呢?但是一般人的心会有些昏蔽,他们的本性虽然经常会出现,但始终是断断续续、时隐时现,并非心的全体作用。无时无处不'中正',才能称之为'大本';无时

王阳明说,天理是不偏不倚的,就像纤尘不染的明镜一样,所以叫"中"。如果沉迷于美色、财富,就是有所偏倚了。

无刻不'平和',才能称作'达道'。只有天下最真诚的人,才能确立天下的大本。"

陆澄说:"我还没有明白'中'字的含义。"

先生说:"'中'就是天理。这必须用自己的本心才能领会,并非言语能够阐释清楚的。"

陆澄问:"什么是天理?"

先生说:"剔除私欲,就能认识天理。"

陆澄问:"为什么把天理叫作'中'呢?"

先生说:"因为它不偏不倚。"

陆澄说:"不偏不倚是怎样的一种状态呢?"

先生说:"可以比作一面明镜,一尘不染,通体透彻。"

陆澄说:"那么偏倚就是有所玷污了,比如说好色、追逐名利,我们可以看得出来。但是如果在感情未发,而追逐名利等特点还没有表现出来的时候,我们怎么才可以知道他是有所偏倚的呢?"

先生说:"虽然没有表现,但平日好色、好名、好利的念头是存在的。有了这些念头,就不能说他是没有偏倚。比如说患有疟疾的人,即使在不会发作的时候,病根也还不曾被根除,那么就不能说他没有病。所以必须把平时好色、好名、好利的心思彻底清除,不剩丝毫,此心才是至精至纯的,合乎天理,才称得上是喜、怒、哀、乐未发时的中正,这才是天下的大本。"

六十

【原文】

问:"'颜子没而圣学亡'①,此语不能无疑。"

先生曰:"见圣道之全者惟颜子,观'喟然一叹'可见。其谓'夫子循循然善诱人,博我以文,约我以礼',是见破后如此说。博文、约礼如何是善诱人?学者须思之。道之全体,圣人亦难以语人,须是学者自修自悟。颜子'虽欲从之,末由也已',即文王'望道未见'意。望道未见乃是真见。颜子没而圣学之正派遂不尽传矣。"

【注释】

①颜子没而圣学亡:语出《阳明全书·送甘泉序》。颜子,姓颜名回,字子渊。春秋鲁国人,孔子最得意的学生。

【译文】

陆澄问:"先生说'颜回死了之后孔子的学说就逐渐衰落',这句话让人听后觉得惊疑。"

先生说:"孔子的门徒当中完全领悟了他的学说的人

王阳明说,道的全貌需要人自己领悟,只有颜回做到了这点。

只有颜回，从颜回的"喟然一叹"可以看出来。'孔夫子循循善诱，用渊博的知识教导我，用合乎礼节的思想来约束我'是在他彻底领悟之后这样说的。渊博的知识、合乎的礼节怎么能够善于引导人呢？学者应当深思。圣道的全部，圣人也很难用语言向别人表达，必须学者亲自修养领悟。颜回说'虽然我想追求天理，但是一直没有找到路径'，也就是周文王所说'远远望着却没有真正见到'的意思。'望道未见'才是真正的领悟了天理。所以随着颜回的死，正宗的孔子学说就没有完全流传下来。"

六十一

【原文】

问："身之主为心，心之灵明是知，知之发动是意，意之所着为物。是如此否？"

先生曰："亦是。"

【译文】

陆澄问："身的主宰是心，心的灵明是认识，认识的起因是意念，意念的载体是事物。这么说对吗？"

先生说："可以这么说。"

身之主为心，心之灵明是知，知之发动是意，意之所着为物。

六十二

【原文】

"只存得此心常见在，便是学。过去未来事，思之何益？徒放心耳！"

"言语无序，亦足以见心之不存。"

【译文】

先生说："学习就是时时存养本心。过去和未来的事情，想了有什么用？徒然丧失了本心而已！"

先生说："讲起话来语无伦次，也能够看出他并没有存养本心。"

六十三

【原文】

尚谦①问孟子之"不动心"与告子异。

先生曰："告子是硬把捉着此心，要他不动；孟子却是集义到自然不动。"

又曰："心之本体，原自不动。心之本体即是性，性即是理。性元不动，理元不动。集义是复其心之本体。"

【注释】

① 尚谦：薛侃，字尚谦，号中离，广东揭阳人，王阳明的弟子。

【译文】

尚谦向先生请教孟子和告子所认为的"不动心"有什么差别。

先生说："告子的观点是人为地把持着心，让它不动；而孟子的观点是把道义集中到心中，使它自然不动。"

先生又说："心的本体本来就是不动的。因为心的本体是性，性就是理。人的性原本是不动的，理也是原本不动的。所以聚集道义只不过是恢复人心的本体。"

六十四

【原文】

"万象森然时，亦冲漠无朕；冲漠无朕，即万象森然。冲漠无朕①者，'一'之父；万象森然者，'精'之母。'一'中有'精'，'精'中有'一'。"

"心外无物，如吾心发一念孝亲，即孝亲便是物。"

【注释】

① 冲漠无朕：是一种寂然无我的境界。

【译文】

先生说："万事万物呈现在心中的时候，就是寂然无我；而当达到了寂然无我的境界时，万事万物也会呈现在心中。冲漠无朕是'惟一'的父亲；万象森然是'惟精'的母亲。'惟精'中有'惟一'，'惟一'中有'惟精'。"

先生说："心外无物，就好像我的心中产生了孝敬父母的意念，那么孝敬父母就是事物。"

王阳明说，惟一与惟精是互通的，而寂然无我与万象毕陈就像是惟一与惟精的父母一样。

六十五

【原文】

先生曰："今为吾所谓格物之学者，尚多流于口耳。况为口耳之学者，能反于此乎？天理人欲，其精微必时时用力省察克治，方日渐有见。如今一说话之间，虽口讲天理，不知心中倏忽之间已有多少私欲！盖有窃发而不知者，虽用力察之尚不易见，况徒口讲而可得尽知乎？今只管讲天理来顿放著不循，讲人欲来顿放著不去，岂格物致知之学？后世之学，其极至只做得个'义袭而取'①的功夫。"

【注释】

① 义袭而取：语出《孟子·公孙丑上》"是集义所生者，非义袭而取之也"。

【译文】

先生说："现在跟我一样做格物学说的人，大多数还停留在口耳相传上。更何况那些只喜欢空谈的人，难道能够与此相反吗？必须时刻反省，学习克制，才能在存天理去人欲等精微之处渐渐有所收获。现在人们说话的时候，虽然口里在谈论着天理，却不知在那时刻已有多少私欲在心中萌生出来了！潜滋暗长的私欲，就算是用功体察也很难发现，认识，何况光是在嘴上说说，怎么能够得以完全认识呢？现在只知道用嘴讲天理而不懂得去遵循，谈论私欲又不加以克制，这难道是所谓格物致知的学说吗？后世的学问，顶多只能算是个'用偶尔符合天理的行为赢得好名声'的功夫罢了。"

王阳明批评学者只喜欢满嘴空谈，做学问停留在口耳相传之上，心中却满是财富、名位这些私欲。

六十六

【原文】

问格物。
先生曰："格者，正也，正其不正以归于正也。"
问："'知止'者，知至善只在吾心，元不在外也，而后志定。"
曰："然。"

【译文】

陆澄请教有关格物的学说。
先生说："格，就是纠正。纠正不正确的使它归于正确。"
陆澄问："'知止'，就是明白至善原本不在心之外，而只存在于我们心中，而后志向才能安定。"
先生说："是的。"

六十七

【原文】

问："格物于动处用功否？"
先生曰："格物无间动静，静亦物也。孟子谓'必有事焉'①，是动静皆有事。"

【注释】

① 必有事焉：语出《孟子·公孙丑上》"必有事焉而勿正，心勿忘，勿助长也"。这句话的意思是，

任何时候都一定要培养（浩然之气），不要有特定的目的，不要忘记、也不要违背客观规律去助长它。

【译文】

陆澄问："格物是指在有所行动的时候用功吗？"

先生说："格物没有动静之分，静的时候也是有事物存在的。孟子说'必有事焉'，就是说不管动静都要用功。"

六十八

【原文】

"功夫难处，全在格物致知上，此即诚意之事。意既诚，大段心亦自正，身亦自修。但正心、修身功夫亦各有用力处。修身是已发边，正心是未发边。心正则中，身修则和。"

【译文】

先生说："最难的功夫就是格物致知，这也就是之所以必须意诚的原因。意念真诚，基本上心就能自然中正，身自然也能得到修养。但是正心、修身的功夫也各有侧重点。修身是在感情发出之后，正心则是在感情未发之时。心正就是中正，修身就是平和。"

六十九

【原文】

"自'格物''致知'至'平天下'①，只是一个'明明德'。虽'亲民'亦'明德'事也。'明德'是此心之德，即是仁。'仁者以天地万物为一体'，使有一物失所，便是吾仁有未尽处。"

【注释】

①'格物''致知'至'平天下'：语出《大学》，王阳明认为《大学》中的八条目即格物、致知、诚意、正心、修身、齐家、治国、平天下，都可归结为"明明德"，与程朱理学的解释不同。

【译文】

先生说："从'格物''致知'到'平天下'，都是'明明德'。'亲民'也是'明明德'的事情。'明德'也就是本心的善，就是仁爱。'仁者以天地万物为一体'，假使对一件事物感觉到失去，也就说明心中的

王阳明认为，君子修身，从"格物"到"平天下"，其实就是在修养心中的善，也就是修养仁爱之心。

仁德还有不完善的地方。"

七十

【原文】

"只说'明明德'而不说'亲民',便似老、佛。"

【译文】

先生说:"只谈论'明明德'而不兼论'亲民'的事,就会类似佛道两家的学说。"

七十一

【原文】

"至善者性也,性元无一毫之恶,故曰至善。止之,是复其本然而已。"

【译文】

先生说:"至善是人的本性,本性原本是没有丝毫恶的,所以叫作至善。止至善,就是恢复天性之本然而已。"

七十二

【原文】

问:"知至善即吾性,吾性具吾心,吾心乃至善所止之地,则不为向时之纷然外求而志定矣。定则不扰而静,静而不妄动则安,安则一心一意只在此处,千思万想务求必得此至善,是能虑而得矣。①如此说是否?"

先生曰:"大略亦是。"

【注释】

① 这段话是用王阳明的观点解释《大学》中的几句话:"知止而后有定,定而后能静,静而后能安,安而后能虑,虑而后能得。"

王阳明认为,人的至善是要从自己心中求取的。

【译文】

陆澄问:"至善是人的本性,人的本性包含在人的心中,人的本心是至善所在的地方,所以不需要胡乱地去心外找寻志向的安定。志向安定,心就不会纷纷扰扰,平静且不乱动就能够心安,心安就能一心一意专注于至善。'虑而后能得'就是一定要费尽心思寻求到至善。这样说对吗？"

先生说："大概是这样的。"

七十三

【原文】

问："程子云：'仁者以天地万物为一体。'何墨氏兼爱①，反不得谓之仁？"

先生曰："此亦甚难言，须是诸君自体认出来始得。仁是造化生生不息之理，虽弥漫周遍，无处不是，然其流行发生亦只有个渐，所以生生不息。如冬至一阳生，必自一阳生而后渐渐至于六阳②；若无一阳之生，岂有六阳？阴亦然。惟有渐，所以便有个发端处；惟其有个发端处，所以生；惟其生，所以不息。譬之木，其始抽芽，便是木之生意发端处，抽芽然后发干，发干然后生枝生叶，然后是生生不息。若无芽，何以有干有枝叶？能抽芽，必是下面有个根在。有根方生，无根便死。无根何从抽芽？父子、兄弟之爱，便是人心生意发端处，如木之抽芽，自此而仁民，而爱物，便是发干生枝生叶。墨氏兼爱无差等，将自家父子、兄弟与途人一般看，便自没了发端处。不抽芽，便知得他无根，便不是生生不息，安得谓之仁？孝弟为仁之本，却是仁理从里面发生出来。"

【注释】

① 墨氏兼爱：墨翟（约公元前468~公元前376），春秋战国之际思想家，墨家学派的创始人，后世称为墨子。鲁国人，曾为宋国大夫。兼爱是墨子政治思想和伦理思想的核心，以为天下之所以有众暴寡、强凌弱的现象，根源在于人们不能兼相爱，提倡天下人相爱互利，反对儒家的亲亲主张。② 渐渐至于六阳：汉代易学家孟喜用《周易》中六阳卦分别代表夏历十一月至第二年四月，用六阴卦分别代表夏历五月至十月，显示阴阳的消长，决定四季寒暑的变化。

【译文】

陆澄问："程颐先生说：'仁爱的人把天地万物和自己融为一体，视为一个整体。'那为什么墨子主张兼爱，却不被认为是仁爱呢？"

先生说："一言难尽。你们必须自己去体会才能够明白的。仁爱是孕育万事万物生生不息的天理，尽管它存在于天地之间，无所不在，但它的运行也有个循序渐进的过程，才会生生不息。比如冬至的时候一阳初生，一定是会慢慢地从一阳发展变化到六阳。如果没有一阳产生，怎么会有六阳呢？阴也是这样。只因为它是一个渐变的过程，所以就会有个发端点；因为有了这个发端点，才会有生命；有生命才会生生不息。好比树木，萌芽就是树木生命的开端，之后长出树干，树干长出后再生出枝条和叶子，生

● 王阳明强调仁爱是生生不息、无所不在的。

生不息。没有萌芽这个开端,哪来树干、枝叶?而能够长出树芽来,就一定是下面一个树根在支撑。没有根就会死掉,有树根才能生长。父子、兄弟之间的爱,就是人心意念的发端,就像是树木的芽。有了这个才会仁爱百姓,爱惜万物,好比生发出来的枝条和叶子。墨子的兼爱学说,没有区别'爱',将自己的父子、兄弟、路人等同看待,这就是没有了发端。由此可以看出他的兼爱是没有根据的,不能够生生不息地流传,这样怎么能称得上是仁爱呢?仁理就是从孝顺父亲、尊重兄长这个仁爱的根本中生发出来的。"

七十四

【原文】

问:"延平云,'当理而无私心'。① '当理'与'无私心',如何分别?"

先生曰:"心即理也。无私心即是当理,未当理便是私心。若析心与理言之,恐亦未善。"

又问:"释氏于世间一切情欲之私都不染着,似无私心;但外弃人伦,却似未当理。"

曰:"亦只是一统事,都只是成就他一个私己的心。"

王阳明认为,心就是理,佛家抛弃人伦,其实是为了成全自己的私心,是不合天理的。

【注释】

① 当理而无私心:李侗语,语出《延平答问》。指既合天理又没有私心。

【译文】

陆澄问:"延平先生说,'合乎天理又没有私心'。那么,怎么区别这个合乎天理和没有私心呢?"

先生说:"心就是理。没有私心就是符合天理,不符合天理就是有私心。如果将心和理分开来讲,是不妥当的。"

陆澄又问:"佛家不沾染人世间的一切私欲,看上去像没有私心。但是佛家把人伦也抛弃了,这好像又不符合天理了。"

先生说:"佛家和世人其实是一回事,都是为了成全他自己的私心而已。"

薛侃录

一

【原文】

侃问:"持志如心痛,一心在痛上,安有工夫说闲话、管闲事?"

先生曰："初学功夫如此用亦好，但要使知'出入无时，莫知其向'，心之神明原是如此，功夫方有着落。若只死死守着，恐于功夫上又发病。"

【译文】

薛侃问："秉持志向的时候好像犯了心痛，一心只在痛上面，哪还有时间去说其他闲话、管其他闲事呢？"

先生说："初学下功夫时用这样的方法也好，但是自己要明白心灵的神明原本就是'出入本没有什么固定的时间，也就不知道它的去向'，只有这样才能让所下的功夫有着落。如果只是死死坚守志向，恐怕会在下功夫上出差错。"

二

【原文】

侃问："专涵养而不务讲求，将认欲作理，则如之何？"

先生曰："人须是知学。讲求亦只是涵养，不讲求只是涵养之志不切。"

曰："何谓知学？"

曰："且道为何而学，学个甚？"

曰："尝闻先生教，学是学存天理。心之本体即是天理，体认天理只要自心地无私意。"

曰："如此则只须克去私意便是，又愁甚理欲不明？"

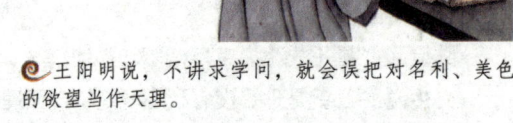

王阳明说，不讲求学问，就会误把对名利、美色的欲望当作天理。

曰："正恐这些私意认不真。"

曰："总是志未切。志切，目视、耳听皆在此，安有认不真的道理？'是非之心，人皆有之'①，不假外求。讲求亦只是体当自心所见，不成去心外别有个见！"

【注释】

①是非之心，人皆有之：语出《孟子·公孙丑上》"恻隐之心，仁之端也；善恶之心，义之端也；辞让之心，礼之端也；是非之心，智之端也。人之有是四端也，犹其有四体也"。

【译文】

薛侃问："专注于德行的涵养而不讲求学问上的研究，如果把私欲认作天理，那怎么办呢？"

先生说："人必须先懂得学习。讲习求学也是为了德行的涵养，而不讲习求学只因为存养天性的志向不坚定。"

薛侃说："怎么样算是知道学习？"

先生说："你姑且谈一谈为什么要学习？又该学习些什么？"

薛侃说："曾经听先生教诲，学习就是学习存天理。心的本体就是天理，所以只要自己的内心没有私念，就能体察认识天理。"

先生说："这样的话只要克制自己把私欲去除就够了，还担心什么不明白天理、私欲呢？"

薛侃说："害怕的正是认不清这些私欲。"

先生说："这还是志向不够坚定。如果志向坚定的话，眼睛、耳朵只会集中在这上面，哪会有认不清私欲的道理？'是非之心，人皆有之'，不需从外面去寻求。讲习求学也只是体察自己的内心所见到的东西，难不成还可以去心外另寻他见？"

三

【原文】

先生问在坐之友："比来功夫何似？"

一友举虚明意思①。先生曰："此是说光景。"

一友叙今昔异同。先生曰："此是说效验。"

二友惘然，请是。

先生曰："吾辈今日用功，只是要为善之心真切。此心真切，见善即迁，有过即改②，方是真切功夫。如此，则人欲日消，天理日有。若只管求光景、说效验，却是助长外驰病痛，不是功夫。"

王阳明说，我们在自身涵养上下的功夫，是为了让求善之心变得真切，求善之心变得真切了，天理自然就日渐明朗了。

【注释】

①虚明意思：由静坐而产生的超觉体验，恍若海市蜃楼，故曰"光景"。②见善即迁，有过即改：语出《周易·益卦》"君子以见善则迁，有过则改"。

【译文】

先生问在座的朋友们："近来功夫如何？"

一个朋友说了一些自己因为静坐而产生的幻觉。先生说："你这说的是些呈现在表面的现象而已。"

一位朋友讲述了现在和过去的异同。先生说："你这说的是做功夫的效果。"

两位朋友不解，向先生请教。

先生说："我们现在下功夫只是为了让善心更加真切。这个求善的心真切，见了善就要自然会靠近，有了错误会马上改正，这才达到了真切的功夫。如此下来私欲便会逐日不见，天理也就日益明朗。如果只管寻求表面现象和效果，反倒是助长了向外寻天理的弊端，并非达到真正的功夫。"

四

【原文】

朋友观书，多有摘议晦庵者。

先生曰:"是有心求异,即不是。吾说与晦庵时有不同者,为入门下手处有毫厘千里①之分,不得不辩。然吾之心与晦庵之心未尝异也。若其余文义解得明当处,如何动得一字?"

【注释】

① 毫厘千里:语出《论语·经解》:"《易》曰:'君子慎始,差若毫厘,谬以千里。'"

【译文】

朋友们看书的时候,会有经常指责和批评朱熹的人。

先生说:"如果是刻意表现出不同,这是不对的。我的学说和朱熹常有不同,是因为在入门功夫上有差别,所以不能不辩论清楚。然而,我和朱熹未曾有过不同的心。就拿朱熹解释文义来说,清晰明确的地方,怎么能有一个字被我改动呢?"

王阳明认为朋友看书时有意将他与朱熹的内心区别来看,这是不对的。实际上,他与朱熹两人的内心是相同的。

五

【原文】

希渊①问:"圣人可学而至,然伯夷、伊尹于孔子才力终不同,其同谓之圣者安在?"

先生曰:"圣人之所以为圣,只是其心纯乎天理而无人欲之杂,犹精金之所以为精,但以其成色足而无铜铅之杂也。人到纯乎天理方是圣,金到足色方是精。然圣人之才力亦有大小不同,犹金之分两有轻重。尧舜犹万镒②。文王孔子犹九千镒,禹、汤、武王犹七八千镒,伯夷、伊尹犹四五千镒。才力不同而纯乎天理则同,皆可谓之圣人,犹分两虽不同,而足色则同,皆可谓之精金。以五千镒者而入于万镒之中,其足色同也;以夷、尹而厕之尧、孔之间,其纯乎天理同也。盖所以为精金者,在足色而不在分两;所以为圣者,在纯乎天理而不在才力也。故虽凡人,而肯为学,使此心纯乎天理,则亦可为圣人,犹一两之金,比之万镒,分两虽悬绝,而其到足色处可以无愧。故曰'人皆可以为尧舜'③者以此。学者学圣人,不过是去人欲而存天理耳,犹炼金而求其足色。金之成色,所争不多,则煅炼之功省,而

王阳明说,伯夷、伊尹、孔子虽然才能不一样,但是都有一颗纯然合乎天理而没有丝毫人欲掺杂其中的心,所以都可以算是圣人。

功易成，成色愈下则煅炼愈难。人之气质清浊粹驳，有中人以上、中人以下，其于道有生知安行、学知利行，其下者必须人一己百、人十己千④，及其成功则一。

"后世不知作圣之本是纯乎天理，专去知识才能上求圣人，以为圣人无所不知，无所不能，我须是将圣人许多知识才能逐一理会始得。故不务去天理上看功夫，徒弊精竭力，从册子上钻研、名物上考索、形迹上此拟。知识愈广而人欲愈滋，才力愈多而天理愈蔽。正如见人有万镒精金，不务煅炼成色，求无愧于彼之精纯，而乃妄希分两，务同彼之万镒，锡铅铜铁杂然而投，分两愈增而成色愈下，既其梢末，无复有金矣。"

时曰仁在旁，曰："先生此喻，足以破世儒支离之惑，大有功于后学。"

先生又曰："吾辈用功，只求日减，不求日增。减得一分人欲，便是复得一分天理，何等轻快脱洒，何等简易！"

【注释】

① 希渊：蔡宗兖，字希渊，号我斋，山阴（今浙江绍兴）人，王阳明的得意弟子。② 镒：古代重量单位，一镒合二十两，一说为二十四两。③ 人皆可以为尧舜：语出《孟子·告子下》："曹交问曰：'人皆可以为尧、舜，有诸？'孟子曰：'然。'"④ 人一己百、人十己千：语出《中庸》："人一能之，己百之；人十能之，己千之。果能此道矣，虽愚必明，虽柔必强。"

【译文】

蔡希渊问："圣人的境界通过学习固然能够达到，但是伯夷、伊尹和孔子比较起来，他们的才能是有所不同的，但孟子统称他们为圣人，这是为什么呢？"

先生说："圣人能够叫作圣人，是因为他们有一颗纯然合乎天理而没有丝毫人欲掺杂其中的心。就像纯金之所以是纯金，也只是因为它没有掺杂任何铜、铅等杂质，成色很足。人纯然合乎天理才是圣人，成色饱足的金才是纯金。圣人的才力有大小之分就好比金的分量有轻重。尧、舜就好比是万镒的纯金，文王、孔子好比是九千镒，禹、汤、武王像七八千镒的纯金，伯夷、伊尹则像四五千镒的纯金。他们的心都是同样纯然合乎天理的，虽然才力不尽相同，也都可以算作是圣人。就好像是金，只要成色十足，即使分量不同，也都可以算作纯金了。把五千镒的纯金溶入万镒的纯金里面，成色还是一样的；把伯夷、伊尹安置在唐尧、孔子当中，他们的心都同样合乎天理。所以纯金的界定，是因为成色而非分量；圣人的界定，也是因为他们的心合乎天理而非因为他们的才智。因此，即便是普通人，只要愿意做学问，让他们的心纯然合乎天理，是同样能够成为圣人的。就像是一两重的金子，相比于万镒重的金子，虽然分量相差很远，但在成色上，是不会有差的。因此，孟子才说'人皆可以为尧舜'。学者学习圣人，不过是去人欲、存天理罢了，好比炼金求成色充足。金的成色相差不多的时候，就可以省下许多功夫，炼成纯金比较容易。成色越差，冶炼也就

王阳明批评世人只懂得求取知识，而不在寻求天理上下功夫，以为这样就能达到圣人的境界。

越难。人的气质也会有清有浊,有中等以上、中等以下的差别,对于圣道,有的人生来就知道并且自然就能去实践,有的人则需通过学习才知道并实践,这样的人,就必须用别人百倍的努力,等到最后,取得的成就还是一样的。

"后世的人只专门在知识、才能上努力学习做圣人,认为圣人是无所不知,无所不能的,自己只需要把圣人的知识才能一一学会就行了,哪里知道做圣人的根本在于让心合乎天理?他们不从天理上下功夫,而是费尽精力钻研书本、考寻名物、推理形迹。这样,知识越渊博的人私欲越是滋长,才能越高,天理反而越被遮蔽。这就像看见别人拥有万镒的纯金,自己只妄想在分量上赶超别人,把锡、铅、铜、铁等杂质都掺杂进金子里去,却不肯冶炼自己的成色。虽然增加了分量,成色却更加低下,到最后,有的就不是真金了。"

这时在一旁的徐爱说道:"先生的这个比喻,足以解决世儒们学问支离破碎的困惑,对学生们大有裨益。"

先生又说:"我们用功,只求日减,不求日增。能减去一份私欲,就会得到一份天理,这样是多么轻快洒脱,多么简单啊!"

六

【原文】

士德^①问曰:"格物之说,如先生所教,明白简易,人人见得。文公^②聪明绝世,于此反有未审,何也?"

先生曰:"文公精神气魄人,是他早年合下便要继往开来,故一向只就考索著述上用功。若先切己自修,自然不暇及此。到得德盛后,果忧道之不明。如孔子退修六籍,删繁就简,开示来学,亦大段不费甚考索。文公早岁便著许多书,晚年方悔是倒做了。"

士德曰:"晚年之悔,如谓'向来定本之悟',又谓'虽读得书,何益于吾事',又谓'此与守书籍,泥言语,全无交涉'^③,是他到此方悔从前用功之错,方去切己自修矣。"

曰:"然。此是文公不可及处。他力量大,一悔便转。可惜不久即去世,平日许多错处皆不及改正。"

朱熹早年一直在考据著述上下功夫,到了老年才悔悟,发现格物应该从自身天性的修养开始。

【注释】

① 士德:杨骥,字士德,王阳明的学生。② 文公:朱熹死后谥"文",故称。③ "向来定来之误"句、"虽读得书"句、"此与守书籍"句:均出自《朱子晚年定论》中所录朱熹强调内心觉悟的书信。

【译文】

杨骥问:"按照先生教导的,格物的学说简易明了,人人都能学得到。而朱熹先生聪明盖世,反而没有弄明白格物的学说,这是何故?"

先生说:"朱熹先生的精神气魄宏伟,早年就已经下定决心要继往开来,所以一直只在考据著书上用功。如果他早年先在自己身上认真修养,自然就没有时间去考据著书了。等到德行很高时,他果然担心儒道不行。就学习孔子,删述《六经》,去繁就简,启示后世学者,也就无须费工夫去考证了。早年朱熹写了许多书,晚年才悔悟,这是颠倒了功夫。"

杨骥说:"朱熹晚年的悔悟,就像他说的'最初确定根本的错误',他又说'虽读了很多书,对于我又有什么好处呢',又说'这和死死守住书本,拘泥于言语,完全没有任何关系',到了这个时候他才开始悔悟从前的功夫用错了,应当从自身修养天性开始。"

先生说:"对。这就是朱熹同别人不同的地方。他气魄大,一旦悔悟就能够马上扭转过来。可惜不久他就去世了,一些错误的地方都没来得及改正。"

七

【原文】

侃去花间草,因曰:"天地间何善难培,恶难去?"

先生曰:"未培未去耳。"少间,曰:"此等看善恶,皆从躯壳起念,便会错。"

侃未达。

曰:"天地生意,花草一般。何曾有善恶之分?子欲观花,则以花为善,以草为恶。如欲用草时,复以草为善矣。此等善恶,皆由汝心好恶所生,故知是错。"

王阳明说,天地间一团生气,就像花和草一样,是没有善恶之分的。我们对善恶的区分,都是根据自身的喜好做出来的。

曰:"然则无善无恶①乎?"

曰:"无善无恶者理之静,有善有恶者气之动。不动于气即无善无恶,是谓至善。"

曰:"佛氏亦无善无恶,何以异?"

曰:"佛氏著在无善无恶上,便一切都不管,不可以治天下。圣人无善无恶,只是'无有作好','无有作恶',不动于气。然'遵王之道','会其有极',②便自一循天理,便有个裁成辅相③。"

曰:"草既非恶,即草不宜去矣。"

曰:"如此却是佛、老意见。草若是碍,何妨汝去?"

曰:"如此又是作好作恶。"

曰:"不作好恶,非是全无好恶,却是无知觉的人。谓之不作者,只是好恶一循于理,不去又着一分意思。如此,即是不曾好恶一般。"

曰:"去草如何是一循于理,不看意思?"

曰:"草有妨碍,理亦宜去,去之而已;偶未即去,亦不累心。若着了一分意思,即心体便有贻累,便有许多动气处。"

王阳明说，佛教执着于无善无恶，别的就全都置之不理，所以不能治理天下；圣人所说的无善无恶，是说不刻意为善，也不刻意为恶。

曰："然则善恶全不在物？"

曰"只在汝心。循理便是善，动气便是恶。"

曰："毕竟物无善恶？"

曰："在心如此，在物亦然。世儒惟不知此，舍心逐物，将格物之学看错了，终日驰求于外，只做得个'义袭而取'，终身行不著，习不察。"

曰："'如好好色，如恶恶臭'，则如何？"

曰："此正是一循于理，是天理合如此，本无私意作好作恶。"

曰："如好好色，如恶恶臭。安得非意？"

曰："却是诚意，不是私意。诚意只是循天理。虽是循天理，亦看不得一分意。故有所忿、好乐，则不得其正。须是廓然大公，方是心之本体。知此，即知未发之中。"

伯生④曰："先生云：'草有妨碍，理亦宜去。'缘何又是躯壳起念？"

曰："此须汝心自体当。汝要去草，是甚么心？周茂叔⑤窗前草不除，是什么心？"

【注释】

① 无善无恶：语出《坛经·行由第一》："惠能云：'不思善，不思恶。正与应时，那个是明上座本来面目。'"② "无有作好"等句：语出《尚书·洪范》。无有作好、无有作恶，意为没有自私的好恶。遵王之道，意为遵行王道、公道。会其有极，意为会归于法度、准则。③ 裁成辅相：语出《周易·泰卦·象传》。裁成，意为剪裁成适用的样子。辅相，意为辅助、帮助。④ 伯生：孟源，字伯生，王阳明弟子。⑤ 周茂叔：周敦颐（1017~1073），字茂叔，湖南道州营道（今道县）人。宋明理学创始人，程颐的教师。

【译文】

薛侃在锄花间杂草时，顺势问道："为什么天地间的善很难栽培，恶很难除去呢？"

先生说："因为人们还没有去培养善或者除去恶。"过了一会儿，先生又说："像你这样从表面上去看待善恶，就会出错。"薛侃没有理解。

先生又说："天地中一团生气，就像花草的生长，何曾有什么善恶之分？你想要赏花，便把花当作善，把花间的草作为恶。但是当你需要草的时候，你又会反过来把草当作善。这样的善恶之分，都是由你心中的喜好或讨厌生发出来的。所以说是错误的。"

薛侃说："这样说来，善恶之间没有分别了吗？"

先生说："无善无恶是天理的静止状态，而有善有恶是气的动态产生的。不因气而动，自然无善无恶了，这就是至善。"

薛侃说："佛教也有无善无恶的说法，与先生所说有何区别呢？"

先生说："佛教执着于无善无恶，便其余一切都置之不理，所以不能够治理天下。圣人讲的无善无恶，只是不刻意为善，不刻意为恶，不为气所动。这样，'遵循王道'，自然会归于法度天理。也就自然能'裁成天地之道，辅助天地之宜'。"

薛侃说："既然草并不是恶，那么就不应该把草去掉了。"

先生说："这样又是佛、道两家的主张了。既然草成了障碍，把它除掉又何妨呢？"

薛侃说："这样不又是在为善为恶了吗？"

先生说："不从私欲上为善为恶，并非全无好恶的区分，若是全无好恶之分，岂不成了没有知觉的人了？所谓不刻意为善为恶，只是说好恶须要遵循天理，不夹杂丝毫私心杂念。这样，就和不曾有好恶一样了。"

薛侃说："除草时怎样才能遵循天理，不带私欲呢？"

先生说："草对你有妨碍，依照天理就应当除去，除去就是；偶尔有没有及时除去的，也勿记挂心中。如果你有了一分记挂，心就会为它所累，便会有许多为气所动的地方了。"

薛侃说："那么善恶全然不在事物之上了？"

先生说："善恶只存在于你心中。遵循天理就是善，动气就是恶。"

薛侃说："那么事物到底有没有善恶之分？"

先生说："在心上是如此，在物也是如此。后世儒生们往往不明白这个道理，而舍弃本心去追求心外之物，把格物的学问搞错了，成天在心外寻求，最终只能做到'义袭而取'，终身'行不著，习不察'。"

薛侃说："那么'如好好色，如恶恶臭'这句话，应当如何理解呢？"

先生说："这正是一直遵循天理，天理本该如此，它本来没有私意去为善为恶。"

薛侃说："但是喜好美色，厌恶恶臭，怎会没有私意在其中呢？"

先生说："这是诚意，而非私欲。诚意只是遵循天理。虽然遵循天理，也不能掺杂丝毫私欲。因此，有一丝怨愤或喜乐，心就不能保持中正平和。豁然无私，才是心的本体。明白了这个，就明白'未发之中'了。"

孟源说："先生说：'草对你有妨碍，依照天理就应当除去。'为什么说这是从表面上产生的私念呢？"

先生说："这需要你自己的心去体会。你想除掉草，是什么心思？周敦颐不拔掉窗前的草，又是怀着什么心思？"

八

【原文】

先生谓学者曰："为学须得个头脑，功夫方有着落。纵未能无间，如舟之有舵，一提便醒。不然，虽从事于学，只做个'义袭而取'，只是'行不著，习不察'，非大本、达道也。"

又曰："见得时，横说竖说皆是。若于此处通，彼处不通，只是未见得。"

【译文】

先生对学生说："做学问一定要有个宗旨，这样学问才有着落。虽然在其间不可能没有间断，但就像船有了舵，一提便明白了。不然的话，虽然是在做学问，也只能做个'义袭而取'，只会'行不著，习不察'，并非学习的主干大道。"

先生又说："有了宗旨，不管怎样说都是正确的。如果只是这里明白了，别处又不明白，那只是因为没有宗旨。"

九

【原文】

或问："为学以亲故，不免业举之累。"

先生曰："以亲之故而业举为累于学，则治田以养其亲者，亦有累于学乎？先正云：'惟患夺志。'①但恐为学之志不真切耳。"

【注释】

① 惟患夺志：程颐语，语出《河南程氏外书》"故科举之事，不患妨功，惟患夺志"。意为不怕科举耽误、妨碍学习，只怕因科举丧失了为学的志向。

王阳明说，为了父母而参加科举考试，并不会妨碍学习，怕就怕学习的志向不坚定。

【译文】

有人问："做学问只是为了父母的缘故，难免会被科举拖累。"

先生说："为了父母参加科举考试会妨碍学习，那么，为了侍奉父母去种田，也会妨碍学习。程颐先生说：'惟患夺志。'怕只怕学习的志向不够坚定。"

十

【原文】

崇一①问："寻常意思多忙，有事固忙，无事亦忙，何也？"

先生曰："天地气机，元无一息之停。然有个主宰，故不先不后，不急不缓，虽千变万化而主宰常定，人得此而生。若主宰定时，与天运一般不息，虽酬酢万变，常是从容自在，所谓'天君泰然，百体从令'②。若无主宰，便只是这气奔放，如何不忙？"

【注释】

① 崇一：欧阳德（1495~1554），字崇一，号南野，江西泰和人，王阳明的弟子。② 天君泰然，百体从令：

王阳明说，天地间的气息，本来就是从不停歇的，之所以不忙乱，是因为有主宰。人心也需要有主宰，不然就算没事也会忙乱。

语出宋代范浚《香溪集》。

【译文】

欧阳崇一问:"平时里大多情况下思想意念都很忙乱,有事的时候固然会忙,但是没事的时候也忙,这是为什么呢?"

先生说:"天地间的气息,原来就没有一刻停止过。但它有一个主宰,即使千变万化,也会不先不后,不急不缓,因为主宰是恒定不变的。人就凭着这个主宰生存。如果人的主宰安定,即使像天地一样运行不止,日理万机,也能常常保持从容自在,所谓'天君泰然,百体从令'。如果没有主宰,便会任由气奔腾放纵,怎么能不忙乱呢?"

十一

【原文】

先生曰:"为学大病在好名。"

侃曰:"从前岁自谓此病已轻,此来精察,乃知全未。岂必务外为人?只闻誉而喜,闻毁而闷,即是此病发来。"

曰:"最是。名与实对,务实之心重一分,则务名之心轻一分;全是务实之心,即全无务名之心。若务实之心如饥之求食、渴之求饮,安得更有功夫好名!"

又曰:"'疾没世而名不称'①,'称'字去声读,亦'声闻过情,君子耻之'②之意。实不称名,生犹可补,没则无及矣。'四十五十而无闻'③,是不闻道,非无声闻也。孔子云:'是闻也,非达也。'④安肯以此忘人!"

【注释】

①疾没世而名不称:语出《论语·卫灵公》:"子曰:'君子疾没世而名不称焉。'"此句有二解,一为,到去世时名字不为人称道,君子引以为憾;二为,到去世时名声与自己的实际不相符,君子引以为憾。王阳明从第二种解释。②声闻过情,君子耻之:语出《孟子·离娄下》:"故声闻过情,君子耻之。"意为盛名之下,其实难副,君子以此为耻。③四十五十而无闻:语出《论语·子罕》。④是闻也,非达也:语出《论语·颜渊》。意为是有名声,而不是有作为。

【译文】

先生说:"治学最大的弊病是好名。"

薛侃说:"从去年以来,我自以为我的这个毛病已经有所减轻,但近来仔细体会观察,才知道完全不是这样。难道好名只是想从别人那求得好的名声吗?只要听到赞誉便欣喜,听到诋毁便郁郁不乐,也是因为有好名的毛病。"

先生说:"正是这样。名和实相互对应,多一分务实

王阳明说,人有了务实之心,就像饿了找食物,渴了找水一样,就不会有心思去追求名声了。

的心，就会少一分求名的心；心全在务实上，便没有求名的心思了。我们知道饿了会到处寻找食物，渴了会找水，如果务实的心也是如此，哪里还有时间去好名？"

先生又说："孔子所说的'疾没世而名不称'，'称'应该读第四声，就是'名声超过了实情，君子感到羞耻'的意思。现实和名声不符，在活着的时候还能够挽回，死了就再也不行了。'四十五十而无闻'中的'闻'是没有听闻道，而不是没有名声。孔子说：'是闻也，非达也。'他怎么会凭名气来看待别人呢？"

十二

【原文】

侃多悔。

先生曰："悔悟是去病之药，然以改之为贵。若留滞于中，则又因药发病。"

【译文】

薛侃时常会事后后悔。

先生说："悔悟是去除毛病的良药，但能让人有错便改才是它的效用之所在。如果仅仅将悔恨留滞在心里，就会因为用药而添病。"

十三

【原文】

德章①曰："闻先生以精金喻圣，以分两喻圣人之分量，以锻炼喻学者之功，最为深切。惟谓尧、舜为万镒，孔子为九千镒，疑未安。"

先生曰："此又是躯壳上起念，故替圣人争分两。若不从躯壳上起念，即尧、舜万镒不为多，孔子九千镒不为少。尧、舜万镒只是孔子的，孔子九千镒只是尧、舜的，原无彼我。所以谓之圣，只论'精一'，不论多寡。只要此心纯乎天理处同，便同谓之圣。若是力量气魄，如何尽同得？后儒只在分两上较量，所以流入功利。若除去了比较分两的心，各人尽着自己力量精神，只在此心纯天理上用功，即人人自有，个个圆成，便能大以成大，小以成小，不假外慕，无不具足②。此便是实实落落明善诚身的事。

"后儒不明圣学，不知就自己心地良知良能③上体认扩充，却去求知其所不知，求能其所不能，一味只是希高慕大，不知自己是桀、纣心地，动辄要做尧、舜事业，如何做得？终年碌碌，至于老死，竟不知成就了个什么，可哀也已！"

【注释】

①德章：姓刘，王阳明的学生。②具足：佛教名词，指佛教比丘和比丘尼所受戒律，与沙弥和沙弥尼所受十介戒相比，戒品具足，故称具足戒。这里是完备的意思。③良知良能：语出《孟子·尽心上》："孟子曰：'人之所以不学而能者，其良能也；所不虑而知者，其良知也。'"

【译文】

德章说:"我听先生曾用纯金来比喻圣人,而以金的分量比喻圣人才力的大小,金的提炼比喻学者所下的修养功夫,很是深刻准确。只是您说尧、舜好比万镒重的金子,而只把孔子比作九千镒的金子,可能不太恰当。"

先生说:"你之所以会为圣人们争分量,是因为只在表面形式上着想了。如果不是从表面上着想,那么把尧、舜比作万镒的纯金不会觉得多,而把孔子比作九千镒的纯金也不觉得少。尧、舜的万镒也是孔子的,孔子的九千镒也是尧、舜的,原本没有你我之别。把他们称为圣人,是只考虑他们的质是否达到了'精一'的境界,而不在于他们才力的大小。只要他们的心同样合乎天理,便一样把他们叫作圣人。谈到才智气魄,怎么可能会全然相同呢?后世儒生们只懂得在才力的大小上斤斤计较,所以才会陷入功利的泥潭当中。如果能够把这种计较才能大小的私心去除掉,各人只尽自己所能在存天理这方面下功夫,就会人人自然有所成就,功德圆满,能力大的人做出大成就,能力小的就做出小成就,不需要凭借外力就能完美纯粹。这就是实实在在、明善诚身的事情。

王阳明说,人们不懂得扩充自己本心的知识和能力,而去追求自己没有的知识和能力,就像计较纯金的分量,而看不到纯金的本质一样。

"后世儒生们不懂得圣人的学说,不知道扩充自己本心的知识和能力,以此追求那些没有认识的事情和不具备的能力,一味好高骛远,爱慕虚荣,不知道自己的心是桀纣的心,怎么能动不动就要去做尧舜的事业?自到终老死去,也只是终年碌碌无为,不知道究竟得了什么成就,真是可悲呀!"

十四

【原文】

侃问:"先儒以心之静为体,心之动为用,如何?"

先生曰:"心不可以动静为体用。动静,时也。即体而言用在体,即用而言体在用,是谓'体用一源'。若说静可以见其体,动可以见其用,却不妨。"

【译文】

薛侃问:"先代儒生们认为静是心的本体,动是心的应用,这话对吗?"

王阳明说,心的本体和应用在本源上是一样的,动和静只是表示心所处的不同时间罢了。

先生说:"心不能够把动静当作它的本体和应用。动静只是在时间方面来说的,只是暂时的。就本体而言,用在体;就作用而言,体在用。这就是所谓的'体用一源'。倘若说静时能够见到心的本体,动时能够见到心的作用,却也无妨。"

十五

【原文】

问:"上智、下愚,如何不可移①?"

先生曰:"不是不可移,只是不肯移。"

【注释】

①上智、下愚,不可移:语出《论语·阳货》:"子曰:'唯上智与下愚不移。'"一般认为孔子所说的不移是不可移。

【译文】

薛侃问:"智慧和笨愚,为什么不能改变?"

先生说:"不是不可改变,只是不愿意改变而已。"

十六

【原文】

问"子夏门人问交"①章。

先生曰:"子夏是言小子之交,子张②是言成人之交。若善用之,亦俱是。"

【注释】

①子夏门人问交:语出《论语·子张》。子夏,姓卜,名商,字子夏,春秋时晋国人,孔子的弟子。②子张:姓颛孙,名师,春秋时陈国阳城人,孔子的弟子。

王阳明说,孩子之间有好坏之分,大人之间好坏都能容纳。

【译文】

薛侃请教先生"子夏门人问交"一章。

先生说:"子夏说的是孩童间的交往,子张说的是大人间的交往。如果懂得应用,他们都是正确的。"

十七

【原文】

子仁①问:"'学而时习之,不亦说乎?'②先儒以学为'效先觉之所为'③,如何?"

先生曰:"'学'是学去人欲、存天理。从事于去人欲、存天理,则自正诸先觉,考诸古训,自下许多问辨、思索、存省、克治功夫。然不过欲去此心之人欲、存吾心之天理耳。若曰'效先觉之所为',则只说得学中一件事,亦似专求诸外了。'时习'

者,'坐如尸',非专习坐也,坐时习此心也;'立如斋',非专习立也,立时习此心也。'说'是'理义之说我心'之'说',人心本自说理义,如目本说色,耳本说声。惟为人欲所蔽所累,始有不说。今人欲日去,则理义日洽浃。安得不说?"

【注释】

① 子仁:冯恩,字子仁,号南江,王阳明的弟子。② 学而时习之,不亦说乎:语出《论语·学而》。③ 效先觉之所为:语出朱熹《论语集注》"学之为言效也。人性皆善,而觉有先后。后觉者必效先觉之所为,乃可以明善而复其初也"。

【译文】

子仁问:"'学而时习之,不亦说乎'里的'学',朱熹认为是'效仿先觉的行为',他这种说法对吗?"

先生说:"'学'是指学习去人欲、存天理。一直在去人欲、存天理,那么自然会求正于先觉,考求于古训,自然会努力同辨、思考、存养、克制。然而终究也只是去人欲、存天理的功夫罢了。如果只说是'效法先觉者的行为',就只说到了学习中的一件事,似乎是专门在心之外求取了。'时习'时'坐如尸',并非专门练习端坐,而是说在端坐的时候修养身心;'立如斋',也并非专门练习站立,而是在站立的时候去学着修习自己的心。'说'是'理义之说我心'中的'说',是我心高兴的意思。人心原本就会因学习天理而高兴,就像是眼睛喜欢颜色,耳朵喜欢声音一样。只是因为私欲牵累了本心,才会不因天理而愉快。现在私欲一天天地去除,天理就会一天天滋养人心,怎么会不高兴呢?"

十八

【原文】

国英①问:"曾子三省②虽切。恐是未闻一贯③时功夫?"

先生曰:"一贯是夫子见曾子未得用功之要,故告之。学者果能忠恕上用功,岂不是一贯?'一'如树之根本,'贯'如树之枝叶。未种根,何枝叶之可得?体用一源,体未立,用安从生?谓'曾子于其用处,盖已随事精察而力行之。但未知其体之一'。此恐未尽。"

【注释】

① 国英:姓陈,名桀,字国英,福建莆田人,王阳明的学生。② 三省:语出《论语·学而》:"曾子曰:'吾日三省吾身:为人谋而不忠乎?与朋友交而不信乎?传不习乎?'"曾子,即曾参,字子舆,鲁国人,孔子的得意弟子,孔子学说出色的传承人。③ 一贯:即一以贯之。语出《论语·里仁》。

【译文】

国英问:"曾子'吾日三省吾身',虽然真切,但恐怕他还没有到'一以贯之'的境界。"

先生说:"孔子见曾子还没有领会到用功的要领,所以才告诉他'一以贯之'的道理。学者要是真能在忠恕上用功,岂不就是'一以贯之'吗?'一'就像是树的根,'贯'就像是树的枝叶。没有树根,枝叶从哪里来?体和用同源,不存在体的时候,用从何而来?'朱熹说'曾子运用心,已经可以精确体察事情并且付诸实践了,只是他还不知道心的本体和作用是一体的'。这样说可能不全面吧。"

十九

【原文】

黄诚甫①问"汝与回也,孰愈"②章。

先生曰:"子贡③多学而识,在闻见上用功,颜子在心地上用功,故圣人问以启之。而子贡所对又只在知见上,故圣人叹惜之,非许之也。"

☯子贡只在学识上,而不在内心里下功夫,所以孔子对他感到叹惜。

【注释】

①黄诚甫:名宗贤,字诚甫,号致斋,宁波人,王阳明的学生。②汝与回也,孰愈:语出《论语·公冶长》。③子贡:姓端木,名赐,字子贡,亦作子赣,春秋卫国人,孔子的弟子。能言善辩,长于经商。

【译文】

黄诚甫向先生请教"汝与回也,孰愈"这一章。

先生说:"子贡知识渊博,把功夫用在见闻上。颜回在内心里下功夫,所以孔子用这一问题来启发他。但是子贡只在知识见闻上作了回答,所以孔子对此表示叹惜,而不是称赞他。"

二十

【原文】

"颜子不迁怒,不贰过①,亦是有'未发之中'始能。"

【注释】

①颜子不迁怒,不贰过:语出《论语·雍也》。意为颜回不迁怒于别人,同样的错误不会犯两次。

【译文】

先生说:"颜回不迁怒于别人,不会两次犯同样的错,也只有'未发之中'的人能做到这样。"

二十一

【原文】

"种树者必培其根,种德者必养其心。欲树之长,必于始生时删其繁枝;欲德之盛,必于始学时去夫外好。如外好诗文,则精神日渐漏泄在诗文上去。凡百外好皆然。"

又曰:"我此论学,是无中生有的功夫。诸公须要信得及,只是立志。学者一念为善之志，如树之种，但勿助勿忘，只管培植将去，自然日夜滋长，生气日完，枝叶日茂。树初生时，便抽繁枝，亦须刊落，然后根干能大。初学时亦然，故立志贵专一。"

【译文】

先生说："种树的人定会先栽培树根，培养德行的人定会先存养心性。想让树长高，一定会在开始的时候修剪掉多余的树枝；想让品德高尚，一定会在初学的时候除去对外物的爱好。比如爱好诗文，那么精神就会逐渐倾注到诗文上去。其余的爱好也都是这样。"

先生接着说："我这次讲学，讲的是无中生有的功夫。你们如果要相信，首先就要立志。学者的一点行善的念头，就好比种树，不拔苗助长，也不要把它忘记，只管去培育它，生长可任由它，这样自然会生机勃勃，枝叶也会日渐茂盛。树木刚开始生长的时候发出来的多余的枝，必须修剪，这样树的根和干才能粗壮。刚开始治学的时候也是这样，所以贵在立志专一。"

二十二

【原文】

因论先生之门，某人在涵养上用功，某人在识见上用功。

先生曰："专涵养者，日见其不足；专识见者，日见其有余。日不足者日有余矣，日有余者日不足矣。"

【译文】

谈及先生的弟子，发现某人把功力下在修养身心上，某人则在知识见闻上用功。

先生说："专于身心修养的，会每天都看到自己的不足；专在知识见闻上用功的，会一天比一天觉得自己懂的东西多到有余。每天觉得自己不足的人，最终会一天比一天提高。而每天感到自己知识有余的人，会一天比一天不足。"

王阳明说，做学问要在身心修养上，而不是在知识见闻上下功夫，每天都要看到自己的不足，而不是自以为懂得很多。

二十三

【原文】

梁日孚①问："居敬、穷理是两事②，先生以为一事，何如？"

先生曰："天地间只有此一事，安有两事？若论万殊，'礼仪三百，威仪三千'③，又何止两？公且道居敬是如何？穷理是如何？"

曰："居敬是存养功夫，穷理是穷事物之理。"

曰："存养个甚？"

曰："是存养此心之天理。"

曰："如此，亦只是穷理矣。"

曰："且道如何穷事物之理？"

曰："如事亲便要穷孝之理，事君便要穷忠之理。"

曰："忠与孝之理在君、亲身上？在自己心上？若在自己心上，亦只是穷此心之理矣。且道如何是敬？"

曰："只是主一。"

曰："如何是主一？"

曰："如读书，便一心在读书上，接事，便一心在接事上。"

曰："如此，则饮酒便一心在饮酒上，好色便一心在好色上，却是逐物，成甚居敬功夫！"

日孚请问。

王阳明说，主一是一心一意在天理上，而不是在某一件事物上。一心读书与一心喝酒一样，都是把心放在了一件事物上了。

曰："一者，天理。主一是一心在天理上。若只知主一，不知一即是理，有事时便是逐物，无事时便是着空。惟其有事无事，一心皆在天理上用功，所以居敬亦即是穷理。就穷理专一处说，便谓之居敬；就居敬精密处说，便谓之穷理。却不是居敬了，别有个心穷理，穷理时，别有个心居敬。名虽不同，功夫只是一事。就如《易》言'敬以直内，义以方外'④。敬即是无事时义，义即是有事时敬，两句合说一件。如孔子言'修己以敬'，即不须言义。孟子言'集义'，即不须言敬。会得时，横说竖说，功夫总是一般。若泥文逐句，不识本领，即支离决裂，功夫都无下落。"

问："穷理何以即是尽性？"

曰："心之体，性也，性即理也。穷仁之理，真要仁极仁；穷义之理，真要义极义。仁、义只是吾性。故穷理即是尽性。如孟子说'充其恻隐之心，至仁不可胜用'，这便是穷理功夫。"

日孚曰："先儒谓'一草一木亦皆有理，不可不察'，何如？"

先生曰："'夫我则不暇。'公且先去理会自己性情，须能尽人之性，然后能尽物之性。"

日孚悚然有悟。

【注释】

①梁日孚：梁焯，字日孚，广东南海人。王阳明的弟子。②居敬：居心恭敬；穷理，通晓事物之理。③礼仪三百，威仪三千：语出《中庸》"礼仪三百，威仪三千，待其人而后行"。④敬以直内，义以方外：意为内心恭敬而正直，待人接物则要行为合乎正义。语出《周易·坤卦·文言》。

【译文】

梁日孚问："程朱学派把'居敬'与'穷理'当作两回事，而先生却把它们看成一件事，这是为什么呢？"

先生说:"天地间仅仅就只有一件事,怎么会有两件事?如果谈到事物的千差万别,那么'礼仪三百,威仪三千',又何止这两件事?你暂且说说认为的居敬是什么?穷理是什么?"

梁日孚说:"居敬是存养内心的功夫,穷理是穷尽事物的道理。"

先生说:"存养什么?"

梁日孚说:"存养自己心中的天理。"

先生说:"这样的话,也只是穷理罢了。"

先生接着说:"再谈一谈如何去穷尽事物的道理?"

梁日孚说:"例如,侍奉父母,就要穷尽孝道,供奉国君,就要穷尽忠的道理。"

先生说:"是在国君、父母的身上有忠和孝的道理,还是在自己的心里?如果是在自己心里,那也只是要穷尽这种忠孝之心的道理。你再谈谈什么是敬吧。"

梁日孚说:"敬,就是主一。"

先生问:"什么是主一呢?"

梁日孚说:"例如,读书便专心在读书上,碰到事情就便一心在处理事情上。"

先生说:"照这种说法,喝酒便一心在喝酒上,好色就一心在好色上,也是所谓主一了。但这些只是在追逐物欲,算什么居敬的功夫呢?"

梁日孚向先生请教如何做到主一。

先生说:"我们所说的一就是天理,主一即一心一意在天理上。如果只知道主一,却不知道一就是天理,那么碰到事情就会追逐物欲,没有事情就会着意于虚空。只有全心都在天理之上下功夫,不管有没有碰到事情,这样居敬也是穷理。就穷理的专一而言,穷理就是居敬;就居敬的精密而言,居敬就是穷理。并非居敬后,又有一个心去穷理,穷理时,又有一个心去居敬。名称虽然不同,功夫其实像《易经》中说的'敬以直内,义以方外',都只是一回事。无事时敬就是义,有事时义就是敬,说的是同一回事。正如孔子所说'修己以敬',就不必再说义了;孟子说'集义',就不必再说敬了。体会到了这个以后,横说竖说,功夫都是一样的。如果执着于文句,不了解根本,只会弄得支离破碎,使功夫都没有着落。"

梁日孚问:"为什么穷理就是尽性呢?"

先生说:"天性是心的本体,天性就是理。穷尽仁的道理,直到仁成为至仁;穷尽义的道理,直到义成为至义。仁与义,都是天性,所以穷理就是尽性。正如孟子所说'充其恻隐之心,至仁不可胜用',就是穷理的功夫。"

梁日孚说:"先儒说'一草一木亦皆有理,不可不察',这句话怎么样?"

先生说:"孔子说'夫我则不暇'。您姑且先去修养自己的品性情操,只需穷尽了人之本性,然后就能够穷尽万物的本性。"

梁日孚因此警醒而有所感悟。

二十四

【原文】

惟乾问:"知如何是心之本体?"

先生曰："知是理之灵处。就其主宰处说便谓之心，就其禀赋处说便谓之性。孩提之童，无不知爱其亲，无不知敬其兄①，只是这个灵能不为私欲遮隔，充拓得尽，便完完是他本体，便与天地合德。自圣人以下，不能无蔽，故须格物以致其知。"

【注释】

① 孩提：指儿童。

【译文】

惟乾问："为什么知是心的本体？"

先生说："知是天理的灵妙之处。就它的主宰处来说，叫作心，从它的先天禀赋来说，叫作性。儿童还是小孩的时候，都懂得爱自己的父母、尊敬自己的兄长。只要这种天性不因为私欲而隔断，得到充分发挥，便完完全全是心的本体，就和天理合德了。圣人之下的普通人，没有不被私欲所蒙蔽的，所以需要格物来获取知识。"

二十五

【原文】

守衡问："大学功夫只是诚意，诚意功夫只是格物，修、齐、治、平，只诚意尽矣，又有正心之功，'有所忿懥好乐，则不得其正'，何也？"

先生曰："此要自思得之。知此则知未发之中矣。"

守衡再三请。

曰："为学功夫有浅深，初时若不着实用意去好善恶恶，如何能为善去恶？这着实用意便是诚意。然不知心之本体原无一物，一向着意去好善恶恶，便又多了这分意思，便不是廓然大公。《书》所谓'无有作好作恶'，方是本体。所以说'有所忿懥好乐，则不得其正'。正心只是诚意功夫里面体当自家心体，常要鉴空衡平①，这便是未发之中。"

【注释】

① 鉴空衡平：语出朱熹《大学或问》"人之一心，湛然虚明，如鉴之空，如衡之平，以为一身之主者，固其真体之本然"。鉴，镜子。衡，秤杆。此语以镜之空、秤之平比喻心体的清明中正。

【译文】

守衡问："《大学》中的功夫讲的是诚意，而诚意的功夫是格物，修身、齐家、治国、平天下，诚意到达就足够了。可是《大学》中又还有正心的功夫，说'如果有愤恨喜乐，心就不能中正'，这是为什么？"

先生说："这需要你自己思考才能明白。知道了

王阳明说，正心就是要从诚意工夫上体察内心，使之像镜子一样空明，像秤杆一样平衡。

这个你就懂得未发之中了。"

守衡再三地请教先生。

先生说："治学的功夫有深浅的区别，开头如果不用心去好善憎恶，如何能做到为善除恶呢？这里的用心就是诚意。但是如果不明白心的本体原本就是纯净无物的，一直执着地去刻意好善憎恶，便又会多了一份执着刻意，便不是廓然大公了。《尚书》中说'不故意去伪善作恶'，才是心的本体。所以说，'有所忿懥好乐，心就不能中正'。正心就是要经常使心像镜子一样空明，像秤杆一样平衡，从诚意功夫上体察它。这便是未发之中了。"

二十六

【原文】

正之①问曰："戒惧是己所不知时功夫，慎独是己所独知时功夫，此说如何？"

先生曰："只是一个功夫，无事时固是独知，有事时亦是独知。人若不知于此独知之地用力，只在人所共知处用功，便是作伪，便是'见君子而后厌然'②。此独知处便是诚的萌芽。此处不论善念恶念，更无虚假，一是百是，一错百错。正是王霸、义利、诚伪、善恶界头。于此一立立定，便是端本澄源，便是立诚。古人许多诚身的功夫，精神命脉，

王阳明说，慎独和长怀戒惧之心一样，都是要学会独立思考。

全体只在此处，真是莫见莫显，无时无处，无终无始，只是此个功夫。今若又分戒惧为己所不知，即功夫便支离，亦有间断。既戒惧即是知。己若不知，是谁戒惧？如此见解，便要流入断灭禅定。"

曰："不论善念恶念，更无虚假，则独知之地，更无无念时邪？"

曰："戒惧亦是念。戒惧之念，无时可息。若戒惧之心稍有不存，不是昏聩，便已流入恶念。自朝至暮，自少至老，若要无念，即是己不知，此除是昏睡，除是槁木死灰。"

【注释】

① 正之：黄弘纲（1492~1561），字正之，号洛村，江西人，官至刑部主事，王阳明的学生。② 见君子而后厌然：意为见到君子后掩饰自己的恶行。语出《大学》："小人闲居为不善，无所不至，见君子而后厌然，掩其不善而著其善。"

【译文】

正之问："戒惧是自己不知晓时的功夫，慎独是自己一个人思考时的功夫，这种说法您怎么看？"

先生说："都只不过是一个功夫，没有遇到事情时固然是一个人知晓，遇到事情的时候也应当独立思考。人们如果只知道在人人都懂的地方用功，而不知道在应该独立思考的地方用功，便是做假，就好像是《大学》中所说的'见君子而后厌然'。在独立思考的地方下功夫便是诚意的萌芽。这

里没有一丝虚假的地方,不管是善念还是恶念,一对百对,一错百错。这就是王道与霸道、义与利、真诚与虚伪、善与恶的区别所在。能在此立住脚跟,便是正本清源,便是坚定诚意。古人许多诚身的功夫,精神命脉,全都只在这个地方,真是无处不显,无时不在,贯穿始终,只是这个功夫而已。现在又把'戒惧'分出来,认为是自己不知道的功夫,就会使功夫支离破碎,中间也会有断隔。如果自己并不知道,那是谁在戒惧呢?戒惧也是自己知道知的功夫。这类见解,会沦入佛教的断灭禅定中去。"

正之说:"不管善念恶念,都没有虚假,那么,自己独处时,就没有念的时候了吗?"

先生说:"戒惧也是念。戒惧的念头,从来不会停止,如果不存在戒惧的念头,人就会变得糊涂,就会被恶念侵袭。从早上到晚上,从年少到老时,若是没有意念,就相当于没有知觉。这样,不是在昏睡中,就是形同槁木,心如死灰。"

二十七

【原文】

志道①问:"荀子云'养心莫善于诚'②,先儒非之,何也?"

先生曰:"此亦未可便以为非。'诚'字有以功夫说者。诚是心之本体,求复其本体,便是思诚的功夫。明道说'以诚敬存之'③,亦是此意。《大学》:'欲正其心,先诚其意。'荀子之言固多病,然不可一例吹毛求疵。大凡看人言语,若先有个意见,便有过当处。'为富不仁'之言,孟子有取于阳虎④,此便见圣贤大公之心。"

王阳明说,诚是心的本体,想要恢复心的本体,就要在诚上下功夫。

【注释】

①志道:姓管,字登之,号东溟,江苏太仓人,王阳明门人耿定的弟子。②养心莫善于诚:意为养心最好的办法是思诚。语出《荀子·不苟》。③以诚敬存之:语出《河南程氏遗书》"学者须先识仁。仁者浑然与物同体,义礼知信,皆仁也。识得此理,以诚敬存之而已。不须防检,不须穷索"。④孟子有取于阳虎:指孟子在谈话中引用阳虎的话。语出《孟子·滕文公上》"阳虎曰:'为富不仁矣,为仁不富矣。'"阳虎,春秋晚期鲁国人,正卿季氏的家臣,曾挟持季氏专政鲁国,后因失败而流亡。

【译文】

志道问:"荀子说'养心莫善于诚',程颐先生否定了他的说法,为什么呢?"

先生说:"也不能就认为这句话是错的。'诚'字有从功夫上来说的。诚是心的本体,想要恢复心的本体,就是思诚的功夫。程颢先生说:'以诚敬养之',也是这个意思。《大学》中也有'欲正其心,先诚其意'。荀子的话虽然有很多毛病,但也不能对他一味地吹毛求疵。如果看待别人的学说,事先有偏见存在,就会有不妥的地方。'为富不仁'这句话,是孟子引用的阳虎的原话,可见圣贤大公的心。"

二十八

【原文】

萧惠①问："己私难克，奈何？"

先生曰："将汝己私来替汝克②。"

又曰："人须有为己之心，方能克己，能克己，方能成己。"

萧惠曰："惠亦颇有为己之心，不知缘何不能克己？"

先生曰："且说汝有为己之心是如何？"

惠良久曰："惠亦一心要做好人，便自谓颇有为己之心。今思之，看来亦只是为得个躯壳的己，不曾为个真己。"

先生曰："真己何曾离着躯壳？恐汝连那躯壳的己也不曾为。且道汝所谓躯壳的己，岂不是耳、目、口、鼻、四肢？"

惠曰："正是为此。目便要色，耳便要声，口便要味，四肢便要逸乐，所以不能克。"

先生曰："'美色令人目盲，美声令人耳聋，美味令人口爽，驰骋田猎令人发狂。'③这都是害汝耳、目、口、鼻、四肢的，岂得是为汝耳、目、口、鼻、四肢？若为着耳、目、口、鼻、四肢时，便须思量耳如何听，目如何视，口如何言，四肢如何动。必须非礼勿视、听、言、动④，方才成得个耳、目、口、鼻、四肢，这个才是为著耳、目、口、鼻、四肢。汝今终日向外驰求，为名、为利，这都是为着躯壳外面的物事。汝若为着耳、目、口、鼻、四肢，要非礼勿视、听、言、动时，岂是汝之耳、目、口、鼻、四肢自能勿视、听、言、动？须由汝心。这视、听、言、动皆是汝心。汝心之动发窍于目，汝心之听发窍于耳，汝心之言发窍于口，汝心之动发窍于四肢。若无汝心，便无耳、目、口、鼻、四肢。所谓汝心，亦不专是那一团血肉。若是那一团血肉，如今已死的人，那一团血肉还在，缘何不能视、听、言、动？所谓汝心，却是那能视、听、言、动的，这个便是性，便是天理。有这个性，才能生这性之生理，便谓之仁。这性之生理，发在目便会视，发在耳便会听，发在口便会言，发在四肢便会动，都只是那天理发生，以其主宰一身，故谓之心。这心之本体，原只是个天理，原无非礼。这个便是汝之真己，这个真己是躯壳的主宰。若无真己，便无躯壳。真是有之即生，无之即死。汝若真为那个躯壳的己，必须用着这个真己，便须常常保守着这个真己的本体，戒慎不睹，恐惧不闻，惟恐亏损了他一些。才有一毫非礼萌动，便如刀割，如针刺，忍耐不过，必须去了刀，拔了针。这才是有为己之心，方能克己。汝今正是认贼作子，缘何却说有为己之心不能克己？"

【注释】

① 萧惠：王阳明的弟子，生平不详。② 替汝克：据《景德传灯录》记载，禅宗二祖神光师从达摩老祖之初，曾对达摩说："我心未安，请师安心。"达摩说："将心来，与汝安。"③ "美色令人目盲"四句：语出《老子》"五色令人目盲，五音令人耳聋，五味令人口爽，驰骋畋猎令人发狂"。意为过度的感官享受有损人的健康。爽，败坏，在此指味觉有失误。④ 非礼勿视、听、言、动：语出《论语·颜渊》："子曰：'非礼勿视，非礼勿听，非礼勿言，非礼勿动。'"

【译文】

萧惠问:"自己的私欲难以除去,该拿它怎么办?"

先生说:"说出你的私欲来,我帮你把它除去。"接着说:"人需有为自己考虑的心才能够克制自己,能够克制自己,才能让自己有所成就。"

萧惠说:"我也很有为自己着想的心,但是不知为何总是不能克制自己,除去私欲?"

先生说:"暂且说说你的为自己着想的心是什么样的?"

萧惠过了很久才说:"我一心想要成为好人,就自以为很有为自己着想的心。现在看来,我并非为真正的自己着想,而只是为自己的空躯壳着想。"

先生说:"真正的自己何时会离开人的躯壳?恐怕你为自己的躯壳都不曾着想过。你所说的自己的躯壳,岂不就是指耳朵、眼睛、嘴巴、鼻子、四肢吗?"

萧惠说:"正是这些。眼睛需要美色,耳朵需要声音,嘴巴需要美味,四肢需要安逸,这些私欲无法克制。"

先生说:"美色会让人眼睛盲目,美声会使人耳朵发聋,美味会败坏人的口味,骑马狩猎则会使人发狂。这些都是损害你的耳目口鼻和四肢的,哪里是为了它们着想?如果真是为耳目口鼻和四肢着想,就应该考虑耳朵该怎么听,眼睛该怎么看,嘴巴该吃什么,四肢该怎么运动。必须'非礼勿视,非礼勿听,非礼勿言,非礼勿动',才能满足耳目口鼻和四肢的需要,才真正是为了自己的耳目口鼻和四肢着想。如今,你成天向外去寻求名、利,这些只是为了你躯体外面的东西。如果你只是为了耳目口鼻和四肢,便不看、不听、不说、不做违背礼仪的事情,难道你的耳目口鼻和四肢会自动不看、不听、不说、不做吗?必须是你的心决定。你的心用眼睛看,用耳朵听,用嘴巴说,用四肢运动而已。如果没有你的心,也就没有你的耳目口鼻和四肢。但是你的心,也不单指身体里的那一团血肉。如果单单是指那一团血肉,死去的人也还有那一团血肉在,为何他们却不能看、听、说、动呢?你的心,指的是那颗能指挥你看、听、说、动的心,就是天性,也就是天理。有了这个性,才有了这性生生不息的道理,也就是仁。这性的生生之理,在眼睛上表现出来就是看,在耳朵上表现出来就是听,在嘴巴上表现就是说,在四肢上表现就是运动,这些都只不过是天理发生作用。因为天理主宰着全部的身体,所以叫作心。这心的本体,原本只是一个天理,原本就不会违背天理。这就是你的真实的自己,这个真实的自己是躯壳的主宰。如果没有真正的自己,躯体也不存在。有了真实的自己就有了生命,没有真实的自己就会死掉。你如果真的为了自己的躯壳,就必须用这个真正的自己,时时刻刻都坚守这个自己的本体。做到戒慎于不视,恐惧于不闻,害怕对这个真我的本体有一丝损伤。违背礼仪的意念稍有萌动,就会像刀割针刺,自己不能忍受。必须去了刀、拔了针,这样才算是有为自己着想的心,才能克制私欲。你现在正是认贼为子,为什么要说成是有了替自己着想的心,却不能够克制自己呢?"

美色令人目盲,美声令人耳聋,美味令人口爽,驰骋田猎令人发狂。

二十九

【原文】

有一学者病目，戚戚甚忧，先生曰："尔乃贵目贱心。"

【译文】

有一个学者患了眼病，忧虑难当，先生说："你这是珍视眼睛，轻视本心。"

三十

【原文】

萧惠好仙、释。

先生警之曰："吾亦自幼笃志二氏，自谓既有所得，谓儒者为不足学。其后居夷三载，见得圣人之学若是其简易广大，始自叹悔错用了三十年气力。大抵二氏之学，其妙与圣人只有毫厘之间。汝今所学，乃其土苴，辄自信自好若此，真鸱鸮窃腐鼠耳。"

惠请问二氏之妙。

先生曰："向汝说圣人之学简易广大，汝却不问我悟的，只问我悔的。"

惠惭谢，请问圣人之学。

先生曰："汝今只是了人事问，待汝辨个真要求为圣人的心，来与汝说。"

惠再三请。

先生曰："已与汝一句道尽，汝尚自不会！"

王阳明说，佛、道两家的精妙之处与圣人之学的毫厘之差，就在于圣人之学的简易广大。

【译文】

萧惠喜好道教和佛教。

先生告诫他说："我也自幼深信在佛、道两教的学说，自以为颇有收获，觉得儒家学说根本就不值得学习。但在后来我在贵州的龙场待了三年，发现孔子的学问是如此的简易博大，这个时候才开始感叹，后悔枉花了自己三十年的功夫和时间。大致上来说，佛道两家的精妙之处和圣人的学说只有毫厘之差。你现在学习到的不过是佛道两家的糟粕，就已经自信、自我欣赏到这种地步，有点像猫头鹰逮到了一只腐鼠一样。"

萧惠便向先生请教佛道两家的精华所在。

先生说："我刚跟你说了，圣人的学说简易广大，你却不问我领悟到的圣学，只问我觉得后悔的部分。"

萧惠惭愧地道了歉，并且再请教圣人的学说。

先生说："你现在只是为了敷衍了事才问我的，等你真正有了求圣的心的时候，我再来告诉你。"

萧惠又再三请教先生。

先生说："已经用一句话全都告诉过你了，你自己还不明白！"

三十一

【原文】

刘观时①问："'未发之中'是如何？"

先生曰："汝但戒慎不睹，恐惧不闻，养得此心纯是天理，便自然见。"

观时请略示气象。

先生曰："哑子吃苦瓜，与你说不得。你要知此苦，还须你自吃。"

时曰仁在傍，曰："如此才是真知，即是行矣。"

一时在座诸友皆有省。

【注释】

① 刘观时：湖南常德人，王阳明的弟子。

王阳明告诉刘观时，天理就像哑巴吃苦瓜，没法说出来，别人要知道，就得自己去吃。徐爱解释说，真正的认识在于实践，大家就都懂了。

【译文】

刘观时问："'未发之中'指的是什么？"

先生说："你只要戒慎不睹，恐惧不闻，存养本心纯然为天理，就自然能领会到。"

刘观时请先生大概讲一下"未发之中"的表象。

先生说："哑巴吃苦瓜，跟你说不出。如果你想要品味这种苦味，还须你自己去吃才行。"

这时徐爱在旁边，说："真正的认识就是这样的，同时也是实践。"

顿时在座的人都有所领悟。

三十二

【原文】

萧惠问死生之道。

先生曰："知昼夜即知死生。"

问昼夜之道。

曰："知昼则知夜。"

曰："昼亦有所不知乎？"

先生曰："汝能知昼？懵懵而兴，蠢蠢而食，行不着，习不察，终日昏昏，只是梦昼。惟'息有养，瞬有存'①，此心惺惺明明，天理无一息间断，才是能知昼。这便是天德，便是通乎昼夜之道而知②，更有甚么死生？"

【注释】

①息有养，瞬有存：意为瞬息之间都不要间断存养的功夫。语出张载《张子全书》。②"通乎"句：意为通晓了昼夜阴阳的变化规律就会明白天地宇宙的运动规律。语出《易经·系辞上》。

【译文】

萧惠向先生请教生死的道理。

先生说："知道昼夜，就知道了生死。"

萧惠又请教昼夜的道理。

先生说："懂得了白天，就懂得了黑夜。"

萧惠说："还有人会不懂得白天吗？"

先生说："你能知道白昼吗？迷迷糊糊地起床，傻傻地吃饭，不明白为什么开始，习惯后也不知道为什么会是这样，全天的昏昏沉沉，只是像在做白日梦。只有时时不忘存养的功夫，使心变得清醒明白，天理也没有片刻的中断，才能算是知道白天了。这就是天理，就是通晓了白天夜晚的道理，还会有什么生死之事弄不明白的呢？"

王阳明说，只有时时不忘存养的功夫，使心变得清醒明白，天理也没有片刻的中断，才能算是知道白天了。知道了白天也就知道了夜晚。

三十三

【原文】

马子莘①问："'修道之教'，旧说谓圣人品节吾性之固有②，以为法于天下，若礼、乐、刑、政之属。此意如何？"

先生曰："道即性即命。本是完完全全，增减不得，不假修饰的。何须要圣人品节？却是不完全的物件。礼、乐、刑、政是治天下之法，固亦可谓之教，但不是子思本旨。若如先儒之说，下面由教入道的，缘何舍了圣人礼、乐、刑、政之教，别说出一段'戒慎恐惧'功夫？却是圣人之教为虚设矣。"

子莘请问。

先生曰："子思性、道、教皆从本原上说。天命于人，则命便谓之性；率性而行，则性便谓之道；修道而学，则道便谓之教。率性是'诚者'事。所谓'自诚明，谓之性'也。修道是'诚之者'事。所谓"自明诚，谓之教'③也。圣人率性而行即是道。圣人以下未能率性，于道未免有过不及，故须修道。修道则贤知者不得而过，愚不肖者不得而不及，都要循着这个道，则道便是个教。此'教'字与'天道至教'④'风雨霜露，无非教也'⑤之'教'同。'修道'字与'修道以仁'⑥同。人能修道，然后能不违于道，以复其性之本体，则亦是圣人率性之道矣。下面'戒慎恐惧'便是修道的功夫,'中和'便是复其性之本体。如《易》所谓'穷理尽性以至于命'⑦,'中和''位育',便是尽性至命。"

王阳明说,道就是性,教就是领悟圣道,也就是让人性合乎天道,实际上也是道。

【注释】

① 马子莘:马明衡,字子莘,福建莆田人,官至御史,王阳明的弟子。② "旧说"句:指朱熹对"修道之教"的解释。语出朱熹《中庸集注》:"修,品节之也。性道虽同,而气禀或异,故不能无过、不及之差。圣人因人物之所当行者而品节之,以为法于天下,则谓之教,若礼、乐、刑、政之属也。"品节之,按素质而加以评价,并规定什么是人应该做的。③ 自诚明,谓之性;自明诚,谓之教:意为由于天生具有道德觉悟而有道德认识,这是圣人本性所固有的,是尽心知性;由于有了道德认识而产生道德觉悟,是贤人受教化的结果,是存心养性。语出《中庸》:"自诚明,谓之性。自明诚,谓之教。诚则明矣,明则诚矣。"④ 天道至教:意为天道就是至高无上的教化。语出《礼记·礼器》:"天道圣教,圣人至德。"⑤ 风雨霜露,无非教也:意为天象的变化都是教化。语出《礼记·孔子闲居》。⑥ 修道以仁:意为修养道德要依靠仁。语出《中庸》。⑦ "穷理"句:意为《周易》可以穷究推理、通晓人性、渗透天命。语出《易经·说卦传》。

【译文】

马子莘问:"按着往日朱熹的说法,'修道之教',是圣人按照我们人性中固有的道做出评价和规定,以此让天下人效仿,就像礼、乐、刑、政等。这样认识对吗?"

先生说:"道就是性,就是命。原本就是完完整整,不能够有所增减,也无须修饰的。何需圣人来评价而节制?只有那些不完整的事物才需要评价和规定。礼、乐、刑、政是治理天下的法则,固然也可以叫作教,但并非子思所说的本意。按照朱熹先生的说法,那些中下资质的人通过教化领悟圣道,为何另外说出一段'戒慎恐惧'的功夫来,而舍弃了圣人的礼、乐、刑、政等教化?难道只是把圣人的教化当作一种摆设了吗?"

子莘继续向先生请教。

先生说:"子思的性、道、教都是从本质上说的。天命体现在人身上,那么命就叫作性;跟随着人性去行动,那么性就叫作道;修养圣道而去学习,那么道就叫作教。率性而为,是'诚意'的人做的事,就是《中庸》中所谓的'自明诚,谓之性'。修养圣道也是那些'诚意'的人的事,就是《中庸》中所谓的'自明诚,谓之教'。圣人按照自己的天性行动就是修养圣道。而普通人不能完全依照自己的天性行动,在圣道上未免会有过分或欠缺的地方,因此必须修养圣道。贤明的人修养圣道就不会做过分,才智愚钝的人也不会有欠缺。这里的圣道便是教的意思。这个'教'与'天道至教''风雨霜露,无非教也'中的'教'意思相同。'修道'与'修道以仁'中的'修道'也相同。人能修养圣道,而后不违背圣道,以恢复天性的本体,也就同于圣人遵照天性行动。后面所说'戒慎恐惧'就是修道的功夫,'中和'就是恢复天性的本体。正如《易经》所说'穷理尽性以至于命','中和''位育',就是尽性,充分发挥天性,全然照天命行事。"

三十四

【原文】

黄诚甫问:"先儒以孔子告颜渊为邦①之问,是立万世常行之道②,如何?"

先生曰:"颜子具体圣人,其于为邦的大本大原都已完备。夫子平日知之已深,到此都不必言,只就制度文为上说。此等处亦不可忽略。须要是如此方尽善。又不可因自己本领是当了,便于防范上疏阔,须是要'放郑声,远佞人'。盖颜子是个克己向里、德上用心的人,孔子恐其外面末节或有疏略,故就他不足处帮补说。若在他人,须告以'为政在人,取人以身,修身以道,修道以仁','达道','九经'及'诚身'许多功夫,方始做得。这个方是万世常行之道。不然只去行了夏时,乘了殷辂,服了周冕,作了《韶》《武》,天下便治得?后人但见颜子是孔门第一人,又问个为邦,便把做天大事看了。"

【注释】

① 孔子告颜渊为邦:典出《论语·卫灵公》:"颜渊问为邦。子曰:'行夏之时,乘殷之辂,服周之冕,乐则《韶》《武》。放郑声,远佞人,郑声淫,佞人殆。'"朱熹认为,孔子所言,是从先王之礼中总结出来的万世常行之道。② 万世常行之道:朱熹《论语集注》引程颐言"盖三代之制,皆因时损益。及其久也,不能无弊。周衰,圣人不作。故孔子斟酌先王之礼,立万世常行之道,发此以为之兆尔"。

【译文】

黄诚甫问:"朱熹把孔子教导颜回治国的方法当作是后代万世治国的根本原则,这个看法对吗?"

王阳明认为,孔子对颜回说的治国之道,只是根据颜回的实际情况,对颜回容易疏忽的地方加以补充而已。

先生说:"颜回领悟了孔子学说的大概,几乎具备了圣人的条件。他对治国的方针策略都已经掌握。平日里孔子对他了解很深,所以这些方面没有必要多说,只需在典章制度上谈一谈。因为这方面也不能忽略。必须讲到这些才能是算完善。不能因为自己的本领已经到了恰当的地方,便疏忽了防范克制,仍须'杜绝郑国的靡靡之音,远离奉承的小人'。颜回可能是一个在内心严于律己、注意在德行上用功的人,孔子只怕他忽略了外面的细枝末节,所以就在他容易疏忽的地方加以补充。如果是对其他人,孔子定会教他'为政在人,取人以道,修身以道,修道以仁','达道''九经'以及'诚身'等才能治理好国家。因为这些才是万代常行的治国原则。要不然只是去推行夏朝历法,乘坐商朝辂车,穿上周朝服饰,听了《韶》《武》等礼乐,天下怎么可能就会治理好?后人们只看到了颜回是孔子的第一门生,又问了个治国安邦的问题,便把孔子的这个回答当作天大的准则看待了。"

三十五

【原文】

蔡希渊问:"文公《大学》新本,先'格致'而后'诚意'功夫,似与首章次第相合。①若如先生从旧本之说,即'诚意'反在'格致'之前,于此尚未释然。"

先生曰:"《大学》功夫即是'明明德','明明德'只是个'诚意','诚意'的功夫只是'格物''致知'。若以'诚意'为主,去用'格物致知'的功夫,即功夫始有下落。即为善去恶,无非是'诚意'的事。如新本先去穷格事物之理,即茫茫荡荡,都无着落处,须用添个'敬'字,方才牵扯得向身心上来,然终是没根源。若须用添个'敬'字,缘何孔门倒将一个最紧要的字落了,直待千余年后要人来补出?正谓以'诚意'为主,即不须添'敬'字。所以提出个'诚意'来说,正是学问的大头脑处。于此不察,真所谓毫厘之差,千里之谬。大抵《中庸》功夫只是'诚身','诚身'之极便是'至诚';《大学》功夫只是'诚意','诚意'之极便是'至善'。功夫总是一般。今说这里补个'敬'字,那里补个'诚'字,未免画蛇添足。"

【注释】

①"《大学》新本"三句:朱熹所著《大学章句》中,"诚意"在"格物致知"之后。

【译文】

蔡希渊问:"朱熹修订的《大学》新本,将'格物致知'放在'诚意'功夫的前面,这似乎和《大学》第一章里的次序相符。但是先生遵从旧本的观点,反而将'诚意'放在'格物致知'的前面,所以,对于这点我还不完全理解。"

先生说:"《大学》的功夫就是'明明德','明明德'只是一个'诚意',而'诚意'的功夫也只是'格物'、'致知'。以'诚意'为中心,去下'格物致知'的功夫,这样功夫才会有着落。行善去恶也无非是'诚意'的功夫。如果像朱熹先生新本中所说,先去推究事物的道理,功夫就会茫茫荡荡,都没有落脚的地方,必须添加一个'敬'字,才能联系到身心上来,然而这始终是缺乏根源的。如果是需要添加一个'敬'字的,那么为什么孔子的门生们把这么一个关键的字遗漏了,直等到千年之后才让后人补充出来呢?这刚好可以说明'诚意'乃是根本,不需要添加什么'敬'字。提出一个'诚意'来说,才是学问的关键。如果这点没有了解透彻,就真的会差之毫厘,失之千里了。总的说来,《中庸》里讲的功夫就是'诚身','至诚'是'诚身'的最高境界;《大学》的功夫就是'诚意','诚意'的最高境界就是'至善'。这些功夫都是一样的。现在说这里需要加个'敬'字,那里需要补个'诚'字,就未免会画蛇添足。"

王阳明认为,《大学》里所说的做学问的功夫,就在于诚意,诚意达到了最高境界,就是至善了。

卷中

钱德洪序

【原文】

德洪曰：昔南元善①刻《传习录》于越，凡二册。下册摘录先师手书，凡八篇。其答徐成之②二书，吾师自谓："天下是朱非陆，论定既久，一旦反之为难，二书姑为调停两可之说，便人自思得之。"③故元善录为下册之首者，意亦以是欤！今朱、陆之辨明于天下久矣。洪刻先师《文录》，置二书于《外集》者，示未全也，故今不复录。

其余指知行之本体，莫详于答人论学④与答周道通、陆清伯、欧阳崇一四书。而谓格物为学者用力日可见之地，莫详于答罗整庵⑤一书。

德洪讲谈《传习录》的内容。

平生冒天下之非诋推陷，万死一生，遑遑然不忘讲学，惟恐吾人不闻斯道，流于功利机智，以日堕于夷狄禽兽，而不觉其一体同物之心，终身，至于毙而后已。此孔、孟以来贤圣苦心，虽门人子弗未足以慰其情也。是情也，莫详于答聂文蔚⑥之第一书。此皆仍元善所录之旧。而揭"必有事焉"即"致良知"功夫，明白简切，使人言下即得入手，此又莫详于答文蔚之第二书，故增录之。

元善当时汹汹，乃能以身明斯道，卒至遭奸被斥，油油然惟以此生得闻斯学为庆，而绝无有纤芥忿郁不平之气。斯录之刻，人见其有功于同志甚大，而不知其虎时之甚艰也。今所去取，裁之时义则然，非忍有所加损于其间也。

【注释】

①南元善（1487~1541）：名大吉，字元善，号瑞泉，陕西渭南人。官至户部郎中、知府，王阳明的学生，曾刊刻《传习录》。因支持王学被罢官后，归陕讲学，致力于王学的传播。②徐成之：人名，余不详。③"吾师自谓"两句：语出《王阳明全集》卷二十一《答徐成之》。南宋淳熙二年（1175），在信州（今江西上饶）鹅湖寺，朱熹与陆九渊进行了一次学术辩论，陆讥朱为支离，朱讥陆为空疏。朱陆门户之争历数百年，阳明之前，朱派一直占上风。④答人论学：即《答顾东桥

书》。顾东桥，字华玉，号东桥，江苏江宁人，进士，官至南京刑部尚书，王阳明友人。少有才，工诗文。⑤罗整庵：名钦顺，字允升，号整庵，江西泰和人，进士，官至南京吏部尚书，后辞官归家，潜心学问。早年笃信佛学，后崇举儒学，著有《困知记》等。⑥聂文蔚：名豹，字文蔚，号双江，江西永丰人，进士，官至太子太保，曾会晤王阳明，后以王门弟子自称，著有《困辩录》等。

【译文】

德洪说：过去，南元善在浙江绍兴刻录《传习录》，共上下两册，下册是先生的八封书信。其中《答徐成之》有两篇，我们先生自己说："世人褒朱熹而贬陆九渊的定论已经许久了，一旦要把这种定论推翻过来十分困难，这两封信可以说是能够调停两家的说法，使得人们思考，从而得出准确的结果。"所以下册的开头就是这两封信，南元善的用意也是这个！到今天，人们对于朱、陆两家的争辩已经很熟悉了。我对先生的《文录》进行刻录的时候，在《外集》中放了这两封书信，意图是想表明书信并不能完全反映先生的观点，所以在这里便没有再收录了。

其余，谈到知行的本体，没有比《答顾东桥书》与《答周道通书》《答陆清伯书》《答欧阳崇书》这四封书信更详尽的了。而论述格物应为学者日常所做的功夫，最详细的是《答罗整庵》这封信。先生平生冒着世人的否定、诋毁和诬陷，万死一生，虽遑然无定，但仍时刻不忘讲学，只怕我们这些人不懂得他的学说，而流于为追逐功名利禄而巧用心智，最后有一天堕落到和夷狄禽兽一般，而不能发现先生一辈子都在兢兢业业追求与天地万物同心，至死方休。这也是孔、孟以来圣贤们的苦心，虽然门人子弟们并不能够宽慰他们的至情。这种至情，在《答聂文蔚》的一信中写得最详尽。这些都是南元善以前刻录过的信。而详尽揭示孟子所说的"必有事焉"就是"致良知"的信，则莫过于先生的《答聂文蔚》的第二封信，它明白简易，使人听了就能入门，所以我也把它增录了进来。

南元善当时激昂慷慨，能够以身犯险，讲授阳明学说，以至遭到奸邪排斥，但他仍旧欣然因平生能学到王阳明先生的学说而庆幸，在心中全没有丝毫郁阿不平。他刻录《传习录》，世人只看见了这本书对大家有很大的作用，而不知道他当时处境的艰难。现在我对《传习录》进行增删，并非忍心对他的刻录有所损害，而只是出于对目前情况的考虑。

答顾东桥书

一

【原文】

来书云："近时学者，务外遗内，博而寡要。故先生特倡'诚意'一义①，针砭膏肓，诚大惠也！"

吾子洞见时弊如此矣，亦将同以救之乎？然则鄙人之心，吾子固已一句道尽，复何言哉？复何言哉！若"诚意"之说，自是圣门教人用功第一义，但近世学者乃作第二义看，故稍与提掇紧要出来，非鄙人所能特倡也。

【注释】

①"故先生"一句：王阳明早期曾强调"诚意"的重要性，他所著的《大学古本序》第一句就是"《大学》之要，诚意而已也矣"。

【译文】

来信写道："近代的学者，注重外在的知识积累而忽视了内在本心的存养，知识广博却遗漏了关键所在。所以先生特意提倡'诚意'，以针砭时弊，这实在是很大的恩德呀！"

你对时弊洞若观火，那你又打算如何去拯救呢？我的思想观点，你的几句话都已经把它说明白了，我能再说什么？我能说什么呢！"诚意"的学说，原本是孔门教人用功的第一要义，但近代学者却把它当作次要看待，所以并非是我本人的首倡，我只是稍稍把它的重要性提示出来。

王阳明认为，圣人之学中，诚意是首要的，世人却认为是次要的。

二

【原文】

来书云："但恐立说太高，用功太捷，后生师传，影响谬误，未免坠于佛氏明心见性①、定慧顿悟②之机，无怪闻者见疑。"

区区格、致、诚、正之说，是就学者本心日用事为间，体究践履，实地用功，是多少次第、多少积累在！正与空虚顿悟之说相反。闻者本无求为圣人之志，又未尝讲究其详，遂以见疑，亦无足怪。若吾子之高明，自当一语之下便了然矣，乃亦谓"立说太高，用功太捷"，何邪？

【注释】

①明心见性：佛教禅宗的主张，意为让自己心底清澈明亮，待看见自己的真性，就可以成佛，而无须于文字上抠求。②定慧顿悟：定慧，佛教的修养功夫，指禅定与智慧。除去心中的杂念为定，明了事物的道理为慧。顿悟，意为突然之间明白了困惑已久的佛理，一悟成佛。与儒家的"困知"相对。

【译文】

你来信说："担心先生的学说立论太高，而学生们用功时又过于简单，难免会产生谬误，就容易陷入佛教中的明心见性、定慧顿悟，这就难怪世人会对先生的学说产生怀疑。"

顾东桥在给王阳明的信中说，王阳明的学说立论高，但需要下的功夫却很简单，后人在理解上容易产生谬误，所以招致了怀疑。

这些格物、致知、诚意、正心的学说，是就学者的本心而言，学者的本心需在日常事务中体察、探究、实践、落实，实实在在用功，这其中分很多阶段、也有很多积累！它和佛教的定慧顿悟的说法正好相反。听到我的学说的人自己可能没有圣人的志向，加上又没有详细研究过我的学说，所以有些疑惑，也不足为怪。但是凭你的聪明，对我的学说应该是一点就明，为什么也要说"立说太高，用功太捷"呢？

三

【原文】

来书云："所喻知行并进，不宜分别前后，即《中庸》'尊德性而道问学'之功交养互发，内外本末一以贯之之道。然功夫次第，不能无先后之差，如知食乃食，知汤乃饮，知衣乃服，知路乃行。未有不见是物先有是事。此亦毫厘倏忽之间，非谓截然有等，今日知之而明日乃行也。"

既云"交养互发，内外本末一以贯之"，则知行并进之说无复可疑矣，又云"功夫次第，不能无先后之差"，无乃自相矛盾已乎？"知食乃食"等说，此尤明白易见。但吾子为近闻①障蔽，自不察耳。夫人必有欲食之心，然后知食，欲食之心即是意，即是行之始矣。食味之美恶，必待入口而后知，岂有不待入口而已先知食味之美恶者邪？必有欲行之心，然后知路，欲行之心即是意，即是行之始矣。路岐之险夷，必待身亲履历而后知，岂有不待身亲履历而已先知路岐之险夷者邪？"知汤乃饮，知衣乃服"，以此例之，皆无可疑。若如吾子之喻，是乃所谓"不见是物而先有是事"者矣。吾子又谓"此亦毫厘倏忽之间，非谓截然有等，今日知之而明日乃行也"，是亦察之尚有未精。然就如吾子之说，则知行之为合一并进，亦自断无可疑矣。

王阳明认为，人对事物的认知与实践是同时进行的，吃饭、喝汤、走路、穿衣这些事都是这样的。

【注释】

① 近闻：指朱熹的知先行后的观点。

【译文】

你来信说："你说知行应该同时进行，不应该区分先后，也就是《中庸》中的'尊德行而道问学'，两种功夫互相存养，互相促进，内外本末，不能分割，只能一以贯之。但是修行功夫不可能没有先后阶段的区别，就像知道是食物才吃，知道是汤水才喝，知道是衣服才穿，知道是路才在上面走。不可能还没见到是什么东西就先行事的。当然，在先后的顺序间也只是瞬间，并非有截然的区分，不会是今天知道了这件事，明天才去行事。"

你既然已经说"交养互发，内外本末一以贯之"了，就应知道知行并举的说法，根本就不用再去怀疑了又还说"功夫次第，不能无先后之差"，这不是已经自相矛盾吗？"知食乃食"等说法，尤其明白易见。但是你被朱熹先生的观点所蒙蔽，自己还没有察觉而已。人一定是先有想吃东西的心，之后才会去认识食物，想吃食物的心就是意，也是行动的开端。而食物味道的好坏，必须等到入口才能知道，难道在还没有进口之前就会预先知道食物味道的好坏的吗？必定是先有走路的想法，之后才会去认识路，想走路的心就是意，也就是走路的开端。而路途的坦荡或是险峻，也须等亲自去经历过之后才会知道，难道在还没有亲自走过就预先已经知道路途是坦荡或险峻的吗？"知汤乃饮，知衣乃服"，也跟吃食、行路一样，没有什么可以怀疑的。如果像你所说的，就是所谓的"不见是物而先有事"了。你又说"此亦毫厘倏忽之间，非谓截然有等，今日知之而明日乃行也"，也只是因为你洞察得还不够精确罢了。但是，即使像你所说的那样，知行并举也是完全没有什么可以怀疑的了。

四

【原文】

　　来书云："真知即所以为行，不行不足谓之知。此为学者吃紧立教，俾务躬行则可。若真谓行即是知，恐其专求本心，遂遗物理，必有暗而不达之处，抑岂圣门知行并进之成法哉？"

　　知之真切笃实处即是行，行之明觉精察处即是知。知行功夫本不可离，只为后世学者分作两截用功，先却知行本体，故有合一并进之说。真知即所以为行，不行不足谓之知。即如来书所云"知食乃食"等说可见，前已略言之矣。此虽吃紧救弊而发，然知行之体本来如是，非以己意抑扬其间，姑为是说，以苟一时之效者也。

王阳明说，人的本心只有一个，就它对所有人的恻隐而言就是"仁"，就它的合理而言就是"义"，就它的条理清晰而言就是"理"。

　　专求本心，遂遗物理，此盖失其本心者也。夫物理不外于吾心，外吾心而求物理，无物理矣；遗物理而求吾心，吾心又何物邪？心之体，性也，性即理也。故有孝亲之心即有孝之理，无孝亲之心即无孝之理矣；有忠君之心，即有忠之理，无忠君之心，即无忠之理矣。理岂外于吾心邪？晦庵谓"人之所以为学者，心与理而已，心虽主乎一身而实管乎天下之理，理虽散在万事而实不外乎一人之心"，是其一分一合之间，而未免已启学者心、理为二之弊。此后世所以有"专求本心遂遗物理"之患。正由不知心即理耳。夫外心以求物理，是以有暗而不达之处，此告子义外之说①，孟子所以谓之不知义也。心一而已，以其全体恻怛而言谓之仁，以其得宜而言谓之义，以其条理而言谓之理。不可外心以求仁，不可外心以求义，独可外心以求理乎？外心以求理，此知、行之所以二也。求理于吾心，此圣门知行合一之教，吾子又何疑乎？

【注释】

① 告子义外之说：语出《孟子·告子上》："告子曰：'仁，内也，非外也；义，外也，非内也。'"孟

子的评论见《孟子·公孙丑上》:"我故曰:'告子未尝知义,以其外之也。'"

【译文】

你来信道:"真正的理论是能够指导实践的,而不实践就不足以称为认识。向学者指出的切实的方法,让学者们务必躬身实行,这样说是可以的。但是如果真的把实践当作认识,恐怕人们只会专门追求存养本心,而遗漏了万物之理,也肯定会有偏颇不通的地方,难道这是圣学关于知行并举的方法吗?"

认知确切之后付诸行动就是实践,行事实践之后明确的体察就是认识。知行的功夫本来不能分离,只是后世学者要把它们分开作为两部分来用功,反而丢失了知行的本体,所以之后才会有知行并举的说法。真识是能够指导实践的,不实践就不足以称为认识。像你的来信信中所说"知食乃食"等,已经能够明白了,前面也已经大略说过了。这虽然是因为拯救时弊才说出来的,但是知行的本体就是这样的,并非是我为了追求一时的效用,而按照自己有所褒贬的意思提出来的。

专门追求存养本心,便抛弃了万物之理,大概这是失去本心的一种表现。万物之理并不存在于心外,在心外探求万物之理,就是没有万物之理;遗漏万物之理而追求存养自己的本心,那么本心又是何物呢?心的本体就是性,性即是理。所以拥有孝心就是有孝顺父母的道理,没有孝心也不存在孝顺父母的道理了;有忠心就有侍奉君王的道理,没有忠心也就没有侍奉君王的道理了。理难道是在我们的本心之外的吗?朱熹先生说"人之所以为学者,心与理而已,心虽主乎一身而实管乎天下之理,理虽散在万事而实不外乎一人之心",像他这样把心和理先分开之后再结合起来,未免就会产生让学者们把心与理分开看待的弊端。后人有"专求本心,遂遗物理"的忧患,就是因为他们不明白心就是理。在心外寻求万物之理,实际上是告子的"义外"观点,会有偏颇不通的地方,孟子也因此批判告子不懂得义。心,唯有一个,就它对所有人的恻隐而言就是"仁",就它的合理而言就是"义",就它的条理清晰而言就是"理"。不能在心外求仁、也不能在心外求义,难道就独独可以在心外求理吗?在心外求理,是把知行当作两件事了。在我们的心里寻求理,这才是圣学知行合一的教诲,你还有什么可以怀疑的呢?

五

【原文】

来书云:"所释《大学》古本,谓致其本体之知,此固孟子尽心之旨。朱子亦以虚灵知觉为此心之量[①]。然尽心由于知性,致知在于格物。"

"尽心由于知性,致知在于格物",此语然矣。然而推本吾子之意,则其所以为是语者,尚有未明也。朱子以"尽心、知性、知天"为格物、致知。以"存心、养性、事天"为诚意、正心、修身,以"夭寿不贰,修身以俟"为知至、仁尽,圣人之事。若鄙人之见,则与朱子正相反矣。夫"尽心、知性、知天"者,生知安行,圣人之事也;"存心、养性、事天"者,学知利行,贤人之事也;"夭寿不贰,修身以俟"者,困知勉行,学者之事也。岂可专以"尽心知性"为知,"存心养性"为行乎?吾子骤闻此言,必又以为大骇矣。然其间实无可疑者,一为吾子言之。

夫心之体，性也；性之原，天也。能尽其心，是能尽其性矣。《中庸》云："惟天下至诚，为能尽其性。"又云："知天地之化育，质诸鬼神而无疑，知天也。"此惟圣人而后能然。故曰：此"生知安行"，圣人之事也。存其心者，未能尽其心者也，故须加存之之功；必存之既久，不待于存而自无不存，然后可以进而言尽。盖"知天"之"知"，如"知州""知县"之知。知州则一州之事皆己事也，知县则一县之事皆己事也，是与天为一者也。"事天"则如子之事父，臣之事君，犹与天为二也。天之所以命

王阳明认为，尽心、知性、知天就是生来就懂，所以只要顺从内心去实践，这是圣人才能做到的。

于我者，心也，性也，吾但存之而不敢失，养之而不敢害，如"父母全而生之，子全而归之"②者也。故曰：此"学知利行"，贤人之事也。至于"夭寿不贰"，则与存其心者又有间矣。存其心者虽未能尽其心，固已一心于为善，时有不存则存之而已。今使之"夭寿不贰"，是犹以夭寿二其心者也。犹以夭寿二其心，是其为善之心犹未能一也，存之尚有所未可，而何尽之可云乎？今且使之不以夭寿二其为善之心，若曰死生夭寿皆有定命，吾但一心于为善，修吾之身以俟天命而已，是其平日尚未知有天命也。事天虽与天为二，然已真知天命之所在，但惟恭敬奉承之而已耳。若俟之云者，则尚未能真知天命之所在，犹有所俟者也，故曰：所以立命。立者"创立"之"立"，如"立德""立言""立功""立名"之类③。凡言"立"者，皆是昔未尝有而今始建立之谓，孔子所谓"不知命，无以为君子"者也。故曰：此"困知勉行"，学者之事也。

今以"尽心、知性、知天"为格物致知，使初学之士尚未能不二其心者，而遽责之以圣人生知安行之事，如捕风捉影，茫然莫知所措其心，几何而不至于"率天下而路④"也？今世致知格物之弊，亦居然可见矣。吾子所谓"务外遗内，博而寡要"者，无乃亦是过欤？此学问最紧要处，于此而差，将无往而不差矣。此鄙人之所以冒天下之非笑，忘其身之陷于罪戮，呶呶其言，其不容己者也。

【注释】

①"朱子"句：语出《中庸章句序》"心之虚灵知觉，一而已"。②父母全而生之，子全而归之：语出《礼记·祭仪》"父母全而生之，子全而归之，可谓孝"。意为父母把子女完好地生下来，子女要好好地保全身体发肤，等到死时完完整整地归还给父母，这才是孝。③"立德"句：语出《左传·襄公二十四年》。讲做人的几种境界。④率天下而路：语出《孟子·滕文公上》"且一人之身，而百工之所为备。如必自为而后用之，是率天下而路也"。意为对一个人来说，各种工匠的产品对他都是不可缺少的，如果每件东西都要自己制造出来才能用，这是率领天下的人疲于奔命。

【译文】

你来信说："先生注释的《大学》旧本提到对心的本体的认识是致知，孟子'尽心'的宗旨与此是相同的。而朱熹先生也用虚灵知觉当作心的本体。但是因为认识的天性才会尽心，致知要依

王阳明说，等待天命降临，是因为还没有认识到天命存在于何处。

靠格物。"

"尽心由于知性，致知在于格物"，这话是正确的。但是我看你说这话，大概是因为还有不明白的地方。朱熹先生把"尽心、知性、知天"当作是格物、致知，把"存心、养性、事天"当作是诚意、正心、修身，而把"夭寿不贰，修身以俟"当作是认识的最高境界、仁爱的顶峰，是圣人做的事。但在我看来，正好相反了。"尽心、知性、知天"，即所谓的天生就知道，天生就能够实践，是圣人才能够做得到的；而"存心、养性、事天"，学习就能够知道，并且顺利实践，是贤人能够做到的事；"夭寿不贰，修身以俟"，获得知识很艰难，实践起来也很勉强，便是学者们的事。怎么能简单地把"尽心知性"当作为识，而把"存心养性"当作行呢？你听到我这话，一定又会为此非常惊奇了。然而这实在是没有什么可以怀疑的，我一一给你解释。

　　心的本体就是性；人的本原就是理。能尽其心，就是能够尽其天性。《中庸》中说："只有天下最真诚的人，才能够充分发挥他的天性。"又说："知道万物的生化孕育，崇拜鬼神，而没有产生疑问，这是知天。"只有圣人才能做到这些，所以我说：圣人才能做到先生就知道和实践。存养本心，说明还不能够做到尽心，还必须加上个存养的功夫；存养心性很久之后，到了不需要特地去存养而时刻都在存养的境界，才能进一步到达尽心的境界。"知天"中的"知"，就像"知州""知府"中的"知"意思一样，知州、知县把管理一州、一县当作是自己的事情，"知天"，就是与天合而为一体。"事天"则像儿子孝顺父亲，大臣侍奉君王，还没有达到与天合而为一的地步。上天给予我们的，是心、是性，我们只需存起它而不丢失，修养它不损害，就像"父母全而生之，子全而归之"一样。所以我说：这种"学知利行"，是贤人做的事。至于"夭寿不贰"，则和存养本心的人又还有些差距。存养本心的人虽然没有尽心，但本来就已经是一心为善，失去了本心的时候再存养它就行了。现今要求人不论夭寿始终如一，这依然是将夭寿一分为二。仍旧将夭寿一分为二，因为寿命的长短而分心，是因为他为善之心还不能始终如一，尚且不可能存养它，尽心更从何说起呢？现在暂且让人们不再因为生命的长短而改变向善的心，好比说生死夭寿都有定数，我们只需一心向善，修养我的身心来等待天命的安排，主要是因为他平日还不知道有天命呢。事天虽然是将天与人分而为二，但已经知道恭恭敬敬地去承受天命了。那些等待天命降临的人，是还没有真正认识到天命存在于何处，仍旧只是在等待天命，所以孟子说："所以立命。""立"，即"创立"的"立"，就像"立德""立言""立功""立名"中的"立"。凡是说到"立"，都是指以前从未有过而如今开始建立的意思，也就是孔子所说"不知命，无以为君子"的人。所以说：这种"困知勉行"，属于学者的事情。

　　现在把"尽心、知性、知天"当作格物、致知，当初学者尚不能做到一心一意时，就拿他不能像圣人那样天生就认识和实践来指责，这简直是无中生有，让人摸不着头脑，使得人们疲于奔命。如今世上格物、致知的弊病已经明显可见了。你说注重外在的学习，而忽略掉内心的存养，博学但又没有学到要领，这不也是它的弊病之一吗？在做学问最关键的地方出了差错，就会无处不出差错了。这也是我之所以冒着天下人的否定、嘲笑，不顾身陷罗网，仍喋喋不休的原因。

六

【原文】

来书云："闻语学者，乃谓'即物穷理^①之说亦是玩物丧志'，又取其'厌繁就约''涵养本原'数说标示学者，指为晚年定论^②，此亦恐非。"

朱子所谓格物云者，在即物而穷其理也。即物穷理是就事事物物上求其所谓定理者也，是以吾心而求理于事事物物之中，析心与理为二矣。夫求理于事事物物者，如求孝之理于其亲之谓也。求孝之理于其亲，则孝之理其果在于吾之心邪？抑果在于亲之身邪？假而果在于亲之身，则亲没之后，吾心遂无孝之理欤？见孺子之入井，必有恻隐之理，是恻隐之理果在于孺子之身欤？抑在于吾心之良知欤？其或不可以从之于井欤？其或可以手而援之欤？是皆所谓理也。是果在于孺子之身欤？抑果出于吾心之良知欤？以是例之，万事万物之理莫不皆然，是可以知析心与理为二之非矣。夫析心与理而为二，此告子义外之说，孟子之所深辟也。"务外遗内，博而寡要"，吾子既已知之矣，是果何谓而然哉？谓之玩物丧志，尚犹以为不可欤？

若鄙人所谓致知格物者，致吾心之良知于事事物物也。吾心之良知即所谓天理也，致吾心良知之天理于事事物物，则事事物物皆得其理矣。致吾心之良知者，致知也。事事物物皆得其理者，格物也。是合心与理而为一者也。合心与理而为一，则凡区区前之所云，与朱子晚年之论，皆可以不言而喻矣。

【注释】

① 即物穷理：意为通过接触事物来研究事物的道理。语出朱熹《大学章句》："所谓致知在格物者，言欲致吾之知，在即物而穷其理也。" ② 晚年定论：王阳明作《朱子晚年定论》，收录朱熹一些包含"厌繁就约""涵养本原"等论点的书信，认为朱熹晚年改变了观点，与陆九渊的观点接近。此说遭到后世的非议。

【译文】

你来信说："听说您教导学生'即物穷理就是玩物丧志'，还拿了朱熹晚年一些关于'厌繁就约''涵养本原'等学说的书信给学生参看，我认为这可能有些不对。"

朱熹所说的格物，是指在事物上去穷究万物之理。即用心在万事万物上探求到它们所谓的原本的理，这样就将心和理分而为二了。在万事万物上探求道理，就和在父母身上寻求孝敬是一个道理。在父母的身上寻求孝敬的道理，那么这个孝敬的道理到底是在父母的身上，还是在我们的心中呢？如果是在父母身上，那么当父母逝世之后，我们就不需要孝敬，心中就没有孝敬的道理了吗？遇见小孩子掉到水井里，肯定会产生恻隐之心，那么这个道理是在孩子身上还是在我们自己的心上呢？或许不能跟着孩子跳入井中，或许

王阳明认为，孝敬之理存在于我们自己心中，而不是父母的身上，对孩子的恻隐之心，也是存在于我们自己心中，而不是孩子身上。

可以伸手援救小孩，这都是所说的理。以此类推，万事万物的道理无一不是如此，由此就能够知道将心与理分而为二是错误的了。把心与理分而为二，就是孟子曾深刻批判过的告子的"义外"学说了。"务外遗内，博而寡要"，既然你已经知道这不对，那为何还要这样说呢？我说它是玩物丧志，难道你认为不可以吗？

像我所说的格物致知，是将我们心里面的良知应用到万事万物上去。我们心中的良知就是天理，把我们心中良知应用到万事万物上，万事万物就都能得到天理了。求得我们内心中的良知就是致知的功夫。而万事万物都得到天理便是格物的功夫。这才是把心与理合而为一。把心与理合而为一，那么我前面所说的，还有我对于朱熹先生晚年学说的说法，便都能够不言而喻了。

七

【原文】

来书云："人之心体，本无不明，而气拘物蔽，鲜有不昏。非学、问、思、辨以明天下之理，则善恶之机、真妄之辨不能自觉，任情恣意，其害有不可胜言者矣。"

此段大略似是而非。盖承沿旧说之弊，不可以不辨也。夫学、问、思、辨、行皆所以为学，未有学而不行者也。如言学孝，则必服劳奉养，躬行孝道，然后谓之学。岂徒悬空口耳讲说，而遂可以谓之学孝乎？学射则必张弓挟矢，引满中的；学书则必伸纸执笔，操觚染翰①。尽天下之学，无有不行而可以言学者，则学之始固已即是行矣。笃者，敦实笃厚之意。已行矣，而敦笃其行，不息其功之谓尔。盖学之不能以无疑，则有问，问即学也，即行也；又不能无疑，则有思，思即学也，即行也；又不能无疑，则有辨，辨即学也，即行也。辨既明矣，思既慎矣，问既审矣，学既能矣，又从而不息其功焉，斯之谓笃行，非谓学问思辨之后而始措之于行也。是故以求能其事而言谓之学，以求解其惑而言谓之问，以求通其说而言谓之思，以求精其察而言谓之辨，以求履其实而言谓之行。盖析其功而言则有五，合其事而言则一而已。此区区心、理合一之体，知、行并进之功，所以异于后世之说者，正在于是。

今吾子特举学、问、思、辨以穷天下之理，而不及笃行，是专以学、问、思、辨为知，而谓穷理为无行也已。天下岂有不行而学者邪？岂有不行而遂可谓之穷理者邪？明道云："只穷理，便尽性至命。"故必仁极仁而后谓之能穷仁之理，义极义而后谓之能穷义之理。仁极仁则尽仁之性矣，义极义则尽义之性矣。学至于穷理至矣，而尚未措之于行，天下宁有是邪？是故知不行之不可以为学，

王阳明说，要学会射箭，就必须拿起弓箭去练习，眼睛看不明白，就要敷药条理。这就是他所说的心、理合一，知、行并进。

则知不行之不可以为穷理矣；知不行之不可以为穷理，则知知行之合一并进，而不可以分为两节事矣。

夫万事万物之理不外于吾心，而必曰穷天下之理，是殆以吾心之良知为未足，而必外求于天下之广，以裨补增益之。是犹析心与理而为二也。夫学、问、思、辨、笃行之功，虽其困勉至于人一己百②，而扩充之极至于尽性知天，亦不过致吾心之良知而已。良知之外，岂复有加于毫末乎？今必曰穷天下之理，而不知反求诸其心，则凡所谓善恶之机、真妄之辨者，舍吾心之良知，亦将何所致其体察乎？吾子所谓"气拘物蔽"者，拘此蔽此而已。今欲去此之蔽，不知致力于此，而欲以外求，是犹目之不明者，不务服药调理以治其目，而徒怅怅然求明于其外，明岂可以自外而得哉？任情恣意之害，亦以不能精察天理于此心之良知而已。此诚毫厘千里之谬者，不容于不辨。吾子毋谓其论之太刻也。

王阳明说，学"孝"就要服侍奉养父母，学习书法就必须执笔搦墨。

【注释】

① 操觚染翰：意为提笔作文。觚，古人书写时用的竹简。翰，笔。② 人一己百：语出《中庸》"人一能之己百之，人十能之己千之。果能此道矣，虽愚必明，虽柔必强"。

【译文】

来信说："人的心体原本没有不清明的，但受到了气的拘束和物欲的蒙蔽，就很少有不模糊的。如果不通过学习、询问、思考、辨析来明晰天下的道理，那么就不能自然觉察善恶的原因、真假的区别，而纵情恣意，会产生不可言尽的危害。"

你的这段话，大体上是似是而非的。大概是沿袭了朱熹学说的弊端，我不能不把它分辨清楚。学、问、思、辨、行，都是所谓的学，从不会有习而不行的。比如说学"孝"，必须辛苦地服侍奉养父母，亲自实践孝道，才能称之为在学习孝道。难道仅仅是悬口空言，就能够说他在学习孝道吗？学习射箭就必须自己张弓拉箭，拉满弓以命中目标；学习书法就必须执笔搦墨。所有天下的学习，没有能够不实践就算作学习的，因而学习的开始，本身就已经是实践了。笃，敦实笃厚的意思。已经去"行"了，就是指敦实笃厚地行，而且是切实地连续地下功夫。学习不可能没有疑问，便需要问，询问就是学习，就是行；之后又不会没有疑惑了，所以便需要思，思考就是学习，就是行；思考了还有疑问，便需要辨，辨析也是学习，也是行。辨析明白了，思考谨慎了，询问也很清楚了，学习也有收获了，加上不断地努力，这才叫笃行，而并非是在学问思辨之后，才开始去实践。所以学习是指追求做某事的能力，问是指解除疑惑，思是指通达自己的学问，辨是指精密地审察，行就是具体地实践。从分析它们的功用的角度可以分成这五个方面，但是把它们综合起来则实际上只有一个。我的心、理合一成为本体，知、行并举的方法，之所以不同于朱熹先生的学说，原因就是在这个地方。

现在你特别举出学、问、思、辨来穷尽天下之道，却不提及切身实践。这样做，是专门把学、问、思、辨看成知，又不把穷理当作行。天下哪有不行而学的道理？哪有不行便可以叫作穷理的道理？程颢先生说："只穷理，便尽性至命。"所以必须行仁达到仁的最高境界，才能说是穷尽了仁爱的道理，在行义达到了义的最高境界,才能说是穷尽了义的道理。达到最高境界,就充分发挥了天性。学习也是这样,它达到了穷尽事理的最高境界,却还没有在行的方面下手,天下哪有这样的事情呢?所以知而不行就不是学习,知而不行就不能够穷尽事物的道理;知道了不去行便无法穷尽事物的道理,就知道知行必须合一,不能够把他们分开做两件事。

万事万物的道理并不在我们心外,如果一定要说穷尽天下之理,可能是因为心中的良知还不足够,而必须向天下众多事物中寻求道理,以求弥补增加。这仍旧是把心与理分而为二了。学、问、思、辨、行的功夫,那些天资愚笨的人付出了相对于别人而言百倍的努力,最后到了极点能够充分发挥天性而知道天命,这也不过是我们心里的良知到达最高境界,得到圆满而已。难道良知之外还需再有一丝一毫其他东西吗?现在一定要执着于穷尽天下之理,却不懂得反过来向我们的内心寻求。舍弃我们心中的良知,那些善恶的原因、真假的区别,将怎么去体察辨明呢?你说'气拘物蔽',是受了这些说法的拘束和影响。现在想要改正这一弊端,但不在本心上用功,却要往心外寻求。就好像得眼疾的人,不吃药调理、治疗,只是徒劳地去外面寻找光明,光明难道是能从眼睛之外求得的吗?不能从我们的内心上去探究天理,就会有任意放纵的危险。这些确实是差之毫厘,谬以千里的事情,不能不去进行详细的分辨。你不要认为我讲得太严厉,太苛刻了。

八

【原文】

来书云:"教人以致知、明德,而戒其即物穷理,试使昏暗之士深居端坐,不闻教告,遂能至于知致而德明乎?纵令静而有觉,稍悟本性,则亦定慧无用之见,果能知古今、达事变而致用于天下国家之实否乎?其曰:'知者意之体,物者意之用','格物如格君心之非之格'。语虽超悟独得,不踵陈见,抑恐于道未相吻合?"

区区论致知格物,正所以穷理,未尝戒人穷理,使之深居端坐而一无所事也。若谓即物穷理,如前所云务外而遗内者,则有所不可耳。昏暗之士,果能随事随物精察此心之天理,以致其本然之良知,则"虽愚必明,虽柔必强"。大本立而达道行,九经①之属可一以贯之而无遗矣,尚何患其无致用之实乎?彼顽空虚静之徒,正惟不能随事随物精察此心之天理,以致其本然之良知,而遗弃伦理,寂灭虚无以为常,是以"要之不可以治家国天下"。孰谓圣人穷理尽性之学,而亦有是弊哉?

心者,身之主也,而心之虚灵明觉,即所谓本然之良知也。其虚灵明觉之良知应感而动者,谓之意。有知而后有意,无知则无意矣。知非意之体乎?意之所用必有其物,物即事也。如意用于事亲,即事亲为一物;意用于治民,即治民为一物;意用于读书,即读书为一物;意用于听

王阳明说,"格物"的"格"也有"正"的意思,就像用礼乐教化顽固的苗族人一样,这样才能"致知"。

讼，即听讼为一物。凡意之所用，无有无物者。有是意即有是物，无是意即无是物矣，物非意之用乎？

"格"字之义，有以"至"字之训者，如"格于文祖"②"有苗来格"③，是以"至"训得也。然"格于文祖"，必纯孝诚敬，幽明之间无一不得其理，而后谓之"格"。有苗之顽，实以文德诞敷而后"格"，则亦兼有"正"字之义在其间，未可专以"至"字尽之也。加"格其非心""大臣格君心之非"之类，是则一皆"正其不正以归于正"之义，而不可以"至"字为训矣。且《大学》"格物"之训，又安知其不以"正"字为训，而必以"至"字为义乎？如以"至"字为义者，必曰"穷至事物之理"，而后其说始通。是其用功之要全在一"穷"字，用力之地全在一"理"字也。若上去一"穷"、下去一"理"字，而直曰"致知在至物"，其可通乎？夫"穷理尽性"，圣人之成训，见于《系辞》者也。苟格物之说而果即穷理之义，则圣人何不直曰"致知在穷理"，而必为此转折不完之语，以启后世之弊邪？

王阳明说，格物致知，就是为了穷尽事物，只要能在万事万物之上发现心中的天理、良知，就能变得聪明、刚强。

盖《大学》"格物"之说，自与《系辞》"穷理"大旨虽同，而微有分辨。穷理者，兼格、致、诚、正而为功也。故言穷理则格、致、诚、正之功皆在其中，言格物则必兼举致知、诚意、正心，而后其功始备而密。今偏举格物而遂谓之穷理，此所以专以穷理属知，而谓格物未常有行，非惟不得格物之旨，并穷理之义而失之矣。此后世之学所以析知、行为先后两截，日以支离决裂，而圣学益以残晦者，其端实始于此。吾子盖亦未免承沿积习，则见以为于道未相吻合，不为过矣。

【注释】

① 九经：语出《中庸》"凡为天下国家有九经，曰：修身也，尊贤也，亲亲也，敬大臣也，子庶民也，来百功也，柔远人也，怀诸侯也"。② 格于文祖：语出《尚书·舜典》"归，格于艺祖"。注曰："归，告至文祖之庙，艺，文也。"格，至、到。文祖，尧的庙。③ 有苗来格：意为有苗族人到来。语出《尚书·大禹谟》："七旬，有苗格。"

【译文】

你来信道："先生教人致知、明德，却又阻止他们即物就理，从事物上寻求天理。假若让懵懂昏沉的人深居端坐，不听教导和劝诫，就能够达到有了知识，德行清明的境界吗？纵然他们静坐时有所觉悟，对本性稍有领悟，那也是定慧之类的佛家的无用见识，难道果真可以通晓古今、通达事变，对治理国家有实际作用吗？你说：'知者意之体，物者意之用'，'格物如格君心之非之格'。这些话虽然显得高超而独到，不墨守陈见，但恐怕和圣道不大吻合吧？"

我所讲的格物致知，正是为了穷尽事物，我未曾禁止人们穷尽事理，让他们深居静坐，无所事事。如果把即物穷理讲成是前面所说的重视外在知识，忽略内心修养，那也是错误的。糊涂的人，如果能够在万物之上精察心中的天理，发现原有的良知，那么即使愚蠢也定能变得聪明，即使柔弱定能变得刚强。最后就能够行达道、立大本，九经之类的书也能一以贯之没有纰漏，难道还需担心他会没有经世致用的实际才干吗？那些只谈空虚寂静的佛、道弟子，恰恰是不能在万事万物上精察心中的天理，发现其心中本有的良知，以致抛弃人间伦常，把寂灭虚无当作是正常现象，所以他们才不能够齐家、治国、平天下。谁说圣人穷理尽性的学说也会有这样的弊病呢？

身体的主宰是心，心的虚灵明觉就是人原本的良知。虚灵明觉的良知因感应发生作用，就是意念。有识即是有意，无识即无意。怎么能说认识不是意念的本体？意念的运用，一定会有相应的东西，就是事。如果意念在侍奉双亲上起作用，那么，侍奉双亲便是一件事；意念在治理百姓上起作用，治理百姓便是一件事；意念在读书上起作用，那么读书就是一件事；意念在听讼上起作用，听讼也就是一件事。只要是意念起作用的地方，就有事物存在。有这个意就有这个物，没有这个意也就没有这个物，事物难道不是意念的运用吗？

"格"的含义，有用"至"字来训释的，如"格于文祖""有苗来格"里的"格"，都是"至"来解释的。然而"格于文祖"，必定诚心诚意地纯然至孝，对于人间和阴间的道理都无一不晓，之后才能叫作"格"。苗族人十分顽固，只有通过礼乐把他们教化之后才能"格"，所以这个"格"也有"正"的意思，不能够仅仅用"至"字就能完全解释它的含义。如"格其非心""大臣格君心之非"中的"格"，都是"纠正不正以达到正"的意思，不能用"至"字来训释。那么《大学》中"格物"的解释，怎么知道它不是用"正"字而须用"至"字来解释呢？如果用"至"字来训释，就必须用"穷至事物之理"才说得通。用功的要领全在一个"穷"字，用功的对象全在一个"理"字上。如果在前面把"穷"字去掉，后面把"理"字去掉，而直接说成"致知在至物"，这说得通吗？"穷理尽性"是圣人既定的教诲，在《易经》里已经有了记载。如果格物的含义真的就是穷理，那么圣人为什么不直接说"致知在穷理"，却一定要让语意有了转折且不完整，说这种话，造成后世的弊病呢？

《大学》里的"格物"和《易经》里的"穷理"，意思只有一些细微的区别，含义基本上是一样的。穷理里包括格物、致知、诚意、正心等功夫。所以谈到穷理，格物、致知、诚意、正心等功夫就已经都包含在其中了。谈到格物，就必然一同有致知、诚意、正心，这样，格物的功夫才能够是完整的。现在说到格物便说成是穷理，就只是把穷理当作了一种认识，而不认为格物里还包括实践了。这样，不但没有把握到格物的宗旨，就连穷理的本义也是一并丢掉了的。这就是后世的学者们，把认识、实践分而为二，并且让它日益支离破碎，圣学日渐残缺晦涩的原因所在。你承袭旧来的观点也在所难免，而觉得我的学说与圣道不符，这也不算什么。

九

【原文】

来书云："谓致知之功，将如何为温、如何为奉养即是诚意，非别有所谓格物，此亦恐非。"

此乃吾子自以己意揣度鄙见而为是说，非鄙人之所以告吾子者矣。若果如吾子之言，宁复有可通乎？盖鄙人之见，则谓：意欲温、意欲奉养者，所谓意也，而未可谓之诚意；必实行其温奉养之意，务求自慊而无自欺，然后谓之诚意。知如何而为温之节、知如何而为奉养之宜者,所谓知也,而未可谓之致知;必致其知如何为温之节者之知,而实以之温,致其知如何为奉养之宜者之知,而实以之奉养,然后谓之致知。温之事,奉养之事,所谓物也,而未可谓之格物;必其于温之事也,一如其良知之所知当如何为温之节者而为之,无一毫之不尽,于奉养之事也,一如其良知之所知当如何为奉养之宜者而为之,无一毫之不尽,然后谓之格物。温之物格,然后知温之良知始致;奉养之物格,然后知奉养之良知始致。

王阳明说,保证父母的冬暖夏凉,奉养父母不是格物致知,要身体力行才是格物,在这一过程中,知道怎么才能做好,才是致知。

故曰:"物格而后知至。"① 致其知温之良知,而后温之意始诚;致其知奉养之良知,而后奉养之意始诚。故曰"知至而后意诚"。此区区诚意、致知、格物之说盖如此。吾子更熟思之,将亦无可疑者矣。

【注释】

① 物格而后知至:语出《大学》"物格而后知至,知至而后意诚,意诚而后心正,心正而后身修,身修而后家齐,家齐而后国治,国治而后天下平"。

【译文】

你信中说:"先生您所说的致知的功夫,是要保证父母的冬暖夏凉,怎样去奉养父母的诚意,而并非另有个什么格物,我想这恐怕不对吧。"

你按照自己的想法来揣度我的观点才这样说的,并不是我这样跟你说过。如果真像你说的那样,难道还有能讲得通的地方吗?我的看法是这样的:想让父母冬暖夏凉、想要侍奉父母,这只是所谓的意,而并不能把它当作诚意;一定是要笃行了让父母冬暖夏凉、侍奉他们的愿望,务必是自己在做的时候感到满意,没有违心,这样才能叫作诚意。知道如何让父母冬暖夏凉的礼节、知道怎样适宜地侍奉父母,只是所谓的知,而不能说已经是致知;必须知道了,并且切实完成所知道的礼节,才能称作致知。使父母冬暖夏凉的事,对父母奉养适宜的事,都只能算作是事物,而不能算作是格物;在父母冬暖夏凉和侍奉适宜的事情上,必须遵循自己的良知去做,而没有丝毫不到的地方,才叫作格物。父母冬暖夏凉的物"格"了,使父母冬暖夏凉的良知才是"致"了;奉养父母适宜的物"格"了,很好地侍奉父母的良知才算是"致"了。

所以《大学》里说:"物格而后知至。"有了让父母冬暖夏凉的良知,才能产生使父母冬暖夏凉的真诚的意念;有了适宜奉养的良知,才能产生奉养适宜的真诚的意念。所以《大学》说"知至而后意诚"。我说的诚意、致知、格物的学说大概就是这样。你再好好思考一下这个问题,也就没有什么可以怀疑的了。

【原文】

来书云："道之大端易于明白，所谓'良知良能，愚夫愚妇可与及者'①。至于节目时变之详，毫厘千里之谬，必待学而后知。今语孝于温凊定省，孰不知之？至于舜之不告而娶，武之不葬而兴师，养志、养口②，小杖、大杖③，割股④、庐墓⑤等事，处常处变、过与不及之间，必须讨论是非，以为制事之本。然后心体无蔽，临事无失。"

"道之大端易于明白"，此语诚然。顾后之学者忽其易于明白者而弗由，而求其难于明白者以为学，此其所以"道在迩而求诸远，事在易而求诸难"⑥也。孟子云："夫道若大路然，岂难知哉？人病不由耳。"良知良能，愚夫愚妇与圣人同。但惟圣人能致其良知，而愚夫愚妇不能致，此圣愚之所由分也。

"节目时变"，圣人夫岂不知？但不专以此为学。而其所谓学者，正惟致其真知，以精审此心之天理，而与后世之学不同耳。吾子未暇真知之致，而汲汲焉顾是之忧，此正求其难于明白者以为学之蔽也。夫良知之于节目时变，犹规矩尺度之于方圆长短也。节目时变之不可预定，犹方圆长短之不可胜穷也。故规矩诚立，则不可欺以方圆，而天下之方圆不可胜用矣；尺度诚陈，则不可欺以长短，而天下之长短不可胜用矣；良知诚致，则不可欺以节目时变，而天下之节目时变不可胜应矣。毫厘千里之谬，不于吾心真知一念之微而察之，亦将何所用其学乎？是不以规矩而欲定天下之方圆，不以尺哽而欲尽天下之长短。吾见其乖张谬戾，日劳而无成也已。

吾子谓"语孝于温凊定省，孰不知之"，然而能致其知者鲜矣。若谓粗知温凊定省之仪节，而遂谓之能致其知，则凡知君之当仁者，皆可谓之能致其仁之知；知臣之当忠者，皆可谓之能致其忠之知，则天下孰非致知者邪？以是而言可以知，"致知"之必在于行，而不行之不可以为"致知"也，明矣。知行合一之体，不益较然矣乎？

夫舜之不告而娶，岂舜之前已有不告而娶者为之准则，故舜得以考之何典、问诸何人而为此邪？抑亦求诸其心一念之良知，权轻重之宜，不得已而为此邪？武之不葬而兴师，岂武之前已有不葬而兴师者为之准则，故武得以考之何典、问诸何人，而为此邪？抑亦求诸其心一念之良知，权轻重之宜，不得已而为此邪？使舜之心而非诚于为无后⑦，武之心而非诚于为救民，则其不告而娶与不葬而兴师，乃不孝不忠之大者。而后之人不务致其良知，以精察义理于此心感应酬酢之间，顾欲悬空讨论此等变常之事，执之以为制事之本，以求临事之无失，其亦远矣。其余数端，皆可类推，则古人

王阳明说，有了规矩尺度，方圆长短就一目了然了，达到了致良知的境界，对细节的变化也就能应付自如了。

致知之学从可知矣。

【注释】

①愚夫愚妇可与及者：语出《中庸》"君子之道费而隐。夫妇之愚，可以与知焉；及其至也，虽圣人亦有所不知焉"。②养志、养口：典出《孟子·离娄上》。③小杖、大杖：典出《孔子家语·六本》。曾子在瓜地锄草时，锄掉了瓜苗。其父大怒，用大杖将其打昏在地。曾子醒来后，先向父亲请安，又回到屋里弹琴，使父亲知道自己安然无恙。孔子知道后很生气，教育曾子应像大舜侍奉父亲那样，父亲用小杖打时则坦然承受，用大杖打时就逃跑，以免使自己身体受伤，使父亲背上不义的罪名。④割股：春秋时期，晋文公重耳流亡时，介子推割大腿上的肉给文公吃。后以割股治疗父母之病为至孝。⑤庐墓：古时，父母亡故后，孝子在墓旁搭建草棚，一般要住三年，以表达对父母的哀思怀念之情。⑥"道在迩"二句：语出《孟子·离娄上》。⑦为无后：语出《孟子·离娄上》"不孝有三，无后为大。舜不告而娶，为无后也，君子以为犹告也"。

王阳明说，圣道本来很简单，而学者们却去追求那些很难明白的东西。

【译文】

你来信写道："圣道的宗旨很容易明白，就像先生说的'良知良能，愚夫愚妇可与及者'。至于具体的细节，随着时间的变化，往往差之毫厘、谬以千里，这需要学习之后才能明白。谈论孝道就是温清定省这些礼节，现在谁不明白？至于舜不请示父母就娶妻，武王还没有安葬文王便兴师伐纣，曾子养志而曾元养口，小杖承受而大杖逃跑，割股疗亲，为亲人守墓三年等事情，可能正常，可能不正常，这是处于过分与不足之间。必须讨论个是非曲直，作为处事的原则。然后人的心体没有遮蔽，这样临事才能没有过失。"

"圣道的宗旨很容易明白"，这句话是对的。只是后世的学者们往往忽略那些简单明白的道理不去遵循，却去追求那些很难明白的东西，这正是"道在迩而求诸远，事在易而求诸难"。孟子说："圣道像大路一样，难道很难明白吗？人们的毛病在于不去遵循罢了。"愚夫愚妇和圣人是同样拥有良知良能的。只是圣人能够意识并保存自己的良知，而愚夫愚妇则不能，这就是二者的区别。

"节目时变"，圣人对此岂有不知的？只是不一味地在这上面做文章罢了。圣人的学问，与后世所说的学问不同，它只是意识并保存自己的良知，以精确体察心中的天理。你不去保存自己的良知，而是念念不忘这些细节，这正是将那些难于理解的东西当作学问的弊病了。良知对于随着时间变化的具体细节，就像规矩尺度对于方圆长短一样。方圆长短的变化是无穷无尽的，具体细节随时间变化也不能够事先预测。因此，规矩尺度一旦确立，那么方圆长短就能一目了然了，而天下的方圆长短也就用不完了。确实已经达到了致良知的境界，那么具体细节随时间的变化也就一览无余，天下不断变化的细节就能应付自如了。差之毫厘、谬以千里，不在我们本心的良知上的细微处去体察，那你怎么去应用你所学的东西呢？这是不依照规矩尺度想去确定天下的方圆长短。这种狂妄的说法，只会每天徒劳而一无所成。

你说"语孝于温清定省，孰不知之"，然而真正知道的人很少。如果说简单地知道一些温清定省的礼节，便能认为他已经做到了致孝的良知。那么凡是那些知道应当仁爱百姓的国君，都能认为他能够致仁爱的良知；凡是知道应当忠诚的臣子，都能认为他能致忠诚的良知，那么天下哪个不是能够致良知的人呢？由此便明显可见，"致知"必须实践，没有实践便不能够称他能够"致知"。这样知行合一的概念，不是更加清楚了吗？

舜不告知父母而娶妻，难道是在舜之前便已经有了不告而娶的准则，所以舜能够考证某部经典或者询问于某人才这样做的吗？还是他依照心中的良知，权衡利弊轻重，不得已才这样做？周武王没有安葬文王便兴师伐纣，难道是武王之前便已经有了不葬而兴师的准则，所以武王能够考证某部经典或者询问某人才这样做的吗？抑或是他依照自己心中的良知，权衡利弊，不得已才这样做？如果舜并非担心没有后代，武王并非急于拯救百姓，那么，舜不禀报父母而娶妻，武王不葬文王而兴师，便是最大的不孝和不忠。后世的人不努力致其良知，不在处理事情上精细地体察天理，只顾空口谈论这中间时常变化的事物，并执着于此作为处理事情的准则，以求得遇事时没有过失，这也差得太远了。其余几件事也能够依此类推，那么古人致良知的学问就可以明白了。

十一

【原文】

来书云："谓《大学》格物之说，专求本心，犹可牵合。至于《六经》《四书》所载'多闻多见'①'前言往行'②'好古敏求'③'博学审问''温故知新''博学详说'④'好问好察'⑤，是皆明白求于事为之际，资于论说之间者，用功节目固不容紊矣。"

格物之义，前已详悉，牵合之疑，想已不俟复解矣。至于"多闻多见"，乃孔子因子张之务外好高，徒欲以多闻多见为学，而不能求诸其心，以阙疑殆，此其言行所以不免于尤悔，而所谓见闻者，适以资其务外好高而已。盖所以救子张多闻多见之病，而非以是教之为学也。夫子尝曰："盖有不知而作之者，我无是也。"⑥是犹孟子"是非之心人皆有之"之义也。此言正所以明德性之良知，非由于闻见耳。若曰"多闻，择其善者而从之，多见而识之"，则是专求诸见闻之末，而已落在第二义矣，故曰"知之次也"。夫以见闻之知为次，则所谓知之上者果安所指乎？是可以窥圣门致知用力之地矣。夫子谓子贡曰："赐也，汝以予为多学而识之者欤？非也，予一以贯之。"使诚在于多学而识，则夫子胡乃谬为是说以欺子贡者邪？一以贯之，非致其良知而何？《易》曰："君子多识前言往行以畜其德。"夫以畜其德为心，则凡多识前言往行者，孰非畜德之事？此正知行合一之功矣。

"好古敏求"者，好古人之学，而敏求此心之理耳。心即理也，学者学此心也，求者求此心也。孟子云："学问之道无他，求其放心而已矣。"非若后世广记博诵古人之

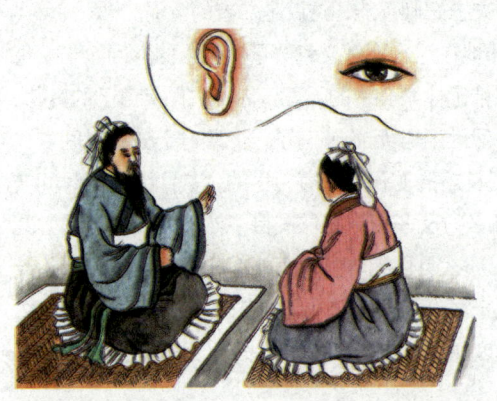

子贡好高骛远，以多闻多见当作学问，而不能认真存养本心。孔子告诉他，应该专心修习良知。

言词以为好古，而汲汲然惟以求功名利达之具于外者也。"博学审问"，前言已尽。"温故知新"，朱子亦以温故属之尊德性矣。德性岂可以外求哉？惟夫知新必由于温故，而温故乃所以知新，则亦可以验知行之非两节矣。"博学而详说之"者，将"以反说约也"。若无反约之云，则"博学详说"者果何事邪？舜之"好问好察"，惟以用中而致其精一于道心耳。道心者，良知之谓也。君子

王阳明说，致知必须实践，知道仁爱百姓，而不在行动上实践的国君，以及知道应当忠诚，而不在行动上实践的臣子，都不能算是致知的。

之学，何尝离去事为而废论说？但其从事于事为论说者，要皆知行合一之功，正所以致其本心之良知，而非若世之徒事口耳谈说以为知者，分知行为两事，而果有节目先后之可言也。

【注释】

① 多闻多见：意为通过多闻多见增长知识。语出《论语·为政》。② 前言往行：语出《周易·大畜》卦辞"君子以多识前言往行，以畜其德"。意为君子应该多了解古代前贤的言行，以积蓄自己的德性。③ 好古敏求：意为喜欢古学而勉力追求。语出《论语·述而》。④ 博学详说：语出《孟子·离娄下》"博学而详说之，将以反说约也"。意为广泛地学习并详细地解说，等到融会贯通之后，再回头来简略地叙述其精髓大义。⑤ 好问好察：意为喜欢请教别人，并且喜欢体察人们日常生活中的言谈，以便能了解民意。语出《中庸》。⑥ "盖有"二句：语出《论语·述而》："子曰：'盖有不知而作之者，我无是也。多闻，择其善者而从之；多见而识之，知之次也。'"

【译文】

你来信中说："您说《大学》里格物的学说，唯指寻求本心，还勉强说得通。至于《六经》《四书》记载的'多闻多见''前言往行''好古敏求''博学审问''温故知新''博学详说''好问好察'等，都是指在处事和辩论之中得到的，用功的内容和次序是不能弄乱和改变的。"

格物的含义，之前我都已经详细地谈过，你仍觉牵强，想必也不需要我再多加解释了。至于"多闻多见"，是孔子针对子张说的。子张好高骛远，只以多闻多见当作学问，而不能认真存养本心，所以心存疑惑，语言和行为里便难免有埋怨和悔恨，而他所谓的见闻，又恰恰滋长了他好高骛远的心性。所以孔子大概是为了纠正他多闻多见的毛病，而并非把多闻多见当作做学问。孔子曾说："盖有不知而作之者，我无是也。"就像孟子所说的"是非之心人皆有之"意思差不多。这话正好说明明德行的良知并不是从见闻中来的。孔子所说的"多闻，择其善者而从之，多见而识之"，则是专门从见闻的细枝末节中探求，是第二位的事情罢了，所以他又说"知之次也"。把见闻的知识当作是次要的学问，那么学问之首是指什么呢？从此处，对圣人致知用功的地方我们可以完全窥见了。孔子对子贡说："赐也，汝以予为多学而识之者欤？非也，予一以贯之。"如果果真在于多闻多见，那么孔子为何说这种话来欺骗子贡呢？一以贯之，不是致良知是什么？《易经》中说："君子多识前言往行以畜其德。"以积蓄德性为主，而更多地了解前人言行的人，不也是在做积蓄德性的事吗？这正是知行合一的功夫。

"好古求敏"，就是热衷于古人的学说并且勤奋敏捷地探求心中的理。心即是理，学习就是学习本心，探求就是探求本心。孟子说："学问之道无他，求其放心而已矣。"好古并不是像后世那样，广泛地背诵记忆古人的言辞，心中却念念不忘追求功名利禄等外在的东西。"博学审问"，前面也提及过。"温故知新"，朱熹也把它当作是尊德性的范畴。德性难道能从心外求得吗？知新必经由温故，温故才可知新，这又可作为知行并非两回事的有力证据。"博学而详说之"，是为了再返回至简约，如果不是为了返回至简约，那么"博学详说"到底是什么呢？舜好问好察，仅仅是中正平和地达到至精至纯合乎道心的境界。道心就是良知。君子的学问，什么时候离开过实践、废弃过辩说呢？但是实践和辩说的时候，都要知道知行合一的功夫，这正是致其本心的良知，而不是像后世学者那样只在口耳里空谈便当作认识了，把知行分而为二，才会产生用功有先后区分的说法。

十二

【原文】

来书云："杨、墨之为仁义①，乡原②之乱忠信，尧、舜、子之之禅让③，汤、武、楚项之放伐④，周公、莽、操之摄辅⑤，谩无印证，又焉适从？且于古今事变、礼乐名物未尝考识，使国家欲兴明堂，建辟雍，制历律，草封禅，又将何所致其用乎？故《论语》曰'生而知之'者，'义理耳。若夫礼乐，名物，古今事变，亦必待学而后有以验其行事之实'。此则可谓定论矣。"

所喻杨、墨、乡愿、尧、舜、子之、汤、武、楚项、周公、莽、操之辨，与前舜、武之论，大略可以类推。古今事变之疑，前于良知之说已有规矩尺度之喻，当亦无俟多赘矣。

至于明堂、辟雍诸事，似尚未容于无言者。然其说甚长，姑就吾子之言而取正焉，则吾子之惑将亦可以少释矣。夫明堂、辟雍之制，始见于《吕氏》之《月令》、汉儒之训疏。六经、四书之中，未尝详及也。岂吕氏、汉儒之知，乃贤于三代之贤圣乎？齐宣之时，明堂尚有未毁，则幽、厉之世，周之明堂皆无恙也。尧、舜茅茨土阶，明堂之制未必备，而不害其为治。幽、厉之明堂，固犹文、武、成、康之旧，而无救于其乱。何邪？岂能以不忍人之心，而行不忍人之政，则虽茅茨土阶，固亦明堂也；以幽、厉之心，而行幽、厉之政，则虽明堂，亦暴政所自出之地邪？武帝肇讲于汉，而武后盛作于唐⑥，其治乱何如邪？天子之学曰辟雍，诸侯之学曰泮宫⑦，皆象地形而为之名耳。然三代之学，其要皆所以明

王阳明说，尧、舜时代只有茅草屋，却天下大治，幽王、厉王时代，虽然有明堂，却仍然动乱，原因就在于有没有实行仁政。

人伦，非以辟不辟、泮不泮为重轻也。

【注释】

①杨、墨之为仁义：杨，即杨朱，字子居，又称阳生，战国时魏人，主张为我，近似于义。墨，即墨翟，战国时鲁人，墨家的创始人，提倡兼爱、非攻，反对儒家"爱有差等"，近似于仁。②乡原：指不讲原则、八面玲珑的好好先生。③尧、舜、子之之禅让：古代部落首领的职位传贤不传子，尧禅让于舜，舜禅让于禹。子之为战国时燕王哙的相国，后哙让位于子之，事见《史记·燕召公世家》。④汤、武，楚项之放伐：商汤放逐夏桀于南巢，周武王讨伐商纣于牧野，项羽杀义帝而自立为西楚霸王。⑤周公、莽、操之摄辅：周公在周成王年幼时摄政，待成王成年后还政于成王，为后世典范，事见《史记·周本纪》。王莽以外戚居大司马，杀汉平帝，立孺子婴，自摄其政，后篡位，改国号新，事见《汉书·王莽传》。曹操讨伐董卓，迎立汉献帝，自任丞相，挟天子以令诸侯，其子曹丕废献帝，建魏国，事见《三国志·魏志》。⑥武帝肇讲于汉，而武后盛作于唐：汉武帝时曾与大臣们议论立明堂之事，武则天曾毁乾元殿而立明堂。⑦泮宫：西周时诸侯设立的学校。

王阳明说，杨朱、墨子的仁与义，乡愿的破坏忠信，项羽的放逐与杀戮，都是他们依照心中的良知，权衡利弊轻重，不得已而做出来的。

【译文】

你来信说："杨朱、墨子的仁与义，乡愿的破坏忠信，尧、舜、子之的禅让，商汤、周武王、项羽的放逐与杀戮，周公、王莽、曹操的摄政，这些事情都无从考证，我们将从何去听信呢？而且对于古今事变、礼乐名物还未考察识别，假如国家想要兴建明堂、建立学校、制定历律、操办封禅大典，又将发挥什么作用呢？所以《论语》中说'生而知之者'，'义理耳，若夫礼乐，名物，古今事变，亦必待学而后有以验其行事之实也'。这可以被当作定论了。"

你提到的杨朱、墨翟、乡愿、尧、舜、子之、商汤、武王、项羽、周公、王莽、曹操等人之间的区别，就跟前面所说的舜和武王的情况大致相同，可以类推。古今事变的问题，前面在谈到良知的学说时，已经有了规矩尺度作为比喻，因此也无须多说了。

至于兴建明堂、建立学校等事，似乎不谈一谈还不行。但是说来话长，姑且就你提到的这些事情来加以辨析吧，你的困惑也能够稍微减少一点。明堂、学校的制度，最早在《吕氏春秋》的《月令》篇和汉代儒生的注释中出现，六经、四书里没有详细提到。难道吕不韦、汉代儒生的知识比三代圣贤的知识还要好吗？齐宣王时期，明堂尚且存留有未被毁掉的，那么幽王、厉王时，周王朝的明堂都应该是安然无恙的。尧舜时以茅草盖屋，以土为台阶，明堂之制还没有完备，但并不妨碍他们治理天下。幽王、厉王时的明堂，沿袭了文王、武王、成王、康王时期的旧制，但对于乱世也无补于世。为什么呢？这不是正好可以说明，能用怜恤他人的仁德之心来实施怜恤他人的仁政，即使是茅屋和土台阶，也仍旧是明堂，用幽王、厉王的心来行幽王、厉王的暴政，虽然有明堂的设立，也不过是他们施行暴政的地方？汉武帝重新探讨过立明堂的事，武则天也曾大建明堂，他们治理天下的情况又是怎样的呢？天子的学校叫辟雍，诸侯的学校叫泮宫，都以地形来命名。然而夏商周三代时的学校，都是以教育伦理纲常为主要目的，而不是看它的外表像不像璧环或者它是不是建造在水边。

十三

【原文】

孔子云："人而不仁，如礼何？人而不仁，如乐何？"制礼作乐，必具中和之德，声为律而身为度①者，然后可以语此。若夫器数之末，乐工之事，祝史之守。故曾子曰："君子所贵乎道者三……笾豆之事，则有司存也。"②尧"命羲、和，钦若昊天，历象日月星辰"，其重在于"敬授人时"也。③舜"在璇玑玉衡"，其重在于"以齐七政"④也。是皆汲汲然以仁民之心而行其养民之政。治历明时之本，固在于此也。羲和历数之学，皋、契未必能之也，禹、稷未必能之也；"尧、舜之知而不遍物"，虽尧、舜亦未必能之也。然至于今，循羲和之法而世修之，虽曲知小慧之人，星术浅陋之士，亦能推步占候⑤而无所忒。则是后世曲知小慧之人反贤于禹、稷、尧、舜者邪？

封禅之说，尤为不经，是乃后世佞人谀士所以求媚于其上，倡为夸侈以荡君心而靡国费。盖欺天罔人，无耻之大者，君子之所不道，司马相如之所以见讥于天下后世也。吾子乃以是为儒者所宜学，殆亦未之思邪？

夫圣人之所以为圣者，以其生而知之也。而释《论语》者曰："生而知之者，义理耳。若夫礼乐名物、古今事变，亦必待学而后有以验其行事之实。"夫礼乐名物之类，果有关于作圣之功也，而圣人亦必待学而后能知焉，则是圣人亦不可以谓之生知矣。谓圣人为生知者，专指义理而言，而不以礼乐名物之类。则是礼乐名物之类无关于作圣之功矣。圣人之所以谓之生知者，专指义理而不以礼乐名物之类，则是学而知之者亦惟当学知此义理而已，困而知之者亦惟当困知此义理而已。今学者之学圣人，于圣人之所能知者，未能学而知之，而顾汲汲焉求知圣人之所不能知者以为学，无乃失其所以希圣之方欤？凡此皆就吾子之所惑者而稍为之分释，未及乎拔本塞源⑥之论也。

【注释】

①声为律而身为度：意为大禹是标准的完人，他的声音是音律的标准，身长是尺度的标准。语出《史记·夏本纪》。②"君子所贵"三句：语出《论语·泰伯》："曾子言曰：'君子所贵乎道者三：动容貌，斯远暴慢矣；正颜色，斯近信矣；出辞气，斯远鄙倍矣。笾豆之事，则有司存。'"笾为竹制器皿，豆为木制器皿，笾豆之事指祭祀礼仪中的具体小事。存，此指掌管、安排。③"命羲、和"四句：意为尧命令羲氏与和氏，恭敬谨慎地遵循上天的意旨行事，观察推算日月星辰的运行情况，目的是制定和颁行历法。语出《尚书·尧典》。④"在璇玑玉衡"二句：语出《尚书·舜典》"在璇玑玉衡，以齐七政"。意为舜观测北斗星的运行，以排列七件政事。天璇、天玑、玉衡，北斗七星中的三颗。七政，指日、月、金、木、水、火、土。《尚书·大传》则认为"七政者，谓春、夏、秋、冬、天文、地理、人道"。⑤推步占候：推算历法，占卜天象。推步，推算天文历

王阳明说，尧命羲、和观察并推算日月星辰的运行情况，是为了制定历法，说到底是为了用仁爱百姓之心推行养育百姓的仁政。

法。占候，观察天象变化以测吉凶。⑥拔本塞源：意为拔除树根，堵塞水源，比喻从根本上破坏。语出《左传·昭公九年》。

【译文】

孔子说："人而不仁，如礼何？人而不仁，如乐何？"制定礼乐，必须具备中和的品德，他的声音能够作为音律、身高可以作为尺度，然后才有能力制定礼乐。至于器具等细节，那是乐功和祝史们的工作。所以曾子说："君子所贵乎道者三……笾豆之事则有司存也。"尧"命羲和，钦若昊天，历象日月星辰"，他的目的在于"敬授人时"；舜"在璇玑玉衡"，他的目的在于"以齐七政"。他们都念念不忘地用仁爱百姓之心推行养育百姓的仁政。制定历法、掌握时令，根本目的还是在于此。羲氏、和氏的历法和数学的学问，皋陶和契不一定能比得上，大禹和后稷也未必能比得上；正如孟子所说"尧、舜之知而不遍物"，即使尧舜也未必全知全能。然而发展到现在，后人世世代代遵循羲、和二人的方法，即使是一知半解有点小聪明的人，星术浅薄的相士，也能够推算历法、占卜天象，不出差错。难道是一知半解稍有智慧的人会倒会比大禹、后稷、尧舜还要贤德吗？

封禅之说，更是荒诞不经，全是后世奸佞、阿谀奉承的小人用这种方法向皇帝献媚，夸大其词，鼓荡君心，浪费国家财物。都是欺天骗人，无耻之极的，君子是不屑谈论的，这也就是司马相如之所以为天下后人所耻笑的原因。而你却以为这是儒生们应该学习的，恐怕也是没有经过深思熟虑吧？

圣人之所以是圣人，全因他们"生而知之"。然而朱熹在解释《论语》时说："'生而知之'者，义理耳。若夫礼乐名物、古今事变，亦必待学而后有以验其行事之实。"礼乐名物等功夫，果真和圣人有关，圣人也须学习之后才能知晓，那么圣人也不能称得上是生而知之了。称圣人生而知之，是专门就义理而言的，并不是指礼乐名物这些东西，礼乐名物这些和成为圣人无关。之所以说圣人是生而知之的，专指义理而非礼乐名物，学而知之的人，也应该只是学这个义理罢了；困而知之的人，也应该只是在困难中学这个义理罢了。现在的学者学习圣人，对于圣人所知道的不去好好学习，却反过来念念不忘地去学习圣人所不知道的作为学问，这难道不是将成为圣人的方向迷失了吗？我说的这些都是针对你感到困惑的地方稍加解释，还没有在拔去病根，堵塞病源上去澄清问题。

王阳明说，圣人的生而知之，是专指懂得义理，而不是现在的学者所学习的作为、学问。

十四

【原文】

夫拔本塞源之论不明于天下，则天下之学圣人者，将日繁日难，斯人沦于禽兽夷狄而犹自以为圣人之学。吾之说虽或暂明于一时，终将冻解于西而冰坚于东，雾释于前而云于后，呶呶焉危困以死，而卒无救于天下之分毫也已。

夫圣人之心以天地万物为一体，其视天下之人，无外内远近，凡有血气，皆其昆弟赤子之亲，莫不欲安全而教养之，以遂其万物一体之念。天下之人心，其始亦非有异于圣人也，特其间于有我之私，隔于物欲之蔽，大者以小，通者以塞，人各有心，

王阳明说，人的才能是有差异的，有的人擅长礼乐，有的人擅长政治教化，有的人擅长水利农事，要依据他们的德行来培养他们的才能。

至有视其父、子、兄、弟如仇雠者。圣人有忧之，是以推其天地万物一体之仁以教天下，使之皆有以克其私、去其蔽，以复其心体之同然。其教之大端，则尧、舜、禹之相授受，所谓"道心惟微，惟精惟一，允执厥中"；而其节目，则舜之命契，所谓"父子有亲，君臣有义，夫妇有别，长幼有序，朋友有信"五者而已。①唐、虞、三代之世，教者惟以此为教，而学者惟以此为学。当是之时，人无异见，家无异习，安此者谓之圣，勉此者谓之贤，而背此者虽其启明如朱②，亦谓之不肖。下至闾井田野，农、工、商、贾之贱，莫不皆有是学，而惟以成其德行为务。何者？无有闻见之杂，记诵之烦，辞章之靡滥，功利之驰逐，而但使孝其亲，弟其长，信其朋友，以复其心体之同然。是盖性分之所固有，而非有假于外者，则人亦孰不能之乎？

学校之中惟以成德为事，而才能之异，或有长于礼乐、长于政教、长于水土播植者，则就其成德，而因使益精其能于学校之中。迨夫举德而任，则使之终身居其职而不易。用之者惟知同心一德，以共安天下之民，视才之称否，而不以崇卑为轻重，劳逸为美恶。效用者亦惟知同心一德，以共安天下之民，苟当其能，则终身处于烦剧而不以为劳，安于卑琐而不以为贱。当是之时，天下之人熙熙皞皞，皆相视如一家之亲。其才质之下者，则安其农、工、商、贾之分，各勤其业以相生相养，而无有乎希高慕外之心。其才能之异，若皋、夔、稷、契者，则出而各效其能。若一家之务，或营其衣食，或通其有无，或备其器用，集谋并力，以求遂其仰事俯育③之愿，惟恐当其事者之或怠而重己之累也。故稷勤其稼而不耻其不知教，视契之善教即己之善教也；夔司其乐而不耻于不明礼，视夷之通礼即己之通礼也。盖其心学纯明，而有以全其万物一体之仁，故其精神流贯，志气通达，而无有乎人己之分，物我之间。譬之一人之身，目视、耳听、手持、足行，以济一身之用，目不耻其无聪，而耳之所涉，目必营焉；足不耻其无执，而手之所探，足必前焉。盖其元气充周，血脉条畅，是以痒疴呼吸，感触神应，有不言而喻之妙。此圣人之学所以至易至简，易知易从，学易能而才易成者，正以大端惟在复心体之同然，而知识技能非所与论也。

【注释】

① "舜之命契"六句：语出《孟子·滕文公上》"圣人有忧之，使契为司徒，教以人伦：父子有亲，君臣有义，夫妇有别，长幼有序，朋友有信"。② 启明如朱：语出《尚书·尧典》："放齐曰：'胤子朱，启明。'帝曰：'吁，嚚讼，可乎？'"③ 仰事俯育：语出《孟子·梁惠王上》"是故明君制民之产，必使仰足以事父母，俯足以畜妻子"。

【译文】

　　拔去病根，堵塞病源的学说没有在天下大白，那么天下人学习圣人，将会一天比一天感到烦琐艰难，最后沦落为禽兽夷狄还自以为学的是圣人的学说。我的学说虽然可能暂时让圣道明于一时，但终将是松了西边的冻，冰又在东边冻上了，前面的雾散开了后面的云又涌了出来，我就是喋喋不休地在危困中将我的学说宣扬至死，但对拯救天下也丝毫起不到作用。

　　圣人的心和天地万物是一体的，他看待天下所有人，没有内外远近的区分，凡是有血有呼吸的都是兄弟儿女般至亲之人，无一不想给他们安全感，并且教养他们，以实现他与天地万物为一体的心愿。天下人的心，起初也不会不同于圣人，只是后来在其间夹杂了为自己的私心，被物欲所蒙蔽，为天下的大心变成了为自己的小心，通达的心被堵塞，人人都各有私心，甚至还有把自己的父亲、儿子、兄弟像仇人一样看待的人。圣人对此深感忧虑，因此推广他的天地万物为一体的仁爱学说来教化世人，使他们都克制私欲、去除物欲的蒙蔽，以恢复他们原本相同的本心。这就是圣人教化的主旨，就是尧、舜、禹三代所沿袭的"道心惟微，惟精惟一，允执厥中"；它的具体内容，就是舜命令契的所谓"父子有亲，君臣有义，夫妇有别，长幼有序，朋友有信"。唐尧、虞舜与夏、商、周三代，所教所学唯有这些。在那个时候，人人都没有不同的意见，家家都没有不同的习惯，安于这些的就是圣人，通过勉励自己能做到的就是贤人，而违背这些做法的人，即使有丹朱一样的聪明，也会被当作不肖之徒。下至田野市井里从事农、工、商、贾的人，都会纷纷学习这些，而且仅仅把修养德行当作首务。为什么？因为那个时候大家没有旁杂的见闻，没有繁复的记诵，没有泛滥芜杂的诗词章句，不用追逐功名利禄，只是孝敬父母，尊敬兄长，信任朋友，以恢复心体所固有的。这些是人性中本来就存在的，而不是需要从外边假借的，哪个人会做不到呢？

　　学校以培养人的品德为任务。而人的才能有差异，有的人擅长礼乐，有的人擅长政治教化，有的人擅长水利农事，这就需要依据他们所成就的德行，在学校中进一步培养各自的才能。依据德行让他任职，才能让他在自己的职位上终生不会更改。用人者只知同心同德，使天下百姓共同安定，只注重他的才能是否与职位相称，而不因为身份的高低分轻重，不以职业的种类分贵贱。被任用的人也只知道同心同德，让天下百姓安居乐业，如果自己的职位符合自己的才能，那么即使是一生从事繁重的工作也不觉得辛苦，安于卑微琐碎的工作而不会感到低贱。在那个时候，天下人都高高兴兴，互相当作一家人看待。那些才智低下的人，就安于农、工、商、贾的本分，兢兢业业，互相为对方提供生活必需品，也不会有攀比、虚荣的心思。那些有超群才能的人，比如皋陶、夔、后稷、契，便出仕为官，各自发挥自己的才能。整个天下就像一个大家庭，有的人经营衣服、食物，有的人经商互通有无，有的人制造器具，大家团结合作，齐心协力，来完成供养父母、教养子女的意愿，深恐自己在做某一件事时有所怠慢，因而特别重视自己的职责。所以后稷勤于稼穑而不因为自己不知道教化别人感到羞耻，而是把契的善于教化当作是自己的善于教化；夔专于音乐而不因

王阳明说，圣人的心和天地万物是一体的，他看待天下所有人，都没有内外远近的区分。

为自己不知道礼仪而感到羞耻,而是把伯夷的通晓礼仪当作自己的通晓礼仪。大概他们的心纯净明亮,具有与天下万物为一体的仁爱之心,所以他们的精神、志气通畅顺达,没有你我的区分,人和物的区别。就像一个人的身体,眼睛看、耳朵听、用手拿、用脚走,都是为了满足自身的需要。眼睛不因自己听不见觉得羞耻,当耳朵听到声音的时候,眼睛一定会辅佐耳朵;脚不会因为不能拿而感到羞耻,当手去拿东西的时候,脚也一定会向前迈。由于人身元气周流,血液畅通,即使是小病和呼吸,感官也能感觉到,并有神奇的反应,其间有不可言喻的神妙。圣人的学问极容易极简单,容易通晓和实践,容易学习容易成才,正是因为它的主旨在于恢复心体所共有的东西,而没有涉及知识技能。

十五

【原文】

三代之衰,王道熄而霸术昌;孔孟既没,圣学晦而邪说横。教者不复以此为教,而学者不复以此为学。霸者之徒,窃取先王之近似者,假之于外以内济其私己之欲,天下靡然而宗之,圣人之道遂以芜塞。相仿相效,日求所以富强之说、倾诈之谋、攻伐之计,一切欺天罔人,苟一时之得以猎取声利之术,若管、商、苏、张①之属者,至不可名数。既其久也,斗争劫夺,不胜其祸,斯人沦于禽兽夷狄,而霸术亦有所不能行矣。

世之儒者慨然悲伤,搜猎先圣王之典章法制,而掇拾修补于煨烬之余,盖其为心,良亦欲以挽回先王之道。圣学既远,霸术之传积渍已深,虽在贤知皆不免于习染,其所以讲明修饰,以求宣畅光复于世者,仅足以增霸者之藩篱,而圣学之门墙遂不复可睹。于是乎有训诂之学,而传之以为名;有记诵之学,而言之以为博;有辞章之学,而侈之以为丽。若是者纷纷籍籍,群起角立于天下,又不知其几家,万径千蹊,莫知所适,世之学者如入百戏之场,欢谑跳踉、骋奇斗巧、献笑争妍者,四面而竞出,前瞻后盼,应接不遑,而耳目眩瞀,精神恍惑,日夜遨游淹息其间,如病狂丧心之人,莫自知其家业之所归。时君世主亦皆昏迷颠倒于其说,而终身从事于无用之虚文,莫自知其所谓。间有觉其空疏谬妄、支离牵滞,而卓然自奋,欲以见诸行事之实者,极其所抵,亦不过为富强功利五霸②之事业而止。

圣人之学日远日晦,而功利之习愈趋愈下。其间虽尝瞽惑于佛老,而佛老之说卒亦未能有以胜其功利

三代之衰,王道熄而霸术昌;孔孟既没,圣学晦而邪说横。

心；虽又尝折衷于群儒，而群儒之论终亦未能有以破其功利之见。盖至于今，功利之毒沦浃于人之心髓而习以成性也，几千年矣。相矜以知，相轧以势，相争以利，相高以技能，相取以声誉。其出而仕也，理钱谷者则欲兼夫兵刑，典礼乐者又欲与于铨轴③，处郡县则思藩臬④之高，居台谏⑤则望宰执⑥之要。故不能其事则不得以兼其官，不通其说则不可以要其誉。记诵之广，适以长其敖也；知识之多，适以行其恶也；闻见之博，适以肆其辨也；辞章之富，适以饰其伪也。是以皋、夔、稷、契所不能兼之事，而今之初学小生皆欲通其说，究其术。其称名僭号未尝不曰"吾欲以共成天下之务"，而其诚心实意之所在，以为不知是则无以济其私而满其欲也。

王阳明感叹圣人的学说日渐遥远晦暗，追名逐利的习气却越来越严重。

呜呼！以若是之积染，以若是之心志，而又讲之以若是之学术，宜其闻吾圣人之教，而视之以为赘疣枘凿；则其以良知为未是，而谓圣人之学为无所用，亦其势有所必至矣！

呜呼！士生斯世而尚同以求圣人之学乎？尚同以论圣人之学乎？士生斯世而欲以为学者，不亦劳苦而繁难乎？不亦拘滞而险艰乎？呜呼，可悲也已！所幸天理之在人心，终有所不可泯，而良知之明，万古一日，则其闻吾拔本塞源之论，必有恻然而悲，戚然而痛，忿然而起，沛然若决江河而有所不可御者矣。非夫豪杰之士，无所待而兴起者，吾谁与望乎！

【注释】

①管、商、苏、张：管，即管仲，名夷吾，春秋时人，帮助齐桓公成为第一个霸主。商，即商鞅，公孙氏，名鞅，卫国人，亦称卫鞅。在秦国实行变法，使秦国国力大增。苏，即苏秦，战国时洛阳人，游说六国合纵拒秦，一度身佩六国相印。张，即张仪，战国时魏人，任秦惠王相，以连横之说策动六国与秦交好，分化瓦解六国的团结，以便各个击破。这四人均有杰出的治国才能。②五霸：春秋时五个称霸的诸侯，指齐桓公、晋文公、宋襄公、秦穆公、楚庄王。一说指齐桓公、晋文公、楚庄王、吴王阖闾、越王勾践。③铨轴：吏部要职。④藩臬：指藩司和臬司。藩司，明清时置提刑按察司，主管一省的司法。⑤台谏：御史台与谏议大夫。⑥宰执：唐朝时以中书省长官中书令及门下省长官侍中任宰相，为真宰相。其他官任宰相的，则加同中书门下三品、中书门下平章事、参知政事等名，统称为宰执。宋代则以同平章事为宰相，其他如参知政事、左右丞及枢密使、副使则称执政官，合称宰执。

【译文】

自夏、商、周三代之后，王道衰微而霸术昌盛；孔子、孟子死了之后，圣学晦暗而邪说横行。教者、学者不再以圣学为重。施行霸道的人，偷取与先王相似的东西，借助外在的知识来掩盖自己的私欲，天下的人都糊里糊涂地尊崇他们，圣道便被荒废阻塞了。世人相互效仿，整日妄求富国强兵的学说、倾轧诈骗的谋术、攻打讨伐的计策，以及一切欺天罔人，能够在一时之间借以获得功名利禄的手段。像管仲、商鞅、苏秦、张仪等这类的人，多得不可计数。长此以往的斗争掠夺，祸害无穷，这

▲ 王阳明认为，群儒的论说根本无法攻破人们追逐功利的想法。

些人沦落为夷狄禽兽，就连霸道权术也无法再推行了。

世间的儒士们感慨悲伤，搜寻圣王留下的典章制度，在焚书的灰烬中拾掇修补，他们的用心，是想挽回先王的圣道。然而圣学已经很久远了，霸术的流传已经积淀很深，即使是贤明睿智的人，都不免被霸术所沾染，他们为求得圣学的发扬光大，对圣学做出的讲解修饰，也仅仅能够增强霸道的力量，而圣学则再也寻不到痕迹了。

于是解释古书的训诂学，给霸术的虚名传播名誉；记诵圣学的学问，所记言论显示霸术的博学；辞章的学问，语言奢靡华丽为它求得文采。像这样的人纷纷扰扰，竞相争斗，不知有多少。众多的旁门左道，不知何所适从。天下的学者好像进入了百戏同演的剧场，嬉戏跳跃、竞奇斗巧、争妍献笑之人，都从四面八方涌出，令人前瞻后盼，应接不暇，以至耳聋目眩，精神恍惚，日夜遨游其中，就像是丧心病狂的人，不知道从哪里回到自己的家了。那时君王们也都在这些学问里神迷颠倒，终生致力于无用的虚文，其实根本不知道说了些什么。间或有意识到这类学问的空洞浅薄荒谬虚妄、支离破碎，便想发奋自强，想要用实际行动做些事情的人，全身心地投入，尽他所能，也只不过是为争取富强功利的霸业罢了。

圣人的学说日渐遥远晦暗，追逐功利的习气，却越来越严重。其间虽然曾经有被佛道两家的学说所迷惑的人，但佛、道的学说最终也没能战胜世人追逐名利的心；虽然有人曾拿群儒的观点来折中，但是群儒的论说最后也无法攻破人们追逐功利的想法。大概到了今天，追逐功利的流毒已经侵入骨髓，积习成性，有数千年之久了。人们在知识上互相夸耀，在权势上互相倾轧，在利益上互相争夺，在技术上互相攀比，在名声上互相竞争。那些出仕为官的，管理了钱粮便还想兼管军事和司法；管礼乐的人又想占据吏部要职；郡县里做官的人想到省里任主管大官；位居御史台和谏议大夫的官员又眼巴巴地盯着宰相的要职。原本没有某方面才能便不能任某职；不通晓某方面是学说便不能取得相应的声誉。但是广泛的记忆恰好助长了他们的傲慢无知；知识丰富正好使他们能够行恶；见闻的广博正好使他们肆意诡辩；文采的华丽正好掩饰他们的虚伪。因此，原本皋陶、夔、后稷、契都不能做到的事情，现在却是初学的小孩子都想要通晓它的理论、研究它的方法。他们树立的名义招牌何尝不是"我想成就天下人共同的事业"，然而究其本意，就是用这个做幌子来满足他们的私欲，实现他们的私心。

呜呼！凭着这样的积习熏染，凭着像这样的心态，又讲求着这样的学问，所以当他们听到圣人的教化时，自然视之为累赘包袱；他们把良知看作是不完美的，而把圣人的学说当作是无用的东西，也是势所必然的！

唉！儒生们生在这种世道，怎么去追求圣学呢？怎么去谈论圣学呢？生活在这样的时代想要成为学者，不也是太过劳苦繁重了吗？不也太过困难艰险了吗？唉，可悲呀！所幸的是天理存在于人的内心，终究是不可泯灭的，良知重见光明，终有一日，听了我正本清源的学说的人，一定会慨叹悲伤，愤然而起，就像决堤的江河一样势不可挡。如果没有英雄豪杰，不能期待他们愤然兴起，我还能指望谁呢！

答周道通书

一

【原文】

吴、曾两生至，备道道通①恳切为道之意，殊慰相念。若道通，真可谓笃信好学者矣。忧病中会，不能与两生细论，然两生亦自有志向肯用功者，每见辄觉有进。在区区诚不能无负于两生之远来，在两生则亦庶几无负其远来之意矣。临别以此册致道通意，请书数语。荒愦无可言者，辄以道通来书中所问数节，略下转语奉酬。草草殊不详细，两生当亦自能口悉也。

来书云："日用功夫只是立志，近来于先生诲言时时体验，愈益明白。然于朋友不能一时相离，若得朋友讲习，则此志才精健阔大，才有生意。若三五日不得朋友相讲，便觉微弱，遇事便会困，亦时会忘。乃今无朋友相讲之日，还只静坐，或看书，或游衍经行，凡寓目措身，悉取以培养此志，颇觉意思和适。然终不如朋友讲聚，精神流动，生意更多也。离群索居之人，当更有何法以处之？"

此段足验道通日用功夫所得。功夫大略亦只是如此用，只要无间断，到得纯熟后，意思又自不同矣。大抵吾人为学，紧要大头脑，只是立志。所谓困、忘之病，亦只是志欠真切。今好色之人，未尝病于困忘，只是一真切耳。自家痛痒自家须会知得，自家须会搔摩得，既自知得痛痒，自家须不能不搔摩得，佛家谓之"方便法门"。须是自家调停斟酌，他人总难与力，亦更无别法可设也。

【注释】

① 道通：名冲，字道通，号静庵，江苏宜兴人。先师从王阳明，后师从湛若水，能够协调王、湛两家的学说。

【译文】

吴、曾两位年轻人到我这里，跟我详细备至地说了你恳切向道的心意，我深感欣慰和挂念。像你这样，真的可以称得上是笃信好学的人了。只可惜我正在为家父守丧期间，心情忧伤，未能和他们两个细谈，然而，他们两个极有志向，每次见面就会觉得他们有所进步。从我的角度而言，我实在不能辜负他们的远道而来的用意，对他们来说，也没有辜负远道而来的用意。临走时，我写了这封信表达对你的问候。在这个糊涂思绪不明

吴、曾两人来访问王阳明，详细讲述了周道通恳切求道的意向。

王阳明说，做学问只要志向真切，就能像好色的人不会忘记美色一样不会有困惑和遗忘，这要靠自己，就像自己的痛痒要自己才能搔一样。

的时候，只就你的来信里问到的几个问题，做个简单解释，算是交代。草草几句不太详细，他们两位应该自会向你口头转达的。

你来信中说："平日功夫仅仅是立志，近来时时体察检验先生的教导，更觉得明白了。但是我时时都离不开朋友，如果朋友们互相讲习，我的志向才会精健阔大，充满生机。但是如果有三五天我没有和朋友互相讲习，志向便变得微弱，遇事就会产生困惑，并且时会忘掉。现在我没有朋友一起讲习的时候，便只是静坐着，或者看书，或者随便走走，举目投足之间，我都是为了培育这个志，觉得心舒意适。然而终究还是不如朋友聚在一起讲习的时候那样精神振奋，更有生机。离群隐居的人，有什么更好的方法来帮助立志呢？"

这段话足以证明你平日里用功时所得到的收获。立志的功夫大概只是这样，只要每天坚持，没有不间断，等到功夫纯正熟练后，感觉自然会有所不同。一般来说我们做学问，最关键的只是立志。有困惑、遗忘的毛病，也只是因为志向不够真切。好色的人从来不会有困惑和遗忘的时候，只是因为他好色的欲望更真切罢了。自己的痛痒自己应当会知道，应当会自己搔痒按摩，既然知道了痛痒，自己也就不得不搔痒按摩了，佛教把这叫作"方便之门"。必须自己调整斟酌，别人总是很难帮忙的，也再没有别的方法可以借鉴的了。

二

【原文】

来书云："上蔡①常问'天下何思何虑'，伊川云：'有此理，只是发得太早。'②在学者功夫，固是'必有事焉而勿忘'，然亦须识得'何思何虑'的气象，一并看为是。若不识得这气象，便有正与助长之病；若认得'何思何虑'，而忘'必有事焉'功夫，恐又堕于无也。须是不滞于有，不堕于无。然乎否也？"

所论亦相去不远矣，只是契悟未尽。上蔡之问与伊川之答，亦只是上蔡、伊川之意，与孔子《系辞》原旨稍有不同。《系》言"何思何虑"，是言所思所虑只是一个天理，更无别思别虑耳，非谓无思无虑也。故曰："同归而殊途，一致而百虑，天下何思何虑？"云"殊途"，云"百虑"，则岂谓"无思无虑"邪？心之本体即是天理，天理只是一个，更有何可思虑得？天理原自寂然不动，原自感而遂通。学者用功，虽千思万虑，只是要复他本来体用而已，不是以私意去安排思索出来。故明道云："君子之学，莫若廓然而大公，物来而顺应。"若以私意去安排思索，便是用智自私矣。"何思何虑"正是功夫，在圣人分上便是自然的，在学者分上便是勉然的。尹川却是把作效验看了，所以有"发得太早"之说。既而云"却好用功"，则已自觉其前言之有未尽矣。濂溪主静之论亦是此意。今道通之言，虽已不为无见，然亦未免尚有两事也。

【注释】

① 上蔡：谢良佐（1050~1103），字显道，河南上蔡人，世称上蔡先生，进士，为程门四大弟子之一。
② "伊川云"句：《河南程氏外书·上蔡语录》记载谢氏与程颐的对话："二十年往见伊川。伊川曰：'近日事如何？'某对曰：'天下何思何虑？'伊川曰：'是则是有此理，却发得太早。'"

【译文】

来信中曾说："谢良佐先生曾经问'天下何思何虑'，程颐先生说：'有此理，只是发得太早。'从学者的功夫来说，固然是'必有事焉而勿忘'，但也应当明白'何思何虑'的气象，放在一块综合起来看才对。若没有看清楚这种气象，就会滋生期望过高与助长的弊病；如果明白了'何思何虑'，但忘'必有事焉'的功夫，恐怕又会掉入虚无的误区里。应该既不为有所牵滞，又不堕入虚无。是这样吗？"

王阳明认为，天理只要自己感应了就能通达，所以不需要思虑。这说的是为学的功夫，而程颐在回答谢良佐的问题时，把它当作了效应。

你所说的也差不多正确，只是还没有领悟透彻。谢良佐先生与程颐先生的回答，实际上只是他们两个人的意思，与孔子《系辞》中的原意本就稍有出入。《系辞传》所讲的"何思何虑"，是指所思虑的只是一个天理，之外再没有别的思虑，而并不是说完全没有什么思虑。所以说"同归而殊途，一致而百虑，天下何思何虑？"说"殊途"，说"百虑"，难道也是"无思无虑"吗？心的本体就是天理，而天理只有一个，除此之外还有别的什么可以思虑的呢？天理原本是寂静不动的，原本就是自己感应了之后就能通达的。学者用功，即使有百思千虑，也只是恢复他心的本体和作用而已，而并非用自己的私愿能安排思索出来的。所以程颢先生说："君子之学，莫若廓然而大公，物来而顺应。"如果凭着私欲去安排思索，便是在私欲上用才智。"何思何虑"正是做学问的功夫，在圣人是自然而然的，但是在学者就必须勉强才能做到。程颐先生却把它当作作功夫的效果看待了，所以才会有"发得太早"的说法，接着又说"却好用功"，则是他自己觉察到前面所说的话还有欠缺。周敦颐先生主静的观点也是这个意思。现在你的看法，虽然不能说不是你自己的见地，但还是把功夫当两回事来看待了。

三

【原文】

来书云："凡学者才晓得做功夫，便要识认得圣人气象①。盖认得圣人气象，把做准的，乃就实地做功夫去，才不会差，才是作圣功夫。未知是否？"

先认圣人气象，昔人尝有是言矣，然亦欠有头脑，圣人气象自是圣人的，我从何处识认？若不就自己良知上真切体认，如以无星之秤而权轻重，未开之镜而照妍媸，真所谓以小人之腹而度君子之心矣。圣人气象何由认得？自己良知原与圣人一般，若体认得自己良知明白，即圣人气象不在圣人而在我矣。程子尝云："觑著尧，学他行事，无他许多聪明睿智，安能如彼之动容周旋中礼？"②又云："心通于道，然后能辨是非。"③今且说"通于道"在何处？"聪明睿智"从何处出来？

王阳明说，学者用功，即使有百思千虑，也只是恢复他心的本体和作用而已。

【注释】

①圣人气象：程颐语，出自《河南程氏遗书》卷二十二："凡看文字，非只是要理会语言，要识圣贤气象。"②"觑著尧"四句：语出《河南程氏遗书》卷十八。意为看着尧，学习他如何做事，但没有他的聪明睿智，怎么能像他那样一举一动都符合礼仪呢？③心通于道，然后能辨是非：意为只有心与天理相通，然后才能明辨是非。语出《河南程氏遗书》卷五。

【译文】

来信中写道："但凡学者刚刚开始懂得做功夫，就应当认识圣人的气象。大概认识了圣人的气象，把它当作准则，真切实际地去下功夫，才不会有差错出现，才是作圣人的功夫。不知道是不是这样？"

先认识圣人气象，过去的人有这样说过的，然而也是欠缺要领，圣人的气象自然是圣人的，我们从何处能够体认到呢？如果不在自己的良知上真切体认，就像是用没有准星的秤去称轻重，用没有打磨过的铜镜去照美丑。真是所谓的以小人之心度君子之腹了。圣人的气象从何去体认得到呢？自身的良知原本就同圣人是一样，如果把自己的良知体认清楚了，那么圣人的气象不在圣人身上而在我们自己身上了。程颐先生曾说："觑著尧，学他行事，无他许多聪明睿智，安能如彼之动容周旋中礼？"又说："心通于道，然后能辨是非。"现在你姑且说说哪里可以与天理相通？而"聪明睿智"又从哪里得来？

四

【原文】

来书云："'事上磨炼'，一日之内，不管有事无事，只一意培养本原。若遇事来感，或自己有感，心上既有觉，安可谓无事？但因事凝心一会，大段觉得事理当如此，只如无事处之，尽吾心而已。然仍有处得善与未善，何也？又或事来得多，须要次第与处，每因才力不足，辄为所困，虽极力扶起而精神已觉衰弱。遇此未免要十分退省①，宁不了事，不可不加培养。如何？"

所说功夫，就道通分上也只是如此用，然未免有出入在。凡人为学，终身只为这一事，自少至老，自朝至暮，不论有事无事，只是做得这一件，所谓"必有事焉"者也。若说"宁不了事，不可不加培养"，却是尚为两事也。"必有事焉而勿忘勿助"，事物之来，但尽吾心之良知以应之，所谓"忠恕违道不远"②矣。凡处得有善有未善，及有困顿失次之患者，皆是牵于毁誉得丧，不能实致其良知耳。若能实致其良知，然后见得平日所谓善者未必是善，所谓未善者，却恐正是牵于毁誉得丧，自贼其良知者也。

【注释】

①退省：意为退下来反省。语出《论语·为政》："吾与回言终日，不违如愚，退而省其私，亦足以发。回也不愚。"②忠恕违道不远：语出《中庸》："忠恕违道不远，施诸己而不愿，亦勿施于人。"

【译文】

信中写道："先生所说'事上磨炼'，一天之内，不管有事没事，只一心培养心体的本原。如果遇到事情有了感触，或自己有了感解，心中已经感觉到了，怎么能认为是无事呢？但是大致上觉得事理应当是因为此事聚精会神地思考一会儿。而就像什么事也没有发生一样处理，则是尽我们的本心罢了。但是仍然会有事情处理得好或不好的区别，为什么呢？又或者事情发生得很多，需要分出先后顺序来依次处理，但是因为我才智不足，总会为事情所困扰，即使是极力坚持，精神也会觉得疲惫不堪。遇到这种情况，未免需要退下来自己反省，宁肯不完成事情，也不能不存养本心。这样做对吗？"

王阳明说，做事与培养本体是一件事，其根本在于致良知。

所说的功夫，按照你的天分，也就只能是这样，但是仍旧还有些出入。一般人做学问，终身只为了这一件事，从少到老，从早到晚，不管有事没事，只要能够做到这一件事就行了，所谓"必有事焉"。如果说"宁肯不做事，也不能不培养本体"，就是把做事与培养本体当作两件事看待了。"必有事焉而勿忘勿助"，事情发生的时候，只需尽我们本心的良知去应付，所谓"忠恕违道不远"。处理事情有好有不好的区别，以及有困扰和混乱的担心，都是由于在意毁誉得失，不能真正地做到致良知罢了。如果能真切地致良知，然后就会明白平日所说的好未必就是真的好的，所谓不好的，恐怕正是为毁誉得失所牵累，而自己损害了自己良知罢了！

五

【原文】

来书云："致知之说，春间再承诲益，已颇知用力，觉得比旧尤为简易。但鄙心则谓与初学言之，还须带格物意思，使之知下手处。本来致知格物一并下，但在初学未知下手用功，还说与格物，方晓得致知。"云云。

格物是致知功夫，知得致知便已知得格物。若是未知格物，则是致知功夫亦未尝知也。近有一书与友人，论此颇悉，今往一通，细观之当自见矣。

【译文】

来信中说："春天承蒙您再次教诲致知的学说，我已经深知如何用功，觉得比以前尤为简单了。但是我心中认为，对于初学者而言，还应当再带上格物的意思，使他们知道入门的地方。本来致知格物是一起用功的，但在初学者还不知道从何处下手的时候，先说格物，这样才能懂得致知。"等等。

格物是致知的功夫，懂得致知就是已经知道了格物。如果还不知道格物，那么就是致知的功夫还不曾弄明白。我先前有一封信给朋友，讨论了这个问题，很是详细，相信认真读后，就会明白。

王阳明说，格物是致知的功夫，懂得致知就是已经知道了格物。

六

【原文】

来书云："今之为朱、陆之辨者尚未已。每对朋友言，正学不明已久，且不须枉费心力为朱、陆争是非。只依先生'立志'二字点化人，若其人果能辨得此志来，决意要知此学，已是大段明白了。朱、陆虽不辨，彼自能觉得。又尝见朋友中见有人议先生之言者，辄为动气。昔在朱、陆二先生所以遗后世纷纷之议者，亦见二先生功夫有未纯熟，分明亦有动气之病。若明道则无此矣。观其与吴涉礼论介甫①之学云：'为我尽达诸介甫，不有益于他，必有益于我也。'②气象何等从容！尝见先生与人书③中亦引此言，愿朋友皆如此，如何？"

此节议论得极是极是。愿道通遍以告于同志，各自且论自己是非，莫论朱、陆是非也。以言语谤人，其谤浅；若自己不能身体实践，而徒入耳出口，呶呶度日，是以身谤也，其谤深矣。凡今天下之论议我者，苟能取以为善，皆是砥砺切磋我也，则在我无非警惕修省进德之地矣。昔人谓"攻吾之短者是吾师"④，师又可恶乎？

【注释】

① 介甫：王安石（1021~1086），字介甫，号半山，江西临川人，进士，北宋文学家，政治家，神宗时为相，曾推行变法。②"为我

王阳明说，只懂得讨论朱熹、陆九渊的是非，而不能身体力行去实践天理，实际上就是在自己诽谤自己。

三句：意为请替我向介甫先生转达我的全部观点，如果对他没有益处，则一定对我有益。语出《河南程氏遗书》卷一。③与人书：指《答汪石潭内翰书》，见《王阳明全集》卷四。④攻吾之短者是吾师：语出《荀子·修身篇》"故非我而学者，吾师也；是我而当者，吾友也；谄谀我者，吾贼也"。

【译文】

你信中说："现在为朱熹、陆九渊争辩的还大有人在，未曾停止。我每每对朋友说，圣学已经很久不得昌明了，姑且不必再枉费心机去为朱熹、陆九渊争辩谁是谁非了。只依据先生的'立志'来点化人，假若此人真能辨别出这个志向，决意要把圣学弄明白，那么他已经基本上明白了。朱、陆二人谁是谁非，即使不去辨别，他自己也会自然感觉到了。曾经看到朋友中有非议先生学说的，就觉得很生气。以前朱、陆两位先生给后世留下了这众多的争议，也可以看出二位先生的功夫有不纯熟的地方，明显有意气用事的弊病。程颢先生就没有这种毛病。他同吴涉礼讨论王安石的学说的时候说：'为我尽达诸介甫，不有益于他，必有益于我也。'是何等从容的气度啊！我曾经看到先生给别人的信中也引述了这句话，希望朋友们都能做到这样，是吗？"

这段议论说得很对很对。希望你告诉所有志同道合的人，各人暂且各自反省自己的是非，而不要去谈论朱、陆二人的是与非。用言语诽谤别人，这种诽谤是很肤浅的；如果自己不能身体力行去实践，而仅仅是从耳朵听进去又马上从嘴巴吐出来，成天夸夸其谈，实际上就是在自己诽谤自己，而这种诽谤是很厉害的。但凡现在天下议论我的人，如果能从中获益，那么，都是在与我砥砺切磋，对我来说，无非是更加警惕反省自己、修养品德。荀子说"攻吾之短者是吾师"，老师会有可恶的吗？

七

【原文】

来书云："有引程子'人生而静，以上不容说，才说性便已不是性'①。何故不容说？何故不是性？晦庵答云：'不容说者，未有性之可言；不是性者，已不能无气质之杂矣。'二先生之言皆未能晓，每看书至此，辄为一惑，请问。"

"生之谓性"②，"生"字即是"气"字，犹言气即是性也。气即是性，人生而静以上不容说，才说"气即是性"，即已落在一边，不是性之本原矣。孟子"性善"是从本原上说。然性善之端，须在气上始见得，若无气亦无可见矣。恻隐、羞恶、辞让、是非即是气。程子谓"论性不论气，不备；论气不论性，不明"，亦是为学者各认一边，只得如此说。若见得自性明白时，气即是性，性即是气，原无性气之可分也。

王阳明回答说，性是本体，气是表象，能够说出来的必然不能完全地表达性的含义。而且性与气本质相同，区分开来说只是为了能够向学者申明而已。

【注释】

①"人生而静"三句：程颢语出自《河南程氏遗书》卷一。向朱熹问这话的是严时亨。人生而静，语出《礼记·乐记》："人生而静，天之性也；感于物而动，性之欲也。"② 生之谓性：语出《孟子·告子上》："告子曰：'生之谓性。'孟子曰：'知之谓性也，犹白之谓白与？'曰：'然。'"

【译文】

来信中说："严时亨引用程颐先生的'人生而静，以上不容说，才说性便已不是性'，问朱熹为什么不能说，为什么不是性，朱熹回答说：'不容说者，未有性之可言；不是性者，已不能无气质之杂矣。'两位先生的话我都看不明白，每次看书看到了这里，就会有疑惑，因此向先生请教。"

"生之谓性"，"生"字就是"气"字，也就是说气质就是天性。"气"就是"性"，人生而静以上是不容说的，才说"气就是性"，性就已经偏向一边了，就已经不再是天性的本原了。孟子的"性善"是从本原上说的。然而人性善的发端必须在气上才能看见，如果没有气也就无处可见。恻隐、羞恶、辞让、是非就是气。程颐先生说："论性不论气，不备；论气不论性，不明。"这也是因为学者们各执一词，只能这样说。如果能很明白地看见自己的天性，那么气就是性，性就是气，原本是没有性和气之区分的。

答陆原静书（一）

一

【原文】

来书云："下手功夫，觉此心无时宁静，妄心固动也，照心亦动也。心既恒动，则无刻暂停也。"

是有意于求宁静，是以愈不宁静耳。夫妄心则动也，照心非动也。恒照则恒动恒静，天地之所以恒久而不已也。照心固照也，妄心亦照也。"其为物不二，则其生物不息。"①有刻暂停则息矣，非至诚无息②之学矣。

【注释】

① 其为物不二,则其生物不息：语出《中庸》"天地之道，可一言而尽也：其为物不二，则其生物不测"。② 至诚无息：语出《中庸》"故至诚无息。不息则久，久则徵"。

【译文】

你信中说："着手用功的时候，感觉自己心中没有一刻是宁静的，虚妄的心固然是在活动，澄亮的照心也在活动。既然心是恒久运动的，那么就不会有片刻的停息了。"

刻意追求宁静，就更加不宁静。还是回归本来的恒照之心。

因为你是在刻意追求宁静，就更加不宁静了。虚妄的心是活动的，而照心则是不动的。恒照就能恒动恒静，这就是天地万物永久地不停歇的原因。照心本来就是明亮的，妄心也是明亮的。《中庸》说："其为物不二，则其生物不息。"有片刻的暂停就会熄灭，就不是至诚而不停息的学问。

二

【原文】

来书云："良知亦有起处。"云云。

此或听之未审。良知者心之本体，即前所谓恒照者也。心之本体无起无不起。虽妄念之发，而良知未尝不在，但人不知存，则有时而或放耳。虽昏塞之极，而良知未尝不明，但人不知察，则有时而或蔽耳。虽有时而或放，其体实未尝不在也，存之而已耳。虽有时而或蔽，其体实未尝不明也，察之而已耳。若谓良知亦有起处，则是有时而不在也，非其本体之谓矣。

【译文】

来信中说道："良知也有其发端的地方。"等等。

说这句话也许是因为你听得不仔细。良知是心的本体，也就是前面所讲的"恒照"。心的本体无所谓有无开端。即使是妄念产生的时候，良知并非不存在，只是人们没有察觉到良知的存养，所以有时便会把良知放弃掉了。即使昏庸闭塞到了极点，他的良知仍旧是明亮的，只是没能体察它，便有时会遭到蒙蔽了。虽然有时放弃了良知，但它的本体依然是存在的，存养它就行了；虽然有时遭到了蒙蔽，它的本体未曾变得不明亮，体察它就行了。如果说良知也有发端的地方，那么就是认为它有时存在有时不存在，这样，良知就不是心的本体了。

良知是恒照而恒明的，只要能体察到良知就可以了。

三

【原文】

来书云："前日'精一'之论，即作圣之功否？"

"精一"之"精"以理言，"精神"之"精"以气言。理者，气之条理，气者理之运用。无条理则不能运用，无运用则亦无以见其所谓条理者矣。精则精，精则明，精则一，精则神，精则诚；一则精，一则明，一则神，一则诚，原非有二事也。但后世儒者之说与养生之说各滞于一偏，是以不相为用。前日"精一"之论，虽为原静爱养精神而发，然而作圣之功，实亦不外是矣。

【译文】

来信道:"先前您关于'精一'的论说,是不是就是做圣人的功夫呢?"

"精一"的"精",是从理上说的,"精神"的"精",则是从"气"上说的。理是气的条理,气是理的运用。没有条理就不能运用,没有运用也无法看见所谓的条理。掌握了精,就能精,能明,能一,能奇,能诚;做到了一,也就能精,能明,能一,能神,能诚。精和一原本就不是两回事。但是后世儒生的学说和道家的养生的学说却各自偏执于其中一方面,不能彼此取长补短。先前关于"精一"的论说,虽然是为了你能爱护保养精神才说的,然而做圣人的功夫,其实也不外乎这些。

王阳明主张精一为一体。掌握了精,就能精,能明,能一,能奇,能诚;做到了一,也就能精,能明,能一,能神,能诚。

四

【原文】

来书云:"元神、元气、元精①,必各有寄藏发生之处。又有真阴之精,真阳之气。"云云。

夫良知一也,以其妙用而言谓之神,以其流行而言谓之气,以其凝聚而言谓之精,安可以形象方所求哉?真阴之精,即真阳之气之母;真阳之气,即真阴之精之父。阴根阳,阳根阴②,亦非有二也。苟吾良知之说明,即凡若此类,皆可以不言而喻。不然,则如来书所云三关③、七返④、九还⑤之属,尚有无穷可疑者也。

【注释】

① 元神、元气、元精:道教名词,合称三元。② 阴根阳,阳根阴:语出周敦颐《太极图说》"无极而太极。太极动而生阳,动极而静。静而生阴,静极复动。一动一静,互为其根"。③ 三关:道家以口为天关,足为地关,手为人关,合称三关。《淮南子·主术》谓耳、目、口为三关。另有说法认为三关为人身的三个穴位,是炼丹的道路。④ 七返:道教以七代火,心属火,降心火于丹田下,养得肾中真气,复返于心田,即为七返之功。一说为七返灵砂,道教所说的仙药,服之可以还魂,因在炼制过程中要经过七次转化,故称七返。⑤ 九还:道教以九代金,情属金,摄情归性,养得性光圆明,以还先天真性,即为九还之功。一说为九还丹,道教所说的仙药,服之可以长生不老。炼制过程中丹砂变成水银,经多次变化又成丹砂,故名九还。

王阳明主张良知仅有一个,就它的妙用而言叫作"神",就它的运行而言叫作"气",就它的凝聚而言叫作"精"。那么元神、元气、元精并无必要分开来探讨。

【译文】

信中说:"元神、元气、元精,必定各有寄托发生的地方。又有所谓的真阴之精,真阳之气。"等等。

良知仅有一个,就它的妙用而言叫作"神",就它的运行而言叫作"气",就它的凝聚而言叫作"精",怎么能够从它的形象、方位上求得呢?真阴之精,是真阳之气的母体;真阳之气,是真阴之精的父体。阴生于阳,阳生于阴,阴阳并非分而为二的两件事。假如我的关于良知的学说昌明了,那么这一类的问题也就都能不言而喻了。否则的话,就会像你信中所说的三关、七返、九还等,还有无穷无尽的疑问。

答陆原静书(二)

一

【原文】

来书云:"良知,心之本体,即所谓'性善'也,'未发之中'也,'寂然不动'之体也,'廓然大公'也,何常人皆不能而必待于学邪?中也,寂也,公也,既以属心之体,则良知是矣。今验之于心,知无不良,而中、寂、大公实未有也,岂良知复超然于体用之外乎?"

性无不善,故知无不良。真知即是未发之中,即是廓然大公,寂然不动之本体,人人之所同具者也。但不能不昏蔽于物欲,故须学以去其昏蔽。然于良知之本体,初不能有加损于毫末也。知无不良,而中、寂、大公未能全者,是昏蔽之未尽去,而存之未纯耳。体即良知之体,用即良知之用,宁复有超然于体用之外者乎?

【译文】

来信中说:"良知,是心的本体,也就是所谓的'性善''未发之中''寂然不动'的本体,就是'廓然大公',为什么一般人都不能持守,需要学习呢?中和、寂静、大公,既然也是心的本体,那么就是良知了。那么现今只需在心中体察,就应该是知无不良,然而中和、寂静、廓然大公实际上却没有,莫非良知还超然于体用之外吗?"

性无不善,所以知无不良。良知就是"未发之中",就是"廓然大公""寂然不动"的本体,是人人具备的。但是良知不可能不被物欲所蒙蔽,所以必须学习清除物欲的蒙蔽。然而这对良知的本体,也不会有丝毫的损害。知无不良,如果中和、寂静、大公不能完全呈现,那是因为私欲的蒙蔽未能尽然去除,而良知的存养也

王阳明主张良知就是"未发之中",就是"廓然大公""寂然不动"的本体,是人人具备的。但是良知不可能不被物欲所蒙蔽,所以必须学习清除物欲的蒙蔽。

还不够纯正。体就是良知的本体，用就是良知的运用，又怎么会有超然于体用之外的良知呢？

二

【原文】

来书云："周子曰'主静'①，程子曰'动亦定，静亦定'，先生曰'定者，心之本体'，是静、定也，决非不睹不闻、无思无为之谓。必常知、常存、常主于理之谓也。夫常知、常存、常主于理，明是动也，已发也，何以谓之静？何以谓之本体？岂是静、定也，又有以贯乎心之动静者邪？"

理无动者也。常知、常存、常主于理，即不睹不闻、无思无为之谓也。不睹不闻、无思无为，非槁木死灰之谓也。睹闻思为一于理，而未尝有所睹闻思为，即是动而未尝动也。所谓"动亦定，静亦定"，体用一原者也。

王阳明主张"静""定""动"的统一，所谓"体用一源"。

【注释】

① 主静：语出周敦颐《周子全书·太极图说》"五性感动而善恶分，万事出矣。圣人定之以中正仁义而主静"。

【译文】

信中说："周敦颐先生说'主静'，程颐先生说'动亦定，静亦定'，先生说'定者，心之本体'，这个'静'和'定'，并不是说不闻不看、不想不做。是指一定要保持认知、经常存养、保持遵循天理。然而保持认知、经常存养、保持遵循天理，明显是动的，属于已经发动，为何要称它为静呢？为何要说它是心的本体呢？这个静和定难道是贯通于心的动静吗？"

理是静止不动的。保持认知、经常存养、常常遵循天理，即是不看不闻、不想不做的意思。但是不看不闻、不想不做，与槁木死灰是不同的。看、听、想、做与理合而为一，而没有另外的看、听、想、做，这就是动而不动。即程颐先生所说"动亦定，静亦定"，也就是指体用一源。

具体地说，就是看、听、想、做与理合而为一，而没有另外的看、听、想、做。

三

【原文】

来书云："此心'未发'之体，其在'已发'之前乎？其在'已发'之中而为之主乎？其无前后、内外而浑然之体者乎？今谓心之动静者，其主有事无事而言乎？其主寂然、感通而言乎？其主循理、从欲而言乎？若以循理为静，从欲为动，则于所谓'动中有静，静中有动'①，'动极而静，静极而动'②者，不可通矣。若以有事而感通为动，无事而寂然为静，则于所谓'动而无动，静而无静'者，不可通矣。若谓'未发'在'已发'之先，静而生动，是至诚有息也，圣人有复③也，又不可矣。若谓'未发'在'已发'之中，则不知'未发'、'已发'俱当主静乎？抑'未发'为静而'已发'为动乎？抑'未发'、'已发'俱无动无静乎？俱有动有静乎？幸教。"

王阳明说，春夏秋冬变化无穷，都可以说是阳和动；春夏秋冬的本体永恒不变，都可以称作阴与静。

"未发之中"即良知也，无前后、内外而浑然一体者也。有事、无事可以言动、静，而良知无分于有事、无事也。寂然、感通可以言动、静，而良知无分于寂然、感通也。动、静者所遇之时，心之本体固无分于动、静也。理无动者也，动即为欲。循理则虽酬酢万变而未尝动也；从欲则虽槁心一念，而未尝静也。"动中有静，静中有动"，又何疑乎？有事而感通固可以言动，然而寂然者未尝有增也；无事而寂然固可以言静，然而感通者未尝有减也。"动而无动，静而无静"，又何疑乎？无前后、内外而浑然一体，则至诚有息之疑不待解矣。"未发"在"已发"之中，而"已发"之中未尝别有"未发"者在；"已发"在"未发"之中，而"未发"之中未尝别有"已发"者存。是未尝无动、静，而不可以动、静分者也。

凡观古人言语，在以意逆志而得其大旨，若必拘滞于文义，则"靡有孑遗"者④，是周果无遗民也。周子"静极而动"之说，苟不善观，亦未免有病。盖其意从"太极动而生阳，静而生阴"说来。太极生生之理，妙用无息，而常体不易。太极之生生即阴阳之生生，就其生生之中，指其妙用无息者而谓之动，谓之阳之生，非谓动而后生阳也；就其生生之中，指其常体不易者而谓之静，谓之阴之生，非谓静而后生阴也。若果静而后生阴，动而后生阳，则是阴阳、动静截然各自为一物矣。阴阳一气也，一气屈伸而为阴阳；动静一理也，一理隐显而为动静。春夏可以为阳为动，而未尝无阴与静也；秋冬可以为阴为静，而未尝无阳与动也。春夏此不息，秋冬此不息，皆可谓之阳，谓之动也。春夏此常体，秋冬此常体，皆可谓之阴，谓之静也。自元、会、运、世⑤、岁、月、日、时以至刻、秒、忽、微，莫不皆然。所谓"动静无端，阴阳无始"，在知道者默而识之，非可以言语穷也。若只牵文泥句，比拟仿像，则所谓"心从《法华》转，非是转《法华》"⑥矣。

【注释】

① 动中有静，静中有动：语出《河南程氏遗书》"静中便有动，动中自有静"。② 动极而静，静极而动：语出周敦颐《太极图说》"太极动而生阳，动极而静；静而生阴，静极而动"。③ 圣人有复：语出周敦颐《通书》"性焉安焉之谓圣，复焉执焉之谓贤"。④"以意逆志"三句：语出《孟子·万章上》"故说《诗》者，不以文害辞，不以辞害志，是为得之。如以辞而已矣，《云汉》之诗曰：'周馀黎民，靡有孑遗。'信斯言也，是周无遗民也"。以意逆志，意为用自己的心思去猜测他人的心思。《云汉》，《诗经·大雅》的篇名。⑤ 元、会、运、世：一世三十年，一运十二世，一会三十运，一元十二会。⑥"心从《法华》转"二句：意为迷者拘泥于《法华经》的文句，悟者则能支配运用《法华经》的文句。语出《六祖法宝坛经·机缘品》："心迷《法华》转，心悟转《法华》。"

【译文】

来信中说："此心'未发'的本体，具体是在已发之前，还是在已发之中并主宰着已发呢？或者是根本不分前后、内外，而浑然一体？现在所讲的心的动、静，主要是从有事无事来说，还是主要从寂然不动、感应相通上来说呢？抑或是从遵循天理、顺从欲望上来说的？如果将遵循天理当作是静，顺从欲望当作是动，那么那些所谓的'动中有静，静中有动'、'动极而静，静极而动'，便不能够说得通了。如果把有事而感应相通当作动，无事而寂然不动当作静，那么那些所谓的'动而无动，静而无静'，也不能说得通了。如果说成是未发在已发之前，静而生动，那么，至诚就会有停息，圣人也需要复归本性了，这又说不通了。如果说成是'未发'在'已发'之中，那么不知道是'未发''已发'都主宰'静'还是'未发'主宰静，而'已发'主宰动？抑或是'未发''已发'都是无动无静，有动有静？希望先生您就这些问题有所指教。"

"未发之中"，就是良知罢了，没有前后、内外之分，是浑然一体的。有事、无事可以说成是动或者静，但是良知本身不会有有事或无事的区分。寂然不动、感应相通可以说动或者静，但是良知本身是没有寂然、感通之分。动静是因时而异的。但心的本体，原本就没有动静之分。理是寂然不动的，如果动了便是私欲产生。即使是千变万化，只需遵循天理，也不会动；顺从了私欲，即使心中只有一个念想，也不是静。"动中有静；静中有动"，又有什么可以怀疑的呢？有事而感应相通固然可以称作是动，然而，寂然不动者未曾有什么增加；无事而寂然不动固然可以称作是静，但是感应相通者也不曾减少什么。"动而无动，静而无静"，又有什么可以怀疑的呢？良知没有前后、内外之分，浑然一体，那么"至诚有息"就无须再多加解释了。"未发"在"已发"之中，而"已发"之中，未尝另有一个"未发"存在。"已发"在"未发"之中，而"未发"之中，未尝另有一个"已发"存在。所以这里边边未曾没有动、静，只是不能用动、静来区分罢了。

但凡观察古人的言论，需用心去斟酌古人的心思，从而得到他们文章的主旨，假若一定要拘泥停留在字面意义上，那么"靡有孑遗"这样的句子，难道意思就是周朝果真没有遗民了吗？周敦颐先生"静极而动"的学说，如果不善于观察，就未免会有差错出现。因为他的意思大概是从"太极动而生阳，静而生阴"来说的。太极的生生之理，妙用无穷而永恒不变。太极的生生就是阴阳的生生，在生生之中，就妙用无穷而言就叫作动，就是阳的产生，而并非动之后才有阳产生；在生生之中，就它本体的永恒不变而言就是静，就是阴的产生，也并非是在静之后才产生阴。如果真的是静止之后才产生阴，动之后才产生阳，那么阴阳、动静就是截然分开的不同的事物。阴阳都是气，气的伸缩产生了阴阳；动静是理，理的隐藏显现就产生了动静。春夏是阳、是动，但也照样有阴与静；秋冬可以说是阴与静,但也未尝没有阳与动。春夏秋冬变化无穷,都可以说是阳和动。春夏秋冬的本体永恒不变,都可以称作阴与静。从元、会、运、世、岁、月、日、时以至到刻、秒、忽、微,都是这样的。所谓的"动静无端,阴阳无始",明理的人默默体会就能认识到,言语并不能表达完整。如果只拘泥于字面意义,比拟模仿,就是所谓"心从《法华》转,非是转《法华》"了。

四

【原文】

来书云:"尝试于心,喜、怒、忧、惧之感发也,虽动气之极,而吾心良知一觉,即罔然消阻,或遏于初,或制于中,或悔于后。然则良知常若居优闲无事之地而为之主,于喜、怒、忧、惧若不与焉者,何欤?"

知此,则知"未发之中""寂然不动"之体,而有发而中节之和、感而遂通之妙矣。然谓"良知常若居于优闲无事之地",语尚有病。盖良知虽不滞于喜、怒、忧、惧,而喜、怒、忧、惧亦不外于良知也。

王阳明认为,喜怒忧惧也是由良知主宰的。

【译文】

信中说:"我曾经在心中试验过,喜怒忧惧等感情产生时,哪怕是生气到了极点,只要我心中的良知觉察到了,就会慢慢把它消解阻止,或者在刚开始产生时把它遏止,或者在发作的过程中把它制止,或者在发生后悔悟。然而良知似乎经常是在悠闲无事的时候能主宰着人的感情,与喜怒忧惧好像没有什么关系,为什么呢?"

明白了这一点,你就能明白"未发之中""寂然不动"的本体,并能体会到发而中节之和,有感而遂通的奇妙了。但是你所说的"良知常若居于优闲无事之地"这句话,它本身就有毛病。虽然良知不会滞留在喜怒忧惧的感情上面,但是喜怒忧惧也不会存在于良知之外。

五

【原文】

来书云:"夫子昨以良知为照心。窃谓良知,心之本体也;照心,人所用功,乃戒慎恐惧之心也,犹思也。而遂以戒慎恐惧为良知,何欤?"

能戒慎恐惧者,是良知也。

【译文】

来信说:"昨天先生说良知就是照心。但我私下里觉得良知是心的本体;而照心,则是人所下的功夫,就是时时不忘检点、警戒自己的心,和'思'相类似。而先生您却把戒慎恐惧当作是良知,为什么?"

能够让人戒慎恐惧,就是良知。

六

【原文】

来书云:"先生又曰:'照心非动也',岂以其循理而谓之静欤?'妄心亦照也',岂以其良知未尝不在于其中、未尝不明于其中,而视听言动之不过则者,皆天理欤?且既曰妄心,则在妄心可谓之照,而在照心则谓之妄矣。妄与息何异?今假妄之照以续至诚之无息,窃所未明,幸再启蒙。"

"照心非动"者,以其发于本体明觉之自然,而未尝有所动也;有所动即妄矣。"妄心亦照"者,以其本体明觉之自然者,未尝不在于其中,但有所动耳;无所动即照矣。无妄、无照,非以妄为照,以照为妄也。照心为照,妄心为妄,是犹有妄、有照也。有妄、有照则犹二也,二则息矣。无妄、无照则不二,不二则不息矣。

王阳明说,照心、妄心都是发自于心体自然的明觉,只不过是对其动与不动的区分罢了,实际上是一致的。

【译文】

信中说:"先生说:'照心非动也',难道说它是静的,是因为它遵循天理吗?'妄心亦照也',这难道是因为良知也在妄心当中,在妄心当中又未曾没有明细体察,而人的视听言动符合准则的全是天理呢?既然说是妄心,良知对于妄心来说也是'照',而对于照心来说反倒是'妄'了。那么妄与息又有什么区别呢?现在把妄心之照与至诚无息联系起来考虑,我便不明白了,请先生再指导我一下。"

"照心非动",是因为它发自于心体自然的明觉,所以不曾有动;如果有所动,便成为妄了。"妄心亦照",是因为本体的天然明觉,未曾不在妄心之中,只是它是有所动的罢了;如果无所动,便是照了。所谓"无妄无照",并不是把妄心当作照,把照心当作妄。把照心当作照,把妄心当作妄,就还是认为有妄心和照心相对存在。认为有妄有照,就是把妄心和照心看作两个心,把一心分为二,良知便停息了。认为无妄无照,才不会把心分而为二,这样,良知就不停息了。

七

【原文】

来书云："养生以清心寡欲为要。夫清心寡欲，作圣之功毕矣。然欲寡则心自清，清心非舍弃人事而独居求静之谓也，盖欲使此心纯乎天理而无一毫人欲之私耳。今欲为此之功，而随人欲生而克之，则病根常在，未危灭于东而生于西。若欲刊剥洗荡于众欲未萌之先，则又无所用其力，徒使此心之不清。且欲未萌而搜剔以求去之，是犹引犬上堂而逐之也①，愈不可矣。"

必欲此心纯乎天理而无一毫人欲之私，此作圣之功也。必欲此心纯乎天理而无一毫人欲之私，非防于未萌之先而克于方萌之际不能也。防于未萌之先而克于方萌之际，此正《中庸》"戒慎恐惧"、《大学》"致知格物"之功，舍此之外无别功矣。夫谓"灭于东而生于西""引犬上堂而逐之"者，是自私自利、将迎意必②之为累，而非克治洗荡之为患也。今曰"养生以清心寡欲为要"，只"养生"二字便是自私自利、将迎意必之根。有此病根潜伏于中，宜其有"灭于东而生于西""引犬上堂而逐之"之患也。

【注释】

①"引犬"句：语出《河南程氏遗书》卷二。②将迎意必：将迎，送迎，意为有意安排，是以私心处事。语出《庄子·知北游》："无有所将，无有所迎。"意必，语出《论语·子罕》："子绝四：毋意，毋必，毋固，毋我。"意，主观臆断。必，绝对肯定。

【译文】

信中说："谈到养生，关键是要清心寡欲。而能够做到清心寡欲，做圣人的功夫便算是完成了。然而私欲减少则自然心会清净，心的清净并不是说要隐居山林舍弃人事以求得宁静，而是想要让本心纯然合乎天理，没有一丝一毫的私欲。现在要做这样的功夫，在私欲产生时便把它克制住，但如果它的病根没有清除，未免会克制了东边的私欲西边的又生出来了。如果想在各种私欲还未萌芽之前便把它们都一一清除，就完全没有用功的地方了，只能徒劳地让自己的心不清净。况且私欲未萌芽之前就去搜寻并清除它，就好像是把狗带到正屋里再把它驱逐出去，更行不通。"

想要使心纯然合乎天理而没有一毫的个人私欲存在，这是成为圣人的功夫。想要做到这个，就非要在私欲产生之前便多加防范，并在私欲萌芽时克制它不可。在私欲产生前防范它并在萌芽之时便克制它，这正是《中庸》中"戒慎恐惧"和《大学》中"格物致知"的功夫，除此之外，再没有别的功夫了。你说的"灭于东而生于西""引犬上堂而逐之"等情况，是为自私自利、刻意求成所累，而不是克制扫荡私欲本身的问题。现在你说"养生以清心寡欲为要"，"养生"两个字就是自私自利、刻意追求的病根。有这一病根潜伏

学生苦于心中的欲望无法在尚未萌发之前去除，因为这就像把狗带到正屋里再把它驱逐出去一样。

在当中，当然就会产生"灭于东而生于西""引犬上堂而逐之"等弊病了。

八

【原文】

来书云："佛氏于'不思善，不思恶时认本来面目'①，于吾儒'随物而格'之功不同。吾若于不思善、不思恶时用致知之功，则已涉于思善矣。欲善恶不思而心之良知清静自在，惟有寐而方醒之时耳，斯正孟子'夜气'之说。但于斯光景不能久，倏忽之际，思虑已生。不知用功久者，其寐寐初醒而思未起之时否乎？今澄欲求宁静，愈不宁静；欲念无生，则念愈生。如之何而能使此心前念易灭，后念不生，良知独显而与造物者游②乎？"

"不思善、不思恶时认本来面目"，此佛氏为未识本来面目者设此方便。本来面目即吾圣门所谓良知。今既认得良知明白，即已不消如此说矣。"随物而格"，是致知之功，即佛氏之"常惺惺"③，亦是常存他本来面目耳。体段功夫大略相似。但佛氏有个自私自利之心，所以便有不同耳。今"欲善恶不思而心之良知清静自在"，此便有自私自利、将迎意必之心，所以有"不思善、不思恶时用致知之功，则已涉于思善"之患。孟子说"夜气"，亦只是为失其良心之人指出个良心萌动处，使他从此培养将去。今已知得良知明白，常用致知之功，即已不消说"夜气"，却是得兔后不知守兔而仍去守株，兔将复失之矣。"欲求宁静"，"欲念无生"，此正是自私自利、将迎意必之病，是以念愈生而愈不宁静。良知只是一个良知，而善恶自辨，更有何善何恶可思？良知之体本自宁静，今却又添一个求宁静；本自生生，今却又添一个欲无生，非独圣门致知之功不如此，虽佛氏之学亦未如此将迎意必也。只是一念良知，彻头彻尾，无始无终，即是前念不灭，后念不生，今却欲前念易灭，而后念不生，是佛氏所谓"断灭种性"④，人于槁木死灰之谓矣。

【注释】

①"不思善"二句：意为在心态平和自然的状态下体认心的本体，不有意趋善，也不有意避恶。语出《六祖法宝坛经·行由品》。② 与造物者游：意为与天理大道默契相合。语出《庄子·天下》。③ 常惺惺：禅语，意为经常保持清醒状态。④ 断灭种性：佛家语，意为心灵处于死寂状态。语出玄奘《成唯识论》卷五。

【译文】

来信中说道："佛家'不思善、不思恶时认识本来面目'的主张，同我们儒家依'随物而格'的功夫不同。如果我在不思善、不思恶时下致知功夫的时候，便已经想到善了。如果想要不思恶，心中的良知便能自然处于清净自在的状态，

学生的问题是：心中的良知处于清净自在的状态，只有在睡觉刚醒的时候可以达到，这与佛家"不思善、不思恶时认本来面目"的功夫又怎么区别呢？

只有在睡觉刚醒的时候可以达到,就是孟子的'夜气'说法。但是这种时间不能持续很久,转眼之间,思虑就已经产生了。不懂得常用的人,能常常像刚睡醒而思虑还未产生时那样吗?现在我想清除私欲求得宁静,却更加无以宁静了;想要不产生杂念,杂念却更加产生了。如果要使此心前念易灭而后念不生,有良知显露,与天理大道相合造物者同样,又该怎么做呢?"

"不思善、不思恶时认识本来面目",这是佛家为那些还没有认识到本来面目的人设的简便方法。"本来面目"就是圣学里所说的良知。现在已经清楚地认识了良知,也就不需要像佛家那样说了。"随物而格",是致知的功夫,也是佛家所说的"常惺惺",也是经常存养本来面目罢了。由此可知,儒佛两家的功夫大略是相似的,只是佛家有一个自私自利的心,所以就和儒家有所不同了。说"欲善恶不思而心之良知清静自在",便是有了一个自私自利、刻意追求的心,所以才会有"不思善、不思恶时用致知之功,就是已经涉于思善"的忧患。孟子所说的"夜气",也只是为失去良知的人指明了良知萌生的地方,使他们从这里去培养良知。现在已经清楚地认识了良知,又经常用致知的功夫,便不需再说什么"夜气"了,否则的话就会像守株待兔的人,得到了兔子之后不懂得去守住兔子,而是依旧守住那个树桩,那么已经得手的兔子也会再失去的。"欲求宁静","欲念无生",这正是自私自利、刻意追求的一方面,因此才会私念产生得更加厉害,心里更加无法宁静。良知只有一个,善恶自然能得到分辨,还有什么善恶是需要思考再去分辨的呢?良知的本体本来就是宁静的,现在却又添了一个追求宁静;良知的本体原本就生生不息,现在却又添上一个不生私欲,并非单单是圣学的致知功夫不会这样的,佛教也不会这样刻意追求。只要念头全在良知上,彻头彻尾,无始无终,也就自然会前念不灭,后念不生。现在你却想要前念易灭,后念不生,就成佛教所说的"断灭种性",就进入了槁木死灰的状态了。

王阳明回答说:不思善、不思恶时认识本来面目,这是佛家为那些还没有认识到本来面目的人设的简便方法,但佛家还是有自私的成分。如果一个人已经懂得良知的含义,再去刻意追求良知,就好像守株待兔的人得到了兔子之后不懂得去守住兔子。良知澄明,善恶自然能得到分辨。

九

【原文】

来书云:"佛氏人有'常提念头'之说,其犹孟子所谓'必有事'、夫子所谓'致良知'之说乎?其即'常惺惺'、常记得、常知得、常存得者乎?于此念头提在之时,而事至物来,应之必有其道。但恐此念头提起时少,放下时多,则功夫间断耳。且念头放失,多因私欲客气①之动而始,忽然惊醒而后提。其放而未提之间,心之昏杂多不自觉。今欲日精日明,常提不放,以何道乎?只此常提不放即全功乎?抑于常提不放之中,更宜加省克之功乎?虽曰常提不放,而不加戒惧克治之功,恐私欲不去;若加戒惧克治之功焉,又为'思善'之事,而于本来面目又未达一间也。如之何则可?"

戒惧克治即是"常提不放"之功，即是"必有事焉"，岂有两事邪？此节所问，前一段已自说得分晓，末后却是自生迷惑，说得支离，及有"本来面目未达一间"之疑，都是自私自利、将迎意必之为病。去此病，自无此疑矣。

【注释】

① 客气：宋儒把心作为人性的本体，把产生于血气的生理之性称为客气。

【译文】

王阳明回答说，戒惧克制自己的私欲而尊崇圣道就是功夫。不能克制自己的私欲，那么良知良能便无从谈起。

信中说："佛家有'常提念头'的说法，它就像孟子所说的'必有事'，先生您所说的'致良知'吗？也就是'常惺惺'、常记得、常知得、常存得吗？当这个念头被提起的时候，许多事物纷至沓来，也定会有恰当的方法去应付。但只怕当这个念头提起的时候很少，反倒放弃的时候很多，那样功夫便间断了。况且这个念头的放弃，多是因为私欲客气产生才开始的，而受到突然惊醒后才会重新提起来。在放弃了又还没有提起来的过程中间，人心昏暗杂乱，常常无法自己察觉。现在想要日益精纯明亮，常提不放，用什么方法呢？只是常提不放便是全部的功夫了吗？或者在常提不放的过程中，还应该增加反省克制的功夫？或者做到了常提不放，但是不增加戒惧克治的功夫，恐怕私欲也无法完全清除；如果增加戒惧克制的功夫，又成了'思善'的事情了，这和本来面目又不相符。所以到底应该怎样做才算行了呢？"

戒惧克制就是"常提不放"的功夫，也就是"必有事焉"，难道这些会是两回事吗？你这一节里所提到的问题，我在前面已经说得十分明白了，只是后来你自己又产生了困惑，说得支离破碎，以至有了"本来面目未达一间"的疑惑，这都是自私自利、刻意追求产生的弊端。去除了这个弊端，就不会再有疑惑了。

+

【原文】

来书云："'质美者明得尽，渣滓便浑化。'① 如何谓'明得尽'？如何而能'便浑化'？"

良知本来自明。气质不美者，渣滓多，障蔽厚，不易开明。质美者，渣滓原少，无多障蔽，略加致知之功，此良知便自莹彻。些少渣滓如汤中浮雪，如何能作障蔽？此本不甚难晓，原静所以致疑于此，想是因一"明"字不明白，亦是稍有欲速之心。向曾面论"明善"之义，"明则诚矣"，非若后儒所谓"明善"之浅也。

【注释】

① "质美者"二句：意为本质美好的人善德尽显，缺点也都融化消失了。程颢语，出自《河南程氏遗

书》卷十一。

【译文】

来信中说："'质美者明得尽，渣滓便浑化。'究竟什么叫'明得尽'？要怎么样才能做到'便浑化'呢？"

良知本来就是自然光明的。气质差的人，缺点很多，遮蔽也厚，良知不容易呈现出光明。而气质好的人，身上的缺点少，也没有很多的遮蔽，只需略微增加一点致知的功夫，良知便自然会晶莹透彻。少许的缺点就好像是热水里的一点点浮雪，如何能构成遮蔽？这本来不难理解，你对此会产生疑惑，想必是因为不明白"明"字的意思，其间也有你求速的心思。以前我们曾经当面讨论过"明善"的含义，"明则诚矣"，这并非朱熹解释"明善"时所说的那么肤浅。

王阳明认为人的智愚只在良知受到遮蔽的程度，所谓气质好气质差，只在所收遮蔽的多少。

十一

【原文】

来书云："聪明睿知，果质乎？仁义礼智，果性乎？喜怒哀乐，果情乎？私欲客气，果一物乎？二物乎？古之英才，若子房①、仲舒②、叔度③、孔明、文中、韩、范④诸公，德业表著，皆良知中所发也，而不得谓之闻道者，果何在乎？苟曰此特生质之美耳，则生知安行者不愈于学知、困勉者乎？愚意窃云，谓诸公见道偏则可，谓全无闻，则恐后儒崇尚记诵训诂之过也。然乎？否乎？"

性一而已。仁、义、礼、知，性之性也；聪、明、睿、知，性之质也；喜、怒、哀、乐，性之情也。私欲、客气，性之蔽也。质有清浊，故情有过、不及，而蔽有浅深也。私欲、客气，一病两痛，非二物也。张、黄、诸葛及韩、范诸公，皆天质之美，自多暗合道妙，虽未可尽谓之知学，尽谓之闻道，然亦自其有学违道不远者也。使其闻学知道，即伊⑤、傅⑥、周、召⑦矣。若文中子则又不可谓之不知学者，其书虽多出于其徒，亦多有未是处，然其大略则亦居然可见，但今相去辽远，无有的然凭证，不可悬断其所至矣。

夫良知即是道。良知之在人心，不但圣贤，虽常人亦无不如此。若无有物欲牵蔽，但循着真知发用流行将去，即无不是道。但在常人多为物欲牵蔽，不能循得良知。如数公者，天质既自清明，自少物欲为之牵蔽，则其良知之发用流行处，自然是多，自然违道不远。学者学循此良知而已。谓之知学，只是知得专在学循良知。数公虽未知专在良知上用功，而或泛滥于多岐，疑迷于影响，是以或离或合而未纯；若知得时，便是圣人矣。后儒尝以数子者尚皆是气质用事，未免于行不著，习不察，此亦未为过论。但后儒之所谓著、察者，亦是狃于闻见之狭，蔽于沿习之非，而依拟仿像于影响形迹之间，尚非圣门之所谓著、察者也。则亦安得以己之昏昏，而求人之昭昭也乎？所谓生知安行，"知行"二字亦是就用功上说。若是知行本体即是良知良能，虽在困勉之人，亦皆可谓之生知安行矣。"知行"二字更宜精察。

学生的问题是：古代的英才比如张良、董仲舒、黄宪、诸葛亮、王通、韩琦、范仲淹等人难道不是通晓圣道的人吗？王阳明回答说：这些英才与天道的许多地方都巧妙暗合，他们的学问离圣道已然不远了。如果他们完全明了圣道，就将成为如伊尹、傅说、周公、召公一样的人了。

【注释】

① 子房：张良，字子房，传为城父（今安徽亳州东南）人。汉初三杰之一，曾辅佐刘邦得天下，被封为留侯。② 仲舒：董仲舒，今河北省枣强人。西汉哲学家，今文经学大师，提出"罢黜百家，独尊儒术"的观点，被汉武帝采纳，对后世影响极大。③ 叔度：黄宪，字叔度，东汉汝南慎阳（今河南平舆县）人，自幼家贫，德行彪炳当世，有颜回之称，终生不仕。④ 韩、范：韩琦，字雅圭，相州安阳（今属河南）人，北宋名臣。范仲淹，字希文，苏州吾县人，宋真宗大中祥符进士，官至枢密副使、参知政事，北宋政治家、文学家。韩琦、范仲淹出将入相，共保北宋太平，世称韩、范。⑤ 伊：伊尹，商初重臣，出身奴隶，辅佐商汤灭夏。⑥ 傅：傅说，商王武丁时贤相，传说原为傅岩地方从事建筑的奴隶。⑦ 召：召公，文王的儿子。因封地在召，故称召公。与周公共同辅佐成王。

【译文】

来信中说："聪明睿智，真的是人天生的资质吗？仁义礼智，真的是人的本性吗？喜怒哀乐，真的是人原本就有的性情吗？私欲和客气，究竟是一回事，还是两回事？古代的英才，比如张良、董仲舒、黄宪、诸葛亮、王通、韩琦、范仲淹等等，他们功德卓著，都是由良知生发出来的，后人却不认为他们是通晓圣道的人，这是为何呢？如果说这是因为他们的资质天生便是优良的，那么那些安行圣道的人岂不是还不如那些学知利行、困知勉行的人吗？我自己私下里觉得，认为他们对道的认识不全面还可以，但是如果说他们完全不识圣道，就恐怕是后世儒生崇尚背诵训诂，对他们产生了偏见。这样说对不对呢？"

天性仅有一个而已。仁、义、礼、智，是天性的本质；聪、明、睿、智，是天性的资质；喜、怒、哀、乐，是天性的情感。私欲、客气是天性障碍。本质有清和浊的区分，所以情感会有过分或者不足，而障碍则有深有浅。私欲、客气是一种病的两个痛处，并非两件事情。张良、黄宪、诸葛亮以及韩琦、范仲淹等人，都拥有美好的天资，虽不能说他们完全知晓圣学，完全明白圣道，

王阳明认为，天性是唯一的，而良知自在人心。知行就是到达良知良能之境的方法。

但他们自然与天道的许多地方都巧妙暗合，他们的学问离圣道已然不远了。假使他们完全闻道知学了，便成了伊尹、傅说、周公、召公了。至于文中子王通，也不能说他不知学，虽然他的书大多出自徒弟们的记载，中间也有很多不对的地方，但他学问的大概轮廓还是可以看出来的。只是现在年代相隔很远，没有确切的凭据，不能凭空臆断他的学问究竟到了什么程度。

良知即是道。不论是圣贤还是平常人，良知都自在人心。只要遵循良知并将其发扬流传，去除物欲的牵累蒙蔽，便都是圣道。只是平常人大多为物欲所牵累蒙蔽，不能够遵循良知。就像前面几位先生，他们天质已经是清明的了，自然很少被物欲所牵累蒙蔽，所以他们的良知产生作用的地方自然会多一些，自然离道较近。学者只需学习去遵循良知就行了。所谓"知学"，只是要学习专门用功在遵循良知上。前面几位先生虽然没有学会专门在遵循良知上用功，有的在岔路上徘徊，为别的东西所影响和迷惑，所以他们对道，时离时合，未能达到纯粹；如果他们学会了遵循良知，就是圣人了。后世儒生们曾经认为几位先生成就事业都仅是凭天资，评价他们是"行不著""习不察"，恐怕一点都不会过分。但是后世儒生眼里的"著""察"，也是受了狭隘的见闻和旧时习惯的蒙蔽的，只仿拟圣人的影响和事迹，也并不是圣学里所说的"著察"。以自己的昏迷糊涂，如何能使得别人明白呢？所谓生知安行，"知行"二字也是就用功说的。这知行的本体，就是良知良能。即使是困知勉行的人，也可以说他是生知安行的。"知行"这两个字，还值得精心体察。

十二

【原文】

来书云："昔周茂叔每令伯淳寻仲尼、颜子乐处。敢问是乐也，与七情之乐同乎？否乎？若同，则常人之一遂所欲，皆能乐矣，何必圣贤？若别有真乐，则圣贤之遇大忧、大怒、大惊、大惧之事，此乐亦在否乎？且君子之心常存戒惧，是盖终身之忧也①，恶得乐？澄平生多闷，未尝见真乐之趣，今切愿寻之。"

乐是心之本体，虽不同于七情之乐，而亦不外于七情之乐。虽则圣贤别有真乐，而亦常人之所同有，但常人有之而不自知，反自求许多忧苦，自加迷弃。虽在忧苦迷弃之中，而此乐又未尝不存，但一念开明，反身而诚②，则即此而在矣。每与原静论，无非此意，而原静尚有何道可得之问，是犹未免于骑驴觅驴之蔽也。

【注释】

① 是盖终身之忧也：语出《孟子·离娄下》"是故君子有终身之忧，无一朝之患也"。② 反身而诚：语出《孟子·尽心上》："孟子曰：'万物皆备于我矣。反身而诚，乐莫大焉。强恕而行，求仁莫近焉。'"

学生的问题是圣贤的快乐属不属于人的七情，如果属于，人为什么还要做圣贤。王阳明回答说，圣贤的快乐也是普通人所共有的，只是普通人因为自己的迷乱而丢弃了真正的快乐，所以要学做圣贤。

【译文】

来信说:"过去周敦颐先生每每要求程颢先生去寻求孔子与颜回的快乐之处。我想问他所说的'乐'与七情六欲里的'乐'是一样的吗?如果一样,那么平常人一旦心意顺遂,也都能够快乐,又何必成为圣贤呢?如果除此之外还有什么真正的快乐,那么当圣贤们遭遇到忧、怒、惊、惧等情况,这个真正的快乐还存在吗?而且君子心中常存戒惧,这大概是终生的忧虑,怎么可能得到快乐呢?我平生有许多烦恼,还未曾体会过真正的乐趣,现在我真切地希望能够找到这真正的快乐。"

乐是心的本体,它虽然与七情之乐不尽相同,但也不在七情六欲里的乐之外。圣贤们虽然另有真正的快乐,然而这种快乐也是一般人也共有的,只是一般人自己不知道这种快乐,反而给自己找来了许多的忧愁苦闷,自己迷乱地丢弃了真正的快乐。虽然在忧苦迷茫中丢弃了,但真正的快乐并非就不存在了,只需念头一旦明朗了,回头在自己身上求得,便能真正感觉到这种快乐。我和你每次谈论,无非是这个意思,而你还要问能够用什么方法可以得到这种乐,这难免有点骑驴找驴的感觉了。

十三

【原文】

来书云:"《大学》以心有好乐、忿、忧患、恐惧为不得其正,而程子亦谓'圣人情顺万事而无情①'。所谓有者,《传习录》中以病疟譬之,极精切矣。若程子之言,则是圣人之情不生于心而生于物也,何谓耶?且事感而情应,则是是非非可以就格。事或未感时,谓之有则未形也,谓之无则病根在。有无之间,何以致吾知乎?学务无情,累虽轻,而出儒入佛矣,可乎?"

圣人致知之功,至诚无息。其良知之体,如明镜,略无纤翳,妍媸之来,随物见形,而明镜曾无留染,所谓"情顺万事而无情"也。"无所住而生其心"②,佛氏曾有是言,未为非也。明镜之应物,妍者妍,媸者媸,一照而皆真,即是"生其心"处。妍者妍,媸者媸,一过而不留,即是"无所住"处。病疟之喻,既已见其精切,则此节所问可以释然。病疟之人,疟虽未发,而病根自在,则亦安可以其疟之未发,而遂忘其服药调理之功乎?若必待疟发而后服药调理,则既晚矣。致知之功,无间于有事无事,而岂论于病之已发未发邪?大抵原静所疑,前后虽若不一,然皆起于自私自利、将迎意必之为祟。此根一去,则前后所疑,自将冰消雾释,有不待于问辨者矣。

【注释】

① 圣人情顺万事而无情:意为圣人的情感顺应事物而生发,当喜则喜,当怒则怒,不以自

学生认为遇到的事而产生了相应的情才能格物,因而对王阳明"圣人情顺万事而无情"之说产生了疑惑。

的主观意志为转移。语出《河南程氏文集·答横渠张子厚先生书》。②无所住而心生其心：意为不执着，让心境处于自然的状态。语出《金刚经》："不应住色生心，不应住声、香、味、触、法生心，应无所住而生其心。"

【译文】

来信中说："《大学》中认为，心中有好乐、愤怒、忧患、恐惧等情感，便不能达到中正。程颢先生也说：'圣人情顺万事而无情。'所谓有情，《传习录》里用疟疾来比喻它，十分精辟。如果像程颢先生所说，圣人的情感便是不从心里产生而是在事物上产生，为什么这么说呢？如果随着遇到的事而产生了相应的情，那么，其中的是非对错可以去格了。没有感觉到事物的时候，说它有情呢，情又还没有显现；要说它没有情呢，情根又是潜在的。在这有无之间，它怎么来致知呢？如果学习务必要无情，虽然牵累少了，却又进入了佛家的学说了，这样行吗？"

圣人致知的功夫是至诚不息的。圣人的良知，像明镜一样皎洁，没有丝毫的纤尘沾染，在镜子里，美丑自现，而明镜则不曾丝毫沾染，这就是所谓的"情顺万事而无情"。"无所住而生其心"，佛家曾经这样说，这句话并没有错。明镜照物，美就美，丑就丑，一照便能看出真实面目，也就是"生其心"。美就美，丑就丑，过后在镜子里没有留下什么，这就是"无所住"。既然你已经看到了疟疾的比喻的精辟，那么这里的问题也就能容易解决了。得了疟疾的人，虽然暂时没有发病，但是病根还是在的，怎么能安于暂时没有发病的状态，便忘了吃药调理呢？如果一定等到疟疾复发才开始吃药调理，那就晚了。致知的功夫，不分有事无事，怎么能和病是否发作相比较呢？大概你的疑问，前后虽然不统一，但都起源于自私自利、刻意追求这一弊端。除掉了这一弊端，那你的疑惑，自然会冰消云散，再也不用去问辨了。

十四

【原文】

德洪曰：答原静书出，读者皆喜澄善问，师善答，皆得闻所未闻。师曰："原静所问只是知解上转，不得已与之逐节分疏。若信得良知，只在良知上用功，虽千经万典无不吻合，异端曲学一勘尽破矣，何必如此节节分解？佛家有'扑人逐块'之喻，见块扑人则得人矣，见块逐块于块奚得哉？"在座诸友闻之，惕然皆有惺悟。此学贵反求，非知解可人也。

【译文】

德洪说：答陆原静的书信公开之后，读者们都很喜欢陆澄的好提问和先生精彩的回答，都看到了以前从未听说过的东西。先生说："原静的提问，只在认知上纠缠，我不得已替他逐段做出了疏解。如果真的已经懂得了良知，只在良知上下功夫，千万经典都会与此吻合，而异端的典

王阳明以狗看到石块去扑人做比喻，意指学生只是在认知的具体问题上纠缠，未能从根本上理解良知的含义。

学则会一触尽破，又何必如此节节分解？佛家中有'扑人逐块'的比喻，狗看到石块去扑人，才能咬住人；见到石块便追逐石块，从石头那里能得到什么呢？"在座的朋友们听了，都立马有所醒悟。先生的学问贵在反省，并不是能够从认知上获得的。

答欧阳崇一

一

【原文】

崇一①来书云："师云：'德性之良知，非由于闻见，若曰多闻择其善者而从之，多见而识之，则是专求之见闻之末，而已落在第二义。'窃意良知虽不由见闻而有，然学者之知，未尝不由见闻而发。滞于见闻固非，而见闻亦良知之用也。今曰'落在第二义'，恐为专以见闻为学者而言，若致其良知而求之见闻，似亦知行合一之功矣。如何？"

良知不由见闻而有，而见闻莫非良知之用。故良知不滞于见闻，而亦不离于见闻。孔子云："吾有知乎哉？无知也。"②良知之外别无知矣。故致良知是学问大头脑，是圣人教人第一义。今云专求之见闻之末，则是失却头脑，而已落在第二义矣。近时同志中，盖已莫不知有致良知之说，然其功夫尚多鹘突者，正是欠此一问。

学生认为良知也是可以从见闻中产生的。王阳明回答说：良知不是见闻产生的，但是见闻无一不是良知的运用。所以良知不会停滞在见闻上，也不会与见闻分离开来。

大抵学问功夫只要注意头脑是当。若主意头脑专以致良知为事，则凡多闻多见，莫非致良知之功。盖日用之间，见闻酬酢，虽千头万绪，莫非良知之发用流行；除却见闻酬酢，亦无良知可致矣，故只是一事。若曰致其良知而求之见闻，则语意之间未免为二。此与专求见闻之末者虽稍不同，其为未得精一之旨，则一而已。"多闻，择其善者而从之，多见而识之。"既云"择"，又云"识"，其真知亦未尝不行于其间，但其用意乃专在多闻多见上去择、识，则已失却头脑矣。崇一于此等处见得当已分晓，今日之问，正为发明此学，于同志中极有益。但语意未莹，则毫厘千里，亦不容不精察之也。

【注释】

① 崇一：欧阳德（1495~1554），字崇一，号南野，江西泰和人，王阳明的弟子，进士，官至礼部尚书。② 吾有知乎哉？无知也：语出《论语·子罕》"吾有知乎哉？无知也。有鄙夫问于我，空空如也，我叩其两端而竭焉"。

【译文】

　　欧阳崇一来信说："先生曾说：'德性之良知，非由于闻见，若曰多闻择其善者而从之，多见而识之，则是专求之见闻之术，而已落在第二义。'我自己私下以为，良知虽然不是由见闻生出来的，但是学者的知识，未尝不是由见闻中产生的。局限于见闻的层面上固然错误，但是见闻也是良知的作用。您说'落在第二义'，恐怕是对那些专门把见闻当作学问的学者说的，如果是为了致良知而在见闻上探求，似乎也是知行合一的功夫。这样理解怎么样？"

王阳明回答说：良知是天理昭然灵觉之所在，所以良知即是天理，思索是良知的运用。

　　良知不是见闻产生的，但是见闻无一不是良知的运用。所以良知不会停滞在见闻上，也不会与见闻分离开来。孔子说："吾有知乎哉？无知也。"在良知之外再没有其他的知识了。所以致良知是学问的关键，是圣人教育人的第一要义。现在如果专门在见闻的细枝末节上探求，就是丢弃了关键，寻求的只是次要的东西了。最近大家大概没有不知道致良知的学说了，但是他们的功夫里还有许多糊涂的地方，正好是缺你这一问了。

　　大致说来，在学问上下功夫首先就需恰当地把握住关键。如果把致良知当作关键，那么多闻多见，也无一不是致良知的功夫。日常生活之中，见闻应酬，虽然千头万绪，也无非是良知的发挥和流传；去掉那些见闻应酬，也就没有良知可以致了，所以这些只是一件事罢了。如果说致良知是从见闻上求得的，那么它的意思就是把致良知和见闻分而为二，当作两回事了。这虽然和专门在见闻的细枝末节上探寻知识有所区别，但也同样没有领会精一的宗旨。"多闻，择其善者而从之，多见而识之"，既然说"择"和"识"，可见良知也在其间产生了很大的作用了，但是它的用意还是专门在多闻多见上去选择和认识，就已经失去了关键了。你对这个地方已经认识得十分清楚，今天的这个问题，正是为了阐明致良知的学说，对同学有很大的益处。只是语意表达不大清楚，难免会出现差之毫厘、谬以千里的问题，所以不得不精心体察。

二

【原文】

　　来书云："师云：'《系》言"何思何虑"，是言所思所虑只是天理，更无别思别虑耳，非谓无思无虑也。心之本体即是天理，有何可思虑得？学者用功，虽千思万虑，只是要复他本体，不是以私意去安排思索出来。若安排思索，便是自私用智矣。'学者之蔽，大率非沉空守寂，则安排思索。德辛壬之岁著前一病，近又著后一病。但思索亦是良知发用，其与私意安排者何所取别？恐认贼作子，惑而不知也。"

　　"思曰睿，睿作圣。"①"心之官则思，思则得之。"②思其可少乎？沉空守寂与安排思索，正是自私用智，其为丧失良知，一也。良知是天理之昭明灵觉处，故良知即是天理，思是良知之发用。若是良知发用之思，则所思莫非天理矣。良知发用之思，自然明白简易，良知亦自能知得。若是私意安排之思，自是纷纭劳扰，良知亦自会分别得。盖思之是非邪正，良知无有不自知者。所以认贼作子，正为致知之学不明，不知在良知上体认之耳。

【注释】

① 思曰睿，睿作圣：意为思维要深远通达，身远通达就达到了圣人的境界。语出《尚书·洪范》。② 心之官则思，思则得之：语出《孟子·告子上》"心之官则思，思则得之，不思则不得也"。意为心的功能是思考，思考就能体认天道和人性，不思考则难以认识天理。

【译文】

来信说："先生曾说：《系辞》中说"何思何虑"，是指所思所虑只有天理，而没有其他的思虑，并不是说没有什么思虑。心的本体就是天理，有什么能够思虑得到呢？学者下工夫，虽然千思万虑，也只是要恢复他的本体，并非用私意去安排、思索天理。如果安排、思索，就属于自私耍小聪明了。'学者的弊病，大概不是陷入空洞枯燥，就是去安排、思索天理。我在辛巳到壬午期间（明正德十六年到嘉靖元年，即1521～1522年），犯过前一个错误，近来又犯了后一个错误。只是，思索也是良知的运用，它和私意安排又有何区别呢？我担心自己认了贼做儿子，受了其间的迷惑还不明白它们的区分呢！"

"思曰睿，睿作圣。""心之官则思，思则得之。"岂能缺少了思考？死守沉寂与安排思索，正是自私耍小聪明，也是丧失了自己心中的良知。良知是天理昭然灵觉之所在，所以良知即是天理，思索是良知的运用。如果是良知运用时的思索，那么思索的就只有天理。良知运用的思索，自然明白简单，良知自然也能够知道。如果是凭私意安排的思索，自然是纷纷扰扰，千头万绪，但良知也自然能够分辨。思索的是非正邪，良知没有不知道的。会出现认贼作子的情况，正是因为还没有弄明白致良知的学问，不知道在良知上体察认知罢了。

三

【原文】

来书又云："师云：'为学终身只是一事，不论有事无事，只是这一件。若说宁不了事，不可不加培养，却是分为两事也。'窃意觉精力衰弱，不足以终事者，良知也。宁不了事，且加休养，致知也。如何却为两事？若事变之来，有事势不容不了，而精力虽衰，稍鼓舞亦能支持，则持志以帅气可矣①。然言动终无气力，毕事则困惫已甚，不几于暴其气已乎？此其轻重缓急，良知固未尝不知，然或迫于事势，安能顾精力？或困于精力，安能顾事势？如之何则可？"

"宁不了事，不可不加培养"之意，且与初学如此说亦不为无益。但作两事看了，便有病痛在。孟子言"必有事焉"，则君子之学终身只是"集义"一事。义者宜也，心得其宜之谓义。能致良知则心得其宜矣，故"集义"亦只是致良知。君子之酬酢万变，当行则行，当止则止，当生则生，当死则死，斟酌调停，无非是致其良知，以求自慊而已。故"君子素其位而行","思不出其位"。凡谋其力之所不及而强其知之所不能者,皆不得为致良知。而凡"劳其筋骨,饿其体肤,空乏其身,行拂乱其所为,动心忍性以增益其所不能"者,皆所以致其良知也。若云"宁不了事,不可不加培养"者,亦是先有功利之心,计较成败利钝而爱憎取舍于其间,是以将了事自作一事,而培养又别作一事,此便有是内非外之意,便是"自私用智",便是"义外",便有"不得于心,勿求于气"之病,便不是致良知以求自慊之功矣。

所云"鼓舞支持,毕事则困惫已甚",又云"迫于事势,困于精力",皆是把作两事做了,所以有此。凡学问之功,一则诚,二则伪。凡此皆是致良知之意,欠诚一真切之故。《大学》言:"诚其意者,如恶恶臭,如好好色,此之谓自慊。"曾见有恶恶臭、好好色而须鼓舞支持者乎?曾见毕事则困惫已甚者乎?曾有迫于事势困于精力者乎?此可以知其受病之所从来矣。

王阳明告诉学生,君子酬酢万变,当行便行,当止便止,当生便生,当死便死,这样斟酌协调,无非都是致良知,以求自我满足罢了。

【注释】

① 持志以帅气可矣:语出《孟子·公孙丑上》"夫志,气之帅也;气,体之充也。夫志,至焉;气,次焉。故曰:持其志,无暴其气"。

【译文】

来信又说:"先生您曾经说:'为学,终生只是一件事,不管有事没事,也只是这一件事。如果说宁愿做不完事情,也不能不培养良知,就是把致良知和做学问当成两回事了。'我私下以为,当感到精力衰弱,不能完成事情,就是良知。而宁愿不做事,也要修养本心,就是致良知了。怎么就成了两回事了呢?如果遇到了事情发生,不能不处理,即使精力衰弱,只需稍加勉励,也是能坚持下来的。由此可知,意志还是统领着气力的。但是,这个时候,言行始终是没有气力的,等事情完成了就会十分疲惫,这和滥用气力不是几乎相当吗?良知固然不会不明白这其中的轻重缓急,但是有时为形势所迫,怎么能再顾及得到精力?有时则筋疲力尽,又怎么能顾及得到形势?这究竟怎么办呢?"

宁可不去处理事情,也不可不去培养本源,对初学的人这样说,也不无好处。但是把做事情与存养良知分而为二了,本身就有毛病。孟子说"必有事焉",那么"集义",就成了君子终身做学问要做的唯一的一件事了。义,就是宜,心做到它应该做的就是义。能致良知,心便能做到它应该做的事,所以"集义"也只是致良知。君子酬酢万变,当行便行,当止便止,当生便生,当死便死,这样斟酌协调,也无非都是致良知,为了求得自我满足罢了。所以"君子素其位而行","思不出其位"。凡是谋求自己力所不能及的东西,强迫自己懂得自己才智不能懂的事情,都不是致良知。但凡"劳其筋骨,饿其体肤,空乏其身,行拂乱其所为,动心忍性以增益其所不能"的人,都是为了致良知。如果说"宁不了事,不可不加培养",也是因为先有了一份功利的心思,计较其中的得失成败,从而做出爱憎取舍。因此把做事情当成了一回事,把存养良知又当作另一件事,这样就有了是非内外的区分,就是自私耍小聪明了,就是把义当作是外在的东西。于是就有了"不得于心,勿求于气"的弊病,就不再是致良知以求得自己内心满足的功夫了。

你所说的"鼓舞支持,毕事则困惫已甚",又说"迫于形势,困于精力",都是把做事情和存养良知当作两件事看了,因此才会有这样的情况出现。凡是做学问的功夫,一心一意就是真诚,三心二意就是虚伪。你所说的情况,都是致良知的心欠缺真切的缘故。《大学》中说:"诚其意者,如恶恶臭,如好好色,此之谓自慊。"你什么时候见过讨厌恶臭、喜欢美色还需要鼓舞支持的?你见过做完这些事情之后会觉得疲惫不堪吗?何曾会有被事势所逼而精力不够用的人?由此,你就可以知道病根从何而来了。

四

【原文】

来书又有云:"人情机诈百出,御之以不疑,往往为所欺,觉则自入于逆、臆①。夫逆诈,即诈也;臆不信,即非信也;为人欺,又非觉也。不逆不臆而常先觉,其惟良知莹彻乎?然而出入毫忽之间,背觉合诈者多矣。"

不逆不臆而先觉,此孔子因当时人专以逆诈、臆不信为心,而自陷于诈与不信;又有不逆、不臆者,然不知致良知之功,而往往又为人所欺诈,故有是言。非教人以是存心,而专欲先觉人之诈与不信也。以是存心,即是后世猜忌险薄者之事。而只此一念,已不可与入尧、舜之道矣。不逆、不臆而为人所欺者,尚亦不失为善,但不如能致其良知,而自然先觉者之尤为贤耳。崇一谓"其惟良知莹彻"者,盖已得其旨矣,然亦颖悟所及,恐未实际也。

盖良知之在人心,亘万古、塞宇宙而无不同。"不虑而知","恒易以知险","不学而能","恒简以知阻","先天而天不违。天且不违,而况于人乎?况于鬼神乎?"②夫谓"背觉合诈"者,是虽不逆人,而或未能自欺也;虽不臆人,而或未能果自信也。是或常有先觉之心,而未能常自觉也。常有求先觉之心,即已流于逆、臆而足以自蔽其良知矣。此背觉合诈之所以未免也。

君子学以为己③,未尝虞人之欺己也,恒不自欺其良知而已;未尝虑人之不信己也,恒自信其良知而已;未尝求先觉人之诈与不信也,恒务自觉其良知而已。是故不欺则良知无所伪而诚,"诚则明"矣;自信则良知无所惑而明,"明则诚"矣。明、诚相生,是故良知常觉、常照。常觉、常照则如明镜之悬,而物之来者自不

王阳明告诉学生,只要良知觉悟、澄澈,如同高悬的明镜,万物在它面前就原形毕露了。它不欺诈而诚信,也就不能容忍不诚信,所以一遇到不诚信就能察觉。

能遁其妍媸矣。何者？不欺而诚，则无所容其欺，苟有欺焉而觉矣；自信而明，则无所容其不信，苟不信焉而觉矣。是谓"易以知险，简以知阻"，子思所谓"至诚如神，可以前知"者也。然子思谓"如神"，谓"可以前知"，犹二而言之，是盖推言思诚者之功效，是犹为不能先觉者说也。若就至诚而言，则至诚之妙用即谓之"神"，不必言"如神"；至诚则无知而无不知，不必言"可以前知"矣。

【注释】

① 逆、臆：语出《论语·宪问》："子曰：'不逆诈，不臆不信，抑亦先觉者，是贤乎！'"逆诈，预先怀疑别人欺诈。臆不信，猜想别人不诚信。② "先天而不违"四句：语出《周易·乾卦·文言》："夫大人者……先天而天弗违，后天而奉天时。天且弗违，而况于人乎？况于鬼神乎？"意为掌握了天道的人，在天象出现之前行事，天不会违背他；在天象出现之后行事，则能够遵奉天时。天尚且不违背他，何况人和鬼神呢？③ 君子学以为己：语出《论语·宪问》"古之学者为己，今之学者为人"。为己，意为是为了提高自己的修养；为人，意为想获得别人的好感。

学生以为至诚像神明一样，可以在事前觉察别人要欺骗它。

【译文】

信中说："人情诡诈无穷，如果用诚信来对待它，往往会被它欺骗。要想觉察人情的诡诈，自己就会事先猜度别人会欺诈我，就会臆想别人不相信我。猜度别人会欺诈就是欺诈；臆想别人不相信自己就是不诚信；而被别人欺骗了，又是不觉悟。不怀疑别人的欺诈和不诚实，却能够事先察觉，恐怕只有那些良知晶莹透彻的人才做到。但是这其中的差别看起来很小，背离知觉而暗合欺诈的人太多了。"

不事先猜度别人的欺诈和不诚信，而能够事先察觉，是孔子在当时的社会中，针砭时弊说出来的。当时人们专门把欺诈，不诚信当作自己的本心，而自己深陷进欺诈和不诚信的境地。还有不欺诈、诚信的人，他们因为不知道致良知的功夫，而常常被别人欺诈。孔子并非是教人们事先存这样的心去发现别人的欺诈和不诚信。专门留心别人，是后世刻薄、猜忌、险恶的人做的事。只要有了这样的念头，就已经和尧舜的圣道相背离了。不事先猜测别人的欺诈和不诚信而被别人欺骗的人，虽然还没有丧失他的善良，但还是不如那些能致其良知的人，先知先觉的人更加贤明。你说只有那些良知晶莹透彻的人才能做到，可知你已经领悟到孔子的宗旨了。但也可以知道你的聪颖所领悟到的，恐怕还没有落实到实践当中。

良知在人心里，横通万古、充塞宇宙，无不相同。正是古人所谓的"不虑而知"，"恒易以知险"，"不学而能"，"恒简以知阻"，"先天而不违。天且不违，而况于人乎？况于鬼神乎？"那些"背觉合诈"的人，虽然不猜度别人，但他恐怕不无自欺；虽然不臆不信，但却不能做到自信。他们虽然常常有寻求先觉的心，却不能常常做到自觉。常常希望能够先觉，这样就已陷入了逆诈和不臆信，已足能蒙蔽他的良知了。这正是他不免背觉知觉而暗合欺诈的原因。这就是背离合诈不能避免的缘故。

君子学习是为了修养自己，未曾会担心别人欺骗自己，只是永远不欺骗自己的良知罢了；未曾担心别人不相信自己,只是永远相信自己的良知罢了;不曾希望可以事先察觉到别人的欺诈和不诚信,只是永远地体察自己的良知罢了。所以,君子不欺骗,良知就没有虚伪而真诚,真诚则良知晶莹明亮了;君子自己相信自己,良知就没有迷惑而明彻,良心晶莹明亮这就真诚了。明彻和真诚相互促进,所以良知能经常觉悟、经常澄澈。经常觉悟、经常澄澈的良知就像高高悬挂的明镜,万事万物在它面前自然不能隐藏美丑的原形。为什么呢?因为良知不欺诈而诚信,也就不能容忍欺骗,遇到欺骗就能觉察。良知自信明澈,也就不能容忍不诚信,遇到不诚信,马上就能察觉。所谓"易以知险,简以知阻",子思说"至诚如神,可以前知"。然而子思说的"如神""可以前知",还是分成两件事来说了。因为他是从推究思诚的功效上来说的,也是对那些不能觉悟的人说的。就至诚而言,至诚的妙用就叫作"神",不用说"如神";至诚就能无知而又无所不知,所以不必说"可以前知"了。

答罗整庵① 少宰书

一

【原文】

某顿首启:昨承教及《大学》,发舟匆匆,未能奉答。晓来江行稍暇,复取手教而读之。恐至赣后人事复纷沓,先具其略以请。

来教云:"见道固难,而体道尤难。道诚未易明,而学诚不可不讲。恐未可安于所见而遂以为极则也。"

幸甚幸甚!何以得闻斯言乎?其敢自以为极则而安之乎?正思就天下之道以讲明之耳。而数年以来,闻其说而非笑之者有矣,诟訾之者有矣,置之不足较量辨议之者有矣,其肯遂以教我乎?其肯遂以教我而反复晓喻,恻然惟恐不及救正之乎?然则天下之爱我者,固莫有如执事之心深且至矣,感激当何如哉!夫"德之不修,学之不讲"②,孔子以为忧,而世之学者稍能传习训诂,即皆自以为知学,不复有所谓讲学之求,可悲矣!夫道必体而后见,非已见道而后加体道之功也;道必学而后明,非外讲学而复有所谓明道之事也。然世之讲学者有二,有讲之以身心者,有讲之以口耳者。讲之以口耳,揣摸测度,求之影响者也;讲之以身心,行著习察,实有诸己者也。知此,则知孔门之学矣。

王阳明认为,圣道必须体悟后才能认识,必须学习之后才能明白。

【注释】

① 罗整庵:罗钦顺(1465~1547),字允升,号整庵,江西泰和人。进士,官至吏部尚书,明代著名理学家,对陆王、程朱均有所批评。少宰,次长,明清时侍郎一职的别称。正德十五年(1520)夏,罗整

庵请假住在老家，听说时任江西巡抚的王阳明将溯赣江至赣州，就写了《与王阳明书》，在阳明经过泰和时交给他。此信即是阳明对该信的答复。②德之不修，学之不讲：意为不修养品德，不讲求学问。语出《论语·述而》："子曰：'德之不修，学之不讲，闻义不能徙，不善不能改，是吾忧也。'"

【译文】

阳明顿首谨启：昨天幸蒙您关于《大学》的教诲，因匆忙上船，未能一一作答。今早我趁着在船上的空闲时间，又把您的信取出来拜读了一遍。我怕到江西之后，各种人事繁杂，纷至沓来，先简略地回复您，请您教正。

您在信中说道："认识圣道固然很难，而体悟圣道则更难了。圣道确实不容易弄明白，但是学问也不能不讲。恐怕不能安于自己已有的见识，把它当作学问的最高标准吧？"

不胜荣幸！在哪里我还能听到这种教诲呢？我岂敢自以为见识已经达到了顶点而安于自己的见识呢？我正想要借助天下的有学之士来阐明圣道呢。然而多年来，听到我的学说的，嘲笑的有，非议的有，谩骂的有，置之不理、认为不屑一顾的也有，他们岂肯教导我呢？又岂肯为了教导我而反复设喻、心存忧虑恐怕来不及纠正我呢？所以，天下关爱我的人中，原本就没有谁会像您这样执着而深切，我该多么感激您啊！"德之不修，学之不讲"，孔子为此深感忧虑，而后世学者稍微能够传习经文训诂经典，便都以为自己已经懂得了学问，不再讲求探究学问，真是可悲呀！圣道必须体悟后才能认识，而并非认识了圣道之后才下体悟圣道的功夫；圣道必须学习之后才能明白，并非在讲学之外还有明道之事。然而世间讲学的人有两类，一类用身心讲学，还有一类用口耳来讲学。用口耳来讲学的，揣测估摸，讲的是捕风捉影的东西；而用身心讲学的，言与行，学习与观察，都是确确实实求诸自己的良知。明白了这一点，就懂得了孔子的学说。

二

【原文】

来教谓某"《大学》古本之复，以人之为学但当求之于内，而程、朱格物之说不免求之于外，遂去朱子之分章，而削其所补之传"。

非敢然也。学岂有内外乎？《大学》古本乃孔门相传旧本耳，朱子疑其有所脱误而改正补缉之，在某则谓其本无脱误，悉从其旧而已矣。失在于过信孔子则有之，非故去朱子之分章而削其传也。夫学贵得之心，求之于心而非也，虽其言之出于孔子，不敢以为是也，而况其未及孔子者乎？求之于心而是也，虽其言之出于庸常，不敢以为非也，而况其出于孔子者乎？且旧本之传数千载矣，今读其文词，即明白而可通，论其功夫，又易简而可入。亦何所据而断其此段之必在于彼，彼段之必在于此，与此之如何而缺，彼之如何而误，而遂改正补缉之？无乃重于背朱而轻于叛

王阳明说，他废弃了朱熹分章的做法，并且删除了朱熹增补的传注，是因为相信孔子，而不是故意要这么做。

孔已乎？

【译文】

你的来信中说我，"《大学》的旧本的恢复，是因为我提倡做学问只需在心内探求，而程朱的格物学说却不免会向心外探求，于是我便废弃了朱熹分章的做法，并且删除了他增补的传注"。

我不敢这样。学习难道还会有内外的区分吗？《大学》古本是孔门流传下来的旧本，朱熹怀疑这其中有遗漏和错误的地方，便加以改正补充。而要我说，旧本里本来就没有遗漏和错误的地方，所以尽悉遵从旧本，仅此而已。我的过失在于过分相信孔子，而不是故意去废弃朱熹的分章且删掉他所作的传注。做学问，贵在用心体悟。即使是孔子所说的话，用心体会了，觉得不对，也不敢就把它当作是正确的，更何况那些不如孔子的人所说的话呢？用心体会后认为正确，那么即使普通人说出来的话，也不敢认为是错误的，更何况是孔子说的话呢？而且《大学》旧本流传了几千年，我如今来阅读它的词语句子，仍觉得明白通顺，而其中的功夫，既简易又可行。又有什么依据能断定这段一定是在这里，那段一定是在那里，这里怎么有了缺漏，那里怎么有了错误，于是对它加以改正增补？这难道不是把背离朱熹看得过重，而把违逆孔子看得过轻了吗？

三

【原文】

来教谓："如必以学不资于外求，但当反观内省以为务，则'正心''诚意'四字亦何不尽之有？何必于入门之际，便困以'格物'一段功夫也？"

诚然诚然！若语其要，则"修身"二字亦足矣，何必又言"正心"？"正心"二字亦足矣，何必又言"诚意"？"诚意"二字亦足矣，何必又言"致知"，又言"格物"？惟其功夫之详密，而要之只是一事，此所以为"精一"之学，此正不可不思者也。夫理无内外，性无内外，故学无内外。讲习讨论，

王阳明说，"正心""诚意""致知""格物"，都是用来"修身"的。他的学说是用天理一以贯之的，这正是其与朱熹学说的不同之处。

未尝非内也；反观内省，未尝遗外也。夫谓学必资于外求，是以己性为有外也，是"义外"也，"用智"者也；谓反观内省为求之于内，是以己性为有内也，是"有我"也，"自私"者也，是皆不知性之无内外也。故曰"精义入神以致用也，利用安身，以崇德也"①；"性之德也，合内外之道也"②。此可以知"格物"之学矣。

"格物"者，《大学》之实下手处，彻首彻尾，自始学至圣人，只此功夫而已，非但入门之际有此一段也。夫"正心""诚意""致知""格物"，皆所以"修身"，而"格物"者，其所用力日可见之地。故"格物"者，格其心之物也，格其意之物也，格其知之物也；"正心"者，正其物之心也；"诚意"者，诚其物之意也；"致知"者，致其

物之知也。此岂有内外彼此之分哉？理一而已。以其理之凝聚而言则谓之性，以其凝聚之主宰而言则谓之心，以其主宰之发动而言则谓之意，以其发动之明觉而言则谓之知，以其明觉之感应而言则谓之物。故就物而言谓之格，就知而言谓之致，就意而言谓之诚，就心而言谓之正。正者，正此也；诚者，诚此也；致者，致此也；格者，格此也。皆所谓穷理以尽性也。天下无性外之理，无性外之物。学之不明，皆由世之儒者认理为外，认物为外，而不知"义外"之说，孟子盖尝辟之，力至袭陷其内而不觉，岂非亦有似是而难明者欤？不可以不察也。

凡执事所以致疑于"格物"之说者，必谓其是内而非外也；必谓其专事于反观内省之为，而遗弃其讲习讨论之功也；必谓其一意于纲领本原之约，而脱略于支条节目之详也；必谓其沉溺于枯槁虚寂之偏，而不尽于物理人事之变也。审如是，岂但获罪于圣门，获罪于朱子？是邪说诬民，叛道乱正，人得而诛之也，而况于执事之正直哉？审如是，世之稍明训诂、闻先哲之绪论者，皆知其非也，而况执事之高明哉？凡某之所谓"格物"，其于朱子九条③之说，皆包罗统括于其中。但为之有要，作用不同，正所谓毫厘之差耳。然毫厘之差而千里之缪，实起于此，不可不辨。

【注释】

①"精义入神"四句：语出《周易·系辞下》"精义入神，以致用也。利用安身，以崇德也"。意为精研义理达到神妙的境界，便可以运用；运用所学而安身，可以提高品德修养。②性之德也，合内外之道也：意为这是天赋的德性，内则成己，外则成物，是综合内外的规律。语出《中庸》"诚者非自成己而已也，所以成物也。成己，仁也；成物，知也。性之德也，合内外之道也，故时措之宜也"。③朱子九条：朱熹在《大学或问》中提出的关于格物致知功夫的九条方法。

【译文】

您的来信中说："如果觉得学问不需要去心外求得，需要专心致力在自己身上反省体察，那么'正心''诚意'这四个字，还有什么没说尽的呢？何必在入门的时候，便用'格物'的功夫来使人困惑呢？"

很有道理！如果说到学问的关键，"修身"两个字便已经足够了，何必再说"正心"呢？"正心"两个字也已经足够了，何必又说个"诚意"呢？"诚意"两个字也已经足够了，何必又说了"致知"和"格物"？之所以会这样，只是因为做学问的功夫详细周密，然而，概括起来也只是一件事，这才是所谓的"精一"的学问，这里正是我们不能不认真思索的地方。天理、人性都没有内外之分，因此学问也不分内外。讲习讨论，未曾不是内；反观自省，未尝就把外遗弃了。如果以为学问一定要在心外求得，那就是认为人性也有外的部分，就是"义外""用智"；如果认为反观内省是在自己的心内寻求，那就是认为人性还有内的部分了，就是"有我""自私"，这些都是不明白人性是不会有内外之分的。所以说"精研义理到

王阳明说，天理只有一个，就其不同方面而言，就有了不同的称呼。

了神妙的境界，便可以运用来安身，来修养品德"；"性之德，合内外之道也"。从这里，就可以知道"格物"的学说了。

"格物"，是《大学》指出的切实的下手的地方，自头至尾，从初学到成为圣人，都只是这个功夫，而不是仅仅在刚入门的阶段有"格物"的功夫。"正心""诚意""致知""格物"，都是用来"修身"的，而"格物"，则是所用的功夫里能看得见的地方。所以"格物"，就是格心中的物，格意念中的物，格见识中的物；"正心"，则是让待物之心得到纠正；"诚意"，就是使待物之心精诚；"致知"，就是得到待物的知识。这难道有内外彼此的区分吗？天理唯有一个，就天理的凝聚而言，叫作性，就天理凝聚的主宰而言，就是心，就天理主宰的发动而言，叫作意，从天理发动时的明澈感悟而言，就是知，从天理的明澈感悟的感应对象而言，便是物。所以从物上来说天理需格，从知上来说天理需致，从意上来说天理需诚，从心上来说，天理需正。正，就是正天理；诚，就是诚天理；致，就是致天理；格，就是格天理，全是所谓的穷尽天理以尽性。天下没有本性之外的理，也没有本性之外的物。圣学不能昌明于天下，都是由于后世儒生把天理与事物当作本性之外的东西，而不知道孟子曾经批判过"义外"的学说，以至重蹈了覆重辙而没有觉悟，这里不是也有似是而非，难以弄明白的地方吗？所以不能不体察呀！

总观您之所以对我的格物学说有些怀疑，一定是因为觉得我肯定内心而否定向外寻求；一定是因为我放弃了讲习讨论的功夫，而专心在反观内省上用功；一定认为我执意在简洁的纲领本原上，而忽视了细枝末节的详细内容；一定是认为我沉溺在偏执的枯槁虚寂中，而不能够穷尽物理人事的变化。若果真如此，我怎会仅仅是对圣门、对朱熹先生犯了错误？这是用异端邪说来欺骗百姓，离经叛道，人人都能够得而诛之了，更何况是您这样正直的人呢？若果真如此，世上略懂训诂的人、知道一点先哲学说的人，都会知道我的错误，更何况像您这样高明的人呢？我所讲的"格物"学说，已经将朱熹的九条学说全都统括了。只是我的格物学说有一以贯之的中心，与朱熹先生的九条学说相比，作用不同，正是所谓的毫厘之差。然而差之毫厘，谬以千里，所以不能不辨明。

四

【原文】

孟子辟杨、墨，至于"无父无君"。二子亦当时之贤者，使与孟子并世而生，未必不以之为贤。墨子"兼爱"，行仁而过耳，杨子"为我"，行义而过耳。此其为说，亦岂灭理乱常之甚而足以眩天下哉？而其流之弊，孟子则比于禽兽、夷狄，所谓以学术杀天下后世也。

今世学术之弊，其谓之学仁而过者乎？谓之学义而过者乎？抑谓之学不仁、不义而过者乎？吾不知其于洪水、猛兽何如也！孟子云："予岂好辩哉？予不得已也。"杨、墨之道塞天下。孟子之时，天下之尊信杨、墨，当不下于今日之崇尚朱之说。而孟子独以一人呶呶于其间。噫，可哀矣！韩氏云："佛、老之害，甚于杨、墨。"韩愈之贤不及孟子，孟子不能救之于未坏之先，而韩愈乃欲全之于已坏之后，其亦不量其力，且见其身之危莫之救以死也。呜呼！若某者，其尤不量其力，果见其身之危莫之救以死也矣！夫众方嘻嘻之中，而独出涕嗟若；举世恬然以趋，而独疾首蹙额以为忧。此其非病狂丧心，殆必诚有大苦者隐于其中，而非天下之至仁，其孰能察之？

其为《朱子晚年定论》，盖亦不得已而然。中间年岁早晚，诚有所未考，虽不必尽出于晚年，固多出于晚年者矣。然大意在委曲调停，以明此学为重。平生于朱子之说，如神明蓍龟，一旦与之背驰，心诚有所未忍，故不得已而为此。"知我者，谓我心忧；不知我者，谓我何求？"①盖不忍牾朱子者，其本心也；不得已而与牾者，道固如是，"不直则道不见"②也。执事所谓"决与朱子异"者，仆敢自欺其心哉？

王阳明说，墨子、杨朱、朱熹都可以算是贤人，只是在圣道的某个方面过了分。

夫道，天下之公道也；学，天下之公学也；非朱子可得而私也，非孔子可得而私也。天下之公也，公言之而已矣。故言之而是，虽异于己，乃益于己也；言之而非，虽同于己，适损于己也。益于己者，己必喜之；损于己者，己必恶之。然则某今日之论，虽或于朱子异，未必非其所喜也。"君子之过，如日月之食，其更也，人皆仰之"，③而"小人之过也必文"。某虽不肖，固不敢以小人之心事朱子也。

【注释】

① "知我者"两句：语出《诗经·王风·黍离》。意为了解我的人明白我是在担忧，不了解我的人还以为我有什么个人目的。② 不直则道不见：语出《孟子·滕文公上》。意为不说直话，真理就不能显现。③ "君子之过"句：语出《论语·子张》"君子之过，如日月之食焉。过也，人皆见之；更也，人皆仰之"。

【译文】

孟子指责杨朱、墨子为"无父无君"。这两个人也是当时的贤明之士，假使他们和孟子是同一个时代出生的话，孟子未必不会把他们当作圣贤。墨子主张"兼爱"，是施行仁政过了分；而杨朱的"为我"思想，则是行义过了分。这样的学说，难道是泯灭天理扰乱纲常，甚至能够让天下人都迷惑的吗？然而孟子却把他们学说的弊病，比作禽兽、夷狄，所谓用学术杀害天下后世。

现今学术的弊端，能说是学仁太过分了吗？能说是学义太过分了吗？还是学不仁、不义太过分了？我不知道它们和洪水猛兽相比会怎么样！孟子说："难道我是爱好与别人辩论吗？我也是不得已。"孟子所处的时代，杨朱、墨子的学问在天下盛行，杨、墨的学说被天下人推崇的程度，应当不亚于当下人们推崇朱熹的学说的程度。然而孟子仍旧凭着独自一人在他们中间辩论。哎，可悲呀！韩愈说："佛、道的学说，其危害远远胜过了杨朱、墨子的学说。"韩愈的贤明比不上孟子，孟子尚且不能够在世道被败坏之前挽救它，而韩愈却想在世道人性败坏之后恢复它，他也是自不量力，我们只看到了他身陷危境，而没有人救他以至于他死去了。唉！像我这样的人，便更加是自不量力，真正看到自己的危险，却没有人救我以至于死去！大家正值欣喜嬉戏的时候，我却暗自泪流嗟叹；举世都心安理得，按部就班的时候，而我则独自痛心疾首、皱眉深虑。这并非我神经错乱、丧失理智，而是我真正的有极大的痛苦隐藏在心里，如果不是天下至仁，谁能体察得到呢？

我著写《朱子晚年定论》,其实也是迫不得已,书上年代的早晚,的确有些没有经过考证,虽然不一定全都出自于他的晚年,但很多都是晚年所做。我的本意是调停世上关于朱熹和陆九渊的纷争,用以昌明圣学。我一生对待朱熹先生的学说,都把它奉若神明,一旦与它背道而驰,心中真是不忍,只是不得已才这样做。"知我者,谓我心忧;不知我者,谓我何求?"不抵触朱熹先生的学说,这是我的本心。而又不得已这样,是因为圣道本来就是如此,"不直则道不见"!你所说的"决与朱子异",我岂敢欺骗自己呢?圣道,是天下的公道,圣学,是天下共有的学,并非朱熹或是孔子能够私自有的。对天下公有的东西,只能秉公而论。如果说对了,虽然与自己的见解不同,对自己也是有益的;说错了,即便是与自己的见解相同的,也是在害自己。于自己有益的,自己定会喜爱;而于自己有害的,自己一定厌恶。所以我现在的论说,和朱熹的学说虽然不同,但未必不会是他喜欢的。"君子之过,如日月之食,其更也,人皆仰之",而"小人之过也必文"。我虽然不够贤明,但也不敢以小人的心态对待朱熹先生。

五

【原文】

执事所以教,反复数百言,皆以未悉鄙人"格物"之说。若鄙说一明,则此数百言皆可以不待辨说而释然无滞。故今不敢缕缕,以滋琐屑之渎,然鄙说非面陈口析,断亦未能了了于纸笔间也。嗟乎!执事所以开导启迪于我者,可谓恳到详切矣,人之爱我,宁有如执事者乎!仆虽甚愚下,宁不知所感刻佩服?然而不敢遽舍其中心之诚然而姑以听受云者,正不敢有负于深爱,亦思有以报之耳。秋尽东还,必求一面,以卒所请,千万终教。

王阳明希望在秋后能与罗钦顺再见一面,当面探讨自己的学说。

【译文】

您给我的教诲,反复数百字,都是因为您还没有完全理解我的格物学说。一旦您明白了我的学说,那么不需要辩论这数百字,问题也会迎刃而解的。所以现在我不再细说,以免琐碎累赘,而且我的学说如果不当面陈述分析,写信也绝对说不清楚,唉!你对我的开导启迪,可以说是详尽恳切,别人哪会像您这样关爱我!我虽然愚钝,也不会不知道对您感激佩服。只是我不敢就此放弃心中真切的想法而接受您的说法,正因为不敢辜负您的厚爱,也想以此来报答您。待秋天过后我回来时,定会登门求访,当面向您请教,请您千万不吝赐教。

答聂文蔚①（一）

一

【原文】

　　春间远劳迂途枉顾，问证惓惓。此情何可当也？已期二三同志，更处静地，扳留旬日，少效其鄙见，以求切之益，而公期俗绊，势有不能。别去极怏怏，如有所失。忽承笺惠，反复千余言，读之无任浣慰。中间推许太过，盖亦奖掖之盛心，而规砺真切，思欲纳之于贤圣之域，又托诸崇一以致其勤勤恳恳之怀。此非深交笃爱，何以及是？知感知愧，且惧其无以堪之也。虽然，仆亦何敢不自鞭勉，而徒以感愧辞让为乎哉？其谓"思、孟、周、程无意相遭于千载之下，与其尽信于天下，不若真信于一人。道固自在，学亦自在，天下信之不为多，一人信之不为少"者，斯固君子"不见是而无闷"②之心。岂世之谆谆屑屑者知足以及之乎？乃仆之情，则有大不得已者存乎其间，而非以计人之信与不信也。

王阳明说，子思、孟子、周敦颐等人并没有想过传名千载，他们即使不被肯定也不会感到烦闷。

【注释】

①聂文蔚：聂豹，字文蔚，号双江，江西永丰人，王阳明的弟子。进士，官至兵部尚书。聂豹于嘉靖五年（1526）春因公赴闽，途径杭州，时王阳明在绍兴讲学，豹不顾别人劝阻，前往就教。②不见是而无闷：意为不被肯定有不烦闷。语出《周易·乾卦·文言》："遁世无闷，不见是而无闷。"

【译文】

　　春天劳烦您绕远道来光临寒舍，不知疲倦地问辩求证。此情耿耿，我哪里敢当？我已经与两三个志同道合的朋友约好了时间，再找一个安静的地方，逗留十来天，稍微探讨一下我的观点，以便在互相切磋的过程中能够获益，但是你正好公务缠身，势必不能来到。你离开之后，我心中郁郁，怅然似有所失。突然得到你的来信，前后数千字，读了之后我心中感到特别欣慰。信上你对我推许和赞赏太过了，大概也是你的鼓舞提携之情，当中的砥砺与规劝如此真切，想让我慢慢达到圣贤的境界。另外，你又让崇一转达你对我的殷切关怀。如果不深交厚爱，怎么会做到这样？我既感动又羞愧，生怕会承受不了你的厚爱。像这样，我岂敢不自加勉励，而仅仅是感激、羞愧、推辞呢？你说，"子思、孟子、周敦颐、程颢不会期望能够传名千载，与其被天下人都相信，倒不如让一个人真正地理解自己。圣道固然会自然存在，圣学也固然会自然存在，即天下人全都相信，也不会算多，而只有一个人理解，也不会算少"。这就是所谓的君子的"不见是而无闷"。但是世上琐碎浅薄的人又怎么会理解这个呢？在我看来，是将许多迫不得已存留在心里，并不是要去斤斤计较别人是否相信自己。

二

【原文】

夫人者，天地之心，天地万物本吾一体者也。生民之困苦荼毒，孰非疾痛之切于吾身者乎？不知吾身之疾痛，无是非之心者也。是非之心，不虑而知，不学而能，所谓良知也。良知之在人心，无间于圣愚，天下古今之所同也。世之君子，惟务致其良知，则自能公是非，同好恶，视人犹己，视国犹家，而以天地万物为一体，求天下无治不可得矣。古之人所以能见善不啻若己出，见恶不啻若己入，视民之饥溺犹己之饥溺，而一夫不获若己推而纳诸沟中者①，非故为是而以蕲天下之信己也，务致其良知求自慊而已矣。尧、舜、三王之圣，言而民莫不信者，致其良知而言之也；行而民莫不悦者，致其真知而行之也。是以其民熙熙，杀之不怨，利之不庸②。施及蛮貊，而凡有血气者莫不尊亲，为其良知之同也。呜呼！圣人之治天下，何其简且易哉！

王阳明说，尧、舜、周武王这些圣明的君主，治理天下很简单，只是一心致其良知以求自己内心的满足罢了。

【注释】

①"一夫不获"句：指伊尹认为如果有一个人生活没有着落，就好像是自己把他推到了沟中去似的。
②"杀之不怨"二句：语出《孟子·尽心上》"王者之民，皞皞如也。杀之而不怨，利之而不庸，民日迁善而不知为之者"。意为圣王的百姓心情舒畅，被杀了也不怨恨，得到好处也不认为应该酬谢，天天向好的方面发展也不知道谁使他如此。

【译文】

人，是天地的心，天地万物，原本就与我是同为一体的。百姓生活困苦、遭到残害，哪一件不是我自己身上的切肤之痛？不了解自己的痛苦，是没有是非之心的人。是非之心，不用思考就会感知到，不用学习就会具备，它就是所谓的良知。不论是圣人和傻瓜，从古到今，良知都自然存在人的心里。世上的君子，只要致力于良知之上，便自然能判别是非与好恶，待人如待己，爱国如爱家，与天地万物融为一体，这样的话，想不让国家得到好的治理都不可能。古人看见善事或者坏事，就好像是自己做的；看到百姓饥饿痛苦，就像自己也饥饿痛苦；有一个人还没有安顿好，就像是自己把他推进了沟里，他们这样做不是为了获得天下人的信任，而是一心致其良知以求自己内心的满足罢了。尧、舜、禹、汤、周文王、周武王，他们说的话天下百姓没有不相信的，因为那是他们致良知之后才说的话；他们做的事百姓没有不高兴的，因为他们是致自己的良知之后才做的事。因此他们的百姓和平安乐，即使被处死也不会怨恨，他们得到好处，圣人们也不会邀功。把这些推及到了蛮荒之地，凡是有血气的人无不孝敬父母，因为他们的良知都是一样的。唉！圣人治理天下，多么简单容易呀！

三

【原文】

后世良知之学不明，天下之人用其私智以相比轧，是以人各有心，而偏琐僻陋之见，狡伪阴邪之术，至于不可胜说。外假仁义之名，而内以行其自私自利之实；诡辞以阿俗，矫行以干誉；掩人之善而袭以为己长；讦人之私而窃以为己直；忿以相胜而犹谓之徇义；险以相倾而犹谓之疾恶；妒贤忌能而犹自以为公是非；恣情纵欲而犹自以为同好恶。相陵相贼，自其一家骨肉之亲，已不能无尔我胜负之意、彼此藩篱之形，而况于天下之大，民物之众，又何能一体而视之？则无怪于纷纷籍籍而祸乱相寻于无穷矣。

【译文】

后世，良知的学说不再昌明，天下的人用自己的私心巧智来彼此倾轧，各人都有自己的私心，于是各种偏执浅陋、琐碎繁杂的见解，狡诈阴邪的手段数不胜数。他们假借着仁义的名号，实际上却在做自私自利的事情；他们用诡辩辞令来迎合世俗，用虚伪的行为来获取名誉；他们把别人的善良抄袭了，当作是自己的长处；攻讦别人的隐私，还自以为正直；为泄私愤去与别人争斗却自以为是为正义献身；邪恶地互相倾轧却号称疾恶如仇；妒疾贤能之士却以为自己是在主持公道；恣意放纵情欲却还认为自己与百姓同好恶。互相欺凌侵害，即使是手足亲人，也互相有争个胜负高低的心思、相互间有很深的隔膜，更何况天地之大，百姓事物之多，又如何能把他们与自己当作一体看待呢？无怪乎天下纷纷扰扰、祸乱四起了。

现在的人却泯灭了良知，互相争夺倾轧，嫉妒陷害，或是阿谀谄媚，所以天下纷纷扰扰、祸乱四起。

四

【原文】

仆诚赖天之灵，偶有见于良知之学，以为必由此而后天下可得而治。是以每念斯民之陷溺，则为之戚然痛心，忘其身之不肖，而思以此救之，亦不自知其量者。天下之人见其若是，遂相与非笑而诋斥之，以为是病狂丧心之人耳。呜呼，是奚足恤哉！吾方疾痛之切体，而暇计人之非笑乎？人固有见其父子兄弟之坠溺于深渊者，呼号匍匐，裸跣颠顿，扳悬崖壁而下拯之。士之见者，方相与揖让谈笑于其旁，以为是弃其礼貌衣冠而呼号颠顿若此，是病狂丧心者也。故夫揖让谈笑于溺人之旁而不知救，此惟行路之人，无亲戚骨肉之情者能之，然已谓之"无恻隐之心，非人矣"。若夫在父子兄弟之爱者，则固未有不痛心疾首，狂奔尽气，匍匐而拯之。彼将陷溺于祸有不顾，而况于病狂丧心之讥乎？而况于蕲人信与不信乎？呜呼！今之人虽谓仆为病狂丧心之人，亦无不可矣。天下之人心，皆吾之心也。天下之人犹有病狂者矣，吾安得而非病狂乎？犹有丧心者矣，吾安得而非丧心乎？

王阳明指斥当今士人缺少对世人的怜悯之心，就像看见别人奋不顾身去拯救溺水的亲人，自己却在旁边打躬作揖、谈笑风生一样。

【译文】

　　真的是托上天洪福，我偶然发现了良知的学说，认为只有通过致良知，天下才能得到治理。因此我每每想到百姓的困苦，便会忧愁心痛，想用致良知来拯救他们，而忽略了自身的才智疏浅，真是自不量力。别人看到我这个样子，就争相嘲讽非难或者斥责我，认为我只是一个精神错乱的人罢了。唉，这又何足挂心呢！我正有着切肤的疼痛，哪有工夫去计较别人的非难嘲讽？人们看见自己的父子兄弟坠落进深渊，固然会匍匐呼叫，全然不顾丢掉鞋子帽子，奋不顾身地下去拯救。士人们遇到这种事情，便只会在旁边打躬作揖、谈笑风生，认为这样不顾衣冠，号啕大哭，失了礼节，是个丧心病狂的人。看到有人落水，依然礼让谈笑，不去救落水之人，这只有没有亲戚骨肉之情的人才做得出来，孟子曾经说过"无恻隐之心，非人矣"。如果是在乎父子兄弟亲情的人，一定不会不痛心疾首，倾尽全力，前去拯救的。他们连溺水的危险都不怕，又怎会顾及到会被讥讽为丧心病狂？又怎么期望别人的信或不信呢？唉！现在的人虽然称我是丧心病狂的人，也没什么不可以。天下人的心，都是我的心。人们当中尚还有丧心病狂的，我怎会不丧心病狂呢？

五

【原文】

　　昔者孔子之在当时，有议其为谄者，有讥其为佞者，有毁其未贤，诋其为"不知礼"，而侮之以为"东家丘"者，①有嫉而沮之者②，有恶而欲杀之者③。晨门、荷蒉之徒，皆当时之贤士，且曰："是知其不可而为之者欤？"④"鄙哉！硁硁乎！莫己知也，斯已而已矣。"⑤虽子路在升堂之列，尚不能无疑于其所见，不悦于其所欲往，而且以之为迂⑥。则当时之不信夫子者，岂特十之二三而已乎？然而夫子汲汲遑遑，若求亡子于道路，而不暇于暖席者，宁以蕲人之知我、信我而已哉？盖其天地万物一体之仁，疾痛迫切，虽欲已之而自有所不容已，故其言曰："吾非斯人之徒与而谁与？"⑦"欲洁其身而乱大伦。""果哉，末之难矣！"⑧呜呼！此非诚以天地万物为一体者，孰能以知夫子之心乎？若其"遁世无闷"，"乐天知命"者，则固"无人而不自得"，"道并行而不相悖"也。

孔子虽遭受了讥讽、诋毁、侮辱、陷害，但仍然矢志不渝，并不是为了让别人相信、理解自己，而是因为他有一份仁爱之心。

【注释】

① 不知礼、东家丘：据《论语·八佾》载，孔子进入太庙，什么都问，有人就说孔子不知礼。东家丘：《孔子家语》云，孔子西邻有愚人，不知道孔子是圣人，称他为东家丘。② 有嫉而沮之者：《史记·孔子世家》云，孔子任鲁国大司寇和代理宰相时，齐国害怕鲁国因此强大起来："孔子为政必霸，霸则吾地近焉，我之为先并矣。盍致地焉？"黎鉏说："请尝先沮之，沮之而不可则致地。"齐人就送女乐给鲁国国君和当权者季孙氏，使鲁国国政荒废，孔子便离开鲁国。沮，同阻。③ 有恶而欲杀之者：据《论语·述而》载，孔子周游列国，经过宋国时，有人想杀他。④ 是知其不可而为之者欤：意为是那位知道自己做不到但还是一定要去做的人吗？语出《论语·宪问》。⑤ "鄙哉"四句：意为固执地敲违磬，真可鄙呀！既然没有人理解自己，就算了呗。语出《论语·宪问》。⑥ "子路"四句：孔子到卫国去见名声不好的卫灵公夫人南子，子路很不高兴。孔子去卫国之前，子路曾问孔子，如果卫君让他执政，他首先做什么，孔子说先正名，子路笑话他竟然迂到这种地步。⑦ 吾非斯人之徒与而谁与：意为我不跟天下的人在一起又跟谁在一起呢？语出《论语·微子》。⑧ 果哉，末之难矣：意为隐者遁世如此坚决，没办法说服他了。语出《论语·宪问》。

【译文】

孔子在世的时候，有的人评议他是谄媚之人，有的人讥笑他是奸佞的小人，有人诋毁他不够贤明，有人诽谤他不知礼仪，有人侮辱他是东家的孔丘，有人因嫉妒而败坏他的名声，有人憎恶并且欲图杀了他。即使像当时的晨门、荷蒉等贤士也会说："是知其不可而为之者欤？""鄙哉！硁硁乎！莫己知也，斯已而已矣。"虽然子路是孔子的门徒，仍旧不免会怀疑孔子的见识，对孔子的所作所为有不满，并且还认为孔子迂腐。当时不相信孔子的人，难道仅仅是十之二三吗？然而孔子仍旧是兢兢业业，就像是在路上寻找丢失的儿子一样，坐不暖席，匆匆忙忙，难道只是为了让别人相信、理解自己吗？是因为他有一份与天地万物同体的仁爱之心，迫切地感到了切肤之痛，即使想停也身不由己了。因此他说："吾非斯人之徒与而谁与？""欲洁其身而乱大伦。""果哉，末之难矣！"哎！如果不是真真正正与天地万物一体的人，谁会能明白孔子的心意呢？至于那些"遁世无闷"，"乐天知命"的人，自然会"无人而不自得"，"道并行而不相悖"了。

子路虽然是孔子的门徒，但仍旧不免怀疑孔子的见识，对孔子的所作所为有不满，并且还认为孔子迂腐。

六

【原文】

仆之不肖,何敢以夫子之道为己任?顾其心亦已稍加疾痛之在身,是以彷徨四顾,将求其有助于我者,相与讲去其病耳。今诚得豪杰同志之士,扶持匡翼,共明良知之学于天下,使天下之人皆知自致其良知,以相安相养,去其自私自利之蔽,一洗谗妒胜忿之习,以济于大同①,则仆之狂病固将脱然以愈,而终免于丧心之患矣。岂不快哉!

嗟乎!今诚欲求豪杰同志之士于天下,非如吾文蔚者而谁望之乎?如吾文蔚之才与志,诚足以援天下之溺者,今又既知其具之在我,而无假于外求矣,循是而充,若决河注海,孰得而御哉?文蔚所谓"一人信之不为少",其又能逊以委之何人乎?

王阳明希望遇到与自己有着共同志向的豪杰,共同让良知在天下得以昌明,让天下得以大同。

【注释】

① 大同:古代儒家所推崇的理想社会。语出《礼记·礼运》:"大道之行也,天下为公,选贤与能,讲信修睦。故人不独亲其亲,不独子其子。使老有所终,壮有所用,幼有所长,鳏寡孤独废疾者,皆有所养。男有分,女有归。货恶其弃于地也,不必藏于己;力恶其不出于身也,不必为己。是故谋闭而不兴,盗窃乱贼而不作,故外户而不闭,是谓大同。"

【译文】

鄙人才疏学浅,怎么敢声称以孔子的圣道作为己任?我心里也已经稍微明白了自身的毛病,因此心下彷徨,四处寻找能够对我有帮助的人,共同讲习,以除去我身上的毛病。现在真的能够得到你们这些有着共同志向的豪杰来提携匡正我,共同让良知在天下得以昌明,让天下的人都知道致自己的良知,彼此安抚、启发,去除自私自利的毛病,清除谄媚、嫉妒、好胜和易怒的习惯,让天下得以大同,那么我的狂病自然会立刻痊愈,而最终免除丧心病狂的忧患。岂不是痛快!

哎!现在真的想要寻求志同道合的豪杰,除了文蔚你,我还能够指望谁呢?以你的才智与理想,确实足以拯救天下于困苦之中的了,现在既然已经知道良知就在自己心中,无须向外寻求,那么遵循着这个,加以扩充,就会像是决堤大河奔入大海,谁能抵御?你说"一人相信不算少",又怎么能谦逊地委托给其他人呢?

七

【原文】

会稽素号山水之区。深林长谷,信步皆是;寒暑晦明,无时不宜;安居饱食,尘嚣无扰;良朋四集,道义日新;优哉游哉,天地之间宁复有乐于是者!孔子云:"不怨天,不尤人,下学而上达。"①仆与二三同志方将请事斯语,奚暇外慕?独其切肤之痛,乃有未能恝然者,辄复云云尔。咳疾暑毒,书札绝懒,盛使远来,迟留经月,临歧执笔,又不觉累纸。盖于相知之深,虽已缕缕至此,殊觉有所未能尽也。

【注释】

①"不怨天"三句:语出《论语·宪问》:"不怨天,不尤人。下学而上达。知我者其天乎!"意为不怨恨上天,不责怪别人,学习知识,通晓天理。

王阳明与两三个志同道合的朋友在会稽一同探讨良知之学。

【译文】

会稽(南宋以后会稽名绍兴)处于有山有水的地方,茂密的树林、幽长的山谷,比比皆是;春夏秋冬,气候适宜;安静而远离尘俗;好友们从四方云集于此,对于道义日日都有新的见解;真是逍遥自在,天地间哪还会有这样的快乐!孔子说:"不怨天,不尤人,下学而上达。"我和两三个志同道合的朋友正想要遵循孔子的这句话去做,哪还有其他时间思慕心外之物?只是这切肤之痛,却不能无动于衷,于是回复了这封信。我因咳嗽加上暑热,懒得写信。你盛意拳拳地派人远道而来,迟迟逗留有大概一个月了,临行执笔,不知不觉又写了这么多。大概因为我们相知甚深,虽然已经如此详尽了,仍会觉得有许多话没有说完。

答聂文蔚(二)①

一

【原文】

得书,见近来所学之骤进,喜慰不可言。谛视数过,其间虽亦有一二未莹彻处,却是致良知之功尚未纯熟,到纯熟时自无此矣。譬之驱车,既已由于康庄大道②之中,或时横斜迂曲者,乃马性未调、衔勒不齐之故,然已只在康庄大道中,决不赚入旁蹊曲径矣。近时海内同志,到此地位者曾未多见,喜慰不可言,斯道之幸也!

贱躯旧有咳嗽畏热之病,近入炎方,辄复大作。主上圣明洞察,责付甚重,不敢遽辞。地方军务冗沓,皆舆疾从事。今却幸已

王阳明指导学生说,他致良知的功夫还不够纯熟,就好比已经在康庄大道上了,虽然还有各种驾驶问题,但绝不会再误入旁门左道。

平定，已具本乞回养病，得在林下稍就清凉，或可瘳耳。人还，伏枕草草，不尽倾企。外惟浚③一简，幸达致之。

【注释】

① 这一封信是王阳明的绝笔信，嘉靖七年（1528年）十月写于广西。② 康庄大道：语出《尔雅·释宫》"五达谓之康，六达谓之庄"。意为四通八达的大道。③ 惟浚：陈九川（1495~1562），字惟浚，号明水，江西临川人，官至礼部郎中，王阳明的弟子。

【译文】

看到了你的信，发现你近来学问大有进步，我不胜欣慰。我已经把你的信仔细地看过了好几遍，中间虽然也有一两个地方还不是很清楚，但都是因为致良知的功夫还不够纯熟，等到真正纯熟了，自然就不会有这样的毛病了。就好比驾车，虽然已经在康庄大道上了，有时出现歪斜迂回的情况，是因为马性没调养好，或者缰绳没有勒齐的缘故，然而只要已经在康庄大道上了，就绝不会再误入旁门左路。近来海内同志能够达到你这种地步的人未曾多见，我简直无法诉说我心中的欣慰，圣道的幸运啊！

我身体原有咳嗽怕热的毛病，到了炎热的南方，便复发得更严重了。皇上洞察圣明，托付的责任很重大，因此不敢就此辞去。地方上军务繁杂，我都带病处理。所幸现在叛乱已经平定，我已经奏请皇上乞求还乡养病，假如能够在家乡稍消炎暑，或许就可以痊愈了。我即将返乡，伏枕写信，诉不尽倾慕和企盼。另外，给九川的信要麻烦你转交给他。

二

【原文】

来书所询，草草奉复一二。

近岁来山中讲学者，往往多说勿忘勿助功夫甚难。问之，则云才著意便是助，才不著意便是忘，所以甚难。区区因问之云："忘是忘个甚么？助是助个甚么？"其人默然无对，始请问。区区因与说，我此间讲学，却只说个"必有事焉"，不说"勿忘勿助"。"必有事焉"者，只是时时去"集义"。若时时去用"必有事"的功夫，而或有时间断，此便是忘了，即须"勿忘"；时时去用

王阳明看了弟子寄来的书信，发现弟子学问大有进步，不胜欣慰。

"必有事"的功夫，而或有时欲速求效，此便是助了，即须"勿助"。其功夫全在"必有事焉"上用；"勿忘勿助"，只就其间提撕警觉而已。若是功夫原不间断，即不须更说勿忘；原不欲速求效，即不须更说勿助。此其功夫何等明白简易！何等洒脱自在！今却不去"必有事"上用功，而乃悬空守着一个"勿忘勿助"。此正如烧锅煮饭，锅内不曾渍水下米，而乃专去添柴放火，不知毕竟煮出个甚么物来？吾恐火候未及调停，

而锅已先破裂矣。近日一种专在勿忘勿助上用功者，其病正是如此。终日悬空去做个勿忘，又悬空去做个勿助，奔奔荡荡，全无实落下手处。究竟功夫只做得个沉空守寂，学成一个痴騃①汉，才遇些子事来，即便牵滞纷扰，不复能经纶宰制。此皆有志之士，而乃使之劳苦缠缚，担搁一生，皆由学术误人之故，甚可悯矣！

【注释】

① 痴騃（sì）：騃痴愚。

【译文】

就来信里你问的问题，我草略地做了一些回答。

近年，来山上讲学的人往往说"勿忘勿助"的功夫很难。问为什么，他们便说稍略在意就是助，一不用心就是忘，所以很难。我便问："忘是忘了什么？助是助了什么？"他们都沉默着回答不出来，便向我请教。我告诉他们，我在这里讲学，只说个"必有事焉"，从没有"勿忘勿助"的说法。"必有事焉"，就是时时刻刻要"集义"。时时刻刻都在用"必有事"的功夫，如果有时有了中断，那就是"忘"，那就需要做到"勿忘"；时时刻刻在用"必有事"的功夫，而如果有时想要快速见效，那就是"助"了，那就需要"勿助"。所以功夫都用在"必有事焉"上；"勿忘勿助"，只能在其间有个提醒警觉的作用而已。如果功夫原本就是不间断的，就不需要说"勿忘"了；如果下功夫原本就不求速效，也就不需要说"勿助"了。这其中的功夫是何等简单易懂呀！何等洒脱自在呀！如今却不在"必有事"上用功，而是空谈一个"勿忘勿助"。就像是架锅煮饭，还不曾往锅里添水下米呢，就先去添柴烧火，真不知道能够煮出个什么东西来？恐怕火候还来得及调好，锅就已经先被烧裂了。现在有一种专门在"勿忘勿助"上用功的人，他们的错误就在这里。成天空谈什么"勿忘勿助"，四处奔波，却全然没有下手的地方。到头来也只落得个死守空寂，成为一个痴呆汉。碰到一点事，便被牵滞得心绪烦乱，无法妥善应付。这些都是有志之士，却因此劳苦困扰，耽误一生，都是错误的学术误人啊，真是可惜！

三

【原文】

夫"必有事焉"只是"集义"，"集义"只是致良知。说"集义"则一时未见头脑，说致良知即当下便有实地步可用功。故区区专说致良知。随时就事上致其良知，便是"格物"；著实去致良知，便是"诚意"；著实致其良知，而无一毫意必固我，便是"正心"。著实致良知，则自无忘之病；无一毫意必固我，则自无助之病。故说格、致、诚、正，则不必更说个忘助。孟子说忘助，亦就告子得病处立方。告子强制其心，是助的病痛，故孟子专说助长之

王阳明强调集义是为了致良知。

害。告子助长，亦是他以义为外，不知就自心上"集义"，在"必有事焉"上用功，是以如此。若时时刻刻就自心上"集义"，则良知之体洞然明白，自然是是非非，纤毫莫遁，又焉有"不得于言，勿求于心；不得于心，勿求于气"之弊乎？孟子"集义""养气"之说，固大有功于后学，然亦是因病立方，说得大段，不若《大学》格、致、诚、正之功，尤极精一简易，为彻上彻下，万世无弊者也。

【译文】

"必有事焉"，其实只是"集义"，"集义"，则只是致良知。说"集义"，一时还抓不住关键，而说致良知，当下便就有切实的地方可以着手用功。所以我只说致良知。随时在事上致良知，便是"格物"；实实在在地致良知，便是"诚意"；实实在在地致良知，而没有一丝一毫的意、必、固、我，就是"正心"。实实在在地致良知，就自然不会有"忘"和"助"的毛病了。所以说了格物、致知、诚意、正心，就不用再说"勿忘勿助"。孟子说"勿忘勿助"，也是针对告子的毛病所开的处方。告子主张强制人心，犯了"助"的毛病，所以孟子专门解说"助"的危害。告子会犯"助"的错误，也是因为他把义当作心外之物，不懂得在心中"集义"，在"必有事焉"上用功。如果时时刻刻在心上"集义"，那么良知的本体自然会洞然开朗，自然是非毕露，又怎会有"不得于言，勿求于心；不得于心，勿求于气"的弊病呢？孟子的"集义""养气"的学说，固然对后世学者大有功劳，然而因为也只是对症下药，只说了个大概，不如《大学》里格物、致知、诚意、正心的功夫，尤其精一简单，上下贯通，永无弊病。

四

【原文】

圣贤论学，多是随时就事，虽言若人殊，而要其功夫头脑，若合符节。缘天地之间，原只有此性，只有此理，只有此良知，只有此一件事耳。故凡就古人论学处说功夫，更不必搀和兼搭而说，自然无不吻合贯通者。才须搀和兼搭而说，即是自己功夫未明彻也。

近时有谓"集义"之功，必须兼搭个致良知而后备者，则是"集义"之功尚未了彻也。"集义"之功尚未了彻，适足以为致良知之累而已矣。谓致良知之功，必须兼搭一个"勿忘勿助"而后明者，则是致良知之功尚未了彻也。致良知之功尚未了彻，适足以为"勿忘勿助"之累而已矣。若此者，皆是就文义上解释牵附，以求混融凑泊，而不曾就自己实功夫上体验，是以论之愈精，而去之愈远。

文蔚之论，其于"大本达道"既已沛然无疑，至于"致知""穷理"及"忘助"等说，时亦有搀和兼搭处，却是区区所谓康庄大道之中，或时横斜迂曲者，到得功夫熟后，自将释然矣。

【译文】

圣人们讲学，往往就事论事，虽然说法好像不尽相同，但他们的宗旨，都是相符合的。因为天地之间，原本就只有一个人性，只有一个天理，只有一个良知，只是这一件事而已。所以凡是就古人论学方面讲的功夫，根本不需要掺杂搭配地讲解，自然会吻合贯通。如果有人认为需要掺杂搭配来讲说，便是他自己的功夫还不够明彻。

近来，有人认为"集义"的功夫，必须掺杂着致良知的功夫才会完备，那是因为他的"集义"的功夫还不明彻罢了。"集义"的功夫尚未明澈，便刚好成了致良知的阻碍。而认为致良知的功夫必须搭配"勿忘勿助"的功夫才能完备，也是因为致良知的功夫尚未透彻。致良知的功夫尚未透彻，便恰恰成了"勿忘勿助"的牵累。像这样，都只是在字义上牵强附会，以求融会贯通，还未曾就自己实在的工夫上体悟，所以说得越细致，就会相差得越远。

你的论述，在"大本达道"上已经没有什么问题了，但是对"致知""穷理"以及"勿忘勿助"等学说，还时时会有掺杂搭配的地方，这就是我所说的已经在康庄大道上了，但有时会有歪斜曲折的情况，等你的功夫纯熟后，自然就会没有了。

王阳明认为天地之间原本就只有一个人性，只有一个天理，只有一个良知。所以所谓集义、勿忘勿助都只为了致良知。

五

【原文】

文蔚谓"致知之说，求之事亲、从兄之间，便觉有所持循"者，此段最见近来真切笃实之功。但以此自为不妨，自有得力处；以此遂为定说教人，却未免又有因药发病之患，亦不可不一讲也。

盖良知只是一个天理。自然明觉发见处，只是一个真诚恻怛便是他本体。故致此良知之真诚恻怛以事亲便是孝，致此真知之真诚恻怛以从兄便是弟，致此真知之真诚恻怛以事君便是忠。只是一个良知，一个真诚恻怛。若是从兄的良知不能致其真诚恻怛，即是事亲的良知不能致其真诚恻怛矣；事君的良知不能致其真诚恻怛矣，即是从兄的真知不能致其真诚恻怛矣。故致得事君的良知，便是致却从兄的良知；致得从兄的良知，便是致却事亲的良知。不是事君的良知不能致，却须又从事亲的良知上去扩充将来。如此，又是脱却本原，著在支节上求了。良知只是一个，随他发见流行处，当下具足，更无去来，不须假借。然其发见流行处，却自有轻重厚薄毫发不容增减者，所谓"天然自有之中"也。虽则轻重厚薄毫发不容增减，而原又

良知是天理，它自然明觉地表现出来真诚恻隐。

只是一个。虽则只是一个，而其间轻重厚薄又毫发不容增减。若可得增减，若须假借，即已非其真诚恻怛之本体矣。此良知之妙用，所以无方体，无穷尽，"语大天下莫能载，语小天下莫能破"①者也。

王阳明认为，孝顺父母、辅佐君王的良知为一体，不可分割。辅佐君王的良知必须从侍奉父母的良知上去扩充得来。

【注释】

① "语大"二句：语出《中庸》"故君子语大，天下莫能载焉；语小，天下莫能破焉"。意为君子讲到道的广大，即使是天地无边无际也装载不了它；讲到道的精微，天下任何东西也破碎不了它。

【译文】

你说"致知之说，求之事亲、从兄之间，便觉有所持循"，这句话最能看出你近来所下的真切笃实的功夫。你自己无妨从这里用功，自然会有感觉得力的地方；但如果用这些作为定论去教导别人，就难免会有用药不当反而得病的担心，所以在这里我不能不提一提。

良知只是一个天理。它自然明觉的显现处，只是一个真诚恻隐，便是良知的本体。所以致良知的真诚恻隐来关爱父母就是孝，致良知的真诚恻隐来尊敬兄长就是悌，致良知的真诚恻隐来辅佐君王便是忠。这里只有一个良知，一个真诚恻隐。如果尊敬兄长的良知不能致其真诚恻隐，也就是侍奉父母的良知不能致其真诚恻隐；如果辅佐君王的良知不能致其真诚恻隐，也就是尊敬兄长的良知不能致其真诚恻隐。所以致辅佐君王的良知，就是致尊敬兄长的良知；致尊敬兄长的良知，就是致侍奉父母的良知。不是说辅佐君王的良知不能致，却必须从侍奉父母的良知上去扩充得来。如果这样，就又是脱离了本原，只在细枝末节上探求了。良知只有一个，随着良知的呈现和流传，自然就会完美，不用再去寻求，也不需假借于外。但是它呈现流传的地方，自然就会轻重厚薄，丝毫不容增减，即所谓的"天然自有之中"。虽然它的轻重厚薄，丝毫不容增减，但它的本原也只是一个。虽然良知只是一个，它的轻重厚薄又是丝毫不容增减的。如果可以增减，如果需要向外假借，便不会再是真诚恻隐的本体了。之所以良知的妙用没有固形，没有穷尽，"语大天下莫能载，语小天下莫能破"，原因就在此。

六

【原文】

孟氏"尧舜之道，孝弟而已"者，是就人之良知发见得最真切笃厚、不容蔽昧处提省人，使人于事君、处友、仁民、爱物，与凡动静语默间，皆只是致他那一念事亲从兄真诚恻怛的良知，即自然无不是道。盖天下之事虽千变万化，至于不可穷诘，而但惟致此事亲从兄一念真诚恻怛之良知以应之，则更无有遗缺渗漏者，正谓其只有此一个良知故也。事亲从兄一念良知之外，更无有良知可致得者，故曰："尧舜之道，孝弟而已矣。"此所以为"惟精惟一"之学，放之四海而皆准，"施诸后世而无朝夕"①

者也。

文蔚云："欲于事亲从兄之间，而求所谓良知之学。"就自己用功得力处如此说，亦无不可。若曰"致其良知之真诚恻怛，以求尽夫事亲从兄之道焉"，亦无不可也。明道云："行仁自孝弟始，孝弟是仁之一事，谓之行仁之本则可，谓是仁之本则不可。②"其说是矣。

【注释】

① 施诸后世而无朝夕：意为后世要一直施行它，一朝一夕都不可以例外。语出《礼记·祭义》。② 谓之行仁之本则可，谓是仁之本则不可：此段是程颐所言，见《河南程氏遗书》卷十八。意为孝悌是行仁的根本，但不能说它是仁的根本。

王阳明认为，天下的事情虽然千变万化，无法穷尽，但只需用侍奉父母、尊敬兄长的真诚恻隐的良知去应付，就再不会有什么遗漏缺失。

【译文】

孟子说："尧舜之道，孝弟而已。"它是就人的良知显现发挥最真切笃实、不被蒙蔽的地方提醒人，使人在侍奉君王、结交朋友、仁爱百姓、关爱万物，以至一切行动、静止、说话、沉默时，都只是在致他那一心侍奉父母、尊敬兄长的真诚恻隐的良知，那样的话，就自然无处不是圣道了。天下的事情虽然千变万化，无法穷尽，但只需用侍奉父母、尊敬兄长的真诚恻隐的良知去应付，就再不会有什么遗漏缺失，正是因为这当中只有一个良知的缘故。除了一心侍奉父母、尊敬兄长的良知之外，再没有其他的良知可以致了，所以孟子才说："尧舜之道，孝弟而已矣。"这正是"惟精惟一"的学说，放之四海而皆准，"施诸后世而无朝夕"。

你说："想通过侍奉父母、尊敬兄长的事情，求得所谓致良知的学问。"从自己着手用功这方面说，没有什么不可以。如果说"用良知的真诚恻隐，来探求侍奉父母、尊敬兄长的道理"，也没什么不可以。程颐先生说："从孝悌开始施行仁义，孝悌是仁义中的一件事情，说它是行仁的根本是可以的，但说它是仁的根本就不对了。"这很对。

七

【原文】

"臆""逆""先觉"之说，文蔚谓"诚则旁行曲防，皆良知之用"。甚善甚善！间有搀搭处，则前已言之矣。惟浚之言亦未为不是。在文蔚须有取于惟浚之言而后尽，在惟浚又须有取于文蔚之言而后明。不然，则亦未免各有倚著之病也。舜察迩言而询刍荛①，非是以迩言当察、刍荛当询而后如此。乃良知之发见流行，光明圆莹，更无碍遮隔处。此所以谓之大知。才有执着意必，其知便小矣。讲学中自有去取分辨，然就心地上着实用功夫，却须如此方是。

【注释】

① 刍荛：刍，草；荛，柴草。引申为打柴的人。

【译文】

诸如"不臆不信""不逆诈""先觉"等论说,你说"诚则旁行曲防,皆良知之用"。这种观点很正确!偶尔会有掺杂搭配的地方,我前面已经谈到过了。惟浚的说法也并不是不对。你需要采纳惟浚的说法才能够做到详尽,而惟浚则需要采纳你的说法之后才能更明白。否则的话,你们都难免会有一些偏颇。舜喜欢体察浅近的话,并且向打柴的人请教,并不是浅近的话应当去思考,而是舜认为应当向樵夫请教,所以他才请教。良知的呈现流传,光明透彻,没有任何障碍蒙蔽的地方。这就是所谓的大智。如果有了执着和意、必,他的智就变小了。讲学时自然会有一些取舍分辨,但是在心里切实地用功,就必须这样才行。

王阳明认为,诸如"不臆不信""不逆诈""先觉"等论说都应以致良知为基础。舜认为应当向樵夫请教所以就请教,正是良知在发挥作用。

八

【原文】

"尽心"三节,区区曾有生知、学知、困知之说,颇已明白,无可疑者。盖尽心、知性、知天者,不必说存心、养性、事天,不必说"夭寿不贰、修身以俟"。而存心、养性与"修身以俟"之功,已在其中矣。存心、养性、事天者,虽未到得尽心、知天的地位,然已是在那里做个求到尽心、知天的功夫,更不必说"夭寿不贰、修身以俟",而"夭寿不贰、修身以俟"之功,已在其中矣。

譬之行路,尽心、知天者,如年力壮健之人,既能奔走往来于数千里之间者也;存心、事天者,如童稚之年,使之学习步趋于庭除之间者也;"夭寿不贰、修身以俟"者,如襁褓之孩,方使之扶墙傍壁,而渐学起立移步者也。既已能奔走往来于数千里之间者,则不必更使之于庭除之间而学步趋,而步趋于庭除之间自无弗能矣;既已能步趋于庭除之间,则不必更使之扶墙傍壁而学起立移步,而起立移步自无弗能矣。然学起立移步,便是学步趋庭除之始;学步趋庭除,便是学奔走往来于数千里之基。固非有二事,但其功夫之难易,则相去悬绝矣。

心也,性也,天也,一也。故及其知之成功则一。然而三者人品力量自有阶级,不可躐等而能也。细观文蔚之论,其意以恐尽心、知天者,废却存心、修身之功,而反为尽心、知天之病。是盖为圣人忧功夫之或间断,而不知为自己忧功夫之

王阳明说,心、性、天,本质是一样的,尽心就是达致天理了。

未真切也。吾侪^①用功，却须专心致志在"夭寿不贰、修身以俟"上做，只此便是做尽心、知天功夫之始。正如学起立移步，便是学奔走千里之始。吾方自虑其不能起立移步，而岂遽其不能奔走千里？又况为奔走千里者，而虑其或遗忘于起立移步之习哉？

文蔚识见本自超绝迈往，而所论云然者，亦是未能脱去旧时解说文义之习，是为此三段书分疏比合，以求融会贯通，而自添许多意见缠绕，反使用功不专一也。近时悬空去做勿忘勿助者，其意见正有此病，最能耽误人，不可不涤除耳。

【注释】

① 侪：同辈，同类的人。

【译文】

关于"尽心"的三个层次，我曾经用"生而知之""学而知之""困而知之"来说明，已是非常明白的了，应该没有能怀疑的地方了。大概对于尽心、知性、知天的人，就不必再说存心、养性、事天了，也不必再说"夭寿不贰，修身以俟"。因为存心、养性与"修身以俟"的功夫，都已经包含在尽心、知性、知天当中了。而对于存心、养性、事天的人，虽然他们还能到得尽心、知天的境界，但已经是在探求尽心、知天的功夫了，也无须说"夭寿不贰，修身以俟"的功夫，因为"夭寿不贰、修身以俟"的功夫，也已经包括其中了。

存心、事天的人，就像是一个稚嫩的儿童，只能让他在庭院里学习走路；而"夭寿不贰，修身以俟"的人，就像还在襁褓里的婴儿，让他们依傍着墙壁，他们才能慢慢学习站立，缓缓移动。

以走路做比喻，尽心、知天的人，就像年轻壮健的人，本来就能够在数千里的路途当中来回奔走；存心、事天的人，就像是一个稚嫩的儿童，只能让他在庭院里学习走路；而"夭寿不贰，修身以俟"的人，就像还在襁褓里的婴儿，让他们依傍着墙壁，他们才能慢慢学习站立，缓缓移动。既然已经能够在数千里的路途当中来回奔走了，就不必再让他在院子里学习走路了，因为在院子里走路对他来说是不可能不会的；既然已经能够在院子里走路了，那也就不必再让他靠着墙壁学习站立了，因为他站立自然对他们来说是没有问题的。然而在庭院里学习走路，是从学习站立开始的；而在庭院里学着走路，又是能在几千里的路上往来奔跑的基础。这本来就不是两回事，只是功夫的难易程度相差得很悬殊罢了。

心、性、天，其本质是一样的。所以等到致良知成功之后，效果是相同的。然而这三种人的人品、才智有各自不同的等级，他们不能够逾越各自的等级而行动。我仔细考虑了你的观点，你是害怕尽心、知天的人，废弃了存心、修身的功夫，而反过来成了尽心、知天的障碍。这大概是替圣人担忧，怕他们的功夫有时会间断，却不去为自己担心功夫是不是已经真切了。我们用功，只需专心致志地在"夭寿不贰，修身以俟"上用功，这才是做尽心、知天的功夫的开始。就像学习站立，是为了学习奔走千里。如今，我忧虑的是不能站立移步，怎会去忧虑不能奔走千里呢？又怎么会为奔走千里的人，担心他们会有时忘记了站立的本领？

你原本已经见识出众，而你所说的话，又表明，你也还没有清除以往专门讲求字面意义的习惯，所以你才会分出知天、事天、夭寿不贰三个层次，进行分析、综合、比较，以求融会贯通，却给自己添加了许多纠缠不清的观点，反倒让自己不能用功专一。近来那些凭空去做"勿忘勿助"的功夫的人，也恰恰有了这个毛病，它最能耽误人，不能不清除干净。

九

【原文】

所谓"兼德性而道问学"一节，至当归一，更无可疑。此便是文蔚曾著实用功，然后能为此言。此本不是险僻难见的道理，人或意见不同者，还是良知尚有纤翳潜伏。若除去此纤翳，即自无不洞然矣。

【译文】

你所说的"尊德性而道问学"这一节，"尊德性"和"道问学"应当统一，这没有什么可怀疑的。你能说这句话，说明这是你踏实用功了。这本来就不是生僻难懂的道理。有的人会有不同的意见，是因为他们的良知里还隐藏着纤尘。如果清除了这些纤尘，就自然会豁然开朗。

王阳明认为，尊德性而道问学的含义并不难理解，只是因为有些人的良知里还隐藏着纤尘。如果清除了这些纤尘，就自然会豁然开朗。

十

【原文】

已作书后，移卧檐间，偶遇无事，遂复答此。文蔚之学既已得其大者，此等处久当释然自解，本不必屑屑如此分疏。但承相爱之厚，千里差人远及，谆谆下问，而竟虚来意，又自不能已于言也。然直戆①烦缕已甚，恃在信爱，当不为罪。惟浚处及谦之②、崇一处，各得转录一通寄视之，尤承一体之好也。

【注释】

① 戆：愚直。② 谦之：邹守益（1491~1562），字谦之，号东郭，江西安福人，王阳明的弟子。

【译文】

写好信之后，我躺到屋檐下面，正好无事可做，便又写了以下几句。你的学问既然已经把握到了关键所在，这些问题时间长了之后自然就会明白，原本不需要我这样分析讲解。但是承蒙你的厚爱，千里派人前来请教，为了不辜负你的一片诚意，我又不得不说这些。但是我又太过率直、琐碎，想你凭着对我的信任与关爱，应当不会怪罪于我吧。还请你把这封信分抄几份，寄给惟浚、谦之、崇一等人，让他们同承你情同手足的好意。

卷下

陈九川录

一

【原文】

正德乙亥，九川初见先生于龙江。先生与甘泉①先生论"格物"之说。甘泉持旧说。先生曰："是求之于外了。"甘泉曰："若以格物理为外，是自小其心也。"九川甚喜旧说之是。先生又论"尽心"一章，九川一闻却遂无疑。

后家居，复以"格物"遗质。先生答云："但能实地用功，久当自释。"山间乃自录《大学》旧本读之，觉朱子"格物"之说非是，然亦疑先生以意之所在为物，"物"字未明。

己卯，归自京师，再见先生于洪都②。先生兵务倥偬，乘隙讲授。首问："近年用功何如？"

九川曰："近年体验得'明明德'功夫只是'诚意'。自'明明德于天下'，步步推入根源，到'诚意'上再去不得，如何以前又有格致功夫？后又体验，觉得意之诚伪，必先知觉乃可，以颜子'有不善未尝知之，知之未尝复行'为证，豁然若无疑，却又多了格物功夫。又思来，吾心之灵何有不知意之善恶？只是物欲蔽了，须格去物欲，始能如颜子未尝不知耳。又自疑功夫颠倒，与'诚意'不成片段。后问希颜。希颜曰：'先生谓"格物""致知"是"诚意"功夫，极好。'九川曰：'如何是"诚意"功夫？'希颜令再思体看。九川终不悟，请问。"

先生曰："惜哉！此可一言而悟！惟浚所举颜子事便是了。只要知身、心、意、知、物是一件。"

九川疑曰："物在外，如何与身、心、意、知是一件？"

陈九川向王阳明请教格物、致知、诚意的学问。

格物就像是求道,也就是随处体察、明白天理。

先生曰:"耳、目、口、鼻、四肢,身也,非心安能视、听、言、动?心欲视、听、言、动,无耳、目、口、鼻、四肢亦不能。故无心则无身,无身则无心。但指其充塞处言之谓之身,指其主宰处言之谓之心,指心之发动处谓之意,指意之灵明处谓之知,指意之涉着处谓之物,只是一件。意未有悬空的,必着事物,故欲'诚意',则随意所在某事而格之,去其人欲而归于理,则良知之在此事者,无蔽而得致矣。此便是'诚意'的功夫。"

九川乃释然破数年之疑。

又问:"甘泉近亦信用《大学》古本,谓'格物'犹言'造道',又谓穷如穷其巢穴之穷,以身至之也,故'格物'亦只是随处体认天理。似与先生之说渐同。"

先生曰:"甘泉用功,所以转得来。当时与说'亲民'字不须改,他亦不信。今论'格物'亦近,但不须换'物'字作'理'字,只还他一'物'字便是。"

后有人问九川曰:"今何不疑'物'字?"曰:"《中庸》曰'不诚无物',程子曰'物来顺应',又如'物各付物''胸中无物'③之类,皆古人常用字也。"他日先生亦云然。

【注释】

① 甘泉:湛若水(1466~1560),字元明,号甘泉,广东增城人,历任礼部、吏部、兵部尚书,著有《湛甘泉集》。② 洪都:地名,今江西南昌。③ 胸中无物:语出《河南程氏外书》卷十一"尧夫胸中无事如此"。邵雍,字尧夫,共城(今河南辉县)人,北宋哲学家,与周敦颐、张载、二程合称北宋五子,著有《皇极经世编》《伊川击壤集》等。

【译文】

正德十年(1515),九川在龙江第一次看到了先生。先生正与甘泉先生谈论"格物"的学说,而甘泉先生一再坚持朱熹先生的见解。先生说:"这是在心外寻求了。"甘泉先生则说:"如果以格物之理为外,那就把自心看小了。"九川心里十分赞同朱熹的说法。先生又谈到了《孟子》"尽心"一章,九川听了之后,马上对先生的"格物"学说不再有怀疑了。

后来九川闲居在家,又以"格物"的学说向先生求教。先生答说:"只要能够切切实实地用功,时间长了,自然就会明白。"到了山间,又自己抄录了《大学》旧本来阅读,更感觉朱熹的"格物"学说不正确,但是也还怀疑先生把"意"的所在当作物,因为这个"物"字,我还觉得不太明朗。

正德十四年,九川从京师回来,在洪都(今江西南昌)又见到了先生。当时先生军务繁重,只能抓紧空闲时间,给我讲课。首先便问:"近年来用的功夫怎么样?"

九川说:"近年来体会到了'明明德'的功夫只是'诚意'。从'明明德于天下',逐步追溯本源,但到'诚意'上就再追溯不下去了。怎么'诚意'的前面还有一个'格物致知'的功夫呢?后来又仔细体会，感觉到意的真诚虚伪，须先要有知觉，颜回曾说'有不善未尝知之，知之未尝复行'，这能当作证据，我由此豁然开朗，确信无疑，但是心里又多了一个'格物'的功夫。细细思考，凭着本心的灵明，又怎么会不明白意的善恶呢？只不过是被物欲所蒙蔽，需要格除物欲，才能做到像颜回那样，善恶尽知。我又想是不是自己把功夫用颠倒了，以致'格物'和'诚意'的功夫联系不到一起。后来我问希颜，希颜说：'先生所说"格物""致知"，都是"诚意"的功夫，我认为真的是这样的。'我又问：'为什么是"诚意"的功夫呢？'希颜让我再自个儿用心去体察。但我最终还是没能领悟到这其中的缘由，所以现在向先生您求教。"

先生说："真是可惜！原来这是可以一言而喻的！你所举的颜回的例子就能够把问题讲明白了。总之你只要懂得，身、心、意、知、物，全都是一件事就行了。"

九川不解地问："物在心外，怎会和身、心、意、知是同一件事呢？"

先生说："耳、目、口、鼻以及四肢，皆是人体的部分，心如果没有通过它们，怎么能够看、听、说、动呢？心想要看、要听、要说、要动，没有耳、目、口、鼻及四肢就不能够。所以说，没有心就没有身体，没有身体也就没有心，它们是统一的。只是从充塞空间上来说是身，而从主宰作用上来说它就叫作心，而从心的发动上来说就是意，从意的灵明上来说就是知，从意的涉及上来说就是物，这些都是统一的。意不会凭空存在，必须依附事物而存在。所以，想要'诚意'，就必须在意所涉及的事物上去'格'，就必须去除私欲遵循天理，这样，良知于此就不会再受到蒙蔽，并且能够'致知'了。'诚意'的功夫就在这里。"

听了先生这番话，九川终于消除了积存在心中多年的疑虑。

九川又问："甘泉先生近来比较偏向于《大学》的旧本，以为'格物'就像是求道，认为穷理的穷，就是'穷其巢穴'的穷，需要自己到巢穴中去走一趟。所以'格物'，也就是随处体察、明白天理，这和先生的学说有些相近了。"

先生又说："他下了功夫了，所以他能够转过弯来。当初我跟他说，'亲民'不能改作'新民'，他还不相信呢。现在他对'格物'的看法跟我的观点也有些接近了，只是'物'字还是不改成'理'字，这也可以。"

后来有人问："为什么现在就不怀疑这个'物'字了？"我说：《中庸》里有说'不诚无物'，程颢则说'物来顺应'，'物各付物'、'胸中无物'等，这些都是古人常用的字。"后来先生也这样说。

二

【原文】

九川问："近年因厌泛滥之学，每要静坐，求屏息念虑，非惟不能，愈觉扰扰。如何？"

先生曰："念如何可息？只是要正。"

曰："当自有无念时否？"

先生曰："实无无念时。"

曰："如此却如何言静？"

曰："静未尝不动，动未尝不静。戒谨恐惧即是念，何分动静？"

曰："周子何以言'定之以中正仁义而主静'①？"

曰："无欲故静，是'静亦定，动亦定'的'定'字。'主'，其本体也。戒惧之念是活泼泼地，此是天机不息处，所谓'维天之命，于穆不已'②。一息便是死，非本体之念即是私念。"

【注释】

①定之以中正仁义而主静：语出周敦颐《太极图说》"五性感动而善恶分，万事出矣。圣人定之以中正仁义而主静，立人极焉"。②"维天之命"二句：语出《诗经·周颂·维天之命》。

【译文】

学生问道，想要静心却愈觉心中烦扰怎么办？王阳明说，没有欲望就能宁静，意念静中有动，动中有静。

九川问："近年我因厌恶泛览博观，每每想要静坐安神，以求屏息各种思虑念头。但是，我非但不能静心，反而更加感觉到思绪纷扰，这是为何呢？"

先生说："思虑念头怎么可能停止呢？只能让它归于纯正。"

九川问："会有自然没有念头的时候？"

先生说："实在是不会有没有念头的时候。"

九川问："这样的话，该怎么解释'静'呢？"

先生说："静中未尝会没有动，动中也未尝会没有静。戒慎恐惧即是念头，怎么分动静呢？"

九川说："周敦颐为什么又说'定之以中正仁义而主静'呢？"

先生说："没有欲望所以宁静，这个'定'字也就是程颢所说'静亦定，动亦静'中的'定'。'主'，即本体。戒慎恐惧的念头是活泼的，正是天机运动不息的表现，所谓'维天之命，于穆不已'。一旦停止便是死亡，不是心的本体的意念都是私念。"

三

【原文】

又问："用功收心时，有声、色在前，如常闻见，恐不是专一。"

曰："如何欲不闻见？除是槁木死灰，耳聋目盲则可。只是虽闻见而不流去便是。"

曰："昔有人静坐，其子隔壁读书，不知其勤惰。程子称其甚敬①。何如？"

曰："伊川恐亦是讥他。"

【注释】

①程子称其甚敬：语出《河南程氏遗书》卷二："许渤与其子隔一窗而寝，乃不闻其子读书与不读书。先生谓：'此人持敬如此。'"

【译文】

九川问："专心用功的时候，声、色在眼前出现，如果还像往常那样去看去听，恐怕就不能专一了。"

先生说："怎么能不想去听不想去看呢？除非是槁木死灰的人或者耳聋眼瞎的人。只是虽然听见或看见了，心却不跟着它分散了也就是了。"

九川说："从前有人静坐，他的儿子在隔壁读书，他都不知道儿子是勤劳或懒惰。程颐称赞他很能持静。这又是为何呢？"

先生说："程颐先生恐怕也是在讽刺他罢了。"

欲念人人有，只是能做到用功的时候心不跟着分散就可以了。

四

【原文】

又问："静坐用功，颇觉此心收敛。遇事又断了，旋起个念头，去事上省察。事过又寻旧功，还觉有内外，打不作一片。"

先生曰："此'格物'之说未透。心何尝有内外？即如惟浚今在此讲论，又岂有一心在内照管？这听讲说时专敬，即是那静坐时心。功夫一贯，何须更起念头？人须在事上磨练，做功夫乃有益。若只好静，遇事便乱，终无长进。那静时功夫亦差似收敛，而实放溺也。"

后在洪都，复与于中①、国裳②论内外之说③，渠皆云："物自有内外，但要内外并着功夫，不可有间耳。"以质先生。

曰："功夫不离本体，本体原无内外。只为后来做功夫的分了内外，先其本体了，如今正要讲明功夫不要有内外，乃是本体功夫。"

是日俱有省。

【注释】

① 于中：陈荣捷先生认为"于中"是"子中"之误。夏良胜，字子中，与陈九川交往密切。② 国裳：舒芬（1487~1527），字国裳，号梓桐，江西进贤人，丁丑（1517）状元，授翰林修撰。与陈九川一同上疏谏武宗南巡，被贬，后复原职，又上疏大礼之议，并同谏者哭于武庙，遭廷杖。③ 内外之说：宋明理学，往往把静坐省察与躬行实践视为内外不同的功夫，而且以前为重，轻视后者。王阳明则认为本体不分内外。省察可以指导实践，

王阳明告诉学生，心是没有内外之分的，做功夫也不应该分内外，只要不离心的本体就行了。

实践可以深化省察,所以它们是一体的。王阳明还认为本体和工夫是统一不可分的。

【译文】

九川又问:"静坐用功,很能感觉到本心是收敛着的。但遇到事情就会中断,马上就生起一个念头,到具体的事情上去省察。事情完成之后,再去寻找原来的功夫。所以我仍然觉得有心有内外之分,不能融合成一处。"

先生说:"这是你对'格物'的学说还不够明白。心怎么会有内外之分呢?就像你现在在这里讨论,岂会另有一个心在里边照管着?这个专

学生静坐用功时,感到本心是收敛着的,但遇到事情就会中断,于是认为心是有内外之分的。

心听讲和说话的心,就是静坐时的心。功夫是一以贯之的,何须再另起一个念头?人做功夫必须在具体的事情上磨炼,那才会有益处。如果仅仅是喜欢安静,那么遇到事情便会忙乱,最终也没有长进。而静坐时的功夫,也仅仅是表面看似乎收敛,而实际上却是放纵沉溺。"

后来在洪都时,九川又与于中、国裳讨论'内外'的学说。于中、国裳都说:"事物本就有内外之分,要在内外并行用功,不能有所间断。"因此九川又问了先生这个问题。

先生说:"功夫离不开本体,本体本来就是不分内外的。只是后来做功夫的人把功夫分出了内外,但已经丧失它的本体了。现在只要讲明,功夫不要有内外之分,那才是本体的功夫。"

这一天大家都有所心得。

五

【原文】

又问:"陆子之学何如?"

先生曰:"濂溪、明道之后,还是象山,只是粗些。"

九川曰:"看他论学,篇篇说出骨髓,句句似针膏肓,却不见他粗。"

先生曰:"然,他心上用过功夫,与揣摹依仿、求之文义自不同。但细看有粗处,用功久当见之。"

王阳明与学生谈论陆象山的学说。

【译文】

九川又问:"陆象山先生的学说怎么样?"

先生说:"在周敦颐先生、程颢先生以后,就是陆象山先生了,只是稍显粗疏。"

九川说:"我看他探讨学问,篇篇都能指出精髓所在,句句都能针砭膏肓,没有发现他有粗疏的地方。"

先生说:"对的,他在心上用过功夫,自然和那些仅仅在字面上揣测模仿、寻求字面含义的人不相同。但是仔细察看能发现,他的学说有粗糙的地方,用功时间长了自然就能发现了。"

六

【原文】

庚辰往虔州,再见先生,问:"近来功夫虽若稍知头脑,然难寻个稳当快乐处。"

先生曰:"尔却去心上寻个天理,此正所谓理障①。此闲有个诀窍。"

曰:"请问如何?"

曰:"只是'致知'。"

曰:"如何致?"

曰:"尔那一点良知,是尔自家底准则。尔意念着处,他是便知是,非便知非,更瞒他一些不得。尔只不要欺他,实实落落依着他做去,善便存,恶便去,他这里何等稳当快乐!此便是'格物'的真诀、'致知'的实功。若不靠着这些真机,如何去'格物'?我亦近年体贴出来如此分明,初犹疑只依他恐有不足,精细看,无些小欠缺。"

学生向王阳明请教"致知"的方法。

【注释】

① 理障:佛教用语,即知障。意为把理看死了,理也会成为认识真理的障碍。《圆觉经》云:"若诸众生永舍贪欲,先除事障,未断理障,但能悟入声闻缘觉,未能显住菩萨境界。"

【译文】

正德十五年(1520),九川再次看到了先生,问:"最近我的功夫虽然能够掌握一些关键地方,但仍旧很难找到一个稳当快乐的所在。"

先生说:"你正是要到心上去寻找天理,这便是所谓的'理障'。这里边有一个诀窍。"

九川问:"是什么诀窍?"

先生说:"只是一个'致知'。"

九川问:"怎么去致呢?"

先生说:"你心里的那一点良知,便是你自己的准则。你的意念所在之处,正确的就知道正确,错误的就知道错误,对它一丝一毫都隐瞒不得。你只需不去欺骗良知,切切实实地顺从良知去做,善便存养,恶便去除,这样何等稳当快乐!这就是'格物'的真正秘诀、'致知'的实在功夫。如果不凭借这些真机,如何去'格物'?我也是近几年才清楚明白地体会到这些,刚开始,我还怀疑,仅凭良知恐怕会有不足,但精细地看,就会发现并没有什么缺陷。"

七

【原文】

在虔与于中、谦之同侍。先生曰："人胸中各有个圣人，只自信不及，都自埋倒了。"因顾于中曰："尔胸中原是圣人。"

于中起，不敢当。

先生曰："此是尔自家有的，如何要推？"

于中又曰："不敢。"

先生曰："众人皆有之，况在于中？却何故谦起来？谦亦不得。"

于中乃笑受。

又论："良知在人，随你如何不能泯灭，虽盗贼亦自知不当为盗，唤他作贼，他还忸怩。"

于中曰："只是物欲遮蔽，良心在内，自不会失。如云自蔽日，日何尝失了？"

先生曰："于中如此聪明，他人见不及此。"

良知在人的心里不会消失，只是为物欲所蒙蔽，就好比乌云遮蔽了太阳，但太阳何曾消失过？人人皆可为圣人，盗贼心中也有良知。

【译文】

在虔州的时候，九川与于中、谦之一同陪伴在先生左右。先生说："人的心里自然各有一个圣人存在，只是因为不够自信，便自己把圣人埋没了。"回头看着于中便说："你的心里原本也是圣人。"

于中连忙站起来说道："不敢当，不敢当。"

先生说："这是你本来就有的，为什么要推却？"

于中又说："不敢当。"

先生说："每个人都有，更何况你于中呢？可你为什么居然要谦让？谦让也是不对的。"

于中便笑着接受了。

先生又说："良知在人的心里，无论如何，都无法泯灭。即便是盗贼，他们也自己明白偷窃是不应该的，喊他是贼，他也会惭愧的。"

于中说："只是良知为物欲所蒙蔽，良知在人的心里，自然不会消失。就好比乌云遮蔽了太阳，但太阳何曾消失过？"

先生说："于中如此聪明，别人的见识可比不上他。"

八

【原文】

先生曰："这些子看得透彻，随他千言万语，是非诚伪，到前便明。合得的便是，合不得的便非，如佛家说心印①相似。真是个试金石，指南针。"

【注释】

① 心印：佛教禅宗语。谓不用语言文字，直接以心相印证，以期顿悟。

【译文】

先生说："把这些道理都理解透彻了，随便他万语千言，是非真伪，到眼前一看便会明白了。这和佛教所说的'心印'相似，符合的就正确，不符合的就错误，真是个试金石、指南针。"

九

【原文】

先生曰："人若知这良心诀窍，随他多少邪思枉念，这里一觉，都自消融。真个是灵丹一粒，点铁成金①。"

【注释】

①"灵丹"二句：语出《景德传灯录》"灵丹一粒，点铁成金；至理一言，点凡成圣"。

【译文】

先生说："如果人熟知这良知的诀窍，无论多少歪思邪念，良知一旦察觉，自然会把它们消融掉。就像是一颗灵丹，能够点铁成金。"

王阳明说，人只要遵照自己的良知做事，任何歪思邪念都可以消融。

十

【原文】

崇一曰："先生致知之旨发尽精蕴，看来这里再去不得。"

先生曰："何言之易也！再用功半年看如何？又用功一年看如何？功夫愈久，愈觉不同。此难口说。"

【译文】

欧阳崇一说："先生已经把致良知的宗旨解说得淋漓尽致，看来在这个问题上，无法再进一步阐发。"

先生说："怎么说得这么随便？你再用半年的工夫，看看会怎么样？再用一年的工夫，看看又会如何？功夫用的时间越长，就越会感觉不相同。这种感觉难以言表！"

王阳明说，致良知的功夫下得时间越长，感觉就会越发不同。

十一

【原文】

先生问:"九川于'致知'之说,体验如何?"

九川曰:"自觉不同。往时操持常不得个恰好处,此乃是恰好处。"

先生曰:"可知是体来与听讲不同。我初与讲时,知尔只是忽易,未有滋味。只这个要妙,再体到深处,日见不同,是无穷尽的。"

又曰:"此'致知'二字,真是个千古圣传之秘,见到这里,'百世以俟圣人而不惑'。"

王阳明强调,致良知的学问要悉心体会,才能把握到恰到好处的境界。再往深处体会,自然会日新月异。

【译文】

先生说:"对于致知的学说,九川你体会得怎么样了?"

九川说:"自己感觉与以往有所不同了。以往时常把握不到恰到好处的地方,而现在就能感觉到恰当的地方了。"

先生说:"由此可见,体会得来的与听讲听到的就会有所不同。我最初给你讲解的时候,就知道你只是糊里糊涂的,没有真正体会到其中滋味。只要从这个恰到好处,再往深处体会,自然会有日新月异,那是没有止境的。"

先生又说:"这'致知'两字,真是个圣贤们千古流传的诀窍,理解了这个'致知',就能够'百世以俟圣人而不惑'。"

十二

【原文】

九川问曰:"伊川说到'体用一原,显微无间'处,门人已说是泄天机①。先生'致知'之说,莫亦泄天机太甚否?"

先生曰:"圣人已指以示人,只为后人掩匿,我发明耳,何故说泄?此是人人自有的,觉来甚不打紧一般。然与不用实功人说,亦甚轻忽,可惜彼此无益。与实用功而不得其要者,提撕之,甚沛然得力。"

又曰:"知来本无知,觉来本无觉,然不知则遂沦埋。"

【注释】

① "伊川"三句:语出《河南程氏外书》卷十二:"和靖尝以《易传序》请问,曰:'至微者,理也。至著者,象也。体用一源,显微无间。莫不泄露天机否?'伊川曰:'如此分明说破,犹自人不解语。'"

【译文】

九川问:"当程颐先生说到'体用一源,显微无间'的时候,这个弟子就已经说他是泄露天机了。那先生'致知'的学说,岂不是泄露了太多的天机了吗?"

先生说:"圣人早就已经把致良知的学说告诉世人了,只是被后人遮蔽了,我只不过是让它重新显现出来罢了,怎么能说是泄露天机呢?良知是人人生来就具有的,只是觉察到了也觉得无关紧要。但如果我和那些不切实用功的人说这个,他们也只会轻视这个,这样对彼此都没有什么好处。如果和那些切实用功但还把握不住要领的人谈'致知',他们就会感到受益匪浅。"

王阳明说,良知是人人生来就具有的,只是觉察到了也觉得无关紧要。因此并没有什么泄露天机可言。

先生又说:"知道了原本不知道的,觉察到了原本没有觉察到的。但是如果不知道,良知就随时会被淹埋。"

十三

【原文】

先生曰:"大凡朋友,须箴规指摘处少,诱掖奖劝意多,方是。"

后又戒九川云:"与朋友论学,须委曲谦下,宽以居之①。"

【注释】

①宽以居之:意为以宽厚的态度待人接物。语出《周易·乾卦·文言》:"君子学以聚之,问以辩之,宽以居之,仁以行之。"

【译文】

先生又说:"大凡朋友们相处,应该少一些规劝指摘,多一些奖励鼓舞,这样才对。"

后来先生又训诫九川说:"与朋友讨论学问,应当委婉谦让,宽厚待人。"

十四

【原文】

九川卧病虔州。

先生云:"病物亦难格,觉得如何?"

对曰:"功夫甚难。"

先生曰:"常快活,便是功夫。"

【译文】

九川在虔州病倒了。

先生说:"疾病作为一个'物',很难去'格',你觉得呢?"

九川说:"这个功夫实在很难。"

先生说:"常常有快活的心态,那就是功夫。"

十五

【原文】

九川问:"自省念虑,或涉邪妄,或预料理天下事,思到极处,井井有味,便缱绻难屏。觉得早则易,觉迟则难,用力克治,愈觉扞格。惟稍迁念他事,则随两忘。如此廓清亦似无害。"

先生曰:"何须如此?只要在良知上著功夫。"

九川曰:"正谓那一时不知。"

先生曰:"我这里自有功夫,何缘得他来?只为尔功夫断了,便蔽其知。既断了,则继续旧功便是,何必如此?"

九川曰:"直是难鏖。虽知,丢他不去。"

先生曰:"须是勇。用功久,自有勇,故曰'是集义所生者'①。胜得容易,便是大贤。"

九川问:"此功夫却于心上体验明白,只解书不通。"

先生曰:"只要解心。心明白,书自然融会。若心上不通,只要书上文义通,却自生意见。"

王阳明强调致良知的功夫要在心中体会而不能拘泥于书本。

【注释】

①是集义所生者:意为浩然正气是积累正义行为所产生的。语出《孟子·公孙丑上》:"其为气也,至大至刚……配义与道……是集义所生者,非义袭而取之也。"

【译文】

九川问:"我反省了自己的各种思虑,有时会涉及邪念妄想,有时又会想到治理天下的大事。思考到最高状态的时候,会津津有味,到了难以摒弃的地步。这种情况发现得早,克服还比较容易,发觉晚了就会难以克制了。如果一定要刻意去克制,就更会觉得格格不入了。只有稍微把心思转移到其他事情上,才会把它忘掉。这样来理清思虑,也好像没什么坏处。"

先生说:"何苦这样?你只要在良知上下功夫就好了。"

九川说:"我说的就是还不懂得致良知时的情况。"

先生说：“自己本身就会有致良知的功夫，怎会有不知道良知的情况呢？只是因为你的功夫间断了，蒙蔽了你的良知。既然有了间断，那么继续原来的功夫就好了，何必这样？”

九川说：“那几乎就像是一场恶战，虽然明白了，但还是避免不了。”

先生说：“那必须有勇气。用功久了，自然有勇气了。因此孟子说'是集义所生者'。能够轻易胜利，那就是大圣大贤的人了。”

九川问：“这功夫需要在心里才能体会明白，只在文句上解释是不够的。”

先生说：“只用在心上体会。心里明白了，文句自然能贯通体会到了。否则，仅仅通晓书上的文句，反倒会生出自己错误的见识。”

十六

【原文】

有一属官，因久听讲先生之学，曰：“此学甚好，只是簿书讼狱繁难，不得为学。”

先生闻之曰：“我何尝教尔离了簿书讼狱，悬空去讲学？尔既有官司之事，便从官司的事上为学，才是真'格物'。如问一词讼，不可因其应付无状，起个怒心；不可因他言语圆转，生个喜心；不可恶其嘱托，加意治之；不可因其请求，屈意从之；不可因自己事务烦冗，随意苟且断之；不可因旁人谮毁罗织，随人意思处之。这许多意思皆私，只尔自知，须精细省察克治，惟恐此心有一毫偏倚，枉人是非。这便是'格物''致知'。簿书讼狱之间，无非实学。若离了事物为学，却是着空。"

王阳明强调在具体的事务中做学问，比如，当官的就应该在处理文件、案件的过程中做学问。

【译文】

有一位下属官员，因为听了先生讲学很长时间，便说：“先生的学说非常精彩，只是我要处理的文件、案件特别繁杂，因此不能好好做学问。”

先生听了之后说：“我何曾教你离开文件案件去空谈学问呢？你既然有公事需要去处理，就在公事上做学问，这才是真正做到了'格物'。比如，你问讼词的时候，不可以因为对方的回答很无礼而恼怒；不可以因为对方言语圆滑周密而高兴；不可以因为厌恶对方的说情而故意整治；不可以因为对方的哀求就有意宽容他；不能因为自己事务繁忙就随意结案；不可以因为旁人的诋毁诽谤就顺从别人的意愿去处理。这些念头都是私欲，只有你自己知道，需要你精细地反省克治，唯恐因为心中有一丝一毫偏颇，便冤枉了别人的是非，这就是'格物''致知'。处理文件与审理案件之中，无一不是切实的学问。如果离开了具体的事物去做学问，就会成了空中楼阁。”

十七

【原文】

虔州将归，有诗别先生云："良知何事系多闻？妙合当时已种根。好恶从之为圣学，将迎无处是乾元①。"

先生曰："若未来讲此学，不知说'好恶从之'从个甚么。"

敷英②在座曰："诚然。尝读先生《大学古本序》，不知所说何事。及来听讲许时，乃稍知大意。"

【注释】

①乾元：指万物产生的根源。语出《周易·乾卦·象传》："大哉乾元，万物资始。"②敷英：阳明弟子，其余不详。

【译文】

九川快回家了，便写了一首诗向先生告别："良知何事系多闻？妙合当时已种根。好恶从之为圣学，将迎无处是乾元。"

先生说："如果你没有来过这里探讨学问，就会不知道'好恶从之'到底从的是什么了。"

在旁坐着的敷英说："是呀。我曾经读了先生的《大学古本序》，全然不明白说的是什么。等来到这里，听了一段时间后，才稍稍明白了大致含义。"

王阳明与学生讨论九川离别时留下的诗，说"好恶从之"，从的是心中的良知。

十八

【原文】

于中、国裳辈同侍食。

先生曰："凡饮食只是要养我身，食了要消化。若徒蓄积在肚里，便成痞了，如何长得肌肤？后世学者博闻多识，留滞胸中，皆伤食之病也。"

【译文】

于中、国裳等人一同陪先生吃饭。

先生说："但凡吃饭，只是为了滋养我的身体，吃了需要消化。如果仅仅是把食物都积蓄在肚子里，就成了痞病，这怎么能长身体呢？后世的学者博学多识，把学问都滞留在肚子里，都是患了痞病。"

王阳明对学生说，学知识要会消化，不然就像吃了东西却都积蓄在肚子里，成了痞病，也就不能长身体了。

十九

【原文】

先生曰:"圣人亦是'学知',众人亦是'生知'。"

问曰:"何如?"

曰:"这良知人人皆有。圣人只是保全无些障蔽,兢兢业业,叠叠翼翼,自然不息,便也是学。只是生的分数多,所谓之'生知安行'。众人自孩提之童,莫不完具此知,只是障蔽多,然本体之知,自难泯息,虽问学克治,也只凭他。只是学的分数多,所以谓之'学知利行'。"

王阳明说,良知人人有,圣人为了保全良知不受蒙蔽,日夜用功自省,也是在学习,但是因为圣人生而知之的成分多,所以人们便以为圣人是生知安行;普通人本有良知,但是后来受私欲遮蔽太多,他们生而知之的成分少,靠后天学习克制、学而知之的成分多,所以是学知利行。

【译文】

先生说:"圣人也是'学而知之',普通人也是'生而知之'。"

九川问:"怎么解释?"

先生答说:"良知人人都有。圣人只是保全了良知,让它们不受蒙蔽,兢兢业业,勤勤恳恳,良知自然不会停止,所以这也是学习。只是'生而知之'的成分很多,所以便以为圣人是'生知安行'的了。一般人从孩提时候开始,就全都具备了这种良知,只是后来私欲的遮蔽太多了,然而本体的良知自然是很难泯灭的,即便是学习克制,也都只是在依靠良知罢了。只是他们'学而知之'的成分多,所以说他们是'学知利行'。"

黄直① 录

一

【原文】

黄以方问:"先生格致之说,随时格物以致其知,则知是一节之知,非全体之知也。何以到得'溥博如天,渊泉如渊'② 地位?"

先生曰:"人心是天、渊。心之本体,无所不该,原是一个天。只为私欲障碍,则天之本体失了。心之理无穷尽,原是一个渊,只为私欲窒塞,则渊之本体失了。如今念念致良知,将此障碍窒塞一齐去尽,则本体已复,便是天、渊了。"

乃指天以示之曰:"比如面前见天,是昭昭之天;四外见天,也只是昭昭之天,只为许多房子墙壁遮蔽,便不见天之全体,若撤去房子墙壁,总是一个天矣。不可道眼前天是昭昭之天，外面又不是昭昭之天也。于此便见一节之知即全体之知，全体之知即一节之知，总是一个本体。"

【注释】

① 黄直：字以方，江西金溪人，进士，王阳明弟子，曾以抗疏论救下狱，出狱后安贫乐道。② 溥博如天，渊泉如渊：语出《中庸》："夫焉有所倚？肫肫其仁，渊渊其渊，浩浩其天！"

王阳明对学生说，心中的理是无穷无尽的，只是因为被私欲阻塞而迷失了，就像是光明晴朗的天被许多房子和墙壁遮挡住了一样。

【译文】

黄以方问先生："关于先生'格物致知'的学说，是随时格物来致良知，那么这个良知就只是良知的一部分，而不是良知的全体，这怎么能够达到'溥博如天，渊泉如渊'的地步呢？"

先生说："人心是天，是深渊。心的本体，无所不包，原本就是一个天，只是因为被私欲蒙蔽，天的本来面目就迷失了。心中的理是无穷无尽的，原本就是一个深渊，只因为被私欲阻塞，深渊的本来面目也就迷失了。如今心心念念都是致良知，将这些蒙蔽、阻塞都全部除去，那样本体才能恢复，就又是天和深渊了。"

先生指着天告诉他说："比如现在面前的天，是光明晴朗的天。而四方之外的天，也会是光明晴朗的天，只是被许多房子和墙壁遮挡住了，就不能看到天的全部，如果撤去了房子和墙壁，总还是那一个天。不能说在我们面前的天就是光明晴朗的天，而外面的天就不是光明晴朗的。由此可见，部分的良知便是全体的良知，而全体的良知也就是部分的良知，都是同一个本体罢了。"

二

【原文】

先生曰："圣贤非无功业气节，但其循着这天理，则便是道。不可以事功气节名矣。"

"'发愤忘食'①是圣人之志如此，真无有已时；'乐以忘忧'是圣人之道如此，真无有戚时。恐不必云得不得也②。"

【注释】

① 发愤忘食：语出《论语·述而》。② 恐不必云得不得也：语出朱熹《论语集注》。

【译文】

先生说："圣贤不是没有功业和气节，只是他们能够遵循这个天理，这就是道。圣贤不可凭着功业气节求名声。"

先生说："'发愤忘食'，因为圣人的志向本来就是这样，真的没有尽头；'乐以忘忧'，也因为圣人的道本是这样，真的不会有悲伤的时候。不必说什么'得'和'不得'的。"

三

【原文】

先生曰："我辈'致知'，只是各随分限所及。今日良知见在如此，只随今日所知扩充到底；明日良知又有开悟，便从明日所知扩充到底。如此方是'精一'功夫。与人论学，亦须随人分限所及。如树有这些萌芽，只把这些水去灌溉，萌芽再长，便又加水，自拱把以至合抱，灌溉之功皆是随其分限所及。若些小萌芽，有一桶水在，尽要倾上，便浸坏他了。"

做致良知的功夫，要像给树木浇水，根据树木的成长情况而制宜。

【译文】

先生说："我们这些人做致良知的功夫，也只是各自随自己的能力尽力而为。今天认识良知到了这个地步，便根据今天的认识延伸到底；等明日良知又有新的领悟，那么就根据明日的认识延伸到底。这样才是'精一'的功夫。和别人探讨学问，也需要根据对方的能力所及。就像是树苗，萌芽的时候，只能用一点水去浇灌。等到再长一点，就再加大适当的水量，等树长到了两手合抱或者两臂合抱，浇的水量都需根据树的发育情况来定。如果只是些刚萌芽的小树苗，就把一桶水全都倒上去，就会把它们淹死了。"

四

【原文】

问知行合一。

先生曰："此须识我立言宗旨。今人学问，只因知行分作两件，故有一念发动，虽是不善，然却未曾行，便不去禁止。我今说个知行合一，正要人晓得一念发动处便即是行了。发动处有不善，就将这不善的念克倒了，须要彻根彻底，不使那一念不善潜伏在胸中。此是我立言宗旨。"

【译文】

有人问知行合一。

先生说："这必须知道我的立论的主旨。如今人们做学问，因为把知与行分而为二，所以虽然有不善的念头萌发，如果还没有不善的行动，便不去禁止。我如今提出'知行合一'的论说，就是要让人们晓得只需有念头的萌发了，那就相当于做了。不善的念头萌动了，就把这个不善的念头克制住，必须要彻底地连根拔起，不让它潜留在心里。这就是我立论的主旨。"

五

【原文】

"圣人无所不知,只是知个天理;无所不能,只是能个天理。圣人本体明白,故事事知个天理所在,便去尽个天理。不是本体明后,却于天下事物都便知得,便做得来也。天下事物,如名物度数、草木鸟兽之类,不胜其烦,圣人须是本体明了,亦何缘能尽知得?但不必知的,圣人自不消求知;其所当知的,圣人自能问人,如'子入太庙每事问'①之类。先儒谓'虽知亦问,敬谨之至'②,此说不可通。圣人于礼乐名物不必尽知,然他知得一个天理,便自有许多节文度数出来。不知能问,亦即是天理节文所在。"

王阳明说,圣人对不需要知道的东西自然不会去刻意弄明白,应该知道的东西,也自然会向别人询问,就像"子入太庙每事问"一样。

【注释】

① 子入太庙每事问:语出《论语·八佾》。② "虽知"二句:语出朱熹《论语集注》引伊和靖之语"礼者,敬而已矣。虽知亦问,谨之至也"。

【译文】

先生又说:"圣人无所不知,也只是知道一个天理;圣人无所不能,也只是能做到一个天理。圣人的本体清澈明白,所以事事都知道它的天理所在,只去尽一个天理就行了。而不是在本体变得清澈明白之后,才知道了天下的事物,才能做到。天下的事物,比如名物度数、草木鸟兽等,不计其数,圣人即使是本体明澈了,也不可能什么都知道。但凡是那些不需要知道的,圣人自然不必去弄明白;而那些应当知道的,圣人自然就能够去向别人询问,就像'子入太庙每事问'这种。先儒们说'孔子虽然知道了还问,真是非常恭敬谨慎了',此种说法不全对。圣人对于礼乐名物,不必全都懂得,然而他知道一个天理,就自然会明白许多规矩礼节。不知道便问,也是规矩法度的其中一个。"

六

【原文】

问:"先生尝谓'善恶只是一物'。善恶两端,如冰炭相反,如同谓只一物?"

先生曰:"至善者,心之本体。本体上才过当些子,便是恶了。不是有一个善,却又有一个恶来相对也。故善恶只是一物。"

直因闻先生之说,则知程子所谓"善固性也,恶亦不可不谓之性"①。又曰:"善恶皆天理,谓之恶者本非恶,但于本性上过与不及之间耳。"②其说皆无可疑。

【注释】

①"善固性也"二句：程颢语，语出《河南程氏遗书》卷一。
②"善恶皆天理"三句：程颢语，语出《河南程氏遗书》卷二"天下善恶皆天理，谓之恶者本非恶，但或过或不及，便如此"。意为善与恶都是天理，所谓的恶，本身并不是恶，只是对于天理来说，表现得过分或不足罢了。

【译文】

黄直问："先生曾说'善恶只是一个事物'。善和恶，就像冰和炭一样互相对立，怎么能把它们一同说成是一个事物呢？"

王阳明对弟子说，善、恶都是心的本体，是一件东西，本体上有一点过错，便成了恶了。

先生说："最高境界的善，就是心的本体。本体上刚有一点过错，便成了恶了。而并非有了一个善，又还有一个恶来和它相对应，所以善恶是一个事物。"

因为听了先生的学说，黄直终于明白了程颢先生所说："善固性也，恶亦不可不谓之性。""善恶皆天理，谓之恶者本非恶，但于本性上过与不及之间耳。"之后黄直对这些话就不再有疑惑了。

七

【原文】

先生尝谓："人但得好善如好好色，恶恶如恶恶臭，便是圣人。"

直初时闻之，觉甚易，后体验得来，此个功夫着实是难。如一念虽知好善恶恶，然不知不觉，又夹杂去了。才有夹杂，便不是好善如好好色、恶恶如恶恶臭的心。善能实实的好，是无念不善矣；恶能实实的恶，是无念及恶矣。如何不是圣人？故圣人之学，只是一诚而已。

【译文】

先生曾说："人但凡能够做到喜欢善良像喜爱美色、厌恶恶行像讨厌恶臭，那便称得上是圣人了。"

黄直最初听到的时候，觉得应该很容易，可是之后亲身体验，才发现这个功夫实在很难的。虽然念头里知道应该好善恶恶，但是不知不觉地，就会有私意掺杂进去。而一旦掺杂了私欲，就不再是那颗能够喜好善行像喜好美色那样、厌恶恶行像厌恶恶臭那样的心。对善行能够实实在在地喜好，那么不会有念头是不善的了；如果厌恶恶行能够实实在在地厌恶，也就没有什么念头会关系到恶了。这怎么不是圣人呢？所以圣人的学问，也只是一个诚罢了。

王阳明告诉弟子，人只要喜欢善良像喜爱美色、厌恶恶行像讨厌恶臭，那便称得上是圣人了。圣人的学问，只是一个诚罢了。

八

【原文】

问《修道说》言,"率性之谓道"属圣人分上事,"修道之谓教"属贤人分上事。

先生曰:"众人亦'率性'也,但'率性'在圣人分上较多,故'率性之谓道'属圣人事。圣人亦'修道'也,但'修道'在贤人分上多,故'修道之谓教'属贤人事。"

又曰:"《中庸》一书,大抵皆是说'修道'的事,故后面凡说君子,说颜渊,说子路,皆是能'修道'的;说小人,说贤、知、愚、不肖,说庶民,皆是不能'修道'的;其他言舜、文、周公、仲尼至诚至圣之类,则又圣人之自能'修道'者也。"

孔子、子路这些圣贤与愚者的区别,就在于他们能够"修道",而愚者不能"修道"。

【译文】

有人问:"您的《修道说》说,'率性之谓道',是圣人分内的事,'修道之谓教',则是贤人分内的事。"

先生说:"一般人也是'率性'的,只是'率性'在圣人身上,表现得要多一些,所以说,'率性之谓道'属于圣人的事。圣人也'修道',只是'修道'在贤人身上,表现得要较多些,所以说,'修道之谓教'是贤人的事。"

先生又说:"《中庸》这部经典,大多说的是'修道'。所以之后凡是讲君子、颜回、子路等,都是能够'修道'的;而讲到小人、贤者、智者、愚者、不肖者、庶民,都是不能够'修道'的;而其他的比如舜、文王、周公、孔子等至诚至圣的人,则又是能够自然'修道'的了。"

九

【原文】

问:"儒者到三更时分,扫荡胸中思虑,空空静静,与释氏之静只一般。两下皆不用,此时何所分别?"

先生曰:"动静只是一个。那三更时分空空静静的,只是存天理,即是如今应事接物的心;如今应事接物的心,亦是循此天理,便是那三更时分空空静静的心。故动静只是一个,分别不得。知得动静合一,释氏毫厘差处亦自莫掩矣。"

【译文】

有人问先生:"儒生到了三更时分的时候,清除了心中的思虑,空灵虚静,就跟佛教的静一样。静时,儒佛两家的学说都不再应事接物,发挥作用,那这个时候他们两家有什么区别呢?"

先生说:"动与静是一回事。三更时分时的空灵虚静,只要心同样在存养天理,也就是像现在这样应接事物;而现在正在应接事物的心,也只是遵循天理,也同样是三更时分那空空寂寂的心。因此，动静是一回事，不能分开。知晓了动静合一的道理，佛教同儒家的细微区别自然也会显现了。"

十

【原文】

门人在座，有动止甚矜持者。先生曰："人若矜持太过，终是有弊。"

曰："矜持太过，如何有弊？"

曰："人只有许多精神，若专在容貌上用功，则于中心照管不及者多矣。"

有太直率者。先生曰："如今讲此学，却外面全不检束，又分心与事为二矣。"

王阳明说，儒家居静与佛家的不同，在于动、静之时都在应接事物，存养天理，动静合一。

【译文】

在座的众弟子们里，有一个举止行动都十分矜持的人。先生说："人如果太过矜持，始终也是一个弊端。"

黄直问："过于矜持，为什么会有弊端？"

先生说："人只有这么多的精力，如果专注在外在上用功，就往往照管不到内心了。"

门人中又有过于直率的人。先生说："现在在讲'致良知'的学说，而你在外形上全然不加检点，又是把心与事分而为二了。"

十一

【原文】

门人作文送友行，问先生曰："作文字不免费思，作了后又一二日常记在怀。"

曰："文字思索亦无害，但作了常记在怀，则为文所累，心中有一物矣。此则未可也。"

又作诗送人。先生看诗毕，谓曰："凡作文字要随我分限所及。若说得太过了，亦非'修辞立诚'①矣。"

【注释】

① 修辞立诚：意为修饰言辞以诚信为本。语出《周易·乾卦·文言》："修辞立其诚，所以居业也。"

【译文】

一个门生写了一篇文章给朋友送行，便问先生："写文章不免要花费心思，而且写完之后的一两天还时常把它记在心上。"

先生说:"花费心思写文章并没有害处。但是你写完了之后还常记挂在心里,就被这文章牵累,在心里存了一件事情,这并不好。"

又有人写诗送人。先生看了诗之后评价说:"凡是作诗写文章,要根据自己的才智尽力而为,如果说得太过,也就不是'修辞立诚'了。"

十二

【原文】

"文公'格物'之说,只是少头脑。如所谓'察之于念虑之微',此一句不该与'求之文字之中''验之于事为之著''索之讲论之际'混作一例看,①是无轻重也。"

【注释】

①"所谓"四句:语出朱熹《大学或问》,这是朱熹格物学说包括的四个方面。

【译文】

先生说:"朱熹先生'格物'的学说,只是缺乏一个主旨。正如他所说'察之于念虑之微',这句不应该与'求之文字之中''验之于事为之著''索之讲论之际'混杂成一个例子来看待,这是不分轻重的表现!"

王阳明与弟子谈论写文章的事情。

十三

【原文】

问"有所忿懥①"一条。

先生曰:"忿懥几件,人心怎能无得?只是不可'有所'耳。凡人忿,着了一分意思,便怒得过当,非廓然大公之体了。故有所忿懥,便不得其正也。如今于凡忿懥等件,只是个物来顺应,不要着一分意思,便心体廓然大公,得其本体之正了。且如出外见人相斗,其不是的,我心亦怒;然虽怒,却此心廓然,不曾动些子气。如今怒人亦得如此,方才是正。"

王阳明认为朱熹关于格物的理论缺乏一个主旨。

【注释】

① 有所忿懥（zhì）：语出《大学》"身有所忿懥，则不得其正；有所恐惧，则不得其正；有所好乐，则不得其正；有所忧患，则不得其正"。

【译文】

有人向先生请教《大学》里"有所忿懥"这一句话。

先生说："忿懥的几种情绪，例如仇怒、恐惧、好乐、忧患，人心里怎么可能会没有呢？只是不应该有罢了。一个人觉得忿懥的时候，加上一份着意，就会忿懥得过度，这样就没有了心胸廓然大公的本体了。因此，当有忿懥的情绪的时候，心就不能达到中正。所以对于忿懥等几种情绪，只要顺其自然，不要过分在意，心体就自然能够廓然大公，从而达到中正平和。现在如果我外出看到别人在互相打斗，对于不对的那方，我心中也会很忿懥；然而我虽然感觉到忿懥，但我的心却是坦然的，不生过多的气。现在对别人生气时，也该这样，那才能中正平和。"

对于忿懥等几种情绪，只要顺其自然，不要过分在意，心体就自然能够廓然大公，从而达到中正平和。

十四

【原文】

先生尝言："佛氏不着相①，其实着了相。吾儒着相，其实不着相。"

请问。

曰："佛怕父子累，却逃了父子；怕君臣累，却逃了君臣；怕夫妇累，却逃了夫妇。都是为个君臣、父子、夫妇着了相，便须逃避。如吾儒，有个父子，还他以仁；有个君臣，还他以义；有个夫妇，还他以别。何曾着父子、君臣、夫妇的相？"

【注释】

① 着相：执着于事物的外在形式。相，佛教名词，相对"性"而言。佛教把一切事物的外观、形象、状态称之为"相"。

【译文】

先生曾说："佛家提倡不执着于'相'，而实际上却是执着于'相'的。而儒家虽然提倡执着于'相'，但实际上是不执着于'相'的。"

学生因此请教先生。

先生说："佛教恐怕为父子关系牵累，便逃离了父子亲情；害怕为君臣关系牵累，便逃脱了君臣

王阳明说，佛家执着于相，所以逃避父子、君臣、夫妻这些关系，怕受牵累，但是儒家则却不这样，而是以仁、义、夫妻之别与之和睦相处。

道义；害怕为夫妻关系牵累，便逃脱了夫妻情分。这都是因为执着于君臣、父子、夫妻的'相'，才需要逃脱它们。而我们儒家学说，有正常的父子关系的，便顺势产生了仁爱之说；有正常的君臣关系的，就产生了忠义之说；有正常的夫妻关系的，便产生了礼节之说。像这样，又何曾执着过父子、君臣、夫妻的'相'呢？"

黄修易① 录

一

【原文】

黄修易问："心无恶念时，此心空空荡荡，不知亦须存个善念否②？"

先生曰："既去恶念，便是善念，便复心之本体矣。譬如日光被云来遮蔽，云去光已复矣。若恶念既去，又要存个善念，即是日光之中添燃一灯。"

【注释】

①黄修易：字勉叔，王阳明弟子。其余不详。②不知句：黄修易认为善念的存在与"无善无恶是心之体"相违背，所以才提出此问。

【译文】

黄修易问先生："心里没有恶念的时候，心里空荡荡的，不知道是否也需要存养一个善念呢？"

先生说："既然已经把恶念清除了，余下的便全是善念了，便恢复了心的本体了。就好比是太阳的光线被云遮蔽了，等云散去之后，太阳光便回来了。假若恶念已经去除了，又还要存一个善念在心里，那就是在太阳光下，又添了一盏灯。"

二

【原文】

问："近来用功，亦颇觉妄念不生，但腔子里黑窣窣的，不知如何打得光明？"

先生曰："初下手用功，如何腔子里便得光明？譬如奔流浊水，才贮在缸里，初然虽定，也只是昏浊的。须俟澄定既久，自然渣滓尽去，复得清来。汝只要在良知上用功。良知存久，黑窣窣自能光明矣。今便要责效，却是助长，不成功夫。"

【译文】

黄修易问先生："我近来用功，也还会感觉到不再有妄念产生，但内心深处还是一团漆黑，不知道要如何才能让它得到光明？"

先生回答说："最初用功的时候，心里怎么可能立即得到光明？譬如奔腾的浊水，才刚刚存进水缸里，虽然已经开始了沉淀，但仍旧是浑浊的。必须等到沉淀的时间长了，渣滓才能自然清除，再次变得清澈。你只需在良知上用功。良知存养的时间久了,自然漆黑的心会得以光明。现在就要去立马让它变清澈,就是拔苗助长,不能当作是功夫。"

三

【原文】

先生曰:"吾教人致良知在'格物'上用功,却是有根本的学问。日长进一日,愈久愈觉精明。世儒教人事事物物上去寻讨,却是无根本的学问。方其壮时,虽暂能外面饰,不见有过,老则精神衰迈,终须放倒。譬如无根之树,移栽水边,虽暂时鲜好,终久要憔悴。"

王阳明强调良知如同沉淀浊水一般需要长时间的功夫。

【译文】

先生说:"我教学生致良知,是要在格物上用功,那才是有根基的学问。天天有所进步,时间越长就越会觉得精细聪明。后世儒生们则教别人在万事万物上去寻找,那就是没有根基的学问了。当他还少壮时,虽然能够暂时在外在上修饰一下,不让过失显现。到了老年,精力就会衰竭,最终支撑不住。就像是没有根的大树,把它移栽到水边,虽然暂时看起来生机勃勃,但最终会变得憔悴的。"

四

【原文】

问"志于道"①一章。

先生曰:"只'志于道'一句,便含下面数句功夫,自住不得。譬如做此屋,'志于道'是念念要去择地鸠②材,经营成个区宅。'据德'却是经画已成,有可据矣。'依仁'却是常常住在区宅内,更不离去。'游艺'却是加些画采,美此区宅。艺者,理之所宜者也。如诵诗、读书、弹琴、习射之类,皆所以调习此心,使之熟于道也。苟不'志道'而'游艺',却如无状小子,不先去置造区宅,只管要去买画挂,做门面,不知将挂在何处?"

【注释】

①志于道:见《论语·述而》"子曰:'志于道,据于德,依于仁,游于艺'"。志于道就是说志在追求和践行大道。②鸠:鸠集,聚集。

【译文】

有人就《论语》里"志于道"一章向先生请教。

王阳明以建造、装饰、居住房屋为例来解释《论语》中的"志于道，据于德，依于仁，游于艺"。

先生说："仅仅'志于道'这一句话，就已经包括了以下很多句的功夫，不能仅仅停留在志道上。譬如要建房屋，'志于道'仅仅是心心念念地去选择地基和材料，将房子建成；'据于德'便是规划已成的房屋，让它可以居住；'依于仁'就是常常住在房屋里，不再离开；'游于艺'就是在房屋里添加一些彩饰，让它变美。'艺'就是理最恰当的地方。比如诵诗、读书、弹琴、习射等等，都是为了调习自己的心，让它精熟'道'。如果不先'志于道'，就去'游于艺'，就会像一个糊里糊涂的小伙子，不先建造起房屋，便只管去买画装饰、做门面。不知他究竟要把画挂在什么地方！"

五

【原文】

问："读书所以调摄此心，不可缺的。但读之之时，一种科目意思牵引而来。不知何以免此？"

先生曰："只要良知真切，虽做举业，不为心累。纵有累，亦易觉克之而已。且如读书时，良知知得强记之心不是，即克去之；有欲速之心不是，即克去之；有夸多斗靡之心不是，即克去之。如此亦只是终日与圣贤印对，是个纯乎天理之心。任他读书，亦只是调摄此心而已，何累之有？"

曰："虽蒙开示，奈资质庸下，实难免累。窃闻穷通有命，上智之人，恐不屑此。不屑为声利牵缠，甘心为此，徒自苦耳。欲屏弃之，又制于亲，不能舍去，奈何？"

先生曰："此事归辞于亲者多矣。其实只是无志。志立得时，良知千事万事只是一事。读书作文，安能累人？人自累于得失耳！"因叹曰："此学不明，不知此处担搁了几多英雄汉！"

【译文】

有人问先生："读书是为了调习自己的心，它必不可缺。但是，读书的时候有一种科举的思虑会随之而来。不知道怎么才能避免它？"

先生说："只要良知是真切的，即便是为了科举考试，也不会成为心的拖累。就是成了拖累，也容易发觉并且克服它。比如在读书的时候，良

王阳明强调以纯然合乎天理的良知之心读书，就能避免各种妄心杂念。

知知道有了强记之心是不对的，便会立刻把它克服；求速的心情也知道是不对的，也马上把它克服；有自夸争强好胜的心，也知道是不对的，也克服掉。这样的话，成天与圣贤们的心相互印证，就是一颗纯然合乎天理的心。任凭他读书，也都只不过在调习自己的心罢了，怎会有拖累呢？"

问："承蒙您开导，但是无奈我天资平庸，实在很难避免这种拖累。我听说'穷通有命'，聪明的人大概会对此表示不屑，但是我为名利所牵累，甘心情愿这样，也只能是独自苦恼罢了。如果想要抛弃科举，却又受制于父母，无能割舍。这到底该怎么办呢？"

先生说："把这种事归咎到父母身上的人很多啊。而实际上只是因为自己没有志向。志向确立了的时候，千事万事，只是良知一件事。读书写文章，怎么会拖累人呢？只是人们为自己的得失所拖累罢了。"先生因此感叹道："良知之学不昌明于天下，不知道还要耽误多少英雄在这里！"

六

【原文】

问："'生之谓性'①，告子亦说得是，孟子如何非之？"

先生曰："固是性，但告子认得一边去了，不晓得头脑。若晓得头脑，如此说亦是。孟子亦曰：'形色，天性也。'② 这也是指气说。

又曰："凡人信口说，任意行，皆说'此是依我心性出来'，此是所谓生之谓性。然却要有过差。若晓得头脑，依吾良知上说出来，行将去，便自是停当。然良知亦只是这口说，这身行。岂能外得气，别有个去行去说？故曰：'论性不论气不备，论气不论性不明。'③ 气亦性也，性亦气也，但须认得头脑是当。"

王阳明认为，一般人认为信口雌黄、恣意行动是依据自己的心性来的是错误的。如果凭借着良知去说去做，自然就会正确。

【注释】

①"生之谓性"一句：事见《孟子·告子上》："告子曰：'生之谓性。'孟子曰：'生之谓性也，犹白之谓白与？'曰：'然。''白羽之白也，犹白雪之白，白雪之白犹白玉之白与？'曰：'然。''然则犬之性犹牛之性，牛之性犹人之性与？'"这是孟子与告子关于"性"的著名论辩之一。② 形色，天性也：语出《孟子·尽心上》。③"论性"二句：语出《河南程氏遗书》卷六。意为只讲性不讲气，不完整；只讲气不讲性，不明晰。

【译文】

有人问："'生之谓性'，告子说的这句话也算不得错了，为什么孟子却要否定呢？"

先生说："天性固然是与生俱来的，只是告子的认识有些偏颇，他只知道它看成是性，却不明白这其中的主旨所在。如果明白了主旨，这样说也能算错。孟子也曾说'形色，天性也'。这也是针对气说的。"

先生又说:"一般人信口雌黄,恣意行动,都说这是依据自己的心性来的,这就是所谓的'生之谓性'。但这样是会出差错的。如果懂得了主旨,凭借着良知去说去做,自然就会正确。但良知也只体现在自己用嘴说,自己身体力行。怎能离开气,另外再有一个东西去说去做呢?所以伊川先生说:'论性不论气不备,论气不论性不明。'气就是性,性也就是气。只是首先必须妥当地认清主旨。"

七

【原文】

又曰:"诸君功夫,最不可助长。上智绝少,学者无超入圣人之理。一起一伏,一进一退,自是功夫节次。不可以我前日用得功夫了,今却不济,便要矫强做出一个没破绽的模样。这便是助长,连前些子功夫都坏了。此非小过。譬如行路的人遭一蹶跌,起来便走,不要欺人做那不曾跌倒的样子出来。诸君只要常常怀个'遁世无闷,不见是而无闷'之心,依此良知忍耐做去,不管人非笑,不管人毁谤,不管人荣辱,任他功夫有进有退,我只是这致良知的主宰不息,久久自然有得力处。一切外事亦自能不动。"

又曰:"人若着实用功,随人毁谤,随人欺慢,处处得益,处处是进德之资。若不用功,只是魔也,终被累倒。"

【译文】

先生又说:"诸君下功夫,千万不可拔苗助长。有着上等智慧的人是很少的,一般的学者们没有道理能够直接进入圣人的境界。一起一伏,一进一退,都是下功夫的秩序。不能够因为我前些天用了功夫,而今天没有起到作用,便硬要逞强,装出一副没有破绽的模样。这就是'助长',连前面下的功夫也都会被搞坏的。这并非小的过失。就好比人在走路,摔了一跤起来再走,也用不着骗人,做出一副没有跌倒过的样子来。各位只要常常怀着'遁世无闷,不见是而无闷'的心,遵从良知,坚持做下去,无论别人是非难还是讥笑,诽谤还是诋毁,不管别人荣耀或是受辱,任凭别人功夫的进退,我只需坚持不断地致良知,久而久之,自然会感觉到有力。任何外在的事物,也自然能够做到不为所动。"

又说:"人如果切切实实地用功,任凭别人诋毁诽谤、欺负轻慢,处处都能得益,处处都是推进品德修养的动力。若不用功,别人的诽谤和侮辱就会有如魔鬼,最终会被它累垮。"

八

【原文】

先生一日出游禹穴①,顾田间禾曰:"能几何时,又如此长了!"

范兆期②在旁曰:"此只是有根。学问能自植根,亦不患无长。"

先生曰:"人孰无根,良知即是天植灵根,自生生不息。但着了私累,把此根戕贼蔽塞，不得发生耳。"

【注释】

①禹穴：即禹陵。在浙江绍兴稽山门外，传为夏禹的陵墓，为浙东著名胜迹。②范兆期：即范引年，字兆期，号半野，王阳明学生。

王阳明说，人只要遵从自己的良知，坚持下去就行了，就像走路时摔了一跤，站起来继续走就行了，不用做出一副没有跌倒过的样子。

【译文】

有一天，先生到禹穴游览，望着田间的禾苗，说："才多长时间，又长了这许多。"

范兆期在旁边说："这是因为禾苗有根。做学问如果能自己种下根柢，也不会担心他们不成长。"

先生说："谁没有根呢？良知便是上天种下的灵根，自然能够生生不息。只是为私欲所牵累，将这个灵根破坏堵塞了，不能够生长出来罢了。"

九

【原文】

一友常易动气责人，先生警之曰："学须反己。若徒责人，只见得人不是，不见自己非。若能反己，方见自己有许多未尽处，奚暇责人？舜能化得象的傲，其机括只是不见象的不是。若舜只要正他的奸恶，就见得象的不是矣。象是傲人，必不肯相下，如何感化得他？"

是友感悔。

曰："你今后只不要去论人之是非。凡当责辩人时，就把做一件大己私，克去方可。"

王阳明见到禾苗生长而慨叹天地间事物的自然长进，强调良知便是上天种下的灵根，良知澄明，就能够生生不息。

【译文】

一个朋友常常容易生气、责备别人。先生警告他说："学习必须能够反省自己。如果光是责备别人，只能看见别人的不对，而看不到自己的错误。如果能反身自省，就能看到自己很多不完善的地方，哪还有空闲功夫来责怪其他人？舜能够化解象的傲慢，主要在于他没有去发现象不对的地方。如果舜仅仅去纠正象的奸恶，就发现他的不对之处了。象又是一个傲慢的人，肯定不愿听信他的。这样怎么可能感化他呢？"

这个朋友便感到了后悔。

先生说："你今后只别再去谈论别人的是非。但凡你正在责备别人的时候，就把它当作自己的一大私欲加以克治。"

十

【原文】

先生曰："凡朋友问难，纵有浅近粗疏，或露才扬己，皆是病发。当因其病而药之可也。不可便怀鄙薄之心。非君子与人为善之心矣。"

【译文】

先生说："朋友们在一起辩论时，难免有深有浅、有粗有细，或者有人急于露才、自我颂扬等，都是毛病发作。当时便顺势对症下药是可以的，只是不可怀有鄙薄的心。这不是君子'与人为善'的心了。"

十一

【原文】

问："《易》，朱子主卜筮，程《传》主理，何如？"

先生曰："卜筮是理，理亦是卜筮。天下之理孰有大于卜筮者乎？只为后世将卜筮专主在占卦上看了，所以看得卜筮似小艺。不知今之师友问答，博学、审问、慎思、明辨、笃行之类，皆是卜筮。卜筮者，不过求决狐疑，神明吾心而已。《易》是问诸天；人有疑，自信不及，故以《易》问天；谓人心尚有所涉，惟天不容伪耳。"

王阳明警告弟子说，学习必须能够反省自己，不能只看见别人的不对，责怪别人，而看不到自己的错误。

【译文】

有人问先生："《易经》一书，朱熹先生认为它重在卜筮，而伊川先生则认为它重在阐明天理。究竟该如何看待呢？"

先生回答说："卜筮就是理，理也就是卜筮。天下的理，哪会有比卜筮更大的呢？只是因为后代学者把卜筮算作了占卦，因此把卜筮当成了雕虫小技。他们却不知道，现在师生、朋友的问答，博学、审问、慎思、明辨、笃行等，都是卜筮。卜筮，不过是解决疑问，使自己的心变得神明而已。《易经》是向上天请示，人们有了疑问，不足够自信，便用《易经》来问上天。人心依然还有偏私，只有上天容不得虚假。"